Hansjörg Maus / Wolfram zu Mondfeld

Alles Gold gehört Venedig

Hansjörg Maus / Wolfram zu Mondfeld

ALLES GOLD GEHÖRT VENEDIG

Die Weltmacht in der Lagune

C. Bertelsmann

© 1978 C. Bertelsmann Verlag GmbH München
Gesamtherstellung: Mohndruck Reinhard Mohn OHG
ISBN 3-570-06160-4. Printed in Germany

INHALT

Bildernachweis

Die Fotos stellten freundlicherweise zur Verfügung:
Innsbruck, Tiroler Landesmuseum Ferdinandeum (244); London, National Gallery (324); London, Tower of London (81); Madrid, Museo El Escorial (272); München, Hein Borgs (24, 53, 99, 114, 235, 284, 298, 309, 322, 343, 357, 359); Hirmer Fotoarchiv (31); München, Institut der Universität für Turkologie (251); München, Archiv der Süddeutschen Zeitung (362); München, Stadtarchiv (340); Paris, Bibliothèque Nationale (329); Rampoldstetten, Wolfram zu Mondfeld (149, 165, 223, 267, 366); Rom, Museo Nazionale Romano (13); Rom, Sammlung Albertini (321); Rom, Vatikanische Bibliothek (18); Venedig, Accademia (193, 208/209, 219); Venedig, Ca' Rezzonico (305, 313, 317, 318, 326); Venedig, Museo Archeologico (14); Venedig, Museo Correr (11, 139, 228, 271, 286, 287, 336); Venedig, Museo Storico Navale (186, 290, 291); Venedig, San Marco (61); Wien, Kunsthistorisches Museum (97).
Alle Zeichnungen: Wolfram zu Mondfeld

Ein Doge stirbt

Die Lagune schimmert. Silbrig zittert das Licht auf den Wellen, blitzt über Palastfassaden und Turmspitzen. Es ist, als ob die Stadt über dem Wasser schwebt, leicht, zerbrechlich, wundersam fremd. Aber die Kanäle und Gassen sind prallvoll von Leben, da drängen sich Gondeln und Lastkähne, da ist ein Schreien und Rufen und Lärmen, Unmassen Menschen wimmeln und wogen durcheinander, schubsen, schieben sich über Kais, Brücken, Plätze, und von den Mauern hallen die Sprachen aller Herren Länder wider.

Aus Nord und Süd und Ost und West sind sie gekommen um zu handeln, zu tauschen, ihrem Glück nachzuhelfen: geschniegelte Franken, gewichtige Deutsche, flinke Sarazenen, Mohren, Griechen, großmächtige Turbane über ebensolchen Türken, und dazwischen Lastenträger, Fischverkäufer, Garköche, Kurtisanen, Ausrufer. An allen Ecken wird gekauft und verkauft, wechseln ganze Säcklein voller Dukaten den Besitzer. Die fröhliche Betriebsamkeit steckt jeden an, und alle, alle sind sie überzeugt: Kaum irgendwo in der Welt lassen sich so gute Geschäfte machen wie in Venedig – und kaum einer Stadt bereitet das Geschäftemachen ein solches Vergnügen wie diesem unmöglichen, liebenswerten, unvergleichlichen Gebilde zwischen Wasser und Land.

In einen Raum des Dogenpalastes allerdings dringt der unbeschwerte Lärm nur gedämpft. Die Vorhänge sind an diesem Frühlingstag des Jahres 1423 dicht zugezogen, und im golden-purpurnen Halbdunkel steht schweigsam eine Gruppe würdiger Herren, etwas abseits knien ein Bischof und einige Kleriker. Halblaut leiert der Vorbeter eine Litanei, kostbare Roben glänzen im Flackern der Kerzen, glutrot die der Senatoren, seidig-schwarz die der Räte, goldbrokaten der Mantel des Großadmirals. In einer Silberschale glimmt süßlich Weihrauch. Man wartet.

Gegenüber, unter einem riesigen Baldachin und verloren zwischen seidenen Kissen und Decken, liegt ein alter Mann, fahl, reglos und kaum noch atmend.

Schon nickt der Arzt bedeutungsvoll, die Wartenden kommen näher, da bewegt sich der Kranke, hebt leicht die Hand, will aufgesetzt werden. Der Vorbeter stockt, man sieht sich an, lauscht.

Und dann beginnt der Alte zu sprechen, leise, mühsam zunächst. Er mahnt und beschwört, Mailand, diesem »schönen Garten«, keinen Schaden zuzufügen. Eineinhalb Millionen Dukaten jährlich betrage der Reinerlös aus dem Geschäft mit der Lombardei, und mehr als eine halbe Million Frachtkosten komme noch dazu. Derartiges dürfe man nicht einfach mutwillig auf's Spiel setzen.

Francesco Foscari, der Prokurator, hebt mißmutig die Brauen. Also diese Leier ist, abgesehen davon, daß sie ganz gezielt gegen ihn persönlich geht, doch nun wirklich sattsam bekannt. Jajaja, natürlich haben die letzten Kriege zehn Millionen Staatsschulden eingebracht, natürlich hat der ach so tüchtige Alte dort vier Millionen zurückgezahlt, mein Gott, das weiß man doch alles. Bitte nicht noch einmal, es ist unerträglich, zumal diese zehn Millionen sowieso aus der Stadt stammen und für die Gesamtwirtschaft gar keine Belastung darstellen! Der Prokurator lächelt gequält und schaut leicht nervös zur Decke.

Aber plötzlich horcht er auf – das ist ja neu, das ist ja erstaunlich! Und gleich ihm stehen auch die andern auf einmal gebannt, leicht vorgebeugt: Tommaso Mocenigo, Doge der Erhabenen Republik, zieht Bilanz, eine faszinierende Bilanz. »Wir haben ein Handelskapital von zehn Millionen Dukaten im Umlauf. Vier davon werden uns als Reingewinn bleiben, zwei aus der Ein-, zwei aus der Ausfuhr.

Wir haben 3000 kleinere Schiffe liegen mit 17 000 Matrosen, 300 große mit 8000 und 50 Galeeren auf See mit 11 000 Mann Besatzung, dazu 300 Galeeren im Arsenal auf Abruf. In der Stadt arbeiten allein 16 000 Weber für Seide, Leinen und Baumwolle. Unsere Häuser sind sieben Millionen Dukaten wert, und 1000 unserer Patrizier haben ein Jahreseinkommen, das zwischen 700 und 4000 Dukaten liegt.«

Der Alte hat recht. Sie erzielen diese Summen sogar, wenn sie ihr Geld lediglich arbeiten lassen, denn die Vermögen sind teilweise kaum noch schätzbar.

Und dann kommen zu den Webern auch noch die 44 Banken, die 82 Goldschmiedewerkstätten, die 90 Kunsthandwerker, die 78 Seiden- und Brokatwirkereien. In jedem Jahr kommt für 400 000 Dukaten Baumwolle nach Venedig, die Gewürze für 540 000 Dukaten, die jährlich eingeführt werden, bringen den vielfachen Preis, und allein der Handel mit Goldstoff hat, zusammengefaßt, bisher zwölf Millionen gebracht.

Dazu das Arsenal: Mit rund 20 000 Arbeitern gilt es als die größte Schiffswerft der Welt und ist, neben seinen anderen Aufgaben, in der Lage, jährlich sechs Flotten auszustatten – sie gehen ins Schwarze Meer, nach Konstantinopel und Griechenland, nach Syrien, Ägypten, nach Spanien und Lübeck. Venezianische Handelsstuben sind überall, in Persien und in Indien, an der Ostsee und im Mahgreb.

Mit 190 000 Einwohnern ist Venedig die größte Stadt Italiens, es gebietet über 8 Millionen und seine Staatseinkünfte von eineinhalb Millionen Dukaten im Jahr übertreffen die von Frankreich, England, dem Heiligen Stuhl, Burgund, Spanien und aller italienischen Städte.

Und jetzt spricht der Alte aus, was sie alle längst ahnten – Venedig ist die reichste Stadt des Abendlandes, kaum ein Mächtiger, der nicht direkt oder indirekt in ihrer Schuld stünde: »Wir sind die Herrscher über das ganze Gold der Christenheit!«

Die Herren stehen wie betäubt. So also sieht es aus, das erreichte Ziel: Ihre Stadt – die schönste, reichste, mächtigste der Welt, Königin der Meere, heimliche Herrin des Abendlandes. Wie immer sie auch begonnen haben mag, unbeugsamer Wille, Mut, Klugheit und Fleiß haben der Geschichte ein Wunder abgetrotzt.

Kaum merken sie, daß der Kranke zurückgesunken ist und aufgehört hat zu atmen.

Und als sie die Knie beugen, gilt diese Geste weit mehr ihrer Stadt denn dem Toten, der schließlich nur seine Pflicht korrekt erfüllt hat. Und das erwartet die Republik von jedem ihrer Bürger.

Die große Standarte von San Marco.

3000 Jahre und etwas mehr

Es ist ein seltsamer Streifen Land, in den die obere Adria verplätschert, nicht Wasser und nicht feste Erde, unablässig sich ändernd, ohne klare, sichere Linie. Kein Jahrhundert hat ihn gleich gesehen, da, wo wir gehen, sind einmal die Römer gesegelt, und über reichen Etruskerstädten schaukeln heute Fischerboote.

Zwei Kräfte haben seit Urzeiten hier geformt: Vom Süden die See, die sich im flachen Sandstrand totläuft, und von Norden, von den Alpen her die Flüsse, die Unmassen Schutt, Geröll und Schlamm zur Küste schieben und immer mächtigere Deltas ins Meer hinaustreiben. An den Spitzen dieser Landzungen aber hat sich die ohnehin schon recht müde Brandung vollends gebrochen und zum weiteren Eindringen in die Buchten dazwischen keine Kraft mehr gehabt. Vielmehr spülte sie in sanftem Bogen, ungefähr vom heutigen Grado bis Ravenna, den Bodensand auf zu respektablen Dünen, die sich bald von Halbinsel zu Halbinsel zogen und damit zu einer zweiten, der eigentlichen Küstenlinie wurden. Die Stückchen Meer aber dahinter, in den Buchten, waren nur noch durch ein paar schmale Durchlässe zu erreichen, wurden langsam versumpfende Binnengewässer mit viel Salz, viel Fischen und wenig Tiefe, eben Lagunen.

Die Natur gibt sich karg hier. Das Klima ist feucht und ungesund, in den Sümpfen nisten Myriaden Moskitos, und so war es von den wenigen Möglichkeiten, die sich in diesem Erdenwinkel boten, eigentlich nur die Küstenschifffahrt durch die Flußarme und Wasserbecken, die der Mensch seit alters genutzt hat. Was sollte er sich auch weiter mühen? Gleich dahinter glänzt eine weite, unendlich fruchtbare Ebene bis hin zu den Alpen.

Und das eben ist seit gut dreitausend Jahren das Land der Veneter: Eingerahmt von Isonzo und Etsch, vom Meer und den Alpen. Schon bald nachdem sie davon Besitz ergriffen hatten, dehnte sich hier ein üppiger blühender Garten mit behaglichen Städten darin, die schon reiche Märkte waren, als zwischen den sieben römischen Hügeln noch die Frösche quakten.

Das schlammige Band der Lagunen war gleichsam der Zaun, hinter dem sich mehr als ein Jahrtausend lang Wohlstand und Zivilisation nahezu ungestört entfalten konnten. Die großen Wanderungen und Machtkämpfe der altitalischen Völker, vor allem der Kelten und Etrusker, berührten diesen damals abgelegenen Landstrich kaum. Sie tobten weit im Westen und Süden, allenfalls den Po entlang, drangen aber kaum über die Etsch hinaus. Und die

Veneter, in diesem ersten Drittel ihrer Geschichte weder eroberungslüstern noch vergeltungssüchtig, waren in kluger Selbstbescheidung stets peinlichst darauf bedacht, mit allen Nachbarn sich gut zu stellen und aus sämtlichen Querelen und Keilereien herauszubleiben. Selbst nachdem die Etrusker im 6. Jahrhundert vor Christus Felsina, das heutige Bologna, und Spina an der Po-Mündung zu mächtigen Wirtschaftszentren und also argen Konkurrenten für die venetischen Plätze ausgebaut hatten, blieben sie gelassen.

Zum einen ließen sich die weitreichenden Beziehungen dieser Städte – sie gingen schließlich bis nach Nord- und Mitteleuropa – vorzüglich für den eigenen Handel nützen, zum anderen war der Ausgang eines Zusammenstoßes mit einem so übermächtigen Gegner kaum zweifelhaft, und überdies konnte sich das Veneterland zur Not auch selbst genügen – bis sich die Großmachtverhältnisse geändert hatten. Und daß man darauf niemals lange zu warten braucht, war schon zu jener Zeit ein beruhigendes Sprichwort.

Woher dieses kluge und tüchtige Völklein der Veneter nun wirklich gekommen ist, kann auch heute noch nicht sicher gesagt werden. Allerdings nehmen inzwischen auch die ganz Vorsichtigen an, daß es zu jenen illyrischen Stämmen zählte, die um 1000 vor Christus herum aus dem Donauraum oder Dal-

Terrakottastatuette eines Kriegers der Veneter aus der Zeit der Einwanderung um 1000 vor Christus und der Besetzung Italiens vom oberen Adriabogen bis Apulien.

matien nach Italien eingedrungen sind und die gesamte Ostküste des Stiefels, vom Absatz bis eben hinauf in den oberen Adriabogen, in Besitz genommen und besiedelt haben.

Im Unterschied aber zur großen Masse ihrer Artgenossen, die in der Folge allesamt von Nachdrängenden oder Mächtigeren aufgerieben und aufgesogen wurden, konnten die Veneter nicht nur ihr Land und ihre Unabhängigkeit sichern, sondern auch bis in die römische Kaiserzeit hinein Eigenart und Sprache wahren. Und außerdem machten sie sich bald einen Namen als verläßliche Makler zwischen Istrien, Dalmatien, Etrurien und den italischen Kelten ebenso wie als Produzenten. Ihr Salz und ihre Agraria waren weitum begehrt,

Seeschlacht der Veneter gegen die Spartaner 301 vor Christus.

14

und der Ruf ihrer Pferdezucht drang bis Großgriechenland und weiter: Dionysios I. von Syrakus beispielsweise bezog von ihnen bereits um 400 vor Christus seine besten Gäule.

Vielleicht hätte er es nicht tun sollen. Im siedlungs- und beutefreudigen Hellas wurde man nämlich zusehends neugieriger auf das offenbar bemerkenswerte Ländchen dort oben, und anno 301 erschien auch tatsächlich der Spartanerherrscher Kleomenes samt seiner Flottille in den Lagunen, natürlich um zu rauben und zu »kolonisieren«.

Bewaffnete in Booten ruderten die Brenta hinauf, räumten Gehöfte und Dörfer aus und wären fast als strahlende Pseudo-Olympier zurückgekehrt, wenn – ja, wenn nicht der Veneterzorn gewesen wäre. Die Paduaner nämlich zogen los. Eine Gruppe rannte zunächst von Westen gegen die Anlegestelle der Griechenboote. Sämtliche Hellenen stürzten sich mit schrillem Siegesschrei auf die Angreifer, nicht achtend, daß ganz heimtückisch ein zweiter Paduanertrupp sich weit hintenherum geschlichen hatte und plötzlich von Osten über die verlassenen Boote herfiel. Kreischen, Feuer, die Kähne soffen ab, den mutigen Spartanern erging es ziemlich übel, Herr Kleomenes setzte erschreckt die Segel und rauschte eilends davon. Und da dies wohl, vom Handel abgesehen, die einzige intensive Begegnung zwischen Griechen und Venetern in dieser Phase der Chronik blieb, hinterließ das Hellenentum hier am Adria-Ende eigentlich nichts als einen schlechten Eindruck.

Weit wichtiger waren da schon, lange vorher und über einige Jahrhunderte hinweg, die Etrusker. Von ihnen ließ sich unendlich viel lernen, was Nutzen und Einnahmen brachte, unter anderem übrigens auch die Kunst der Pfahl- und Rostbauweise in sumpfigem Gelände (worauf wir vielleicht durchaus noch zurückkommen müssen). Mit den Kelten konnte man da weit weniger anfangen. Zwar entwickelte sich das Tauschgeschäft höchst erfreulich, aber was sie so an neuesten Errungenschaften anboten, wurde in Etrurien und Venetien längst von allen Dächern gepfiffen.

Es war daher ein rechter Jammer, daß sich das Etruskerreich bereits um 400 vor Christus langsam auflöste und ausgerechnet die Kelten in der Po-Ebene nachrückten. Hätten die sich manierlich benommen und die geltenden Abmachungen eingehalten, wäre ja alles noch angegangen. Aber als sie in ihrer Ungehobeltheit auch über die Etsch drängten, rümpften die Veneter dann doch die Nasen und sahen sich nach einem Bundesgenossen um. Dafür aber kamen genaugenommen nur die neuen Kraftmeier im Süden und eigentlichen Erben der Etrusker in Frage, die Römer.

Die Allianz dürfte rasch geschmiedet gewesen sein (Machtwille und Schutzbedürfnis ergänzen sich schließlich allemal), aber schon 382 vor Christus verspürten die Veneter die Kehrseite: Rom wurde nämlich am 18. Juli an der Allia ganz kläglich von den Kelten niedergeprügelt, die ganze Tiberstadt bis auf das Kapitol verbrannt und nach Strich und Faden ausgeraubt. Und wer weiß, ob sie nicht völlig ausgelöscht und die Weltgeschichte ganz und gar anders verlaufen wäre, wenn nicht Venetien seine Bündnistreue erstaunlich ernst genommen hätte.

Es fiel nämlich, kaum, daß die Nachricht von der Katastrophe durchgedrungen war, in das Gebiet der Kelten ein und verursachte einen solchen Wirbel, daß der Keltenherzog Brennus samt seiner ganzen Heerschar Hals über Kopf in die Po-Ebene hasten mußte, um das Schlimmste zu verhüten. Rom war mit einem blauen Auge davongekommen.

Genau das aber und nicht mehr hatten die Veneter gewollt. Flugs zogen sie sich wieder hinter ihre Grenzen zurück, schlossen mit Brennus einen akzeptablen Vergleich, und keltisch-venetischer Handel und Wandel erfreuten sich bald wieder schönster Blüte, durchaus nicht zum Nachteil der Geldtaschen rund um den oberen Adriabogen.

Doch legte man sich damit in Venetien keineswegs einseitig fest. Der sichere Blick für Qualität hatte längst erkannt, daß Rom, dieses Bündel von Kraft, Wille und Disziplin, trotz mancher Mißgeschicke à la Allia wohl bald und unaufhaltsam in Italien das Sagen haben würde, und also war es verständlich, daß man das gegenseitige Einvernehmen sorgsam pflegte (allerdings ein neuerliches Schutz- und Trutzbündnis offenbar doch geschickt vermied – einmal genügte schließlich!), sich schrecklich loyal gab und ansonsten außer beim Geschäftemachen möglichst im Hintergrund blieb.

So konnte das Ländchen selbst das entscheidende Gerangel zwischen Kelten und Römern und deren schließlichen Sieg recht gelassen aus der Ferne beobachten, und wurde auch, abgesehen davon, daß es einmal für Rom im zweiten Punierkrieg zwanzigtausend Mann gegen Hannibal stellen mußte, unbehelligt und in voller Selbständigkeit belassen bis etwa zum 1. vorchristlichen Jahrhundert, in dem dann die eigentliche Eingliederung ins Römische Reich begann.

Freilich erfolgte auch sie, ganz im Gegensatz zur sonstigen Übung, fast behutsam und schrittweise und zog genaugenommen nur die Konsequenz aus einer anderen, ganz leisen, aber entscheidenden Entwicklung: Venetien wurde lateinisch. Die Sprache Roms überlagerte und erstickte allmählich das alte illyrische Idiom, kaum daß sich noch ein paar Splitter davon in den neuen, fremden Wortschatz retten konnten.

Schon immer haben die Mächtigen den Ohnmächtigen nicht nur Herrschaft, sondern auch Sprache und Lebensart aufgedrängt – früher direkter, heute differenzierter, sehr wohl jedoch jedesmal unterstützt von dem stumpfen Glauben der Unterlegenen, mit den Siegermanieren auch den Erfolg in sich aufzuzunehmen. Vielleicht war das in Venetien nicht ganz so, aber aus Aquileja, das die Römer nach Absprache mit den Venetern in deren Gebiet gegründet hatten – es soll im Jahr 181 vor Christus gewesen sein –, sickerte unablässig brillante römische Zivilisation in die Umgebung; es gab bald ein »altmodisch« und ein

»modern«; was schick war, gab sich lateinisch, und hastdunichtgesehen, sprach man bei Veneters bald nur noch Latein – insbesondere auch, weil sich ein rühriger Händler keinen unverständlichen Minderheitendialekt leisten konnte.

Eines aber muß doch festgehalten werden: Wenn die Veneter auch die Sprache der Römer annahmen, eigene Lebensform und Lebensart haben sie deshalb noch lange nicht aufgegeben. Im Gegenteil: Inmitten aller aufschäumenden Übertreibungen ringsum blieben sie schlicht, sparsam, unauffällig und maßvoll. Das Gleichgewicht zwischen Stadt- und Landkultur, zwischen Handel und Handwerk einer- und Landwirtschaft andererseits war meisterhaft und sicherte einen erstaunlichen, unablässig wachsenden Wohlstand. Cicero, Martial und viele andere Chronisten der römischen Kaiserzeit können das Land der Veneter nicht genug loben.

Der Hauptort Padua zählte zu den reichsten Städten des Imperiums, die anderen, Altinum, Concordia und Aquileja standen kaum nach. Natürlich betrieb auch jede dieser Kommunen auf den Dünen am Lagunenrand oder gleich dahinter einen Hafen für größere Schiffe samt allem was dazu gehörte, Stapelhäuser, Herbergen, Wartungswerften. Padua hatte die Brenta genutzt und sich in Malamocco eingerichtet, Altinum baute sich Torcello aus, Concordia saß in Caorle und Aquileja in dem später so wichtigen Grado.

Leistungsfähige Flußschiffahrt, ein vorzügliches Fernstraßennetz und Anschluß an nahezu alle wichtigen Landverbindungen des Reiches, dazu Herzland der von Augustus eingerichteten zehnten Region, die von Istrien bis an die Adda im Westen und den Po im Süden reichte – was wollte man mehr?

Und außerdem, Rom hätschelte das Ländchen ja nicht umsonst: Fast alle Geistesgrößen der Kaiserzeit stammen von hier, angefangen mit Catull und Vergil über Livius und Nepos bis hin zu den beiden Herren Plinius. Und alle zeichnet jene Disziplin, jene gerade innere Stärke und unaufdringliche Bescheidenheit aus, die bei uns eifrig als altrömische Tugenden gepriesen werden.

Aber in diesen Köpfen kam noch etwas anderes hinzu – nämlich Nachsicht, Geduld und Weitblick. Selbst Männer wie Cato und Cicero nehmen sich fast plump und eng dagegen aus, und so braucht es weiter nicht zu wundern, daß fast überall dort, wo im Römischen Reich Wesentliches entschieden wurde, Veneter ihren festen Platz hatten. Mochte die Schickeria in Baiae oder Alexandrien die scheinbare Ungeschliffenheit der »Pataver« ruhig bespötteln! Während die Gecken plapperten und tändelten, wurde in Venetien gehandelt. Die zehnte Region war für soviel Tatendrang ein herrlicher Rahmen, den man einfach ausfüllen mußte, leise, behutsam, aber um so beharrlicher. Nicht der Zahl nach natürlich – aber bald saß in allen größeren Städten mindestens ein venetischer Clan, an dem niemand mehr vorbei kam. Dort liefen eben einfach alle Fäden zusammen, und es war sinnlos, sich dagegen aufzulehnen. Wie auch? Allesamt waren sie römische Bürger, und daß diese Pataverbrut zusammenhielt wie Pech und Schwefel, dagegen ließ sich nun wirklich kein Gesetz ma-

Römisches Frachtschiff.

chen. Zudem wuchs der Wohlstand unaufhörlich und berieselte so ziemlich gleichmäßig jeden in der Region. Die Veneter waren eben immer schon für leben und leben lassen gewesen, und wer sie nicht beim Weichenstellen störte, kam prächtig mit ihnen aus. Doch an den Hebeln saßen eben sie, und nur sie. Da gab es keinen Kompromiß.

Und die Region fuhr vorzüglich dabei. Alles war organisiert, geformt, selbst die Lagunen hatten ihre geordnete Schiffahrt, jedes Flecklein Erde schien durchdacht und durchplant. Das Ländchen hat damals seine erste gültige Form bekommen, und auch den vertrackten Küstenregionen wurden in jenen Jahrzehnten ihre heutigen Namen zugeteilt: Lagunae hießen nun die fast abgeschnürten, sumpfigen Meeresbuchten, wobei anzunehmen ist, daß der Name dem lateinischen »lacuna« entspricht, was soviel heißt wie Wasserlache und Sumpf. Der Dünenrand, der die Lagune jeweils gegen das Meer abschließt, wurde logischerweise »litus«, Küste, genannt – woraus sich dann eben »Lido« entwickelt hat, während so ein schmaler Durchlaß zwischen Lagune und Meer ganz einfach der »portus«, der Hafen, war; »porti« sagt man noch heute.

Überdies haben sie eine Lagune schon damals in die »laguna viva«, die lebendige, und die »laguna mortua« (oder heute eben »morta«), die tote, eingeteilt. Die lebendige Lagune, das ist jener Teil, dessen Wasser durch die Meeresströmung, die in die Durchlässe des Lido dringt, ständig in Bewegung bleibt. Er macht allenfalls die Hälfte der Lagunenfläche aus, der andere Teil, eben der tote, zieht sich entlang der Festlandküste, steht ziemlich regungslos, verschilft und versumpft vor sich hin und ist alles andere als wohnlich.

Aber wenn dieser Moraststreifen auch nicht zu viel nütze war, selbst ihn hatte die Verwaltung peinlichst genau eingebaut in ihr System, denn schließ-

18

lich war man ja das Musterland des Imperiums. Und den Cucullus, das simple, uralte Kapuzenkleid der Veneter, trug man überall und mit Stolz, weil man wußte: Im ganzen Reich galt es als Signum für Klugheit und Solidität. Einer im Cucullus brauchte keine Empfehlungsschreiben, ihm öffneten sich die Türen von selbst – und die Kredite. Ein Pataver galt nun eben einmal als ganz besonders tüchtig und verläßlich.

Ein solcher Ruf verpflichtet. Und in Venetien hüteten sie ihn denn auch wie ihren Augapfel. Hier war eben ganz einfach alles besser, alles perfekter, stabiler. Bis ins 5. Jahrhundert hinein hielt das Ländchen seine innere Ordnung, trotz aller Auflösung ringsum und trotz der fürchterlichen Barbarenstürme, die seit 171, da die Markomannen bis über Altinum hinaus vorgedrungen waren, immer häufiger und immer wüster von den Bergen herunterbrachen. Ja, sie stand sogar noch und bot den erschreckten Bürgern Schutz, als endgültig alle Dämme barsten, eine wilde Germanenhorde nach der anderen vom Donauraum her über die Julieralpen tobte und zu allem Unglück dann auch gar der Theodosius sich hier bei Aquileja 388 und 394 in richtigen Vernichtungsschlachten mit seinen westlichen Konkurrenten prügelte. Das Ländchen sah böse aus – aber die Ordnung wankte nicht und brachte bald wieder das Gröbste ins Lot.

Kein Wunder, daß Honorius, der Sohn des Theodosius und Erbe des römischen Westreiches, aufgeregt und an seinem schrumpfenden, zerfallenden Rom verzweifelnd, sich ins Veneterland flüchtete: Im Jahr 405 richtete er sich ganz außer Atem samt seinem Hofstaat in Ravenna ein und tat seine Absicht kund, künftig von hier aus zu regieren.

Nun waren sie doch einigermaßen sprachlos, die Veneter. Natürlich, seine Gründe verstanden sie sehr gut – keine Mauer schützte besser als die sumpfige Lagune ringsherum, und die eine einzige Zufahrtsstraße zum festen Land zu verteidigen, dafür würde die römische Courage vielleicht doch noch ausreichen. Auch war es recht schmeichelhaft, daß just ihre Region, einstmals ein rechter Außenposten, nun unversehens zum Kernland des Imperiums geworden war. Dennoch aber hielt sich die Freude über diese Wendung in Venetien durchaus in Grenzen. Solcherlei neue Würden zogen nur zusätzliche Gefahren an, und dann: Was war das denn noch für ein Imperium, als dessen »Kernland« man sich jetzt fühlen konnte!

Von römischen Siegen wußten nur noch die Geschichtenerzähler, der Osten war abgetrennt, die Nordprovinzen längst verloren, Gallien und Spanien nahezu selbständig und Italien ein zitterndes Chaos. Die Regierung beschränkte sich darauf, die anstürmenden Barbarenfürsten gegeneinander auszuspielen, sich mit dem Nächstbesten zu verbünden, ihn mit gigantischen Geschenken zu kaufen und im übrigen grenzenlos auf seine starken Arme zu vertrauen.

Eine Waffe freilich hatte es noch, das müde Westrom, und die war nicht zu unterschätzen: die sanfte Lehre des Christentums. Spätestens seit 391 nämlich war die christliche Kirche eine der staatstragenden Institutionen überhaupt, und wenn es gelang, die Wilden (und da natürlich vor allem die Germanen verschiedenster Gattung) zu missionieren, müßte der Kaiser eigentlich ruhiger schlafen können. So dachte man wenigstens zu Ravenna. Immerhin konnte man sie ja mit der »rechte-Wange-linke-Wange-These« samt der übrigen Bergpredigt vorzüglich an die metaphysische Kandare nehmen und ihren unangenehmen Übermut zum Wohle des Imperiums in die richtigen Kanäle leiten. Vor allem ließ sich mit dem göttlichen Hinweis, daß dem Kaiser zu geben sei, was ihm zukommt, durch sanfte Priesterhand jedes Aufmucken gegen den Cäsar-Imperator niederstupsen – und außerdem war die gesamte Hierarchie der heiligen Mutter Kirche fest in römischer Hand. Wer in ihren Schoß tauchte, tat fortan nur noch, was Rom zumindest nicht von Nachteil war.

Ein durchaus bestechendes Konzept – in der Theorie. In der Praxis freilich war's halt doch weit schwieriger. Zunächst gab es da einmal die gütige Regelung von Reue, Vorsatz und tätiger Buße als Gnadenquell für alle Übeltäter. Da konnte man bei einiger Unbefangenheit schon einmal tüchtig drauflosschlagen, wenn's einem hinterher nur richtig leid tat – die metaphysische Kandare war damit einigermaßen um ihre Wirkung gebracht.

Zum anderen zeigte sich die Christenheit (welch vertrautes Bild!) heillos zerstritten, die wunderlichsten Sekten begeiferten sich und droschen aufeinander ein. Insbesondere zwischen den mächtigen Arianern, die 325 in Nicäa unterlegen waren, und der offiziellen katholischen Staatskirche tobte ein richtiger Krieg auf Leben und Tod. Einer versuchte dem anderen auf die allerunchristlichste Weise zu schaden, man ließ sich gegenseitig in die Hölle fahren, und wenn zwei gegnerische Prozessionen aneinander gerieten, ging's schlimmer zu als bei den Gladiatoren.

Und so war denn auch für die pfiffigen Planer zu Ravenna die Katastrophe perfekt, als es den Arianern im Handstreich gelang, die Staatlich-Katholischen bei fast allen Barbarenvölkern, vor allem bei den Germanen, auszustechen. Der wundersame Traum Westroms von der Bändigung der Wilden durch Weihrauch und Priesterschläue blieb für's erste im Tal der Wünsche – aber nur für's erste. Vergessen war er deshalb nicht.

Das westliche Reich allerdings schlingerte nun endgültig ziel- und ratlos dahin, und die Veneter rechneten mit dem Schlimmsten, vor allem mit baldigen neuen Herren. Sie brauchten nicht lange zu warten. Ab 401 fuhr Alarich mit seinen Westgoten über's Land, wich, von des Kaisers Hausgermanen Stilicho zweimal im venetischen Gebiet geschlagen, nach Rom aus, erpreßte dort Unsummen, kam zurück, belagerte Ravenna und verheerte die Umgebung, daß es ein Jammer war. Aber da sich Ravenna – oh Wunder! – hielt, machte er schließlich doch wieder kehrt, zog nochmals gegen Rom und plünderte es bis zur Unkenntlichkeit, ehe er, dank der Gnade des Himmels, 410 den Geist aufgab und sein ganzes Volk samt dem neuen König sich nach Spanien und Südgallien trollte.

Das venetische Musterländchen aber befand sich in einem bedauernswerten Zustand. Es war zum Verzweifeln. Ein richtiger Pataver jedoch ließ sich nicht so schnell erschrecken. Man holte tief Luft, schob die Ärmel zurück und fing eben, wieder einmal, von vorne an. Sogar ein richtiges Vertrauen in die Zukunft stieg allmählich auf, zumal in Ravenna immer mehr leibhaftige Germanen die wichtigsten Militärs abgaben. Sie waren ungeschliffene und brutale Burschen, gewiß, aber auf ihre Kriegskunst ließ sich bauen, und wer nur ein wenig stille hielt, kam recht gut mit ihnen aus. Und die Veneter hielten still, von Herzen gern, wenn sie nur endlich in Frieden leben konnten.

Italien zur Zeit der Antike.

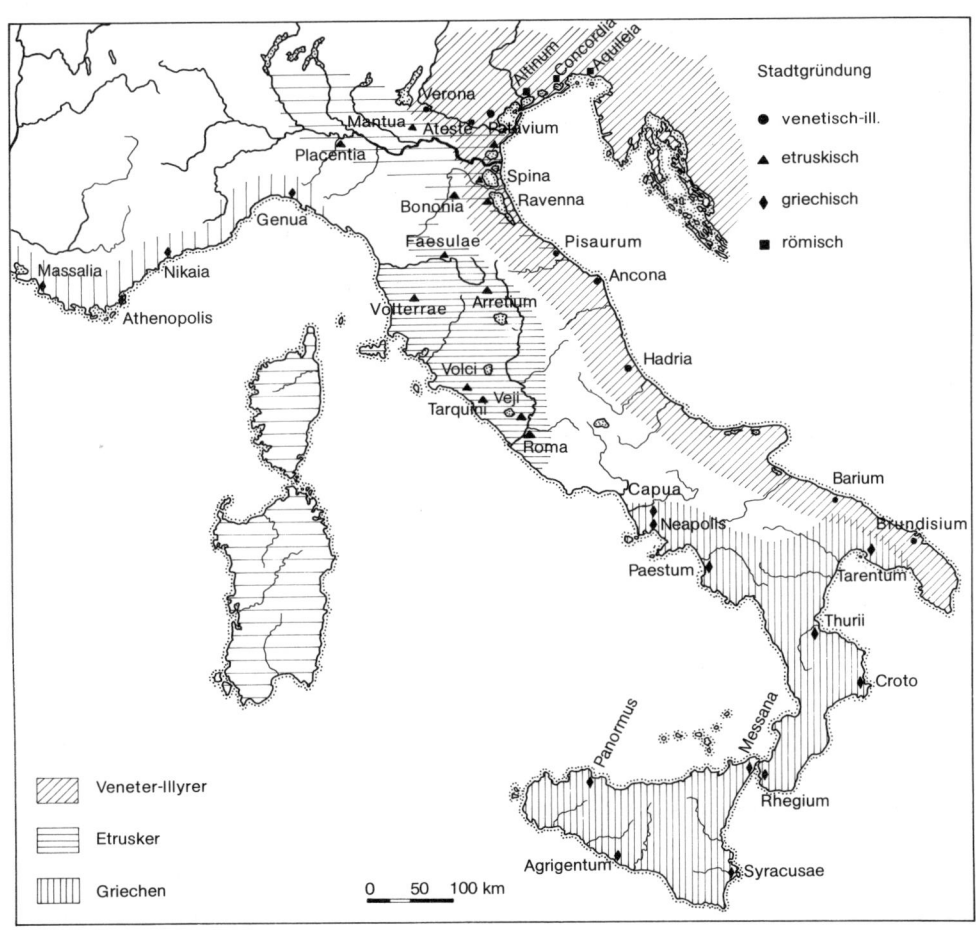

21

Flucht in die Lagunen

Man zählt das Jahr 452. Das Ländchen an der oberen Adria hat sich wieder bewundernswert aufgerappelt. Die Dörfer sind längst wieder aufgebaut, Felder und Gärten bringen reiche Erträge wie je, auf den Weiden allenthalben prächtige, große Viehherden und viele hundert stolze, kraftvolle Pferde. In den Städten floriert der Handel, Großwerkstätten und Fabriken arbeiten teilweise in Schichten, und es sieht ganz so aus, als ob der alte Wohlstand schon vor der Tür zu greifen ist. Freilich sind die Zeiten alles andere als einfach, kleinere und größere Überfälle gehören zum Alltag, und immer wieder muß man sein Hab und Gut in Sicherheit bringen. Auch ist das Geld zusehends verfallen und der Handel gezwungen, auf Naturalien zurückzugreifen. Die Bildung nimmt erschreckend ab, immer mehr der Jungen können nicht einmal lesen und schreiben, und die Sitten sind durch die fortwährenden Kämpfe überall und den Einfluß der Barbaren bedenklich verroht.

Aber vielleicht läßt sich das ebenfalls allmählich wieder geradebiegen, zumal, da sich die Kassen nun doch schon recht gefüllt haben. Zudem residiert in Aquileja seit einiger Zeit ein Patriarch, der wohl doch in absehbarer Zeit wenigstens eine gewisse Verbesserung der Sitten und des Bildungsstandes erreichen wird – und die kaiserliche Regierung zu Ravenna wird die Wirtschaft vielleicht doch wieder in den Griff bekommen, wenn man nur ein wenig Geduld hat. Im ganzen fühlt man sich hier zwischen Etsch und Isonzo durchaus behaglich und denkt gelassen mit großen Plänen an den nächsten Tag.

Da – über die Straßen, vom Westen her, kommen plötzlich Menschen gelaufen, zuerst einige, dann ganze Scharen, sie schreien, jammern, werfen die Arme hoch, taumeln zitternd zu den Toren herein: Attila, der Hunnenkönig, rast mit seinen Horden durch die Po-Ebene auf das Veneterland zu!

Die Hunnen! Alles Grauen und Entsetzen hatte sich in diesem Namen zusammengedrängt. Wenn er nur gestottert wurde, krochen die Kinder wimmernd unter die mütterlichen Röcke, und den stärksten Männern fuhr's in die Knie. Die Hunnen, das war das Höllenheer, die Rute, mit der Gott seine verruchte Erde schlug, Satanas selbst samt den gefallenen Engeln. Was sie sahen, brannten sie, was sie trafen, mordeten sie, was sie griffen, fraßen sie. Fort, weit fort, wenn auch nur von fern die Erde unter ihren Pferden bebte!

Kaum einer wehrte sich. Alles schrie, rannte, floh. Und die Hunnen brüllten vergnüglich. Denn das Entsetzen im voraus war ihre Hauptwaffe. Klein,

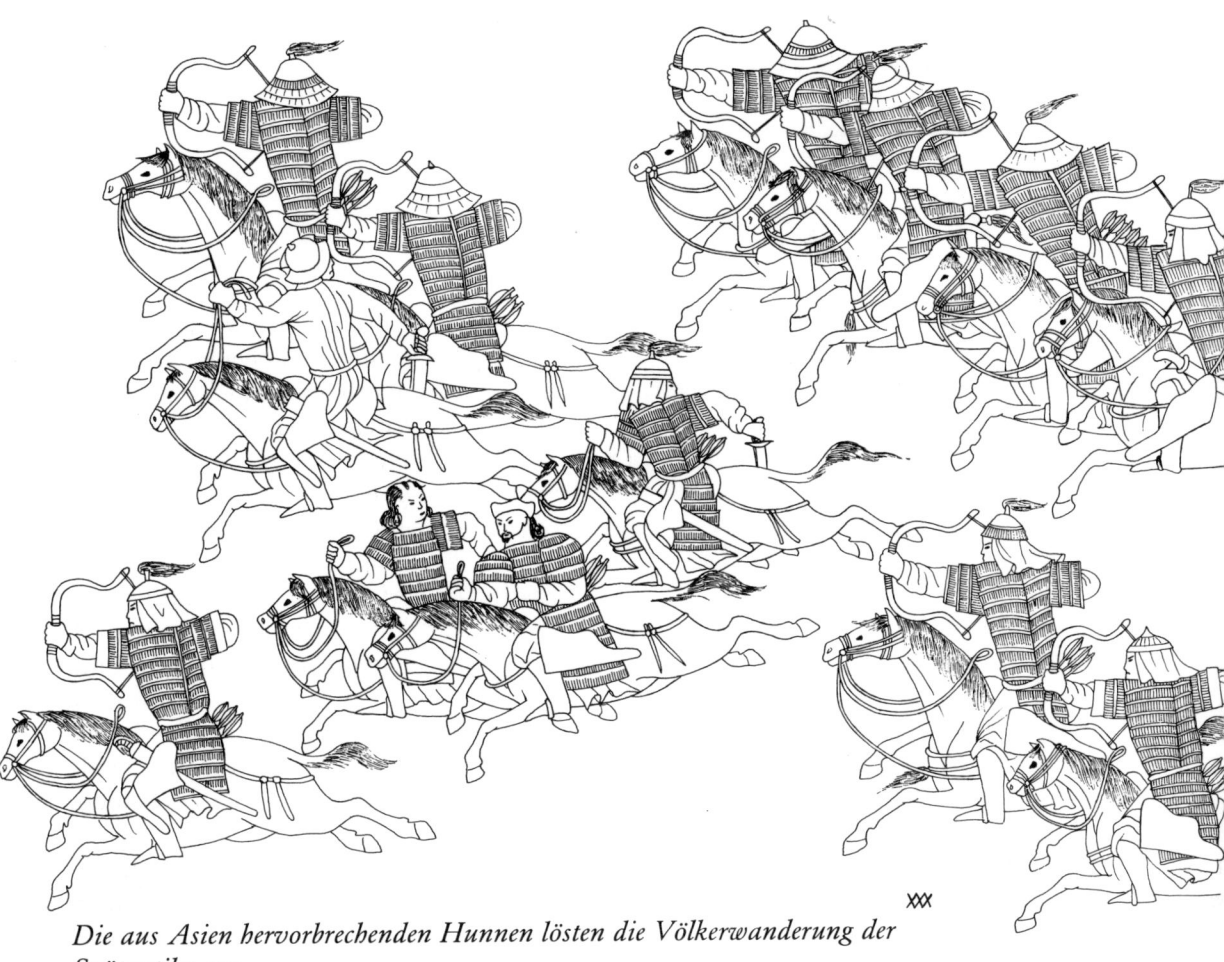

Die aus Asien hervorbrechenden Hunnen lösten die Völkerwanderung der Spätantike aus.

schwarzhaarig und schmutzig sind sie mit ihren blitzschnellen, niedrigen Pferden geradzu verwachsen gewesen, darüber die gelben Gesichter, absichtlich durch gräßliche Narben entstellt, mit winzigen, bös stechenden Augen und einem verpichten, dünnen Schnurrbart, der bis über's Kinn herunterwippte. Wie eine schrill kreischende, schwarze Wolke sausten sie über's Land, ebenso gespenstisch verschwunden wie aufgetaucht und hinter sich einen schrecklichen Streifen toter, verbrannter Erde herziehend.

Sie waren ein Steppenvolk, Mongolen. Noch zur Zeit Julius Caesars geboten sie über ein riesiges Reich im Westen des heutigen China. Nachdem die Chinesen sie weitergedrängt hatten, setzten sie sich für lange Zeit am Nordende des Aralsees fest und bekamen eigentlich erst um 350 nach Christus Appetit auf die Länder gegen Sonnenuntergang.

Attila, die Geißel Gottes. Nach zahlreichen Berichten von Zeitgenossen war Attila germanischer Abstammung, und so wurde er auch auf dem vermutlich einzigen authentischen Portrait in der Desjatin-Kirche in Mogilew-Podolskij (UdSSR) dargestellt. Das Fresko in der zur Maschinenhalle umgewandelten Kirche dürfte inzwischen zerstört sein.

Dann allerdings gründlich: 375 zerschlagen sie das Ostgotenreich am Schwarzen Meer, 441 hat ihr König Attila bereits seine Residenz am Fuß der Waldkarpaten im Norden des heutigen Ungarn und zwingt mit seinen Schreckenszügen ganz Europa unter seine Knute. Erst der Römer Aetius – er regiert zu jener Zeit ziemlich unabhängig das weströmische Gallien, bzw. was noch davon übrig ist – faßt sich ein Herz. Zunächst verbündet er sich mit Attila und ringt mit seiner Hilfe die germanischen Burgunder nieder — und dann stellt er 451 zusammen mit den Burgundern die Hunnen und schlägt sie vernichtend auf den Katalaunischen Feldern.

Des Hunnenkönigs Traum von der Weltherrschaft (der übrigens bis Dschingis Khan und weiter für alle Steppenvölker ganz selbstverständlich war) hatte einen argen Riß, und die kleinen schwarzen Teufel hasteten samt ihrem Herrscher schleunigst heim in die Karpaten. Aber Ruhe gaben sie damit noch immer nicht. Kaum ein Jahr später kamen sie wieder. Diesmal quer durch die Alpen, in einem jähen Bogen hinunter in die Po-Ebene bis fast nach Genua – und dann eben geradewegs auf Venetien zu!

Jetzt gab es kein Halten mehr. In hellem Lamento rafften die vielgeprüften Veneter das Nötigste zusammen und flohen hinaus in die Lagunen. Dort, bibbernd zusammengedrängt auf Sumpfinseln und Dünenstreifen, sahen sie, wie der Himmel über ihren Städten sich rötete, wie immer neue, verzweifelte Haufen Flüchtender vom Festland herüberruderten, hörten von wildem Brennen, Morden und Rauben, von Frauen, die hinter den Pferden schleiften, von schrecklich Gehängten und Gekreuzigten, leichengesäumten Straßen, verkohlten Städten und Dörfern. Und sie hörten, daß alles zerstört, das mühsam Erreichte und Geleistete von Jahrhunderten in einem sinnlosen Wüten untergegangen war.

In den Legenden der späteren Venezianer freilich liest sich das etwas anders: Himmlisches Singen und gar die heilige Jungfrau selbst seien um die frommen Flüchtlinge gewesen, hätten sie in die Lagunen geleitet und sie angewiesen, dort alsbald eine neue, wundersame Stadt zu gründen, und zwar, da genaue Zeitangaben immer Eindruck machen, akkurat am 25. März 421. Der Tag wird immerhin noch heute gegen alles Kopfschütteln derer, die es besser wissen, mit Pauken und Trompeten gefeiert.

Nun gut, die Sache ist gewiß recht amüsant, aber wir sollten die Initiatoren dieser ergreifenden Geschichte vielleicht doch verstehen. Auf diese Weise sicherte sich die Serenissima einen wunderbar göttlichen Ursprung und stand damit in einer Reihe mit den erhabensten Städten der Geschichte – Rom, Byzanz, Karthago, Troja und wie sie alle heißen.

Und außerdem ließ sich damit trefflich kaschieren, daß damals in der Lagune des Jahres 452 ganz einfach nur ein zitterndes Häufchen Menschen hockte, verschreckte und verzagte Flüchtlinge, die wimmernd und verzweifelt und ohnmächtig auf das Toben drüben hinter den Sümpfen gehorcht haben. Als es dort nach einigen Wochen allmählich wieder still geworden war, sind wohl ein paar sehr Mutige auf's Festland geschlichen und haben, da sie sahen, daß der Höllensturm weitergezogen war, die anderen wieder nachgeholt.

Allerdings, was sie da dann fanden, war schrecklich genug: Ein trostloses Land, bedeckt mit Toten und glimmenden Trümmern, und wenn ein Haus noch stand, gähnte es leer und verwüstet bis auf die kahlen Mauern. Das reiche Aquileja war fast ganz verbrannt, ebenso Concordia, von der Eleganz Altinums ragten nur noch schwarze Balken in den Himmel, und im verheerten Padua mochten nicht einmal mehr die Katzen hausen. Attila, die Geißel Gottes, hatte ganze Arbeit geleistet.

Die meisten der Rückkehrenden fingen dennoch wieder an, was auch sonst? Hier hatten sie seit uralten Zeiten ihr Grundeigentum, ihre Werkstätten, ihre Handelssitze. Von hier aus und hierher gingen ihre Geschäftsverbindungen, sie konnten nicht gehen, sie konnten das nicht verpflanzen.

Nur ihre Zuversicht, die schien irgendwie gebrochen, das Vertrauen in das Morgen war einer bekümmerten Sorge gewichen. Und viele, die nichts oder nichts mehr zu verlieren hatten, sind gar nicht erst von den Lagunen zurückgekommen. Ein armes, aber sicheres Dasein als Fischer oder Salztrockner zwischen Schilf und Dünen zogen sie nunmehr doch dem ewig gefährdeten Leben auf der noch so fruchtbaren »alten Erde« vor.

Grado, Caorle, Jesolo, Torcello und Malamocco, die winzigen und schäbigen Hafenvororte der großen Städte, haben um diese Zeit erheblich zugenommen, und auf vielen der tausend Sumpfinseln sind die ersten Binsenhütten entstanden. Und so mühte sich einmal mehr dieses leidgeprüfte Völklein, wiederaufzubauen und Schäden auszubessern, die ein irrer Machtprotz völlig Unschuldigen zugefügt hat – auf dem festen Land wurstelten die mehreren, immer noch hoffend, daß sie nun endlich in Ruhe gelassen würden, und davor, halb im Meer, saß schon eine beachtliche Schar Verwegener, die nichts und niemandem mehr trauten als eben nur sich selbst. Und mochten sie sich noch so schwer tun.

Und sie taten sich schwer. Denn selbst das, was Neusiedler auch im wüstesten Landstrich allemal vorfinden, feste Erde, war ihnen nicht vergönnt. Die meisten großen und kleinen und winzigen Landkuppen, die als Inseln aus Lagunenwasser und Sumpf lugten, boten nur schwammigen, schlickigen Grund und standen ganz oder teilweise unter Wasser, sobald die Flut durch die Lidi hereinschoß. Also galt es zuvörderst, die Eiländchen vor allem abzusichern und – im wahrsten Sinne – dem Meer zu entreißen. Weidengeflechte wurden rings um die Inseln gezogen, und zwar so hoch, daß die Flut nicht mehr darüberschlug. Und dahinter wurde aufgefüllt, solange, bis alles eben und auch die bisherigen Morastlöcher ausgeglichen waren. Da sich die Erde hierfür aber am ehesten aus den Untiefen rings um die jeweiligen Inseln schöpfen ließ, ergab sich eigentlich ganz von selbst die Ausbildung von Kanälen, auf denen die Boote ungehindert gleiten konnten, ohne gleich in diversen Sandbänken stecken zu bleiben.

Die ersten Siedler in den Lagunen mußten Gewaltiges leisten, und ihr Entgelt war karg. Anfangs konnten sie sich nur von Fischen und Wasservögeln nähren, dann kamen, auf den aufgeschütteten Inseln, selbstgezogenes Gemüse und Obst dazu, und viel später schließlich hatten sie dann noch das Salz, das sie aus dem Wasser trockneten, und mit dem sich auf dem Festland das eine oder andere Lebensnotwendige eintauschen ließ. Zusammenhalt aller, gegenseitige Hilfe und Ergänzung waren unter diesen Bedingungen einfach die Grundvoraussetzung für das einfache Überleben, nur die Gemeinschaft gab ein wenig Sicherheit.

Ein bitter hartes Leben also, aber dafür doch wenigstens frei? Mitnichten. Denn kaum hatten die Potentaten auf dem Festland bemerkt, daß sich in den Salzsümpfen etwas Rentables zu rühren begann, meldeten sie auch gleich, Patriarch, Bischöfe und Großgrundherren voran, irgendwelche Besitzansprüche an. Und ehe sich's die Lagunensiedler versahen, waren sie wieder nur Kolonen und abgabenpflichtig für Land, das es, ehe sie gekommen waren, noch gar nicht gegeben hatte. Zwar dürften sie diesen Umstand in der Frühzeit wohl kaum gespürt haben, aber der juristische Rahmen stand für alle Fälle, und diese erste Besitzordnung hat denn auch die ganze spätere Entwicklung entscheidend geprägt.

Alles in allem aber läßt sich doch sagen, daß die Veneter den Attilaschock sehr bald überwunden hatten, es gab schließlich viel zuviel zu tun, in den Lagunen, in den Lidodörfern, auf dem Festland. Die Wirren um das erlöschende

26

weströmische Caesarentum berührten sie kaum mehr. Denn mitten im Wiederaufbau brachen immer neue Feinde herein. Man mochte sich ducken, man mochte sich wehren, keiner kam mehr zu Hilfe, und es war fast eine Erlösung, als 476 der Germane Odoaker den letzten Caesar Romulus Augustulus absetzte und sich vom Heer zum Herrscher Westroms ausrufen ließ. Mochte er doch, Soldatenkaiser hatte es früher ja schon genügend gegeben, und außerdem war endlich wieder eine feste Hand da!

Der Neue zeigte sich denn auch ganz energisch, und vielleicht wäre alles doch noch halbwegs in Ordnung gekommen, wenn Ostrom nicht die närrische Idee gehabt hätte, ihn als Usurpator zu bezeichnen und die Ostgoten samt ihrem König Theoderich auf ihn zu hetzen. Die Veneter rangen die Hände – jetzt würde alles Unglück von vorne beginnen. Schließlich wußte man ja genug von diesem gräßlichen Theoderich, daß er noch als Prinz ganz Griechenland zusammen mit 6000 jungen Goten nach Beute durchstreift hat, daß er als König Mazedonien und Epirus gewissenlos ausgeplündert und verheert hat, daß er sich eher benahm wie ein unersättlicher, grausamer Bandit denn wie ein verantwortungsbewußter Herrscher.

Mit dem Kaiser Zeno in Byzanz habe er einmal Todfeindschaft, dann seien beide wieder ein Herz und eine Seele, gerade wie sie einander brauchten. Und jetzt hieß es, die Herrschaften hätten gar über das Schicksal Italiens beschlossen: »Siege ich über Odoaker, werde ich Italien durch die Gnade des Kaisers und als Geschenk besitzen. Unterliege ich, wird der Kaiser nichts verlieren. Er wird dann vielmehr die Kosten für meine Ostgoten sparen.« Das soll Theoderich gesagt haben, als er mit seinem ganzen Volk von Novae, am Ende der Donau aufbrach. Und jetzt waren sie unterwegs schon durch die Julieralpen, dreihunderttausend Barbaren, Männer, Frauen, Greise, Kinder, alles, mit Rinderherden, Töpfen, Betten und Kornmühlen, Hunden und unzähligen Ziegen. Man konnte sich ausrechnen, wo dieser widerliche Zug durchkriechen würde, und über Venetien lasteten Angst, Wut und Ratlosigkeit.

Zunächst war es dann auch wirklich schlimm. Wie eine gigantische Walze brach die Gotenmasse in's Land, Dörfer, Felder, Baumplantagen unter sich begrabend. Dann stellte sich Odoaker bei Verona entgegen, aber er unterlag kläglich und mußte sich in Ravenna verbarrikadieren. Theoderich wandte sich nun dorthin, schnitt alle Zufahrtswege ab und hungerte seinen Gegner aus, Odoaker gab auf und wurde vom Gotenkönig höchstpersönlich ins Jenseits befördert. Nun gut, so war eben Theoderich von diesem März 493 an der fast uneingeschränkte Herr Italiens.

Und das Ganze hatte sich im Veneterland abgespielt, Dörfer, Städte, Landschaften zerstampft, verbrannt. Was seit Attila geschaffen worden war, lag wieder vernichtet, die Mühe von vierzig Jahren umsonst. Zeigten sich die Verwüstungen auch gnädig und fast unbedeutend neben den Hunnengreueln, so hatten sie doch die ersten schüchternen Blüten eines neuen Wohlstands brutal geknickt.

Und so schleppten sich wieder an den Flüssen entlang hunderte müder, enttäuschter Menschen vom Festland weg in die Lagunen, wo die Hütten auf den Inseln immer zahlreicher wurden und die Flecken auf den Lidi sich bereits mächtig aufplusterten.

Die meisten Veneter jedoch blieben trotzdem noch auf ihrer Scholle, und während der nächsten Jahrzehnte schien es auch tatsächlich, als hätten sie sich für's bessere entschieden. Theoderich nämlich erwies sich als ausgezeichneter Regent. Mit unglaublichem Geschick und überraschender Sachkenntnis brachte er Italien in Ordnung, führte eine neue kulturelle und wirtschaftliche Blüte herauf, schützte und achtete das Recht bis ins kleinste und gewährleistete eine nahezu vollständige Sicherheit nach innen und außen. Italien und der Hof von Byzanz waren fassungslos – wie konnte sich ein Mensch nur so vollständig ändern! Denn Theoderichs Leistungen verschlugen den Atem. Den Römern hatte er die Verantwortung über die Zivilverwaltung und die Wirtschaft übertragen, seinen Goten den gesamten Militärbereich. Er war streng (was blieb ihm auch übrig, angesichts der völligen Auflösung, die er angetroffen hatte), aber er konnte befehlen, daß die Stadttore Tag und Nacht offen sein mußten, ohne daß Schaden entstand, und »so jemand auf seinem Gut Gold und Silber liegen lassen wollte, galt dies für ebenso sicher, als ob es innerhalb der Stadtmauern läge«. Und er sagte stolz von sich, daß unter seiner Herrschaft keiner Hunger zu leiden brauche. Römer, Goten, Juden, Katholiken, Arianer – alle waren gleichgestellt. Er wollte einen Staat der absoluten Toleranz, und seinem Land bekam das gut. Daneben sicherte er sich durch eine glänzende Heiratspolitik, sein Einflußbereich reichte bald ebenso weit wie die Grenzen des weströmischen Reiches in seiner besten Zeit.

Der Palast Theoderichs in Ravenna. Unter den Bogen standen einst die Großen des Ostgotenreichs, ihre Hände sind noch an einigen Säulen zu entdecken.

28

Eben das aber gefiel dem Byzantinerkaiser gar nicht, und da der Papst in der Toleranzpolitik des Gotenkönigs das reine Teufelswerk sah, verständigten sich die zwei Würdenträger schnell, spannen ihre Fädlein und trieben den Theoderich ganz langsam in die Enge.

Der wurde sichtlich nervös, es unterliefen ihm Fehler, und, nachdem es den römischen Untertanen dank seiner Tüchtigkeit wieder gut ging, begannen die alsbald, unter unauffälliger Oberleitung wider den »fremden und ketzerischen Tyrannen« sich zusammenzurotten, boshaft zu wispern und zu tuscheln und zu konspirieren mit jedem, der auch nur ein wenig antigotisch war.

Es ist etwas eigenes um die sogenannte Fremdherrschaft. Sobald der Herrschende seine Kraft verliert, und mag sie ihm auch von einem anderen »Fremden« genommen werden, schlagen die »Beherrschten« auf ihn ein, er kann zu ihrem Vorteil geleistet haben, was er will. Und vollends verloren ist er, wenn eine tatsächlich oder vermeintlich hochzivilisierte Gesellschaft das Gefühl hat, einem ihr geistig Unterlegenen und also Minderwertigen ausgeliefert zu sein. Sobald ihr der Atem wieder etwas leichter geht, wird sie versuchen, den widerlichen »Barbaren« zu verjagen – ob sie nun imstande ist, sich selbst zu regieren oder nicht. Freilich ist meist das letztere der Fall, und die hochgemuten »Befreiten« tauschen, bei Licht besehen, nur einen fremden Herrn gegen den andern ein.

Theoderichs Politik der völligen Trennung von Goten und Römern leistete derlei freilich nur noch Vorschub, zumal ja schon der religiöse Graben kaum überbrückbar war. Die katholischen Römer sahen nämlich in den arianischen Goten nicht nur die verabscheuungswürdigen Primitivlinge, sondern auch die verfluchten Ketzer, für deren Ausrottung der Himmel einen Mengenrabatt ausgesetzt hatte.

Beim Kesseltreiben gegen diesen wirklich großen König und sein Volk haben natürlich auch die Veneter eifrig mitgemischt und sicher keine Trauer angelegt, als er am 30. August 526 einem hinterhältigen Giftmord zum Opfer gefallen ist, obwohl gerade er eigentlich ihrem Landstrich von allen Westrom-Beherrschern die meiste Aufmerksamkeit schenkte. Freilich, er regierte von Ravenna aus, und es ist natürlich, daß die Gegend um die Hauptstadt besonders gehegt wird.

Aber nicht nur das Festland mit seinen Städten hat er sorgsam beobachten und fördern lassen, sondern sich auch, wohl als erster Regent Italiens überhaupt, intensiv um die Lagunen gekümmert. Sein Kanzler Cassiodor persönlich verbreitete sich in einem rührend blumigen Bericht (er ist noch heute erhalten) über die Bewohner der Salzsümpfe zu jener Zeit: »In dem Gebiet, um welches Meer und Erde sich streiten, haben sie ihre Häuser aufgerichtet wie die Nester von Wasservögeln, durch künstliche Dämme verstehen sie ihre Wohnungen miteinander zu verbinden, um die Wut der Wellen zu brechen. Ihre Siedlungen sind verstreut, und ihre Boote wie Pferde vor den Türen angepflockt.« Im Essen und in den Behausungen unterschieden sie sich kaum, und der »Neid, das Laster, das die Welt regiert«, sei ihnen fremd.

Dieser Bericht ist in der Tat höchst bemerkenswert, und manche unserer heutigen Historiker sehen denn auch, wie könnte es anders sein, darin die ergreifende Darstellung einer wahrhaft sozialistischen Gesellschaft. Aber wir sollten hier vielleicht doch nochmals auf die Härte des Lebens jener Generationen verweisen und auf die Umstände, unter denen sie von einem auf den andern Tag kommen mußten. Natürlich waren sie alle gleich – Kunststück!

König Theoderich jedenfalls dürfte diesen Bericht weniger unter derartigen Aspekten gelesen haben als mit Überlegungen, wie man dieser doch augenscheinlichen Notlage abhelfen könnte. Aber leider, er kam nicht mehr dazu. Und seine Nachfolger sind, ehe sie etwas tun konnten, an Byzanz und seinem natürlichen Verbündeten, dem Volk von Italien, zerbrochen.

Wieder brandet das Chaos auf. Wittiges, Theoderichs Erbe, wird 540 von Belisar für den oströmischen Kaiser Justinian gefangen, der neue Gotenkönig Totila setzt sich nochmals in ganz Italien durch, wird aus Venetien durch die Franken verdrängt, will sich mit ihnen verbünden – da schickt Ostrom den Narses. Und der klärt die Lage, nicht zuletzt mit Hilfe der Veneter. Denn dank ihrer Unterstützung (endlich einmal kein Barbar und Ketzer!) pirscht er sich über die Lidi an Ravenna heran und erobert es. Der Verlust der Hauptstadt und der Entscheidungsschlacht 552 vor den Toren Roms besiegelt das Ende des Gotenregiments in Italien. König Totila fällt, und seinem Nachfolger Teja bleibt nur ein Jahr darauf ein ergreifendes Aufbäumen und Zusammenbrechen am Fuß des Vesuv. Italien hat die Goten los – aber die Byzantiner am Hals!

Steuern auf Steuern wurden eingetrieben, und da das Land um Ravenna so bequem nahe lag, sah sich Venetien am meisten geprügelt. Zudem preßte der Kaiser von Konstantinopel die ganze männliche Jugend zum Kriegsdienst gegen die Perser – wofür hier nun wirklich keinerlei Verständnis mehr war. Während dieser ganzen fünfzehn Jahre totaler Byzanzherrschaft mögen sich wohl die geplagten Veneter nach dem »Zuvor« gesehnt haben. Aber die letzten Goten hatten sich zwischen den Alpen verkrochen, und die Reste des Königs Theoderich waren schon 552 aus seinem Mausoleum gerissen und in alle Winde verstreut worden.

Und dann kam das Frühjahr 568. Ostrom hatte die ganzen Jahre nur ausgesaugt, aber nichts gegeben, weder wirtschaftliche noch militärische Unterstützung. Venedig war bitter arm und hilflos. Es konnte sich nur noch ducken und zittern, als in diesen Tagen über die Ostalpen ein neues Entsetzen hereinbrach – die Langobarden.

Dieser fürchterliche Germanenstamm hatte einen womöglich noch ärgeren Ruf als die Hunnen. Wo andere plünderten und raubten, da zerstörten, verwüsteten und mordeten sie. Das systematische Verheeren und Vernichten schien ihr Leitziel zu sein. Seit man sie kannte – sie waren zwischen 300 und 400 aus

Fischfang in der Lagune.

Skandinavien gekommen, hatten sich zuerst an der Unterelbe und dann, ab 400, in Mähren niedergelassen – stellten sie überall nur schreckliches Unglück an, und selbst der nicht gerade zimperliche Narses hat ihre Einheit wieder aus dem oströmischen Heer entfernen müssen, eben weil sie zu grausam waren.

Kein Wunder, daß die armen Veneter bei dieser Heimsuchung auf's neue davon liefen und sich, wieder einmal, hinaus in die Lagunen flüchteten. Freilich kamen sie von allen Seiten, aber darunter waren jetzt schon immerhin zwei ganze Städte: Aquilejas Bürger hetzten samt der oströmischen Administration und dem Patriarchen nach Grado, die aus dem einstmals so exquisiten Concordia japsten nun völlig aufgelöst in Caorle.

Vorab: Sie blieben da. Aquileja nämlich und Concordia machten die Eroberer einfach dem Erdboden gleich. Über den Grund dürfen wir heute noch rätseln.

Oderzo, Altinum und Padua haben sie zwar etwas schonender behandelt, aber über's nackte Weiterleben kamen die bedauernswerten Einwohner wohl kaum hinaus. Zwar blieben sie immer noch, aber das Leben auf dem Festland wurde nun unerträglich hart. Die widerlichen Eindringlinge nämlich dachten

31

xxx

*Langobardischer
König mit Gefolge.*

nicht daran, weiterzuziehen. Sie breiteten sich vielmehr behaglich aus und richteten einen Staat ein. Hauptstadt und Sitz ihres blutigen Königs Alboin legten sie in das unglückliche Pavia, von dem aus sie in wenigen Jahren fast ganz Italien unter ihr Joch zwangen.

Die Römer waren nun nichts mehr weiter als rechtlose Besiegte, Unterworfene, Sklaven, dem Mutwillen der neuen Herren schutzlos ausgeliefert. Peitschenschwingende Horden trieben Abgaben um Abgaben ein, wer ihnen nicht paßte, wurde gefoltert, in Stücke gehauen, gehängt. Haus und Hof, Tiere, Felder, nichts war sicher vor ihren Brandfackeln, vor ihren Äxten und Schlachtmessern. Wo sie darüberstapften, blieben nur Trümmer und Tod.

Jammer und Entsetzen fuhren über das Land, aber selbst Konstantinopel konnte nichts mehr tun. Im Gegenteil. Die Herrschaft der Wüteriche hatte sich bald so gefestigt, daß der oströmische Kaiser Maurikios sich im Jahr 588 mit dem neuen Langobardenkönig Authari vergleichen und die Aufteilung Italiens anerkennen mußte: Byzanz verblieb nur noch Sizilien, Kalabrien, etwas von Apulien, Neapel und Rom mit jeweils einem Stück Land darum, eine schmale Landverbindung zwischen Rom und Ravenna, dieses selbst, Seevenetien mit den eigentlichen Veneterstädten sowie Istrien. Ansonsten zählte Oberitalien bis zur byzantinischen Landbrücke zum Königreich des Langobarden, und südlich davon dehnten sich bis Apulien ein paar Herzogtümer, die zwar von Pavia unabhängig, aber deshalb nicht minder langobardisch waren. Italien gehörte endgültig den Barbaren.

Und daß Byzanz auch den Rest verlieren würde, zeichnete sich bald ab. Schon 602 unterbrach König Agilulf die Verbindung zwischen Ravenna und Istrien, indem er das Gebiet zwischen Brenta und Po bis an den Lagunenrand vereinnahmte. Die armen Städte, die dort lagen, Monselice und Padua, zerstörte er natürlich restlos und trieb ihre Bürger vor sich her in den Morast. Dann ließ er sie in Ruhe. Und so konnten sich die Gejagten wenigstens dort wieder einrichten – die aus Monselice in Chioggia, die aus Padua in Malamocco.

Drei Jahrzehnte später wurde die nächste langobardische Majestät wiederum von Appetit erfaßt. Der Tapfere annektierte alles Land bis zur Piave, wobei er selbstverständlich Altinum, eine Stadt, die immerhin ein halbes Jahrhundert zuvor noch unter die elegantesten Plätze des Imperiums zählte, in ein klägliches Häuflein aus Asche und rußschwarzen Steinen verwandelte. Brauchtum verpflichtet! Und während die Stadt brannte und das Schreien der Malträtierten durch die Flammen gellte, schleppte sich ein Elendszug von Flüchtigen durch Schilf und Sumpf hinaus in die Lagune auf die Inseln um Torcello.

Mit der Dreißig scheinen es die Langobarden in der Tat gehabt zu haben, denn wiederum akkurat drei Jahrzehnte danach breitete sich ihr König Grimwald bis zum Isonzo aus und erwies dabei Oderzo, der letzten der Veneterstädte, die Ehre seines Besuchs. Auch von ihr stand kein Mäuerlein mehr, als er sich schließlich wieder verabschiedete, und die, die sich aus dem Inferno gerade noch hatten retten können, hasteten jammernd nach Jesolo und, vor allem, Herakliana.

Diese Lagunensiedlung war eigentlich recht jung. Sie dürfte allenfalls um 600 entstanden sein, aber schon fünfzig Jahre später hat sich Kaiser Konstans intensiv um sie gekümmert, sie beachtlich ausgebaut und, für alle Fälle, gleich auch ein wenig auf die Rolle einer eventuellen Provinzhauptstadt vorbereitet. Der Einfall war gut, denn nun ließ sich die kaiserliche Administration, die nach dem kurzen Gastspiel in Grado nach Oderzo verlegt worden war, gleich wieder ordentlich installieren. Das war für Konstantinopel aber auch das einzige Erfreuliche in diesen Jahren.

Denn als Konstans die Krone an seinen Nachfolger, den vierten Konstantin, weitergab, war für Ostrom von der ganzen weitläufigen Provinz nur noch der dünne Lagunenstreifen längs der Küste übrig, auf dessen Inseln und Dünen Massen hungernder und wimmernder Flüchtlinge hockten – wodurch freilich das Problem infolge seiner Lästigkeit für Byzanz arg weit weg rückte. Die hohen Herren dort bei Hofe strichen nachdenklich ihre parfümierten Bärte und fanden das alles natürlich sehr traurig. Aber da die besagten Flüchtlingsmassen ja offenbar nichts mehr besaßen, war mit weiteren Steuereinnahmen nicht zu rechnen. Was sollte man da noch investieren? Vielleicht halfen sie sich selbst, es wäre ihnen ja wirklich zu gönnen! Und außerdem war das eine Angelegenheit für den Herrn Exarchen in Ravenna, vielleicht fiel dem etwas ein. Die kaiserliche Regierung konnte sich ja nun wirklich nicht um alles kümmern.

Die Veneter, vertrieben aus dem Land, in dem sie eineinhalb Jahrtausende gewohnt hatten, und zusammengedrängt auf einem Stücklein Erde, wie es unwirtlicher nicht gedacht werden konnte, mußten ganz von vorne anfangen. Und es war niemand da, auf dessen Hilfe sie ernsthaft hätten rechnen können. Sie waren an den Rand geschoben, in jeder Weise. Sogar die Langobarden hatten das Interesse verloren, wohl weil kaum mehr etwas zu holen war und zudem Attacken per Schiff viel zu viel Aufwand erforderten. Zwar tobte einmal, es mag um 640 herum gewesen sein, der Friauler Herzog Lupo bei ungewöhnlich niedrigem Wasserstand über den eingesunkenen Römerdamm nach Grado hinein, plünderte und richtete die Stadt böse zu. Aber das war doch so ziemlich das einzige Mal und wohl nichts weiter als ein kleines Jagdspäßchen. Im übrigen lagen die Lagunennester außerhalb des Interesses.

Immerhin gab es zu jener Zeit wahrhaft Wichtigeres: Ab 632 brach der Arabersturm los, und die Byzantiner verloren im Handumdrehen außer Kleinasien den gesamten Orient samt Nordafrika an den Islam, das Westgotenreich in Spanien brach zusammen, und die Söhne Mohammeds standen an den Pyrenäen, während im Norden, in Gallien, die Franken eine immer gewaltigere Macht formten. In Italien war es zwar gelungen, die Langobarden wenigstens ein bißchen zu zivilisieren – sie haben sich sogar immer mehr von ihrem Arianismus abgewandt, bis schließlich König Grimwald selbst sich 698 zum römischen Glauben bekehrte und anordnete, daß fortan in allen Kirchen nur noch die katholische Lehre und deren Weihrauch Verwendung finden dürften – aber weniger aufsässig waren sie deshalb nun noch lange nicht. Die Herren von Pavia wollten das Regiment über ganz Italien, punktum! Schon waren 726 mit byzantinischer Hilfe die süditalienischen Herzogtümer gleichgeschaltet worden, die Pentapolis, die Landbrücke zwischen Ravenna und Rom, gehörte ihnen ebenfalls, Ravenna fiel 751, und jetzt sollten Rom und der Papst eingegliedert werden.

Der Papst ein langobardischer Bischof? Den damaligen Inhaber des Stuhles Petri, Stefan II., würgte die Angst und er rief lauthals um Hilfe. Aber Byzanz, das die Sache ja nun wirklich am unmittelbarsten anging, zeigte sich nur mäßig bewegt. Man mochte dort überlegen, ob, da Rom ja ohnedies nur noch mit höchsten Kosten zu halten war, ein disziplinierter langobardischer Papst gegenüber den bisherigen, von ständigem Größenwahn geschüttelten römischen Bischöfen nicht Vorteile brächte. Man wäre viel Ärger los.

Außerdem hatte man anderes zu tun. In der Ostkirche tobte nämlich wieder einmal ein wüster Theologenstreit. Kaiser Zenon III. hatte, vom islamischen Kalifen Jezid II. beeinflußt, plötzlich den Einfall gehabt, man dürfe Gott weder bildlich darstellen, noch irgendein menschliches Konterfei an einem heiligen Ort anbringen. Ornamente, Pflanzenbilder – alles andere sei des Teufels. Gleich schlossen sich eine ganze Menge Gotteswissenschaftler an (es kann schließlich

34

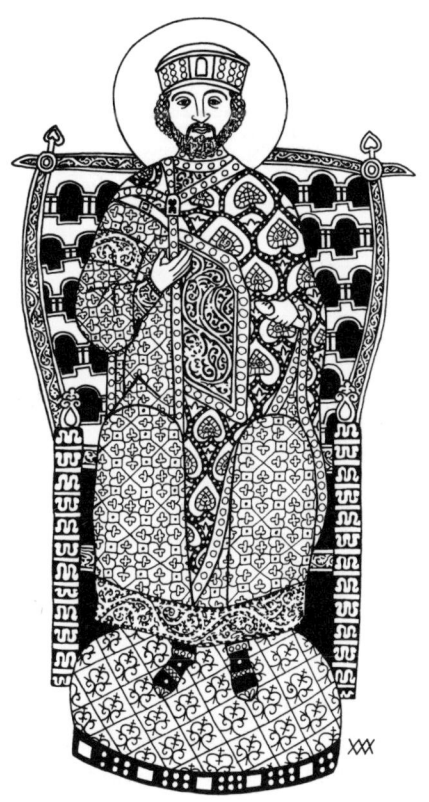

Kaiser Zenon III. löste, vom Islam beeinflußt, den Bildersturm aus und stürzte das ost-römische Reich damit – wieder einmal – in theologische Kämpfe und innenpolitisches Chaos.

niemals schaden, des Kaisers Meinung zu sein), Erlasse und Verbote des Basileus überfluteten das Reich, und Horden von Eiferern mit Farbkübeln und Tünch-bürsten rannten alsbald los und schmierten alles zu, was nur auch entfernt nach Menschenbildnis aussah. Die schönen Ikonen! Kein Wunder, daß die Gegner dieser Narretei aufschrieen und losprügelten, jeder hieb auf jeden ein, und es war ein Durcheinander ohnegleichen. Das oströmische Reich, d. h. was noch davon übrig war, lag wieder einmal im Fieber und war nicht in der Lage, an etwas anderes zu denken als an sich selbst.

Der Bischof von Rom beklagte diese Lage zwar mit rührenden Worten (frei-lich nicht ohne erschüttert anzufügen, daß diese Wirren die Strafe für die abscheuliche Ketzerei des Bildersturmes seien), aber unangenehm war sie ihm beileibe nicht, im Gegenteil, er fühlte sich beschwingt. Schon lange störte ihn die byzantinische Herrschaft über seine Stadt und deren Umland, das soge-nannte Dukat Rom. Wie sollte man so den Primat als Petrusnachfolger durch-setzen? Nein, nein, der Heilige Stuhl mußte sich von Ostrom lösen und zunächst und vor allen Dingen sich eine eigene Machtbasis als souveräner Landesherr schaffen. Das weitere würde sich geben.

Der Bildersturm. Mit großer Farbbürste und noch größerem Kalkkübel wird eine Ikone zugepinselt.

Kaum eine Kraft in der abendländischen Geschichte hat den Weg zur totalen Macht so erfolgreich beschritten wie das Papsttum. Die nahtlose Folgerichtigkeit, mit der die Ziele an den Möglichkeiten sich wandelten und weiteten, fesselt ebenso wie die klare, kalte Zähigkeit, mit der sie verwirklicht wurden. Hier dachte und handelte die Macht für die Macht, andere Werte hatten da keinen Raum, es sei denn, sie dienten bedingungslos.

Stefan II. steht geradezu als eine Verkörperung dieses Prinzips da. Alles baute er ein, alles nützte er vollendet aus, Zorn und Abscheu des Westens gegen die Bilderstürmer im Osten ebenso wie die Bedrohung durch die Langobarden und die Handlungsunfähigkeit von Byzanz: Er teilte dem Basileus mit, daß ihm in dieser höchsten Not nur noch ein Bündnis mit den mächtigen Franken bleibe, auch wenn das Opfer und Zugeständnisse kosten sollte.

Konstantinopel mag über diesen Einfall wohl einigermaßen erschrocken sein und schmerzerfüllt gen Himmel geblickt haben, aber was blieb denn schließlich anderes, als zuzustimmen? Immerhin war die Überlegung, die Langobarden durch die Franken bändigen zu wollen, zwar nicht neu, aber doch interessant. Ob der Papst den Kaiser wirklich in seine verschlungenen Pläne eingeweiht hat, oder, was eher zutreffen dürfte, ob der Basileus in der Folge ganz einfach überfahren worden ist, das könnten, wenn überhaupt, allenfalls die päpstlichen Archive aufklären. Jedenfalls, und das steht fest, hat Ostrom während der ganzen folgenden Ereignisse brav still gehalten und immerzu nur genickt, was auch geschah.

36

Und es geschah einiges. Zunächst reiste der Papst eilends ins Frankenreich zu König Pippin und bat um Schutz und Hilfe. Die Gegenleistungen, die er dem schlauen Franken dafür anbot, sind bis heute geheim geblieben, jedoch dürften sie mit vielem zusammenhängen, was Pippins Erbe Karl bald danach erreicht hat. Die beiden Herren verstanden sich sogleich prächtig, versicherten einander der innigsten Liebe – und alsbald war eines der geschicktesten und folgenschwersten Gaunerstücklein der Weltgeschichte ausgeheckt.

Die königlich-fränkische Kanzlei zu Quierzy nämlich fertigte eine (übrigens ausgezeichnet gemachte) Pseudo-Urkunde des großen Konstantin, die besagte, daß er, Caesar und Imperator, dem Apostel Petrus (wohl posthum!) und seinen Nachfolgern auf dem römischen Bischofsstuhl die Stadt Rom samt ihrem Umland zu eigen gebe. Es war natürlich reiner Zufall, daß die genannten Grenzen – sie lagen im Norden etwa beim See von Bolsena und im Süden bei Gaeta – fast haargenau denen des byzantinischen Dukats von Rom entsprachen. Aber außerdem, und hier hat Seine Heiligkeit den Franken bravourös hereingelegt,

Die »Konstantinische Schenkung«. Kaiser Konstantin kniet vor dem Papst und bietet ihm die doppelte Krone an, während er mit der anderen Hand auf das »Geschenk« der Pentapolis verweist.

übertrug Herr Konstantin dem obengenannten Heiligen Stuhl in diesem Dokument auch die Sorge für die ganze westliche Reichshälfte! Pippin hat bei aller Schlitzohrigkeit den päpstlichen Pferdefuß in diesem Passus offensichtlich doch nicht erkannt – und gerade der sollte einmal das mächtige Westreich, dessen Bau gerade erst begonnen worden war, zerbrechen.

Im Gegenteil, alle Welt schwamm in Wonne, Vater Stefan ernannte Pippin samt seinen Söhnen zu »Schutzherren der Römer« und salbte ihn in St. Denis gleich noch einmal zum König (drei Jahre zuvor hatte das bereits der heilige Bonifatius besorgt – also wenn das nicht hält!). Auch die Rückreise nach Rom glich schon fast einem richtigen Triumphzug, das ganze Frankenland huldigte und sank auf die Knie nieder, und die rechte Hand des Heiligen Vaters konnte nicht genug segnen und himmlische Gnaden verteilen, ganz wie es einem obersten Priester und Stellvertreter des Herrn zukommt. Die linke Hand allerdings wachte dabei sorgsam über ein Stücklein Pergament, das, so seltsam es auch zustande gekommen sein mag, einmal eine ganze Welt unter die samtenen Pantoffel seiner Nachfolger zwingen sollte.

Die glücklichen Folgen dieser Tage von Quierzy zeigten sich für Vater Stefan denn auch bald. Kaum war er in der Ewigen Stadt wieder eingetroffen, stapfte Pippin mit seinen Franken schon über die Alpen und drosch die Langobarden jämmerlich zusammen – so sehr, daß sie ihm, als er ihnen zwei Jahre später nochmals eine Niederlage beibrachte, das erst kürzlich eroberte Ravenna samt Umland sowie die Pentapolis, eben die wichtige Landverbindung zwischen dem Dukat Rom und Ravenna, abtraten. Und mit großer Geste legte der Frankenkönig dem Papst beide Landschaften zu Füßen – als Geschenk, versteht sich.

Inzwischen hatte dieser die so ganz plötzlich »wiedergefundene« Urkunde des großen Kaisers Konstantin wirken lassen – und siehe da: Byzanz überließ, so ganz ohne Widerworte, das ganze römische Dukat dem »rechtmäßigen Erben«. Dem Basileus war es wohl doch ganz angenehm, daß er den sowieso sicheren Verlust der alten Kapitale an irgend jemanden auf diese Weise ehrenvoll kaschieren konnte – und außerdem hatte man sich ja schließlich abgesprochen. Sicher hat er bewegt die Handflächen gegeneinander gepreßt – aber sein Jawort hat er dann doch gehaucht. Und darauf kam es schließlich an.

Der Heilige Vater zu Rom konnte mit gutem Grund nicht genug Dankmessen lesen. Fast über Nacht hatte ihn das Bündnis mit Pippin zum Herrn eines Territoriums gemacht, das weite Teile Mittelitaliens umfaßte, die beiden Hauptstädte sowie eine Vielzahl reicher Gemeinden, die ebensoviel Steuern wie Truppen stellen konnten. Der Heilige Stuhl war plötzlich reich, mächtig und unabhängig. Zwar galt vorläufig noch der Kaiser von Byzanz als Oberherr, wenigstens dem Namen nach, aber das ließ sich ändern: Der Kirchenstaat war geboren.

Voilà, die nächte Planstufe konnte in Angriff genommen werden – und das hieß: totale Durchsetzung des Primats. Und jetzt kam Seevenetien plötzlich wieder ins Gerede.

Wegmarken

Es war nicht zu fassen – auf einmal stand der Lagunenstreifen am Adriaende im Mittelpunkt der Weltpolitik. Gleich vier erlauchte Häupter zankten sich darum: Der Frankenkönig wollte ihn haben, der Griechenkaiser wollte ihn nicht hergeben, der Papst wollte ihn unter seine Kirchenhoheit stülpen, und der Patriarch von Grado dachte nicht daran, das zuzulassen. Wie sich die Zeiten doch ändern! Vor nicht einmal hundertfünfzig Jahren noch, als dort Not und Verzweiflung regierten und die kleinste Hilfe ein Himmelsgeschenk gewesen wäre, da sahen sie geflissentlich weg, die Herren.

Und jetzt waren sie plötzlich wieder alle da, mit Gesäusel, Versprechungen, Drohungen. Und warum? Nun ja, die Veneter waren eben wieder reich. In dieser Zeit um 780 herum nämlich hatten sich ihre Sumpfnester bereits zu blühenden und volkreichen Städten gemausert und zu Handelszentren, in denen mehr an Geld und Kostbarkeiten angehäuft lag als sonstwo ringsum. Venetische Kaufleute fand man an allen großen Plätzen Italiens ebenso wie in Dalmatien und weit hinab bis Griechenland.

Ihr Land nämlich, ihre Herden, Dörfer und Städte hatten ihnen damals die Barbaren zwar wegnehmen können, nicht aber die Erfahrung, das Wissen und die Klugheit von eineinhalb Jahrtausenden. Die waren bei der Flucht in den Morast mit im Gepäck und dazu noch eine ganze Menge durchaus materielles Vermögen, das sich aus dem Chaos hatte retten lassen. Und das alles ergab zum neuen Anfang ein Grundkapital von höchstem Wert. Denn da war noch ihr Wille, wieder hochzukommen. Sie hatten einmal als stolze Grundbesitzer, Industrielle, Kaufherren geboten, und sie dachten nicht daran, alles Gewußte und Gehabte zu vergessen und gegen kargen Tagelohn als Fischer oder Entenjäger zu vegetieren.

Sie stellten sich um und wurden Händler. Vorsichtig knüpften sie die alten Beziehungen nach Osten wieder an und tasteten sich bei den neuen Herren ihrer alten Heimat vor, besorgten, vermittelten, verkauften hin und her, und bald schon drängten sich in den Lagunenflecken von Grado bis Chioggia Stapelhäuser, kleine Fabriken, Kontore. Quirliges, geschäftiges Treiben überall, jeder hatte sein Auskommen – die Veneter schwammen wieder oben.

Denn eines hatten sie im Überfluß: Salz. In Italien gab es davon kaum etwas und in Griechenland bei weitem nicht genug. Und so wurden die ärmlichen Salzpfannen der ersten Siedler alsbald zu straff organisierten Großbetrieben.

Das Salz brachten ihre damals schon gerühmten Schiffe nach Apulien, der italienischen Kornkammer jener Zeit, dort luden sie dafür Getreide, das sie an die Langobarden verkauften. Von denen bekamen sie dann meist Rinder, Schafe und Pferde, und diese wiederum fanden in Griechenland schnellen Absatz. Und die Waffen und Gerätschaften, die sie dort einhandelten, brauchten wiederum die Langobarden. Die jeweiligen Gewinne, die in den Lagunen blieben, waren beachtlich.

Das meiste Geld aber brachte eine der ältesten Waren, nämlich Sklaven. Und so durchstreiften die Veneter immer wieder Istrien und Dalmatien, zuweilen sogar die angrenzenden Langobardengebiete, nach kräftigen Germanen und stämmigen Slawen. Begeisterte Abnehmer waren die Sarazenen in Nordafrika, und die Preise, die erzielt wurden, konnten sich sehen lassen. Mit Seide, Gold und Spezereien waren die Schiffe beladen, wenn sie zurückkamen, Kostbarkeiten, für die die Griechen jede Summe zahlten. Freilich hat der eine oder andere kirchliche Würdenträger diese Form von Handel energisch angeprangert, sogar ein Papst, es war Vater Zacharias, wollte einmal mit einem spektakulären Loskauf von fast zwei Dutzend dieser armen Teufel der Welt die Unchristlichkeit des Beginnens vor Augen führen, und auch der Bischof Orso von Olivolo-Rialto hat noch 854 seine Hinterlassenschaft zum Freikaufen von Sklaven bestimmt. Aber sonst blieb es ziemlich still, vor allem von den Patriachen zu Grado hat man kaum etwas gehört. Sollte es vielleicht daran liegen, daß gerade die reichen Sklavenjäger und -händler zu den besonders eifrigen Kirchenstiftern gehörten? Es könnte ja sein. Jedenfalls aber blieb das Sklavengeschäft auf Jahrhunderte hinaus eine der Hauptsäulen des venezianischen Handels. Schwächliche Proteste ließen die Herren in den Lagunen kalt. Die Veneter hatten lange genug sich geduckt, sich an Normen und Gesetze von außen gebunden und waren als Quittung dafür jämmerlich geprügelt und in den Sumpf gejagt worden. Jetzt machten sie sich ihre Gesetze und Vorschriften selbst. Entscheidend war der Nutzen für sie allein, nichts weiter. Und man kann sie da irgendwie sogar verstehen.

Mit der eigentlichen Besiedelung der Lagunen und vor allem dann eben mit dem Aufblühen der Wirtschaft klärten sich dann auch die Besitzverhältnisse. Der erste juristische Rahmen aus der Zeit nach Attila wirkte sich nun voll aus, und das Land wurde ordentlich aufgeteilt. Krösus war natürlich der Patriarch von Grado, ihm gehörte vermutlich das ganze Stück von Grado bis Caorle. Und da sich alle anderen in den Rest teilen mußten, sind die ständigen Prügeleien der Städte untereinander, besonders zwischen Herakliana und Jesolo, durchaus rational zu erklären. Venetiens Probleme waren da um keinen Deut anders als anderswo, abgesehen vielleicht davon, daß hier auch »aquae«, Wasserflächen, wie Landstücke gehandelt wurden. Mit gutem Grund – denn das, was das Meer bot, Salz, Fische, Wasservögel, war dem Angebot des Festlandes oder der Inseln, Holz, Gemüse, Obst, zumindest ebenbürtig.

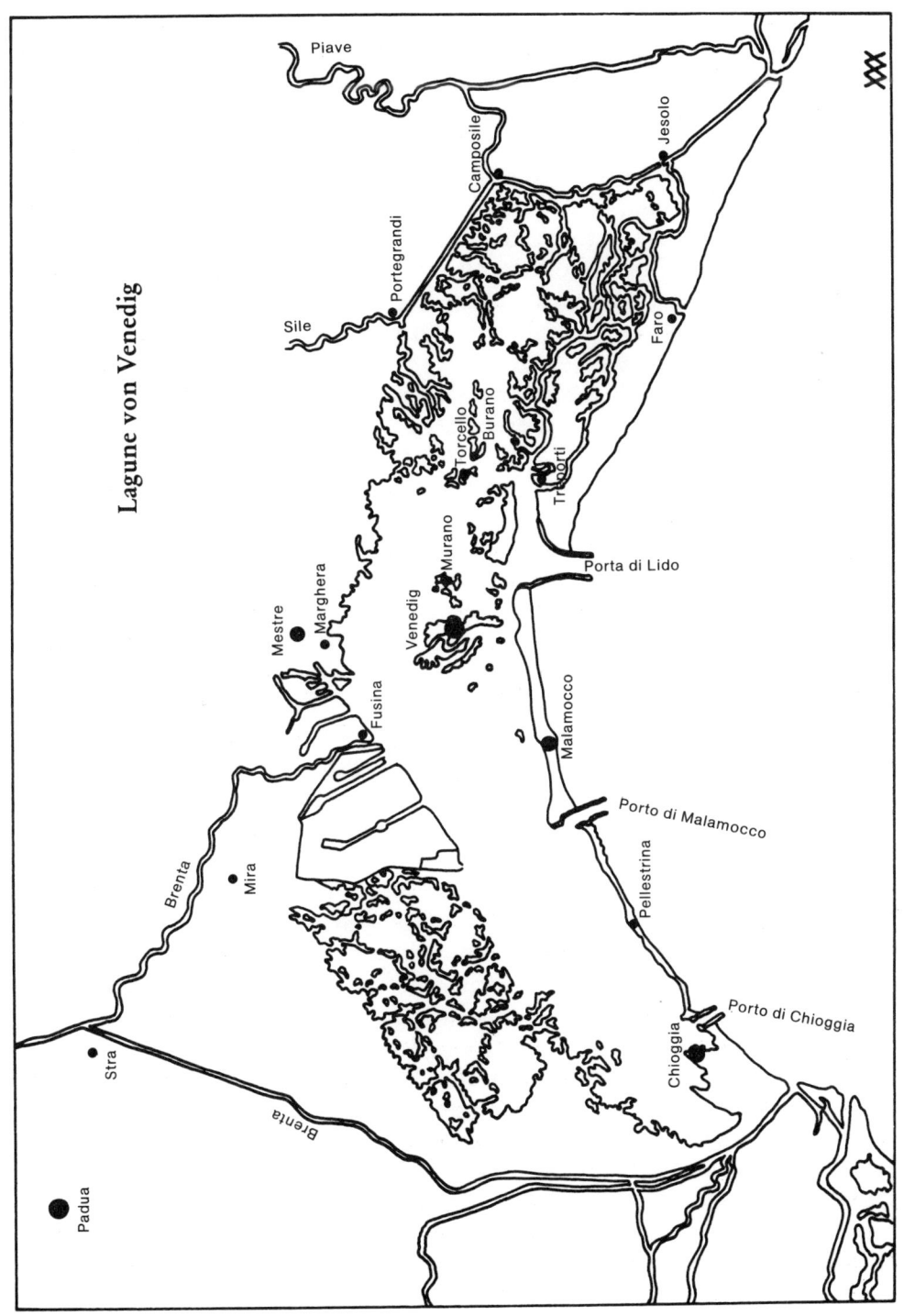

Lagune von Venedig

Piave
Camposile
Jesolo
Portegrandi
Sile
Faro
Torcello
Burano
Tre Porti
Murano
Porta di Lido
Venedig
Mestre
Marghera
Fusina
Malamocco
Porto di Malamocco
Brenta
Mira
Pellestrina
Stra
Brenta
Porto di Chioggia
Chioggia
Padua

Die Macht des Grundbesitzes jedoch hielt sich durchaus in Grenzen. War er schon zu Beginn eingeschränkt, so trat er später noch mehr zurück zugunsten der eigentlich Mächtigen in den Lagunen, der Reeder und Kaufleute.

Byzanz merkte das alles eigentlich recht spät, es hatte, nach Art des Hauses, das Ländchen seit all den schrecklichen Katastrophen abgeschrieben. Erst als allmählich doch wieder Abgaben tröpfelten, erinnerte man sich. Zwar waren es nur Naturalien, Hühner, Eier, Obst, Fische, aber da inzwischen fast alle Italienprovinzen auf diese höchst direkte Weise zahlten, ging das durchaus an. Man wurde aufmerksam. Ein angeforderter Bericht des Herrn Exarchen erfreute ungemein. Man ließ sich eingehender informieren – und war entzückt. Nein denn, wer hätte das gedacht, darum mußte man sich ja einfach kümmern! Und der Hof am Bosporus entbrannte plötzlich in heißer Liebe zu seinem Seevenetien und ließ ihm höchste Beachtung zuteil werden. Zwar beschränkte sich diese vor allem auf Dinge wie Abgabenüberwachung und ähnliches, aber das Ländchen war doch höchst eng und gekonnt in die Reichsverwaltung eingeflochten, und man zeigte aller Welt, daß man nicht gewillt war, eine derart erfreuliche und trächtige Pfründe ohne Not aufzugeben.

Spätestens hier aber ist es leider unerläßlich, wenigstens einen gelangweilten Blick auf das byzantinische Administrationsnetz im Italien jener Jahrzehnte zu werfen. Nach dem Zusammenbruch des Gotenreiches nämlich hatte Konstantinopel das ganze Land ausnahmslos unter eine Militärverwaltung gestellt. Die uralte römische Zivilordnung mit Municipium, Curia und anderem war weggewischt, und in Ravenna residierte ein Exarch, der als kaiserlicher Stellvertreter nur dem Basileus verantwortlich war und alles in allem, von der Gerichtsbarkeit bis zum Militärbetrieb, nach Belieben schalten und walten konnte. Nur die Steuern hatte er peinlichst genau und pünktlich abzuliefern, darauf sah man in Byzanz schon sehr. Aber das war ja nun schließlich auch das Wichtigste.

Sodann zeigte sich der ganze italienische Stiefel in größere und kleinere Verwaltungsgebiete, Dukate, eingeteilt. Den größeren stand ein Magister Militum vor, den kleineren ein Dux – zwei Posten, die zwar im Rang ein wenig verschieden, in der Funktion aber völlig identisch waren: Sie galten als Generale, hatten in ihren Bezirken nahezu alle Vollmachten für das Gerichts-, Militär- und Verwaltungswesen und taten im übrigen, was der Exarch befahl.

In den Gemeinden schließlich waren die Tribunen die Herren. Als Stadtkommandanten befahlen sie ihre Einheit, die sie aus ihrem Gemeindegebiet rekrutieren und ausbilden mußten, fungierten als Gemeinderichter und waren für die Eintreibung der Abgaben verantwortlich. Und da es einem, der einer großen Gemeinde vorsteht, nicht zugemutet werden kann, daß er sich mit dem Kommandanten einer Kleinstadt auf eine Stufe gestellt sieht, war eine Unterteilung in »Tribuni Majores« und »Tribuni Minores« nicht zu umgehen. Mit der Gleichheit hat es so seine Tücken.

Die Vertreter der byzantinischen Macht in Italien. In der Mitte der Exarch, links von ihm die Magistri militum, Duces und Tribunen major und minor, rechts der Patriarch mit dem Klerus.

Natürlich wurde, wie es sich für eine stramme Militärverwaltung gehört, nicht gewählt, sondern ernannt. Der Basileus bestimmte alle, den Exarchen, die Magistri Militum, die Duces, sogar die Tribunen. Aber spätestens bei den letzteren war es um seinen freien Willen höchst bedenklich bestellt. Denn einmal mußte er sich auf Vorschläge verlassen, und zum anderen kam man in dieser Sache an den großen, alten Familien nicht vorbei. Ihr Einfluß allein garantierte eine ordentliche Rekrutierung und einen pünktlichen Dienst, nur ihre Autorität ließ die Abgaben brav und regelmäßig fließen. Und so ergab es sich von selbst, daß das Tribunat eine Domäne der großen Familien blieb, alsbald richtiggehend erblich – und zur Wiege des späteren venezianischen Adels wurde.

Denn natürlich galt dieses System auch für Venetien. Mit Istrien zusammengefaßt unterstand es einem Magister Militum, der zunächst in Aquileja, dann in Oderzo und, nach dessen Zerstörung, schließlich in Herakliana seinen Pflichten nachzugehen suchte. Zwar wuchs seine Selbständigkeit in dem Maße, in dem die Herrlichkeit des Exarchen zu Ravenna abnahm, aber als dann die

43

venetische Provinz schließlich nur noch den Küstenstreifen von Grado bis zur Etschmündung ausmachte und außerdem die letzte Landverbindung nach Istrien an die Langobarden verloren gegangen war, mußte Konstantinopel bekümmert und in Sorge um sein geliebtes Seevenetien aus den Gegebenheiten das Fazit ziehen: 697 erklärte die kaiserliche Regierung Venetien zum selbständigen Dukat und ernannte einen eigenen Dux, der fürderhin von Herakliana aus die Reichsgewalt zu vertreten und den Glanz von Byzanz zu verkünden hatte. Ein bescheidener Anfang, gewiß. Aber: Das venezianische Dogat war geboren – die erste Marke am Weg der großen Republik.

Natürlich haben sich die venezianischen Geschichtsschreiber später ganz rührend bemüht, diesen Beginn nach dem Selbstverständnis der Serenissima zu schneidern und also höchst würdevoll und werbewirksam darzustellen, wobei nach ihnen der erste Doge vor allem vom souveränen Volk Venetiens gewählt und, gestützt auf den geschlossenen, starken Volkswillen, seine Aufgabe angreifen konnte. Aber eben das war nicht der Fall, sondern den ersten Dogen wurde so sehr mitgespielt, daß ihnen ein ordentlicher Christenmensch auch heute noch sein Mitleid nicht versagen kann.

Sie hatten es bitter schwer. Die Tribunenfamilien waren zu einer allmächtigen Aristokratie angewachsen, bestimmten in ihren Gemeinden einfach alles und erklärten sich nur dem Exarchen verpflichtet. Und da die gesamte Administration dennoch ausgezeichnet lief und keinerlei Nachteile entstanden, war es diesem, und noch mehr der Regierung am Bosporus völlig gleichgültig, was sich sonst noch in den Lagunen tat.

Der erste Doge, Paulutius, stand also so ziemlich allein. Einfluß hatte er fast gar keinen, die Tribunen verweigerten ihm Mitsprache in der Rechtsprechung ebenso wie die militärische Gefolgschaft, er mußte ohnmächtig zusehen, wie sich die Lagunenstädte gegenseitig überfielen und durchbleuten, wie sein Gebiet wüste Geschlechterkeilereien verheerten und unablässig und an allen Ecken böser, völlig sinnloser Schaden angerichtet wurde. Die Chroniken berichten da, und in diesem Fall ziemlich glaubwürdig, von den übelsten Streitereien, wobei sich offenbar die beiden Kampfhähne Jesolo und Herakliana besonders hervorgetan haben. Natürlich standen handfeste Interessen um Land- und Wasserbesitz dahinter, jeder glaubte, bei der Aufteilung zu kurz gekommen und jetzt berechtigt zu sein, mit Feuer, Schwert und Geschrei den Gegner in die Knie zu zwingen. Wenn der arme Paulutius dazwischentreten wollte, wurde ihm gleich auch noch eins übergezogen. Man erinnerte sich seiner nur, wenn sich der allgemeine Unmut gerade einmal gegen die Übergriffe des ravennatischen Exarchen oder gegen die griechische Oberhoheit insgesamt richtete. Da durfte er den Sündenbock spielen – und derlei ereignete sich in schöner Regelmäßigkeit. Von den zwei Jahrzehnten der »Herrschaft« des ersten Dogen ist also neben diesem unentwirrbaren Durcheinander kaum etwas wesentliches geblieben, allenfalls noch die Tatsache, daß in diesen Jahren, wohl um 715, die Grenze Seevenetiens zwischen dem Langobardenkönig Liutbrand, dem oströmischen Magister Militum von Istrien Marcellus und dem Dux Paulutius endgültig festgelegt worden ist. Sie verlief ein Stückchen landeinwärts auf dem Festland entlang den Lagunen und wurde eigentlich jahrhundertelang nie angetastet, bis – bis Venedig selbst sie zum eigenen Vorteil überschritten hat.

Als Paulutius 717 endlich verblichen war, erschien jedenfalls der Regierung von Byzanz für die Seeprovinz eine energische Hand vonnöten, und sie übertrug das Dukat Venetien eben doch wieder dem Magister Militum von Istrien, dem bereits erwähnten Marcellus. Ihm blieben freilich nur ganze neun Jahre, um ein wenig Ordnung zu schaffen, denn schon 726 ist er verschieden, offenbar nicht ganz ohne Nachhilfe.

Denn 726 steht als das Jahr der großen italienischen Empörung gegen Ostrom: Anlaß war das sattsam bekannte Verbot Kaiser Zenons III., religiöse Bilder zu verehren. Der Papst, damals Gregor II., glaubte seine Stunde gekommen und rief zum Aufstand gegen diese Ketzerei. Gewiß, sein Zorn mag durchaus echt gewesen sein, aber vor allem träumte er seit je von einem geeinten Italien, unter seiner Führung selbstverständlich. Ergo inszenierte er eine Revolution der griechischen Untertanen, die dann auch prompt die griechischen Amtsträger verjagten oder umbrachten und eigene Duces wählten. Selbst der Exarch in Ravenna mußte dran glauben. Sodann hetzte Vater Gregor den Langobardenkönig Liutbrand gegen die Griechen und, zum Ausgleich, die langobardischen Herzöge gegen Liutbrand. Ein höchst imponierendes Spielchen, in der Tat, bei dem der Papst allerdings eine Kleinigkeit, eine winzige Kleinigkeit übersehen hatte: Auch Liutbrand wollte ein geeintes Italien, aber eben ein langobardisches. Zwar nahm er, im Einverständnis mit Gregor, den Griechen die Pentapolis weg, verbündete sich aber mit diesen, als der neue Exarch Eutychios mit einem mächtigen Heer in Italien ankam. Gemeinsam mit den Byzantinern unterwarf er darauf seine rebellischen Herzöge im Süden und setzte den Heiligen Vater im eingeschlossenen Rom schachmatt. Gregors II. Traum war ausgeträumt, die Pentapolis blieb langobardisch, Rom, Ravenna und Venetien oströmisch, und in Süditalien hatte Konstantinopel eine ganze Menge dazugewonnen.

So heikel und verzwickt diese Dreiecksgeschichte auch gewesen sein mag, die Veneter lavierten sich glänzend hindurch. Natürlich haben auch sie sich ihres lästigen Herrn Marcellus entledigt und einen neuen Dux, Ursus, gewählt von den Tribunen und vom Klerus, auf den Schild gehoben. Aber im Unterschied zu den anderen »Revolutions-Duces« in Italien ist er hinterher im Amt geblieben und von Byzanz sogar noch mit einem Ehrentitel bedacht worden. Der Himmel weiß, wie er das zustande gebracht hat.

Zwar versuchte sich Ostrom nach seinem Tod nochmals autoritär und setzte den Venetern ein paar Jahre lang ernannte Magistri Militum vor die Nase, aber schon 742 ertrotzten sich die Lagunenstädte in seltener Einmütigkeit das Recht, für alle Zukunft ihre Duces selbst wählen zu dürfen.

Die sodann rechtens zusammengetretenen Tribunen und Kleriker entschieden sich für den Sohn des Ursus, Deusdedit. Und da gleich auch noch die Hauptstadt von Herakliana nach Malamocco verlegt worden ist, darf in diesem Jahr 742 wohl doch eine weitere Marke am Weg der Serenissima vermutet werden.

Herr Deusdedit allerdings mag sein neues Amt schon bald genug verwünscht haben. Er hatte das Gefühl, auf einem sinkenden Schiff zu sitzen. Denn die Langobarden wurden mächtiger und mächtiger, und von den Griechen merkte man nur noch etwas, wenn es galt, die Steuergelder abzuholen. Als 751 dann auch noch Ravenna langobardisch wurde, fühlte er sich vollends schlecht. Vorsichtig tastete er ab, ob sich vielleicht wenigstens ein erträgliches Nebeneinander finden ließe – und siehe da, König Aistulf willigte vergnügt ein, bestätigte den Grenzvertrag zwischen Liutbrand und Venetien und gab sich überhaupt als liebenswerter Nachbar.

Deusdedit, dankbar seufzend ob dieser Atempause, mag deshalb wenig erbaut gewesen sein, als er 754 in die Vorbereitung der päpstlichen Reise zum Frankenkönig mit hineingezogen wurde. Es darf nämlich als gesichert gelten, daß die Kontaktgespräche zwischen Papst und Griechenkaiser, in deren Mittelpunkt vermutlich die geplante »Konstantinische Schenkung« gestanden hat, über ihn gelaufen sind, und mit dem ersten Sieg der Franken über Aistulf wird ihm ein großer Stein vom Herzen gefallen sein.

Die Langobardenkönige Liutbrand (links) und Aistulf (rechts).

Den zweiten Sieg erlebte er freilich nur noch als blinder, armer Teufel. Denn, sein außenpolitisches Geschick in Ehren, im Innern tobten die haßerfüllten Streitereien zwischen den Inselstädten weiter, und da er aus Herakliana war, galt ihm, wiewohl nach Malamocco umgesiedelt, die ganze Wut derer aus Jesolo. Und so wurde er denn auch tatsächlich, nach jahrelangen unbeschreiblichen Verbalattacken, von einem Aristokraten aus Jesolo namens Egilius Gaulus und ein paar weiteren Verrückten 755 überfallen, geblendet und für abgesetzt erklärt. Natürlich setzte sich Gaulus gleich selbst auf den Dogensessel, aber er war schon kaum ein Jahr später wieder entthront und ebenfalls geblendet.

Auch seinem Nachfolger, dem Dominicus Monegarius, erging es nicht viel besser. Zwar war er ordentlich gewählt, mißfiel aber plötzlich der griechischen Regierung – nach acht Jahren saß er ohne Augenlicht und abgesetzt in einer Ecke.

Derlei Anfänge sind wirklich nicht sehr glorios, und es erstaunt fast, daß bei solchen Risiken sich doch immer wieder ein Kandidat für den Dogenhut fand. Aber vielleicht brauchten auch die späteren Venezianer eine Zeit der Gärung? Denn immerhin, allmählich hat sich der Lauf der Dinge doch etwas beruhigt.

Mit dem Amtsantritt des Mauritius aus Herakliana kehrte sogar ein wenig Stabilität ein. Der durfte immerhin dreiundzwanzig Jahre regieren, von 764 bis 787, die letzten neun Jahre zusammen mit seinem Sohn Johannes, den er allseits unwidersprochen zum Nebendogen gemacht hatte.

Und in diesen zwei Jahrzehnten blühte Malamocco auf. Von allen Eilanden und Sandbänken der Lagunen kamen die Leute hergezogen, einige, weil das Klima hier besser war, die meisten aber, weil sie die ewigen Geschlechterbalgereien satt hatten und nun einfach in Ruhe leben wollten. Malamocco blähte sich auf, aber schließlich war es außerstande, noch mehr Menschen aufzunehmen. Und so ruderten die Neuankömmlinge ein Stück in die Lagune hinein und setzten sich auf den Inseln fest, die der Hauptstadt am nächsten lagen und allgemein Rivus Altus genannt wurden. Der Andrang scheint beachtlich gewesen zu sein, denn bald waren es so viele, daß sich die Errichtung eines eigenen Bischofsstuhles nicht mehr umgehen ließ. Der wurde denn auch 774 auf der größten der Inseln, Olivolo, aufgestellt, untergebracht in einer kleinen, geduckten Kirche inmitten von Obstbäumen und Gemüsebeeten. Und von dort den Rivus Altus entlang wuchs seit jenen Jahren unaufhaltsam eine neue Stadt – und das ist wohl von allen Wegmarken die entscheidendste.

Rivus Altus, das war bald ein wichtiger Begriff in den Lagunen, und ein treffender dazu. Denn er heißt ganz einfach »der hohe Fluß« und bezeichnet die Uferböschungen eines Brenta-Armes, die als Inseln und Inselchen aus dem Wasserspiegel ragen, während der Flußlauf selbst sich dazwischen träge und breit zum Meer schlängelt (er schlängelt sich noch heute und heißt Canal Grande).

Allerdings war auch hier der stabile Baugrund bald aufgebraucht, und die

Pfahlfundamente eines Palazzo.

Die venezianische Asymmetrie. Es fällt auf, daß fast ausnahmslos alle Gebäude in der Fassade oder im Grundriß asymmetrisch sind. Dies ist bedingt durch die Pfahlbauweise. Exakt senkrechter Druck auf die Pfähle würde nur auf deren Spitzen wirken und diese immer tiefer in den Grund bohren. Schräger Druck dagegen preßt den Pfahl seitlich auf volle Länge gegen den Grund, läßt ihn nicht weiter einsinken und erhöht zusätzlich seine Tragkraft. War dies bei Brücken durch den Seitendruck des Bogens leicht zu bewirken, baute man die Häuser mit einer leichten (auf der Zeichnung linken) und einer schweren (auf der Zeichnung rechten) Seite, oder mit asymmetrischem Grundriß, um so den Schrägdruck zu erhalten.

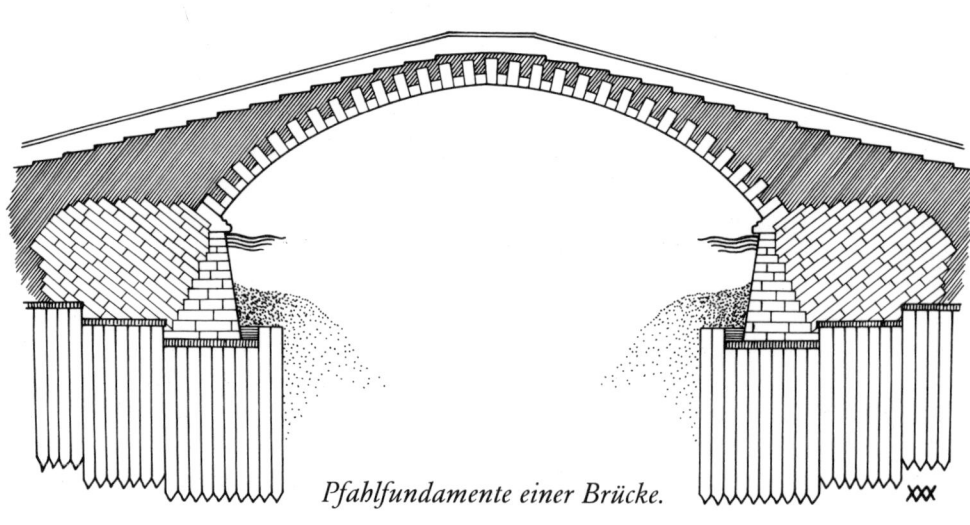

Pfahlfundamente einer Brücke.

48

Die Pfahlfundamente.
Zunächst wurde um den Bau-
platz aus Pfählen und Planken
eine Spundwand errichtet und
das Wasser innerhalb dieser
ausgepumpt. In den Baugrund
wurden möglichst dicht Eichen-
pfähle eingerammt und mit
einigen Lagen geteerter Bretter
abgedeckt, um eine ebene Bau-
fläche zu erhalten. Pfähle und
Bretter lagen stets unter der
Linie des tiefsten Wasserstandes,
um sie so vor Luft und damit
vor dem Verfaulen zu schützen.
Mit Natursteinquadern wurde
bis über die Wasserlinie das
Fundament des Gebäudes ge-
mauert und die Spundwand
wieder entfernt. Anschließend
konnte erst das eigentliche
Gebäude, zumeist aus Ziegeln,
aufgeführt werden.

Neusiedler mußten sich nun zunehmend der Rostbauweise zuwenden, wie sie in den meisten Lagunennestern schon bisher mehr oder weniger angewandt worden war – und wie sie den Venetern noch seit den Etruskern in der Erinnerung haftetete.

Das System ist denkbar einfach: Pfähle werden, einer ganz eng neben den andern, senkrecht in den Schlamm getrieben, bis sie unverrückbar im festen Lehmgrund darunter verankert sind. Oben bilden sie, nahtlos aneinandergereiht und sorgfältig ausgeglichen, eine ebene, feste Fläche, fähig, auch höchst gewichtige Bauwerke durch Jahrhunderte zu tragen.

Mit diesen künstlichen Fundamenten ließ sich auch ungünstiger, schwammiger Baugrund ausgezeichnet festigen, vor allem aber konnten damit die schon gegebenen Inselflächen beliebig erweitert werden. Allerdings wurden nur wenige Inseln völlig miteinander verbunden, sondern in der Regel dazwischen schmale Wasserläufe freigehalten: eben jene Kanäle, die heute Venedig zahllos und unentwirrbar durchziehen.

Aber ebenso, wie in jenen Jahren des Mauritius die künftige Hauptstadt ihre erste Form gewann, klärte sich auch die staatliche Ordnung weiter ab. Unter den Neuankömmlingen in Malamocco und Rialto waren nämlich erfreulich viele »tribuzinische« Familien, eben jene Geschlechter, die zum Kreis der ganz Einflußreichen zählten und das Recht hatten, einen Tribunen zu stellen. Offenbar sind sie des ewigens Raufens mit den anderen mächtigen Sippen ringsum müde gewesen, und mit ihrem Umzug anerkannten sie nicht nur den Dux in vollem Umfang als übergeordnete Autorität, sondern stellten sich ihm auch aufbauend und stützend zur Seite: Die beiden wesentlichen Kräfte der späteren Republik, Doge und Aristokratie, zeichneten sich ab.

Zwar lärmten die Streitereien in einigen Orten munter weiter und womöglich noch wüster als jemals zuvor, und vor allem in Jesolo und Herakliana war vom Einfluß des Dux nicht ein Hauch zu spüren. Aber die Chaoten dort standen bereits isoliert. Entweder, sie wurden jetzt vernünftig und hörten auf, oder sie brachten sich solange gegenseitig um, bis es niemanden mehr zum Umbringen gab. Erledigen würde sich die Angelegenheit jedenfalls von selbst. Das meinte zumindest der Dux, und er hat recht behalten.

Als weitaus schwieriger erwies sich da schon der Herr Patriarch zu Grado. Nachdem nämlich sein geistlicher Wirkungsbereich infolge der häßlichen Zeitläufe nunmehr auf ein Fast-Nichts zusammengeschrumpft war, und bereits der Papst nach ihm griff, war seine Neigung immer offenkundiger, jetzt in dem verbliebenen Landstreifen wenigstens auch die weltliche Macht zu übernehmen. Vielleicht konnte er mit irdischen Mitteln Rom dann eher Paroli bieten. Natürlich gab er sich sanft und fromm wie je, aber er konspirierte und intrigierte, wo er nur konnte, und alle Welt wußte, daß er zu jedem Bündnis bereit war, wenn er damit nur ans Ziel kam.

Das mag zwar ein wenig diesseitig sein für einen Gottesmann, gewiß, aber verglichen mit den Aktivitäten seines erhabenen Kollegen in Rom war dieses Unterfangen wirklich kaum erwähnenswert. Und zudem wird ihn auch die Entwicklung seines Patriarchats etwas erschreckt haben. Als nämlich nach 391 die nunmehrige Staatskirche ihre Organisation bekam, wurden die Patriarchen eingesetzt als höchste kirchliche Autorität, der die Bischöfe eines jeweils vergleichsweise riesigen Distrikts unterstanden. Es gab nicht viele: In Konstantinopel einen und in Jerusalem, in Alexandrien, Carthago, Rom – und dann eben in Aquileja. Als Lehrer nur noch dem Konzil verpflichtet, als Administratoren nur noch dem Kaiser, waren diese hohen Herren theoretisch völlig gleichberechtigt, wenn auch der von Byzanz ein gewisses Übergewicht, naturgemäß, hatte, und der von Rom eines haben wollte!

Aber während die anderen genügend Zeit fanden, sich um Primat und theologische Spitzfindigkeiten zu balgen, kam der von Aquileja eigentlich von Anfang an aus der Aufregung nicht heraus. Ursprünglich hätte er ja über ein respektables Gebiet zuständig sein sollen: Venetien, Istrien, Pannonien und Noricum. Wobei die letzten beiden Provinzen zusammen etwa identisch sind mit dem heutigen Österreich, Ungarn und Slowenien. Aber die Nordgrenze des Reiches war längst aufgeweicht, über Pannonien und Noricum brandeten unablässig

Barbarenhorden, raubten, verschleppten, setzten sich fest, gingen gegenseitig aufeinander los – kurz, an irgendeinen Einfluß nördlich der Alpen und östlich davon konnte der geplagte Patriarch nicht einmal denken, geschweige denn auch nur die schüchternste Ordnung versuchen. So mußte er sich ganz auf Venetien und Istrien beschränken, die aber spätestens seit Attila ebenfalls bös geschüttelt wurden. Und nach der Langobardenkatastrophe sah sich der arme Kirchenherr 568 endlich für alle Zeit in das Lagunennest Grado abgedrängt und zuständig nur noch für das winzige Seevenetien, nachdem schließlich sogar Istrien an die Langobarden verloren gegangen war.

Und alles, was weltlich an Pavia fiel, kam geistlich auch gleich an Rom. In dem Punkt hatte sich der Papst längst mit dem Langobardenkönig geeinigt! Mochte der geprellte Herr zu Grado noch so lamentieren und die istrischen Bischöfe beschwören, doch aus der römischen wieder in seine Oberhoheit zurückzukehren – es erwies sich damals schon als aussichtslos, die Kurie zur Herausgabe von etwas zu bewegen, was sie einmal hatte.

Der Patriarch in der Lagune kämpfte ums nackte Überleben. Seit 638 waren Jerusalem, Alexandria und Carthago an die Araber gefallen, die Querelen Rom-Konstantinopel trieben die Christenheit auf eine Spaltung zu, und er konnte den Tag voraussehen, an dem er zwischen den beiden Blöcken zermahlen werden würde. Was Wunder, wenn er sich an die Hoffnung klammerte, mit der realen Macht des Dogats den dräuenden Untergang wenigstens ein bißchen aufhalten zu können?

Welch seltsame Blüten der Kampf Dux-Patriarch zuweilen auch getrieben haben mag – aus dem sterbenden Patriarchat von Grado hat die venezianische Kirche ihre ganze selbstbewußte und klare Eigenständigkeit entwickelt. Und auch das ist eine durchaus wesentliche Wegmarke.

Dem Dux Mauritius freilich half derlei damals wenig. Und selbst wenn er sich die Lage und die durchaus ergreifenden Argumente unablässig vor Augen hielt, der geschäftige fromme Herr wurde ihm von Tag zu Tag ein bohrenderes Ärgernis und spätestens ab 774 ganz einfach ein Sicherheitsrisiko.

Nachdem nämlich der Frankenkönig Karl das Langobardenreich vereinnahmt hatte und Miene machte, nun auch nach dem italienischen Süden und über Istrien und Dalmatien vielleicht noch hinauszustoßen, zeichneten sich in den Lagunen zwei Parteien ab. Beide rechneten zwar sehr genau, aber ihre Ergebnisse erwiesen sich doch als ziemlich konträr. Die eine, eben jene um den Dux, entschied sich für Byzanz, weil der Kaiser weit, der Exarch längst weg und damit eine ziemliche Unabhängigkeit gewährleistet war, die andere jubelte den Franken zu, weil sich in dem wirtschaftlichen Neuland jenseits der Alpen ungeheure Möglichkeiten für den Handel vermuten ließen, und es zudem allemal sinnvoller ist, sich beizeiten auf den kommenden Mann einzupendeln. Daß diese fränkische Partei letztendlich der Patriarch anführte, war dabei wohl selbstverständlich. Jedoch machte er alles derart sanft und weihevoll, daß der

Dux (an sich längst notwendige) Maßnahmen gegen den geistlichen Herrn immer wieder hinausschieben konnte.

Und er war froh darüber. Nur jetzt die Franken nicht auch noch reizen, die Lage war so schon scheußlich genug. Denn Karl machte keinen Hehl daraus, daß er Seevenetien haben wollte. Außerdem waren ihm, der er den Sklavenhandel gerade erst in aller Form verdammt hatte, die venetischen Sklavenhändler von Herzen zuwider. Auch daraus machte er keinen Hehl. Allerdings, und das wußte der Dux freilich nicht, konnte Karl jetzt um die Welt keinen offenen Konflikt mit Ostrom brauchen, weshalb er jede militärische Attacke gegen die Lagunen vermied. Es erschien ihm vielmehr weitaus eleganter, mittels einer »spontanen« Volkserhebung die Veneter von Byzanz abfallen und zu sich überlaufen zu lassen.

Zwar entwickelte sich die Sache viel, viel langsamer, als Karl es sich gedacht hatte, aber die Griechenpartei mit dem Dux kam doch immer mehr in Bedrängnis. Und als nach dem Tod des alten Mauritius die Lage bald nur mehr aussichtslos und der Patriarch immer kühner wurde, verlor der Nachfolger und Sohn des Alten die Nerven. Wegen einer bedeutungslosen Kleinigkeit schickte er 802 eine Strafexpedition nach Grado und ließ den unbequemen Kirchenmann kurzerhand vom Turm herunterwerfen.

Patriarch Fortunatus von Grado mit dem päpstlichen Pallium. Zwei stets am Festtag der hl. Agnes (21. Januar) geschorene Lämmer liefern von altersher die Wolle für jene Bänder, mit denen die Päpste höchste geistliche Würdenträger an sich zu fesseln pflegen.

Kaiser Karl der Große.

Das war nun freilich das Dümmste, was er hatte tun können. Denn nun ruderten die Fränkischen gänzlich oben. Der Volkszorn über soviel Mangel an Zartgefühl und Ehrfurcht vor einem Gottgesalbten wallte fürchterlich auf, und der Dux konnte sich gerade noch mit knapper Not zum Festland retten, wo er spurlos verschwand.

Sein Nachfolger Obelierius und dessen Mitregent Beatus zählten natürlich zur Frankenpartei, und nachdem der neue Patriarch in Grado, Fortunatus, gar ein Günstling Karls war, verwundert es nicht weiter, daß die griechischen Beamten alsbald das Weite suchen mußten und Seevenetien sich in aller Form schon im Jahr 805 dem nunmehrigen Kaiser Karl unterstellte.

Na also! Karl war's zufrieden, und ganz ohne Zweifel auch der Papst. Denn der neue Patriarch von Grado tat genau das, was sein Vorgänger unter allen Umständen hatte vermeiden wollen: Kaum in Amt und Würden ließ er sich auch schon vom Papst das Pallium umlegen. Der Gradenser hatte das Pallium genommen! Durch die päpstliche Kammer dürfte ein wahrer Freudenschauer gerieselt sein. Denn dieses breite Wollband mit den schwarzen Kreuzen darinnen war des Heiligen Vaters allerliebstes Requisit – wem er es umlegte, den machte er zu seinem Erzbischof und dem Heiligen Stuhl für alle Zeit verpflichtet und untertan. Und da der Himmel dieses Wunder der Unterwerfung am bisher so halsstarrigen Patriarchat von Grado getan hatte, blühte um so stärker rings um den Herrn der römischen Kirche die Hoffnung auf, daß ähnliches auch doch mit dem Herrn Patriarchen zu Konstantinopel geschehen könnte. Für alle Fälle sei deshalb, so erzählt man sich, durch einige Jahrhunderte in Rom ein ganz besonders fein gewebtes Pallium griffbereit gelegen, liebevoll-wehmütig umsorgt und bestimmt für den geistlichen Oberherrn von Byzanz. Aber schließlich seien halt doch die Motten daran gekommen.

Jedenfalls, Seevenetien war fränkisch und päpstlich und die Dinge hätten wohl den üblichen Lauf genommen, wenn sich der Basileus am Bosporus nicht plötzlich aufgerafft hätte. So ganz widerstandslos wollte er auf seine venetische Restprovinz nun doch nicht verzichten, zumal der unverschämte Franke auch in Dalmatien immer mehr an Boden gewann. 807 rauschte eine oströmische Flotte unter General Paulus die Adria hinauf, und im Handumdrehen waren Dalmatien und Seevenetien wieder griechisch und die Ordnung hergestellt. Die beiden Duces gaben sich, nach bester Veneterart, geschickt und geschmeidig, bekamen ein paar griechische Ehrentitel und waren nun wieder ganz auf der Seite des Kaisers von Byzanz.

Vielleicht hätten sie besser nicht gar so geschmeidig sein sollen. König Pippin nämlich, Karls Sohn und Statthalter in Italien, hatte sich nur zurückgehalten, weil er für einen Waffengang mit den Griechen noch nicht ganz gerüstet war. Aber zwei Jahre danach trat er plötzlich höchst energisch auf, wieder rauschte General Paulus die Adria hinauf – und mußte klein beigeben. Pippin war zu stark geworden. Man verhandelte und lavierte, aber schließlich hatte Paulus keine Wahl mehr, als sich samt seiner Flotte zurückzuziehen und die Veneter ihrem Schicksal zu überlassen.

Und das war hart. Denn Pippin, wütend über die Unzuverlässigkeit der Provinz, machte reinen Tisch. Von der See und vom Land her griff er an, Stadt für Stadt, Insel um Insel fielen ihm zu, Malamocco ging in Flammen auf und die beiden Duces in die fränkische Gefangenschaft. Die Patrizierfamilien hatten sich zum Großteil nach Rialto geflüchtet, aber auch wenn sie sich wirklich eindrucksvoll gewehrt haben sollten, die Niederlage war total und Seevenetien ein Teil des Frankenreichs.

Diesen Schock haben die Venezianer eigentlich bis zum Ende ihrer Republik niemals so ganz überwunden. Krampfhaft schildern ihre Chroniken, wie sie damals doch mächtig gekämpft und gesiegt und den bösen Pippin niedergerungen hätten und überhaupt die Allergrößten gewesen seien. Ihr Sieg habe Kaiser Karl sogar zum Frieden von Aachen gezwungen.

Nun denn, das ist zwar geschickt, aber doch reichlich neben der Wahrheit kombiniert. Vielmehr hat die Katastrophe in den Lagunen die griechische Regierung zuinnerst aufgescheucht und Kaiser Nikephoros sogleich eine Gesandtschaft zu den Franken geschickt, um wenigstens ein friedlicheres Nebenein-

Schiffe einer griechischen Kriegsflotte.

ander zu erörtern. Und siehe da, Kaiser Karl zeigte sich äußerst aufgeschlossen und machte ein überraschendes Angebot: Er wolle Seevenetien, Istrien und Dalmatien in aller Form an das Ostreich zurückgeben, aber dafür müsse ihn der Basileus zu Konstantinopel ebenso in aller Form als Kaiser des Westreichs anerkennen. So schwer es auch den Griechen gefallen sein mag – 811 machte Karl seinen Vorschlag, und schon ein Jahr später war in Aachen der Friedensvertrag unterzeichnet und der Frankenkönig nun auch formell akzeptierter Kaiser des Westteils des römischen Imperiums.

Wie allen allzu rasch Emporgestiegenen bedeutete Karl der Anschluß an die Tradition und die Bestätigung durch sie ungeheuer viel (man denke da nur an den geplagten Napoleon). Was wogen da schon ein paar ohnedies nicht ganz unproblematische Gebietsstreifen! Und so hat er diese, kaum war unterschrieben, auch gleich räumen und an die Griechen übergeben lassen.

Die Veneter also wechselten wieder einmal ihren Herrn – diesmal allerdings, so schien es, wohl für länger. In allen halbwegs wichtigen Positionen saßen bald nur noch griechische Beamte, der neue Dux, Agnellus Parteciacus aus Herakliana, wurde von Konstantinopel ernannt und, zu allem Überfluß, auch noch von zwei griechischen Kontrolltribunen flankiert. Byzanz hatte die Lagunenprovinz wieder im Griff.

Der Dux Agnellus stand ganz und gar unter oströmischer Kuratel, aber – er regierte als erster von Rialto aus, der neuen und 811 feierlich proklamierten Hauptstadt, da dieser Inselort wohl noch am wenigsten von der pippinschen Wut getroffen worden war. Und damit steht der Name des Herrn Agnellus gleich neben der zunächst letzten Marke am Weg der Erhabenen Republik.

Während seiner sechzehnjährigen Amtszeit mußte der neue Dux vor allem ordnen und aufbauen, von ständigem Ärger wegen interner Verschwörungen und unablässiger Verbeugungen in Byzanz ganz abgesehen. Herakliana und Chioggia wurden bestens wiederhergerichtet, und in Rialto baute er den ersten dukalen Amtssitz, den Vorgänger des heutigen Dogenpalastes.

Wie dieser Bau ausgesehen hat, können wir heute nur noch aus kärglichen Fundamentresten erahnen, die so nach und nach mühsam ausgegraben worden sind. Sehr repräsentativ war er fürs erste bestimmt nicht. Er hat wohl gewirkt wie eine kleine Burg des frühen Mittelalters: In eine plumpe, etwa quadratische Umfassungsmauer mit Schießscharten und Pechluken waren vorne, dem Wasser zu, zwei Türme eingefügt, auf der heutigen Piazzetta-Seite lag ein befestigtes kleines Tor, vielleicht mit Zugbrücke, und innen im Hof, angebaut an die Mauer, standen ein paar zwei-, allenfalls dreistöckige Gebäude, in denen sich die Verwaltung eingerichtet hatte. Vielleicht wäre das Ganze etwas ansehnlicher ausgefallen, wenn der Dux sich nicht ständig mit den oströmischen Beobachtern hätte abstimmen müssen. Und das nicht nur in diesem Fall, sondern all die Jahre hindurch. Es war schon arg lästig.

Sein Sohn und Nachfolger, Justinian, scheint es da schon leichter gehabt zu haben. Zum einen läßt auch die schärfste Kontrolle nach eineinhalb ereignislosen Jahrzehnten naturgemäß nach, zum anderen brauchte ihn die kaiserliche Regierung beim – allerdings erfolglosen – Kampf gegen die Sarazenen in Sizilien. Der Dux Justinian nützte die Stunde und erlaubte demonstrativ, daß zehn venetische Handelsschiffe im längst islamischen Alexandrien anlegten, obwohl der Basileus einen Boykott verhängt und dieserhalb jegliches Anlaufen von Syrien und Ägypten strengstens untersagt hatte. Das war 827.

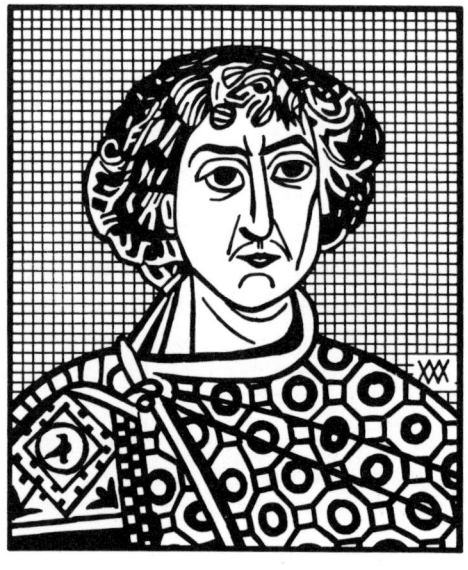

Dux Justinian, der erste große Doge Venedigs. Unter seiner Regierung kam auch der Staatsheilige, der Evangelist Markus, nach Rialto.

56

Eigentlich eine respektlose Kühnheit des Dux, aber sie brachte ihm nicht einmal eine Rüge ein. Byzanz geruhte, den Vorfall zu ignorieren. Man sprach nicht darüber. Und die Veneter hatten ihr erstes großes Tor zum Orient.

Dieser gewagte und weit in die Zukunft berechnete Vorstoß war jedenfalls ohne Zweifel weder ein plötzlicher Einfall noch das Ergebnis zufälliger Entwicklungen, sondern er gehörte ganz offensichtlich zu einem klaren, umfassenden Konzept, das sich in der Folge immer deutlicher abzeichnete, und das in diesen Jahren von den wesentlichsten Kräften Seevenetiens abgesteckt worden sein mußte.

Unterlagen gibt es freilich nicht. Vorhaben, die sich am Rande der Legalität (in diesem Fall eben gegen die byzantinische Oberhoheit) bewegen, werden eben allemal besser nicht schriftlich festgehalten. Aber wir dürfen doch ruhigen Gewissens annehmen, daß die in den blumigen Venezianerchroniken geschilderte Beratung des Wichtigsten, was zu tun sei, tatsächlich stattgefunden hat. Allerdings nicht im Wirbel des Attilaschreckens, sondern in eben diesen Jahrzehnten des demütigenden Hin-und-her-Gezerrtwerdens zwischen Franken, Papst und Byzantinern. Den Venetern war ihre Geschichte durchaus gegenwärtig, eine sehr bewußt erlebte und ausgewertete Geschichte, in deren Verlauf sie fast alles versucht hatten, das unauffällige Sich-Heraushalten, das bedingungslose Sich-Eingliedern, das Fliehen, Kuschen, Aufgeben. Und nun sahen sie sich als Spielball zwischen zwei riesigen Blöcken, ohne Aussicht auf eine einigermaßen erträgliche Zukunft.

Nun denn, was blieb? Wohl nur, so stark zu werden, daß sie eben keiner mehr als Spielball benutzen konnte. Die Basis aber für ein solches Vorhaben war denkbar schmal; Wasser und Morast ringsum, keine Ländereien, keine Bodenschätze, nur ihr Kaufmannstalent, ihre Klugheit, ihr Mut – und der Zwang der Verhältnisse. Sie mußten Machtmittel in die Hand bekommen, Monopole, mit denen sie die Gewaltigen nebenan von sich abhängig machen konnten, Geld, viel Geld, mit dem sich bezahlen, bestechen, erpressen ließ. Alle Kräfte ihres Volkes mußten unerbittlich zusammengefaßt werden und einem einzigen Ziel dienen, nämlich dem der Erlangung der größtmöglichen Macht. Und da der Handel die einzig gangbaren Wege bot, ergab sich der Rahmen von selbst: Als Kaufleute höchster Wagemut, ständige Ausdehnung, totale Aufgeschlossenheit und Beweglichkeit nach außen – absolute Disziplin nach innen aber, völlige Unterordnung unter die Interessen der Gemeinschaft. Nur was der Gemeinschaft nützte, war gut. Daneben durfte es nichts weiteres geben: ein hartes, unerbittliches Gesetz, das niemals aufgeschrieben und doch mehr und mehr allgegenwärtig und allbestimmend geworden ist.

Und es bezeichnet, auch wenn es sich allmählich entwickelt haben sollte und zunächst wohl eher als logische Folgerung aus den Gegebenheiten denn als »Gesetz« empfunden worden ist, nicht nur Ausgleich und Gewaltenteilung zwischen dem Dogen und den Patriziern, sondern ganz einfach das innere Werden eines neuen Staates, der mit den sonstigen politischen Gebilden seiner Zeit nichts mehr gemein hatte.

Mit der Einfahrt der venetischen Schiffe in den Hafen von Alexandria im Jahr 827 beginnt eine tausendjährige Entwicklung von fesselnder, atemberaubender Konsequenz.

Daneben nimmt sich die Frage, ob die führenden Veneter jener Jahrhunderte nun tatsächlich »Analphabeten« gewesen seien, schon arg unbedeutend aus. Freilich, der Wissensstand im damaligen Italien war desperat. Weiteste Teile des Volkes hatten lesen und schreiben längst verlernt. Nur die Kleriker beherrschten noch diese Künste (wobei sie allerdings sorgsam darauf achteten, daß sie im Besitz dieses Monopols blieben, nichts war schließlich zu Sicherung der Macht besser geeignet). Und im Ganzen traf das wohl auch auf Venetien zu. Allerdings ist kaum anzunehmen, daß das hochgebildete und überzivilisierte Byzanz einen Magister Militum oder Dux geduldet hätte, der nicht wenigstens die Grundzüge einer soliden Bildung aufweisen konnte. Schließlich gaben ja auch fast alle »großen« Familien ihre Sprößlinge für einige Jahre zur Ausbildung nach Griechenland. Und dabei soll nichts herausgekommen sein? Jedenfalls mußte einer, der auch nur ein wenig Gewicht haben wollte, Latein und Griechisch beherrschen und sich mit Goten und Langobarden verständigen können. So etwas setzt einfach eine gewisse Basis voraus. Im übrigen ist die Frage wirklich sekundär – auch Karl der Große konnte nur Kreuzchen machen, wenn es etwas zu unterschreiben galt!

Und den kaiserlich-hauptstädtischen Juristen, Philologen, Theologen war ein gescheiter Veneter allemal gewachsen. Denn was ihm an Brillanz und Schliff fehlte, ersetzte er durch seine Klugheit und ein verblüffendes Gespür für das Gegebene, das Mögliche und das Notwendige, Eigenschaften, die man wiederum in der kaiserlichen Hauptstadt vergeblich suchte.

Zum Gegebenen aber gehörte, daß die Veneter jener Jahre in einer Zeit lebten, in der das Gewicht eines Gemeinwesens nach innen und außen davon abhing, in welcher Menge es offensichtlich oder wahrscheinlich die göttliche Gnade auf sich zu ziehen vermochte. Garanten dafür waren allemal die Heiligen, die durch Fürbitten und Einfluß die Gnadenströme entsprechend zu lenken vermochten. Je bedeutender der Heilige, desto besser die Beziehung. Was Wunder, wenn sich jede Stadt, jeder Potentat, jedes Kloster einen möglichst berühmten Sanktus sichern wollte, und sei's auch nur mit einem kleinen Partikelchen von Fuß, Finger oder Unterkleid. Besser war es natürlich, man hatte ihn ganz. Denn das stand fest: Wo so ein Heiliger seine sterblichen Überreste wohl aufgehoben sah, diesem Ort fühlte er sich ganz besonders, wenn nicht ausschließlich verbunden. Und der Erfolg war dann auch entsprechend gesichert (siehe oben). Und so kam es, daß Lokalitäten mit einem ganz großen Heiligen ungeheuer bedeutsam waren, solche mit weniger wichtigen gerade noch beachtet und solche mit gar keinem in einem weiten Bogen umgangen wurden.

Rialto hatte einen, den heiligen Theodor; ein braver, ordentlicher Mann, gewiß, aber alles andere als eine Berühmtheit. Für die Hauptstadt Venetiens, das schließlich seine Pläne hatte, war das schlichtweg ein Malheur. Offenbar haben die Verantwortlichen auch intensiv nach etwas Besserem Ausschau gehalten, aber entweder war das Angebotene nicht attraktiv genug oder der Preis zu hoch, jedenfalls kam es zu keinem Abschluß.

Und nun sind wir schon wieder bei jener denkwürdigen Fahrt nach Alexandrien, 827/828. In Alexandrien nämlich, wiewohl seit einiger Zeit islamisch, lagen die Heiligen in den Kirchen zuhauf, darunter auch der Evangelist Markus. Die Christen mußten zwar besonders hohe Steuern zahlen, durften sich aber sonst eigentlich recht frei bewegen, und hinter den Kirchentüren war sogar fast alles beim alten. Messen wurden gelesen wie je und Heilige verehrt, und die islamischen Ordnungskräfte achteten sogar ein wenig darauf, daß den Christen, als den Untertanen des gemeinsamen Herrn, kein Leids geschehe.

Gleichwohl schlichen zwei Veneter, angekommen mit den besagten zehn Schiffen, eines Tages durch die Gassen von Alexandrien mit dem finsteren Entschluß, die Gebeine des heiligen Markus »aus den Händen der Ungläubigen zu befreien«. Wen sie mit wieviel bestochen haben, ist nicht überliefert, aber in

Der Heilige Theodor, bis zur Ankunft des Evangelisten Markus der Staatspatron von Rialto.

59

einer der kommenden Nächte kauern sie flüsternd in der Krypta der Markuskirche vor dem Sarkophag des Heiligen, neben sich in einer Kiste die Überreste von Sankt Claudius, die sie von nebenan mitgebracht hatten. Ächzend und keuchend stemmen sie den Deckel vom Grab. Die Fackel zittert unheimliche Schatten über das Gemäuer, da – der Trog ist offen, hastig zerren sie die ehrwürdige Mumie heraus, schneiden das Totenhemd am Rücken auf, streifen es herunter, ziehen es dem bereitliegenden Claudius über, legen diesen in den Sarkophag und schieben den Deckel wieder zu.

Die Gebeine des Evangelisten aber stopfen sie in ein Faß, werfen ein paar Tücher darüber, schichten Schweinefleisch und Kohl darauf, schrauben die Deckbretter wieder an und wuchten und stoßen es über die enge Steintreppe zur Luke hinaus. Die Fackel ist abgebrannt, sie lassen sie liegen. Und oben, auf der Straße, rumpelt das Faß holterdipolter über das bucklige Pflaster von Alexandria hinunter zum Hafen. Ein Evangelist geht auf Reisen.

Die islamischen Zöllner ziehen die Nasen hoch und lassen ganz schnell passieren – Kohl und Schweinefleisch, igitt!

Am 31. Januar 828 rauscht die Zehnerflotte aus Alexandrien in die Lagune hinein. Der Doge Justinian steht am Kai von Rialto, daneben der Bischof, die Patrizier und die Großen, ringsum Kleriker, Mönche, Nonnen und Unmassen Volks, herbeigeströmt von allen Inseln und Lagunenwinkeln. Die Glocken dröhnen, die Menge singt, jubelt und betet, und dann wird dem Dogen der gebenedeite Leichnam des heiligen Evangelisten Markus, natürlich sorgsam gereinigt von Kraut und Fleisch und prächtig hergerichtet, überreicht. Sankt Markus hat eine neue Heimat und Venetien einen Heiligen, wie ihn nur wenige Stätten der Christenheit aufweisen können.

Der Doge findet, daß er seine Sache gut gemacht hat. Und die beiden Beschaffer des Santo, Bouno von Malamocco und Rustico von Torcello, bekommen ein Extralob, denn immerhin, das muß festgehalten werden, einfach war der Auftrag nicht.

Freilich wuchsen nun auch die Probleme: Wohin mit Sankt Markus? Immerhin konnte ja nun auch eine ganze Reihe weiterer Interessenten auf den Gedanken kommen, die heilige Mumie aus Rialto auf dieselbe Weise zu erwerben, wie Rialto dies in Alexandrien tat. Und also wurde der Heilige zunächst in einer Ecke des dogalen Amtssitzes verscharrt, und nur eine Handvoll Leute wußte wirklich wo.

Natürlich wollte Doge Justinian dem neuen Patron von Venetien auch eine Kirche bauen, aber seine Zeit reichte nicht mehr aus. Er starb schon nach zwei Jahren und mußte seiner Frau den Bau einer Grabkapelle für San Marco überlassen. Sie hat dem Wunsch entsprochen – und wiederum des Evangelisten Überreste an einem Ort in der Kapelle verbergen lassen, den nur ganz wenige und Eidgebundene kannten. Dummerweise ist dann der letzte der Geheimnisträger so überraschend verschieden, daß er sein Wissen nicht mehr weitergeben konnte. Aber dieses Mißgeschick hat sich erst viel später ausgewirkt. Dann aber wäre es fast geradezu gefährlich geworden.

Im übrigen hieß es von Sankt Markus, daß er bis zu seiner Abfahrt nach Alexandrien in Aquileja gewirkt habe und also dort Bischof gewesen sei. Das hätte eigentlich den Patriarchen von Grado als Erben Aquilejas veranlassen müssen, an den Ort des Grabes seines hochgepriesenen Vorgängers, eben nach Rialto überzusiedeln. Aber er tat es nicht, und der Doge war darüber sehr verstimmt, da beide Gewalten, die kirchliche und die weltliche, zusammen in derselben Stadt eine enorme Straffung bedeutet hätten, gemäß eben dem Großen Konzept. Da das aber offenbar nicht möglich war, mußte es eben ohne Kirche gehen. Aufhalten jedenfalls ließ man sich in Venetien nun nicht mehr.

Der heilige Markus wird nach Rialto gebracht. Daß er auf der Fahrt ein paar Stürme stillte und andere Wunder wirkte – selbst wenn der Sturm vielleicht nicht gar so heftig gewesen und der Schiffsmast auch sonst nicht gebrochen wäre – wurde als deutliches Zeichen für den Wunsch des Evangelisten, nach Venetien umzusiedeln, angesehen.

Zwischen West und Ost

General Patricius Theodosius ist einfach sprachlos. Freilich hat er mit einigen brauchbaren Kähnen gerechnet, aber das hier überrascht ihn nun doch. Genau sechzig nagelneue Chelandien, also tatsächlich die großen griechischen Galeeren, schaukeln, fein säuberlich eine neben der andern, vor ihm in der Lagune. Selbst er, der Experte, findet es geradezu unerklärlich, wie es diesem Teufelskerl von Dogen in kaum vier Jahren gelingen konnte, eine so glänzende Flotte aufzubauen – und dabei ist das noch nicht einmal alles. Unheimlich schnell und lautlos hat sich hier oben am Ende der Adria offenbar eine Seemacht entwickelt, die sehr bald im ganzen Mittelmeer ein kräftiges Wörtlein mitzureden haben dürfte. Der Basileus zu Konstantinopel braucht Hilfe für seinen Kampf gegen die Sarazenen in Sizilien, nun gut – aber hier, diesem Dogen und dieser Macht hinter ihm kann er nicht mehr befehlen. Hier kann Unterstützung nur noch mit entsprechenden Gegenleistungen erkauft werden! Völlig verwirrt macht der Herr General ein Kompliment um das andere, und der Adressat dieser Freundlich-

Chelander, das im 9. Jahrhundert im Mittelmeer gebräuchlichste Kriegsschiff.

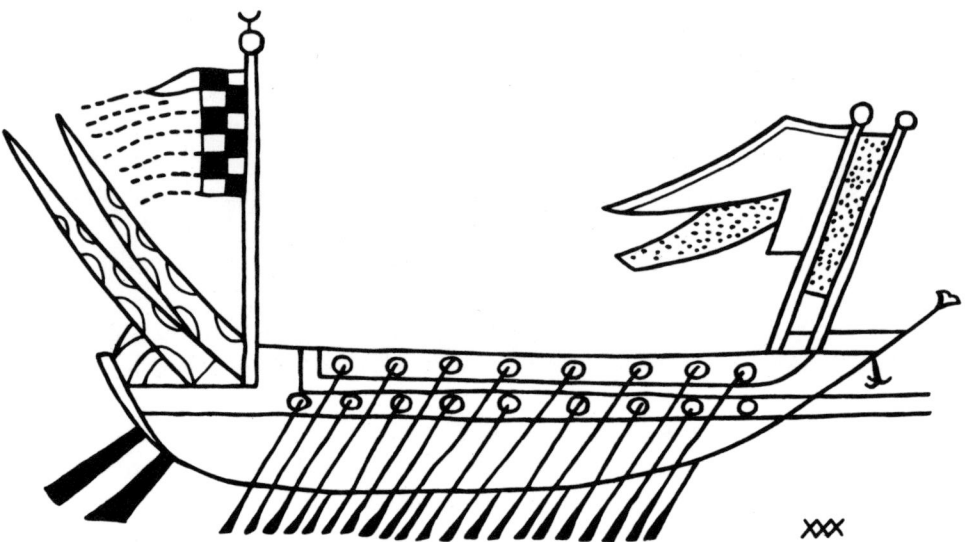

keiten, eben Petrus Trandenicus, der Doge von Venetien, bekommt vor lauter Selbstbewußtsein kleine Augen.

Das hieß, daß man sich vorsehen mußte. Denn genaugenommen war dieser Trandenicus ein recht schwieriger Zeitgenosse, herrisch, brutal zuweilen und mit einer ständigen Kroatenwache um sich herum führte er sich wie ein Despot auf, obwohl ihn im Jahr 836 Adel und Klerus in freier Wahl in den Dogat gehoben haben. Aber er wußte auch, was er wollte, und er verstand, das durchzusetzen – ohne Widerspruch.

Er hatte in den letzten vier Jahren nicht nur die Flotte gebaut und mit einem großen Teil der albernen Adelsstreitereien aufgeräumt – schnell und wirksam natürlich und durchaus nicht zu seinem eigenen wirtschaftlichen Nachteil –, sondern er hatte sich auch außenpolitisch selbständig gemacht. Er schloß Verträge mit wem und wie er wollte, er führte Kriege und veranlaßte »Bereinigungen«, wann immer er es für notwendig hielt, er allein hatte die Südslawen in Istrien und Dalmatien zur Räson gebracht, was brauchte er Byzanz! Der Bosporus sollte sich gefälligst aus den venetischen Angelegenheiten heraushalten.

Solche Unbotmäßigkeit mochte den Herrn Patricius Theodosius, General des Basileus zu Konstantinopel, nun zwar zutiefst befremden, aber sein Kaiser brauchte nun einmal in diesem Jahr 840 die also exzellente Veneterflotte, und so mußte man wohl auf die diversen Forderungen eingehen.

Es war ein glänzendes Geschäft für den Dogen Petrus: neben einer ganzen Reihe von Privilegien, die praktisch die völlige Unabhängigkeit Venetiens bedeuteten, vermutlich auch die offizielle Befreiung von den Steuerabgaben (die die Veneter allerdings schon einige Zeit ohnehin nicht mehr bezahlt hatten), und für den Dogen persönlich die höchste Gunst des Basileus und den Titel eines »Spatarius«, eines kaiserlichen »Schwertträgers«.

Na also, jetzt sah die Sache schon anders aus, und alsbald segelten die sechzig venetischen Chelandien die Adria hinab, vereinigten sich mit den Byzantinern und stellten sich den Sarazenen. Es gab eine Katastrophe! Alle Veneterschiffe wurden vernichtet, die Mannschaften erschlagen oder gefangen und der Doge nur mit größter Mühe aus dem Chaos gerettet. Doch sei's drum, bei dieser Gelegenheit war man wenigstens die Griechen ordnungsgemäß losgeworden – und das war die Sache wert. Wurden künftig Briefe hin und her geschickt, war der Griechenkaiser nicht mehr der »Dominus noster«, sondern nur noch der »Dominus«, und der Doge nicht mehr der »humilis Dux Provinciae Venetorum«, sondern der »gloriosus Dux Venetiae«. Solche Fakten sprechen für sich.

Und im gleichen Jahr 840 schloß der Doge auch einen Vertrag mit dem Westkaiser Lothar, dem Enkel des großen Karl, durch den Venetien weitgehende Handelsrechte in Italien eingeräumt wurden, während Venetien seinerseits dem Kaiser Beistand im Kampf gegen die Südslawen an und auf der Adria zusagte: Das Lagunenländchen pendelte sich ein auf seinem Weg zwischen Ost und West, jedoch nicht als Spielball, sondern als bestimmende Macht.

Seit dem 7. Jahrhundert waren die Moslem siegreich im Mittelmeer auf dem Vormarsch.

Natürlich war die Flotte bald wieder aufgebaut, größer und schlagkräftiger denn je und bald bis Bari und weiter gefürchtet und bewundert. Und als dann der Doge Petrus Trandenicus anno 864 starb (an den Folgen eines Attentats übrigens, wie es sich für einen so energischen Mann gehört), konnten seine Wahlmänner zufrieden Bilanz ziehen: Sie hatten damals, vor 27 Jahren, durchaus den richtigen Mann zur richtigen Zeit an den richtigen Platz gestellt – gemäß eben wiederum dem Großen Konzept.

Auch des Herrn Petrus Nachfolger, Ursus Parteciacus, hätte nicht besser gewählt sein können. Er war umgänglich, fast diplomatisch, und fugte nun aus, was der andere im Rohbau hinterlassen hatte. Die Flotte setzte sich nun end-

64

gültig durch: In Istrien und Dalmatien schlossen die Slawen, wenigsten vorläufig, Frieden, vor Tarent wurden die Sarazenen vernichtend geschlagen und bekamen einen so gewaltigen Respekt, daß sie, als sie ein paar Jahre später Grado belästigten, schon eilends davonruderten, da die Schiffe des Dogen nur von weitem sichtbar wurden.

Die Umgebung begann, vor dem winzigen neuen Gemeinwesen Respekt zu bekommen. Selbst die Griechen fanden sich mit den gegebenen Tatsachen ab und machten keine Anstalten mehr, das Ländchen wiederum unter ihre Kuratel zu bringen, im Gegenteil: Als sie in einem plötzlichen Anflug von Unternehmungsgeist um 870 herum in Süditalien nochmals vorstießen, beanspruchten sie danach nur die untere Hälfte der Adria als Einflußgebiet – die obere überließen sie stillschweigend ihrer ehemaligen Provinz!

Und damit war das Restland der Veneter nun doch noch frei und unabhängig und von dem griechischen Dukat Venetien zur Dogenrepublik Venedig geworden.

Nichts freilich ist so gefährdet wie die Freiheit, zumal wenn man von neidischen Giganten umgeben ist. Und das wußten die Verantwortlichen am Rialto sehr wohl, weshalb sie gerade in jenen Jahren zu ihrem ehernen Gesetz den Grundsatz machten, daß von außen auch nicht der geringste Einfluß auf ihren Staat geduldet werden dürfe. Ob die Kirche für sich nun meinte, eine Ausnahme erzwingen zu müssen, oder ob der Papst, weil er gerade wieder einmal gesamtitalienische Absichten hatte, auch in den Lagunen seine Leute haben wollte: 877 geriet man aneinander. Bis dahin nämlich war es selbstverständlich gewesen, daß der Doge in seinem unmittelbaren Machtbereich, der damals von der Etschmündung bis zu der des Tagliamento reichte, die Bischöfe nach seinem Dafürhalten ernannte. Der Patriarch von Grado hatte sie lediglich zu weihen, eine Pflicht, die er nun plötzlich verweigerte. Doge Ursus ahnte Böses und drohte, der Patriarch rief den Papst zu Hilfe, welcher sogleich alle venetischen Bischöfe nach Rom befahl. Aber siehe da, keiner kam. Der Papst war irritiert. Und um die Sache etwas eleganter zu machen, berief er für den Mai 877 eine Synode nach Ravenna und lud auch seine venetischen Herren dazu ein. Diesmal kamen sie nun zwar, jedoch erst, als die ganze Veranstaltung längst vorbei war.

Der Zorn seiner Heiligkeit ist ebenso verständlich wie der umgehende Bannfluch auf die Häupter der Übeltäter. Da aber Bischöfe im Kirchenbann für ihre Gemeinden vielleicht doch nicht so ganz das Richtige sind, schrieb der Doge einen Brief an den Papst mit der Bitte, eben diesen Bann wieder aufzuheben. Mit welchen Anspielungen er dabei seinem Ersuchen Nachdruck verliehen hat, ist nicht überliefert, aber in Rom scheint man doch einigermaßen zusammengezuckt zu sein. Denn umgehend wurden die venetischen Bischöfe losgesprochen, der Patriarch weihte weiter ohne Widerspruch, und alles blieb beim alten. Doge Ursus Parteciacus konnte einen glänzenden diplomatischen Sieg feiern – offenbar nur, weil er bestens unterrichtet war und über Kenntnisse verfügte, mit denen er der Gegenseite erhebliche Sorgen bereiten konnte. Venedig hatte eine Waffe entdeckt, die mehr schützte als mächtige Mauern, die wirksamer schlug als ganze Heere – seine Waffe! Mit ihr sollte es einmal ein Weltreich erringen.

Gegen die Erben des großen Karl konnte allerdings auch sie beiseite bleiben, denn da gab es nichts mehr durchzusetzen. In einem solchen Durcheinander sich zu behaupten brauchte wirklich nicht viel, zumal jeder einem alles gewährte, wenn man nur versprach, lieb und loyal zu sein. Für sich allein mochten die Herren ja durchaus tüchtig sein, aber sie rieben sich aneinander auf und die unseligen Erbteilungen zersprengten das Imperium in alle Winde. Und wenn sich dabei schon bald jeder Reichsteil geschüttelt und geschlagen sah, so erging es doch Italien am allerschlimmsten. Anfangs ließ es sich ja noch einigermaßen aushalten, als Kaiser Lothar von 843 bis 855 und Kaiser Ludwig die folgenden sechzehn Jahre das Land regierten, sie kümmerten sich wirklich brav um alles und wie es sich gehört. Aber in den folgenden zehn Jahren des kahlen Karl löste sich jegliche Ordnung auf, und am Ende der fünf weiteren Jahre des dicken Karl tat auch der kleinste Potentat in Italien, was er wollte. Ein richtiges Aufatmen war allenthalben zu hören, als der Dicke 887 abgesetzt wurde und die italienischen Großen einfach den Markgrafen Berengar von Friaul zum König ausriefen.

Aber jetzt kam es nur noch ärger. Denn kaum drei Jahre später empörte sich Herzog Guido von Spoleto, marschierte auf Rom und zwang den Papst, ihn zum Kaiser zu krönen. Ein Jahr darauf war es mit Guido bereits wieder vorbei, ein neuer Herzog von Spoleto, Lambert, rückte wiederum in Rom ein und ließ sich ebenfalls zum Kaiser machen. Der Ostfrankenkönig Arnulf meinte, hier durchgreifen zu müssen, zog über die Alpen, nahm 894 die Krone von Italien und 896 die Kaiserkrone. Aber er war noch nicht einmal wieder zuhause im heimatlichen Bayern, da meinte Lambert, noch immer in Spoleto, eigentlich sei er ja der richtige Kaiser und verfocht sein »Kaiserregiment« noch zwei Jahre lang mit Feuer und Schwert und richtete großen Schaden an, ehe er endlich starb. 900 dann holten ein paar Fürsten den Ludwig von Provence und feierten ihn als König und Kaiser – aber auch er kam nicht weit. 905 überfiel ihn Herr Berengar von Friaul, der sich ja immer noch als gewählter König fühlte, ließ ihn blenden und in die Provence zurückschicken. Jetzt endlich hatte der wackere Berengar freie Hand. Zwar konnte deshalb von »regieren« noch lange nicht die Rede sein, aber wenigstens bekam er 915 die ersehnte Kaiserkrone, und das war auch etwas.

Seine Gegner jedoch schäumten. Und 924 hetzten sie Rudolf von Hochburgund auf ihn, gegen den er Krone und Leben und alles sonstige verlor. Na also – Rudolf, König von Italien? Ach Gott! 926 kam Hugo von Vienne, wurde ebenfalls gekrönt, und so hatte eben nun Italien bis zum Tod Rudolfs anno 933 zwei Könige. Zwar war Hugos Sohn Lothar nun wieder allein, aber ihm blieben nur drei Jahre, weil er schon 950 verschied. Und dann setzte sich in jenem Jahr endlich Italiens letztes Aufgebot auf den Königssessel, Berengar II. von Ivrea.

Ein Jahrhundert des Schreckens also und des Unglücks für Italien, aber – pardon – für Venedig wohl genau das Gegenteil! Geschickte Diplomatie machte diese Dogenrepublik zu einer unantastbaren sicheren Insel inmitten all der heillosen Wirren, ständige Veränderungen ringsum brachten ungeahnten zusätzlichen Verdienst, das Ausnützen der Gegensätze ergab von jeder Partei immer noch weitere Zugeständnisse, und das Chaos ermöglichte den Griff nach Positionen, die bei einem starken Königtum in Italien unerreichbar gewesen wären. Das Ende dieser gräßlichen Jahrzehnte sah Venedig freier, stärker, mächtiger und reicher denn je zuvor.

Eigentlich stand am Anfang jener erfreuliche Vertrag mit Kaiser Lothar von 940. Er wurde huldreich ergänzt durch Kaiser Ludwig II., der höchstselbst 856 auf Staatsbesuch an den Rialto kam und sogar den Enkel des Dogen aus der Taufe hob. Und dann ist eigentlich in regelmäßiger Übung bei jedem Herrscher, sobald er auch nur eine der Kronen aufhatte, eine venezianische Delegation aufgetaucht und hat sich den Vertrag verlängern und dabei natürlich auch gleich jeweils verbessern lassen. Selbst mit jedem der beiden Doppelkönige, mit Rudolf 924 und mit Hugo 927, wurden die obligaten Vereinbarungen getroffen, für alle Fälle!

Und so konnte Venedig gleichsam unangreifbar hinter einem Wall von Pergament sich ganz den Möglichkeiten widmen, die der Handel in diesen bewegten Zeiten bot. Und diese Möglichkeiten waren beachtlich. Abgesehen davon, daß mangels jeglicher Reichsaufsicht aus Istrien und Dalmatien Sklaven nahezu ohne Beschränkungen beschafft werden konnten und sich dadurch insbesondere das Geschäft mit den Sarazenen hervorragend entwickelte, brachten die ständigen Krönungen und Festlichkeiten eine enorme Nachfrage nach Luxusartikeln und Kostbarkeiten in ungeahnten Mengen: Schmuck, Samt, Brokat, Spezereien, Gewürze, feinstes Hausgerät. Für die unablässigen Kriege und Scharmützel wurden immer neue Waffen, neue Ausrüstungen gebraucht, die Kämpfer mußten verpflegt werden – Venedig besorgte alles, lieferte alles. In Rom hatten sich überdies die Theodorenpäpste eine etwas lockere Lebensweise zugelegt, sie brauchten Seide und feine Stoffe für die Damen, güldene Ringlein, silberne Kettchen und feinstes Lederzeug für die Herren und für die päpstlichen Werkstätten in der Pentapolis preisgünstige Arbeitskräfte (»Sklaven« war dafür wohl doch ein zu unpassendes Wort): Venedig lieferte auch dies. Es gab eigentlich in diesen hundert Jahren in Italien kaum einen Mächtigen, der Venedig nicht irgendwie einmal gebraucht hätte – und kein Ereignis von einiger Bedeutung, an dem Venedig nicht erfreulich verdient hätte.

Und zudem war da noch die Sache mit Istrien: Genaugenommen gehörte dieses Land ja zum Reich. Aber nachdem keine Wache da war und die Gefahr bestand, daß die Slawen nachrückten, konnte die Dogenrepublik nicht länger zusehen und sicherte sich ein gutes Drittel davon entlang der Westküste, etwa

Stilformen venezianischer Bogen: Byzantinisch und Romanik.

von Capodistria bis Labino. Natürlich besetzte es im Verlauf seiner Kämpfe mit den Kroaten auch nach und nach alle Inseln vor der dalmatinischen Küste, so daß sich gegen Ende eben dieses ersten gesegneten Jahrhunderts auch das Territorium gut verdreifacht hatte.

Es war deshalb nur folgerichtig, daß man in der Lagune, was übrigens immer eintritt, wenn die Umsätze eine bestimmte Höhe übersteigen, die Konkurrenz allmählich als höchst lästig empfand. Zunächst richtete sich der Zorn gegen Comacchio an der Po-Mündung, die Nachfolgerin des uralten Spina, und steigerte sich bald so sehr, daß sich eine Strafexpedition nicht mehr vermeiden ließ: Um 935 überfielen venezianische Helden das bedauernswerte Gemeinwesen und richteten es so zu, daß es sich nie mehr recht erholte. Als sie zurückkehrten, fand der Doge, die Angelegenheit sei so vorzüglich abgelaufen, daß als nächste Ziele Ferrara und Ravenna dergestalt angegangen werden sollten, weiteres dürfte sich dann ergeben. Venedig war eben nicht mehr gewillt, zu teilen.

Trotzdem, ganz ohne Ärger gingen diese Jahre auch für die Lagunenrepublik nicht ab. Zum einen waren da die ständigen Kämpfe mit den diversen Südslawenstämmen. Sie hätten übelste Seeräuberei betrieben, heißt es in den venezianischen Chroniken und seien überhaupt eine ständige Bedrohung gewesen. Das mag sicher richtig sein, zumal ja auch Kaiser Lothar solches verbrieft hat, aber da die Venezianer aus eben diesen Slawen sich ihre Sklaven geholt haben, dürfte die Schuld an diesen Händeln zumindest gleichmäßig verteilt sein. Zum andern aber sind um 900 plötzlich Ungarn in den Lagunen aufgetaucht. Sie hatten sich aus Tierfellen recht wendige Boote gebaut, und ehe sichs die Venezianer versahen, waren Caorle und Jesolo zerstört und Rialto in höchster Gefahr.

Gotik und Renaissance-Barock.

Zwar konnten die Eindringlinge dann wieder vertrieben werden, aber auf dem Festlandstreifen haben sie noch einige Zeit böse gehaust.

Doch diesen Schock hat Venedig ziemlich rasch verwunden, wohl nicht zuletzt mit dem Blick auf all das Erfreuliche sonst, das einen ja nun wirklich erheben konnte. Und so spricht es sich denn auch über die meisten der sieben Dogen während jener Jahre durchaus zufrieden aus. Über den Sohn des Ursus Parteciacus, Johannes, der nach 881 amtierte, wird zwar kaum ein Wort verloren – er war krank und hat schon nach wenigen Jahren aufgegeben. Auch mit seinem Nachfolger Petrus Candianus I. hatte der Staat kein Glück, er gab sich etwas zu mutig und ist schon sechs Monate nach dem Beginn seiner Regierung von den Slawen erschlagen worden. Aber dann kam eben jener, den die Chronisten nicht genug loben können: Petrus Tribunus. Er regierte von 888 bis 911, hatte seinen Staat durch die ganzen Wirbel zwischen der ersten Krönung des Berengar von Friaul und dessen Wiederauftritt zu steuern und mußte die Ungarn abwehren. Aber seine Bilanz ist die einer friedlichen und ungestörten Entwicklung, wobei er noch zudem Rialto so intensiv ausgebaut hat, daß er der eigentliche Begründer der heutigen Stadt Venedig genannt wird. Der nächste, Ursus Paureta, ist ein braver, friedfertiger Mann gewesen, im Gegensatz zu Petrus Candianus II., der Istrien gesichert und Comacchio zerstört, und dessen Sohn Petrus Candianus III., der die dalmatinischen Slawen endgültig zum Frieden gezwungen und eben dann schließlich Venedig alle die Inseln eingebracht hat. Auch für diese beiden Herren Candianus sparen die Geschichtsrichter nicht mit Beifall.

Er wird sicher damals noch größer gewesen sein und die Wahlmänner veranlaßt haben, auch weiterhin auf diese Familie zu bauen. Denn trotz Wahl und republikanischer Grundordnung hatten bisher, in dieser ersten Zeit Venedigs, eigentlich nur wenige Familien sich in das Dogenamt geteilt, und die mächtigste unter ihnen, die der Parteciaci, hatte geradezu eine Dynastie aufbauen und sich einen Einfluß sichern können, der ihr den Patriarchenstuhl von Grado ganz wie von selbst zufallen ließ. Vielleicht wollten Adel und Klerus allmählich eine Art Gegengewicht aufbauen? Denkbar wäre es, obwohl der Kandidat, der nach dem Tod des dritten Petrus Candianus zur Verfügung stand, nämlich dessen Sohn, keineswegs eine unproblematische Persönlichkeit war. Er hatte sich nämlich gegen seinen Vater empört, war verbannt worden, führte aus der Verbannung ständig feindliche Anschläge gegen venezianische Schiffe, und alle Wahlmänner mußten sich durch Eid verpflichten, ihn daher niemals mit dem Dogat zu betrauen.

Doch sei es, daß er viele Freunde in Venedig hatte, sei es, weil man weitere Gewalttätigkeiten des jungen Herrn fürchtete, sei es, weil man seine offensichtliche politische Begabung nutzen wollte – kaum war der alte Doge tot, wählten Adel und Klerus gegen Eid und Vernunft den Verbannten, der dann 959 als Petrus Candianus IV. die Regierung der Republik Venedig übernahm.

Er war eine ungemein starke Persönlichkeit, ebenso intelligent wie skrupellos, als militärischer Führer ebenso überlegen wie als Diplomat. Von Anfang an arbeitete er nur auf das Ziel hin, für sich und seine Familie die absolute Erbmonarchie in Venedig zu schaffen. Aus diesem Grund verbot er zunächst 960 den Sklavenhandel, das sei unchristlich, sagte er. Allerdings nahm er, »damit dem Vaterland kein Schaden entsteht«, den Staat und den Dogen von diesem Verbot aus, womit er also alle die höchst beachtlichen Gelder aus diesem Geschäft in die eigenen Kassen leitete. Auch behielt er nunmehr die Beförderung wichtiger, zumeist hochpolitischer Botschaften vom Westreich nach Konstantinopel, bisher von privaten Kauffahrern nebenbei besorgt, ausschließlich dem Staat vor und untersagte zudem den Export von Waffen und Schiffsbauholz an die Sarazenen, weil man »dem Basileus entgegenkommen« müsse. In Wirklichkeit aber traf er damit die venezianischen Handelshäuser einmal mehr ganz empfindlich, und seine Strategie, die Macht des Adels durch die Schwächung seiner Wirtschaftskraft zu brechen, wurde von Mal zu Mal offensichtlicher.

Außenpolitisch taktierte er geradezu genial. Mit Berengar II., der zwar 951 von Otto I. besiegt worden war, aber als Vasallenkönig des deutschen Herrschers weiterhin Italien regierte, verband ihn herzliche Freundschaft. Trotzdem schaffte er es, zu König Otto, als Berengar 961 in Ungnade fiel und abgesetzt wurde, das beste Verhältnis zu finden und sofort und ohne Schwierigkeiten den alten Venezianervertrag erneuert zu bekommen. Im Gegenteil, er erreichte noch eine ganze Reihe zusätzlicher Privilegien. Einige Jahre darauf fand dann der Doge, daß es sinnvoll wäre, sich mit dem Westkaiser auch verwandtschaftlich zu verbinden. Also steckte er seine bisherige Gattin Johanna ins Kloster San Zaccaria und heiratete die Markgrafentochter Waldrada von Tuscien, jung, ungeheuer reich und Ottos Nichte. Damit hatte er seine völlige finanzielle Unabhängigkeit, konnte sich eine Privatarmee halten und war praktisch in Venedig nicht mehr angreifbar. Otto I., und nach 973 Otto II., überschütteten ihn mit Ehrungen, auch die Griechenkaiser zollten ihm höchste Achtung: Venedig, das war Petrus Candianus IV.! Und die Errichtung der Monarchie ließ sich wohl nicht mehr aufhalten.

Da begannen sich die Feinde des Dogen zu sammeln. Wütend rannten sie gegen seinen Palast, aber die Mauer der Söldner war undurchdringlich, ein Teil wollte aufgeben – aber plötzlich war ein Gedanke da, ebenso teuflisch wie bestechend, und schon schlugen Flammen aus den Nebengebäuden ringsum, der Palast fing Feuer, der Doge wollte fliehen, wurde ergriffen, samt seinem kleinen Sohn niedergemetzelt, Waldrada konnte sich mit knapper Not retten. Die Leichen des Petrus und seines Kindes wurden im Schlachthaus dem Mob vorgeworfen, während über Venedig ein schrecklicher Feuersturm hochfuhr – der Dogenpalast, die Kirchen von San Marco, San Teodoro, Santa Maria di Zobenigo und weit mehr als 300 Häuser verbrannten sowie, und das war wohl das Schlimmste, das gesamte Staatsarchiv mit allen wichtigen Dokumenten.

Kaiser Otto II.

71

In seiner Wut hatte sich Venedig selbst den größten Schaden zugefügt. Man zählte den 11. August 976.

Aber nicht allein die Stadt war verwüstet, auch die Außenpolitik war zusammengebrochen. Nun galten für Otto II. keine Verträge mehr, und das Leid Waldradas paßte sehr gut zur politischen Notwendigkeit, die verlangte, daß Venedig mit seiner Flotte ins Reich eingebunden werden müsse. Zwar ließ er sich mit seinen Maßnahmen Zeit, aber das Schicksal der blutigen Republik war besiegelt.

Der neue Doge, Petrus Orseolus I. (oder auch Pietro Orseolo, wie die Chroniken bereits ausweisen), sah sich in einer verzweifelten Lage. Zwar ging er daran, aus seinen privaten Mitteln zunächst die größte Not der Menschen zu lindern, den Wiederaufbau der ausgebrannten Markuskirche und des Dogenpalastes einzuleiten, aber er konnte weder die verlorenen Staatsverträge rekonstruieren noch den Zorn des Kaisers besänftigen. Zu allem Unglück hatte sich auch noch die Stadt in zwei Lager gespalten, zwischen denen es außer Haß und Mord nichts Gemeinsames mehr gab, sogar er selbst mußte um sein Leben fürchten, wenn er ohne Wache ausging.

Pietro Orseolo I. war ein tieffrommer Mann. Und er hatte die Dogenmütze nur angenommen, weil man ihn beim Jammer seiner Stadt beschworen hatte. Aber die Umstände, die ihn jetzt Tag und Nacht bedrängten, waren nicht dazu angetan, ihn, den es schon lange Zeit ins stille Klosterleben zog, noch weiter in der Welt zu halten. Und als ihm Vater Guarinus, der Abt des Klosters Cusa in den Pyrenäen, noch ein wenig zuredete, konnte er nicht mehr widerstehen. In der Nacht vom 1. auf den 2. September 978 floh er vermummt mit zwei Begleitern über die Lagune und soll schon nach wenig mehr als zwei Wochen in seinem geliebten Pyrenäenkloster eingetroffen sein. Von da an verliert sich seine Spur in der Legende.

Venedig war aufgescheucht. Da die Dinge nun einmal so lagen, wählte man, schon um den Kaiser zu besänftigen, einen Bruder des ermordeten Dogen Petrus, Vitalis Candianus. Aber der Erkorene hielt sich nicht lange, er starb bald, und ihm rückte akkurat jener Tribunus Menius nach, der noch am Mordtag, dem 11. August 976, unter dem Vorwand der Verwandschaft mit dem Getöteten alle Güter und Liegenschaften aus dessen Hinterlassenschaft an sich gerafft hatte. In der Tat eine hervorragende Wahl! Was die Waldrada jedenfalls über diesen Herrn am deutschen Kaiserhof äußerte, läßt sich leicht denken, und die Lagunenrepublik war dort nun vollends im Mißkredit. Zwar gab es noch ein bißchen diplomatisches Geplänkel, aber dann schlug Otto II. zu. Alle Zufahrtswege zu Wasser und zu Land wurden abgeschnitten, eine totale Blockade ließ den Tag absehen, an dem sich Venedig auf Gnade oder Ungnade vor dem Kaiser würde niederwerfen müssen.

Und dann jagte plötzlich die Nachricht durch Italien, der Imperator und König sei zu Rom am 7. Dezember 983 einer heimtückischen Krankheit ganz plötzlich erlegen. Ob hier nun das Schicksal oder einfach nur ein gar heilig Tränklein aus Rom zugeschlagen hatte – auf jeden Fall war der Kaiser für eine stattliche Zahl wichtiger Leute in einem unvergleichlich praktischen Augenblick gestorben. Natürlich wurden auch sogleich unzählige Gründe gezischelt, weshalb der Himmel diesen Mächtigen wohl abberufen habe, aber in Venedig gefiel ein einziger am weitaus besten: »Gottesurteil!« Natürlich und ganz selbstverständlich, wie konnte dieses jähe Ende etwas anderes sein als die Strafe für das herzlose Wüten gegen die fromme, arme, unschuldige Lagunenrepublik! Das kommt davon, wenn man sich so unverfroren an einer gottgefälligen Christenstadt vergreift! »Gottesurteil« zischelten die Venezianer und sagten damit alles, was sie von dem Verblichenen hielten. Aber sie flüsterten es eben doch so vorsichtig, daß es die nun regierenden kaiserlichen Witwen Adelheid und Theophanu keinesfalls hören konnten, sondern im Gegenteil sich von den biegsamen Venezianerdiplomaten durchaus mit Vergnügen umwerben ließen – und bald schon hatte Venedig seine Freiheit wieder und seinen Vertrag, und alle Not mündete in das erste der »Goldenen Zeitalter«, die Jahre des großen Pietro Orseolo II.

Kaiser Otto II. schickt seine Ritter gegen Venedig.

Stufen zur Macht

Er muß geradezu ein Charismatiker gewesen sein, dieser Mann, alles, was er anfaßte, gelang ihm, jeder, der ihn kennen lernte, kam ins Schwärmen: Pietro Orseolo II., Sohn des gottseligen ersten Orseolo, der längst in den fernen Pyrenäen seiner Frömmigkeit lebte.

Im Frühjahr 991 haben ihn Adel und Klerus nahezu einstimmig ins Amt gerufen. Obwohl kaum dreißig Jahre alt, besaß er eine so umfassende Bildung, ein so hohes Maß an Staatsklugheit und beharrlicher Energie, daß die Republik mit Recht hoffen konnte, den seltsamen Eindruck, den Herr Menius hinterlassen hatte, nun doch etwas zu verwischen.

Der junge Mann enttäuschte nicht. Zunächst gelang es ihm in kürzester Zeit, die blutigen Händel, von denen die Stadt noch immer geschüttelt wurde, einzudämmen und schließlich das zerrissene Gemeinwesen völlig zu befrieden. Dann schickte er seine Gesandten aus, und schon im März 992 wurde in Konstantinopel der erste Staatsvertrag unterschrieben: Der Basileus bestätigte alle bisherigen Privilegien und versicherte sich eigentlich dafür nur des vollen venezianischen Flottenbeistands – was dem Dogen keineswegs mißfiel, da sich das Türchen in die große Politik damit wesentlich leichter fand.

Währenddessen verhandelten seine Diplomaten an fast allen Sarazenenhöfen, erreichten Handelsvereinbarungen, Vorrechte, Freundschaftsabkommen. Und im Juli desselben Jahres war zu Mühlhausen auch der Vertrag mit dem römisch-deutschen Reich ausgehandelt: Nahezu alle bisherigen Zusagen der königlichen Herren seit Hugo und Rudolf wurden durch die beiden Kaiserinnen bestätigt, im Gegenteil, bei Rechtsbrüchen durch Reichsuntertanen durfte Venedig jetzt sogar zur Selbsthilfe greifen.

Die Bedeutung dieser Klausel bekamen denn auch umgehend ein paar Bischöfe zu spüren, deren Gebiete an das venezianische grenzten und die sich in den Wirren der ottonischen Blockade eine ganze Menge Ländereien der Republik auf etwas unkonventionelle Art angeeignet hatten. Der Doge baute auf ebenso unkonventionelle Art seine Truppen an den Grenzen auf, die geistlichen Würdenträger wurden nervös, gaben, einige demütig und schuldbewußt, einige mit einem drohenden »Wir sprechen uns noch!«, alles Reklamierte ganz schnell wieder heraus, und die Angelegenheit war in kürzester Zeit bereinigt.

Aber derlei ging nebenbei. Wichtiger galt da dem Orseolo schon der weitere zügige Ausbau der Flotte, das Schaffen neuer Wirtschaftsbeziehungen, die Fer-

Pietro Orseolo II., der wohl mächtigste Doge der Republik, neben Enrico Dandolo der größte, neben Tommaso Mocenigo der weiseste.

tigstellung des Dogenpalastes und der Markuskirche. Von Torcello bis hinüber nach Grado ließ er die Städte instandsetzen, Kirchen und Klöster erneuern, Hafenanlagen und Stapelhallen errichten. Die ganze Republik war in einer fröhlichen, emsigen Aufregung, alles sprach von Geschäften, neuen Projekten, und so beachtete niemand, daß sich zwischen dem nebligen Germanien und der lächelnden Lagunenstadt eine höchst ungewöhnliche und wundersame Verbindung zusammenspann.

Der junge König Otto nämlich empfand, durch Briefe, Erzählungen, Schilderungen angeregt, eine immer größer werdende Hochachtung, ja Zuneigung für den um zwei Jahrzehnte älteren Dogen. Beide trugen sie in sich ganze Welten gewaltiger, herrlicher Träume und Gedanken, bauten und formten an einem strahlenden Reich der Phantasie, und beide widerte sie das schäbige Schielen nach dem Machbaren, Nützlichen all jener, die sich nicht in die Höhe zu schwingen vermochten, zutiefst an. Aber während der junge König von Herzen litt an der Kluft zwischen seiner heilen Traumwelt und dem ekligen, kleinlichen Gerangel mit der Macht, sah er, wie dort unten im glücklichen Süden ein Seelenverwandter sich siegreich in der Wirklichkeit behauptete, eine strahlende Herrschaft aufbaute und sich sogar anschickte, dem einen oder anderen Splitter seiner Sehnsucht Gestalt zu geben. Die rührende Korrespondenz, die über die Alpen herüber und hinüber ging, entfachte eine Freundschaft zwischen den beiden Mächtigen, wie sie die Geschichte selten wiederholt hat.

Als Otto III. 996, sechzehnjährig und nun regierender deutscher König, auf seinem ersten Italienzug nach Verona kam, war es ihm eine Herzenssache, dem Kind seines Vorbildes Pate zu sein, er hob Pietro Orseolos Sohn aus der Taufe und gab ihm seinen eigenen Namen. Ob der Doge bei diesem Fest anwesend war, wird nicht berichtet. Es ist aber durchaus denkbar, daß Otto in der Sorge, der Freund könnte seinen bisherigen Vorstellungen nicht entsprechen, eine Begegnung gescheut hat. Auch beim zweiten Zug des nunmehrigen Kaisers nach Rom zwei Jahre später scheinen sie nicht zusammengetroffen zu sein, obwohl der Briefwechsel seit Verona noch umfangreicher und herzlicher war als zuvor. Dafür ehrte Otto sein ihm entgegengesandtes Patenkind vor Ferrara mit einer prunkvollen Schiffsprozession und überhäufte es mit Geschenken, ehe er nach Deutschland zurückkehrte.

Direkten Nutzen hat diese romantische Freundschaft für den Dogen kaum gehabt, jedoch stiegen dadurch sein Ansehen und sein Einfluß so sehr, daß er als politische Persönlichkeit weit hinausreichte über das kleine Staatswesen, dem er vorstand. Und so ergab sich eigentlich sein Eingreifen in Dalmatien ganz von selbst.

Dort hatten sich die Verhältnisse gerade in diesen Jahren doch recht verwickelt. Denn theoretisch zählten die reichen Küstenstädte mit ihrer römischen Bevölkerung immer noch zum Reich von Byzanz, wie auch ihre Verwaltung – an der Spitze ein Prior und ihm zur Seite eine Art Stadtrat, bestehend aus dem Bischof und den Vornehmsten – noch immer byzantinisch war. Der Prior von Zara hatte sogar noch den Titel eines Dux von Dalmatien. Nun brachen aber einmal ums andere die Kroaten von den Bergen, brannten und plünderten und erzwangen ungeheure Tributzahlungen, und da in jeder dieser derart erpreßten Kommunen bereits seit gut hundert Jahren wichtige Venezianerkolonien waren, mußte auch die Republik spätestens seit 976 erhebliche Zahlungen leisten, um ihre Bürger dort und die wichtigen Handelsstützpunkte vor Schaden zu bewahren.

In dieser Lage genügten Pietro Orseolo ein paar Hilferufe, und schon lief er am Himmelfahrtstag des Jahres 1000 mit einer großen Flotte aus, an Istrien vorbei sogleich nach Zara, wo er sich den Untertaneneid leisten ließ. Dann zog er weiter, von Insel zu Insel, von Stadt zu Stadt und sicherte den ganzen Küstenstreifen bis hinunter nach Ragusa für seine Republik. Widerstand regte sich kaum, im Gegenteil, fast überall wurde er freundlich aufgenommen und zuweilen als Befreier gepriesen. So weit so gut, aber das eigentliche Problem waren immer noch die Kroaten, bei denen man weiterhin, trotz der kräftigen Lektionen, die er ihnen wieder und wieder erteilt hatte, mit allem rechnen mußte. Also wandte er die später beliebteste Diplomatenwaffe Venedigs an, er beschäftigte die Gegner mit sich selber. Der regierende Kroatenkönig Dirzislaw hatte nämlich auf recht unfeine Weise seinen Bruder Surinja vom Thron geschubst, worüber dieser doch ziemlich verärgert war. Und so lag es durchaus nahe, daß der Doge mit dem verstimmten und geprellten Herrn Surinja ein Bündnis schloß, ihn überdies zu seinem Schwiegersohn machte und so heftig an sich band, daß die Republik auf einige Jahrzehnte hinaus in Dalmatien ziemlich unangefochten blieb. Sich selbst ernannte der Doge, als Erbe des Priors von Zara, zum Dux von Dalmatien und kehrte dann im Spätsommer, umjubelt und gefeiert, nach Rialto zurück.

Um diese Zeit nun kommt Kaiser Otto zum dritten Mal nach Rom. Auf der Rückreise läßt er sich ausführlich vom Dalmatinerfeldzug des Orseolo berichten, macht, es ist Ende März im folgenden Jahr, in Ravenna halt und äußert plötzlich zu seinen engsten Vertrauten, er »möchte die Wunderstadt besuchen, ganz unerkannt und ganz geheim«. Die Herren nicken, sich zu wundern haben sie längst aufgegeben, und am nächsten Tag schon kommt der Abgesandte des Dogen, der Diakon Johannes an, eben jener, der in seiner »Chronik« die Entwicklung Venedigs bis in jene Jahre so ehrlich, wie er konnte, nachgezeichnet hat und insbesondere für die Zeit Pietro Orseolos ein unschätzbarer Augenzeuge ist. Der Kaiser erläutert, wie er sich die Sache vorstellt, der Diakon eilt einige Male zwischen Venedig und Ravenna hin und her, und dann, am 13. April, reitet Otto mit ganz kleinem Gefolge zur Abtei Pomposa. Man wolle sich zurückziehen, lautet die offizielle Mitteilung des Hofes.

Als die Sonne hinter dem Rand der weiten Ebene verglüht, stößt ein Boot mit einer Handvoll vermummter Gestalten von der Klostermauer ab und gleitet lautlos hinaus aufs Meer. Eine lange, totenstille Nacht hindurch und einen ganzen, schimmernden Tag zieht es hin zwischen Schilfinseln und dunklen Buchten, und erst, als wieder der Abend über die Lagune sinkt, steuert es auf ein winziges Eiland zu. Am Ufer steht einsam ein Mann. Das Boot legt an, Sand knirscht unter dem Kiel – und nun stehen sich Kaiser und Doge erstmals gegenüber.

Den Johannes scheint die Begrüßung von Herzen ergriffen zu haben – zunächst jenes bange, verhaltene Zögern, jenes schüchterne Abwarten, und dann Umarmungen, Tränen, »so, als ob eine tiefe Sehnsucht sich erfüllt«. Und als sie hinüber nach Rialto fuhren, sollen sie vor lauter Bewegung nur stumm nebeneinander gestanden und über die weite Wasserfläche geblickt haben. Otto bezog den Westturm des Dogenpalastes und blieb die Nacht und den ganzen folgenden Tag. Während der langen, vertraulichen Unterhaltungen mit Pietro Orseolo bot er in seiner Begeisterung dem Dogen alle Privilegien an, die er sich nur wünsche. Aber der kluge Venezianer blieb mehr als bescheiden, und als die Herren sich dann am Abend verabschiedeten, war die gegenseitige Hochachtung und Verehrung womöglich noch größer als zuvor.

Noch immer aber war der Besuch ein tiefes Geheimnis. Sogar feierliche Grußbotschaften zwischen Pomposa und Venedig sind ausgetauscht worden, als man längst am Rialto zusammensaß. Erst bei der Rückkehr nach Ravenna ließ der Kaiser bekanntgeben, wo er gewesen war und daß die Reise nur dem verehrten Freund und dem heiligen Markus gegolten und rein privaten Charakter gehabt habe.

Es sollte die einzige Begegnung bleiben. Schon ein dreiviertel Jahr später war Otto III. tot, gestorben mit noch nicht einmal 22 Jahren am 23. Januar 1002.

Natürlich haben die Historiker bis heute das ganze seltsame Zusammentreffen und all die mystischen Umständlichkeiten schlichtweg als die »Spielerei eines träumerischen Knaben« abgetan. Aber vielleicht sollten sie doch noch einmal nachdenken – Dichtergeist kann man nämlich nicht immer mit den Linearen eines Buchhalters messen.

Den Dogen traf des Kaisers Tod hart. Aber lange Zeit für die Trauer blieb ihm nicht. Die sizilischen Sarazenen eroberten Bari, Byzanz mahnte die vereinbarte Flottenhilfe an, Venedig rüstete, lief aus, und nach einigen Scharmützeln wurden die Muslime am 6. September von den vereinigten Venezianern und Griechen hoffnungslos geschlagen und Bari wieder byzantinisch.

Fast gleichzeitig ließ der Doge mit Ottos Nachfolger, Heinrich II., verhandeln, und bald auch hatte die Republik alle Verträge erneuert und Pietro Orseolo den Titel eines Herzogs von Venetien und Dalmatien.

Daraus entwickelte sich auch zum neuen Kaiser ein vorzügliches Verhältnis, das die geschickte Diplomatie des Dogen überdies ständig verbesserte. So schickte er beispielsweise, als Heinrich im Frühjahr 1004 über die Alpen kam, den nun etwa zehnjährigen Patensohn des toten Kaisers, Otto, nach Verona, um den königlichen Herrn aus Deutschland in Italien willkommen zu heißen. Und derlei wirkt eben immer.

Freilich hielt es auch dieser große Doge Venedigs für unumgänglich, der Familie die besten Verbindungen und die besten Positionen zu schaffen: Alle seine Söhne sahen sich vorzüglich versorgt – Orso wurde Patriarch von Grado, Vitalis Bischof von Torcello, den Anwärter für das Dogenamt, Johannes, verheiratete er mit der griechischen Kaisernichte Maria und bald danach den jungen Otto mit der Schwester des Königs von Ungarn und Schwägerin von Kaiser Heinrich II., ebenfalls einer Maria.

Aber dann wandte sich das Glück. 1008 starb Johannes, der bereits Mitregent des Vaters war, samt Frau und Kind. Für den Dogen muß das ein schlimmer Schlag gewesen sein, denn seine Energie fiel sichtbar zusammen. Zwar nahm er noch, um seiner Familie das Dogat zu erhalten, den vierzehnjährigen Sohn Otto mit in die Regentschaft, aber bereits ein Jahr später war auch er tot, knapp 48 Jahre alt.

Eine große Epoche war beendet, das fühlte Venedig. Zwar bestätigten die Wahlmänner den Otto Orseolo, nunmehr ganze fünfzehn Jahre alt, als den neuen Dogen, und der konnte sich mit dem Rückhalt bei seinen geistlichen Brüdern, am deutschen und am griechischen Kaiserhof auch einen leichteren Beginn erhoffen, aber die gewaltige Last des Dogats war einfach zu schwer für so junge Schultern, in den Lagunennestern regte sich Widerstand gegen die beginnende Monarchie, Dalmatien und Istrien wurden wieder unruhig – und vor allem hing über dem neuen Ersten Mann von Venedig der übermächtige Schatten seines Vaters.

Nun gut, gegen Dalmatien und Istrien und auch gegen die Festlandsbischöfe, die nun wieder Morgenluft witterten, setzte sich Otto glänzend durch, er baute den Handel mit den Sarazenen weiter aus und förderte die verschiedenen Bauvorhaben, die noch nicht abgeschlossen waren. Aber eigentlich verwaltete er eben doch nur, und als im Jahre 1019 auf den Patriarchenstuhl von Aquileja der gewalttätige Herr Poppo rückte, begann sich die Lage bedrohlich zuzuspitzen. Der neue Patriarch behauptete nämlich ganz einfach, daß Grado nichts weiter als eine Pfarrei von Aquileja und der Patriarchenstuhl dort ganz einfach eine Farce sei.

Solche Streitereien waren natürlich schon uralt, man erinnere sich: Der römische Patriarch von Aquileja floh vor den Langobarden nach Grado und richtete dort für das Lagunenland, das die Barbaren nicht besetzten, sein Restpatriarchat ein. Zwar gab er den Anspruch, geistlicher Herr von Gesamtaquileja zu sein, nie auf, aber es nützte ihm wenig. Die Langobarden setzten vielmehr auf den Patriarchenthron zu Aquileja einen ihrer Leute, und fortan gab es nun also zwei dieser Herren, einen in Grado mit der Legitimität und einen in Aquileja mit der Macht. Zudem komplizierte sich die Sache bekanntlich noch durch die Legende, daß der heilige Evangelist Markus Bischof von Aquileja gewesen sei – wodurch zum Gezänke um die Rechtmäßigkeit auch noch der Anspruch auf die Markusnachfolge hinzukam. Für einige Zeit hat dann zwar die Entscheidung Karls des Großen, daß Grado mit Seevenetien zum Ostreich, Aquileja mit Friaul zum Westreich gehören sollten, die Wogen geglättet, aber kaum war Venedig selbständig, begann das Hickhack von vorne. Und nun setzte eben Herr Poppo den Rammbock an.

Zunächst hatte er wenig Glück, weder bei Papst Benedikt VIII. noch bei Kaiser Heinrich II. Aber nach fünf Jahren kam seine Zeit: Am 7. April 1024 starb Papst

Der gewalttätige Patriarch Poppo von Aquileja.

79

Benedikt, und sein Nachfolger Johann XIX. war ein ängstlicher und nachgiebiger Mann. Und am 13. Juli verschied Kaiser Heinrich, und der Neue hieß Konrad II., hart, machtbewußt und ein erklärter Gegner Venedigs. Poppo schlug sich sogleich mit markigen Worten auf die Seite Konrads, erreichte schließlich, daß in Rialto eine Revolte gegen die Orseoli losbrach und Doge Otto ebenso wie auch sein Bruder Orso, der Patriarch von Grado, fliehen mußten.

Heißa, jetzt rückte der fromme Poppo in Grado ein, ließ hurtig alles Wertvolle wegschaffen, erklärte das Seepatriarchat für aufgelöst und zu seiner Pfarrei und ließ sich diese neue Rechtslage auch gleich noch im selben Monat vom Papst bestätigen. Die Umstürzler in Venedig sahen zu spät, wem sie in die Hand gearbeitet hatten, baten die eben vertriebenen Orseoli-Brüder verzweifelt um Hilfe, und im Oktober saß Otto wieder im Dogenpalast, im November Orso wieder auf dem Patriarchenstuhl zu Grado und Poppo wütend in Aquileja. Sogar der Papst paßte sich an und erklärte im Dezember, man habe sich in Rom geirrt, Grado gehöre nun tatsächlich doch nicht zu Aquileja.

Die Orseoli haben Schonzeit, doch nur für zwei Jahre. Dann kommt König Konrad nach Italien, um sich in Mailand die »Eiserne Krone« und in Rom die Kaiserkrone zu holen. Eine Gesandtschaft des Dogen naht demütig und ersucht um die Verlängerung der Verträge. Aber Konrad tobt. Die Venezianer seien Rebellen wider das Reich, kein Tag vergehe, daß sie die Königshoheit nicht mißachteten, ohne Vertrag und Regelung hielten sie Grado besetzt, und jetzt wollten sie auch noch Sonderrechte – hinaus!

Venedig ist verzweifelt. Und flugs wird der ganze schreckliche Mißerfolg dem Dogen zur Last gelegt, wieder bricht ein Aufstand los, und diesmal muß Otto für immer fliehen, nach Byzanz zu seinen Verwandten. Wenigstens konnte sein Bruder Orso das Gradensische Patriarchat halten, so daß die Orseoli noch immer nicht ganz verdrängt waren.

Zum neuen Dogen wurde ein gewisser Domenico Barbolano bestimmt. Er hätte sich besser nicht wählen lassen, denn Venedig hatte den Kaiser zum Feind, keine Verträge, wurde von allen Seiten angefleddert, und am 6. April 1027 bestimmte auch noch die Lateransynode, daß Grado nun doch Aquileja unterstehe. Schon 1031 sah sich der arme Barbolano wieder abgesetzt, eine Sühnedelegation fuhr nach Konstantinopel und bettelte Otto Orseolo an, doch wieder zurückzukommen. Aber Otto war krank und schon ein Jahr später tot. Nur mit seinem Sohn Peter hat Venedig im folgenden Jahrzehnt noch zu tun gehabt – er wurde über die Verwandtschaft seiner Mutter König von Ungarn und hat den Venezianern für einige Zeit Zara weggenommen.

Doch da die Republik nun einmal einen Dogen brauchte, wählte man 1032 den Domenico Flabiano, aber das Wahlkollegium setzte auch für alle Zeit fest, daß niemals mehr ein Mitregent eingesetzt werden dürfe. Und mit dieser Regelung war die Entstehung einer dogalen Monarchie ein für alle Mal unmöglich.

Zwar hatte es zunächst der Flabiano auch nicht gerade leicht, denn nun beschnitt der Kaiser selbst das Gebiet der Republik und schenkte das Stück zwischen Piave und Livenza mit großer Geste dem Poppo. Venedig war eben vogelfrei. Aber dann endlich, sieben Jahre später, mußte der gräßliche Konrad von der Weltbühne abtreten, und der dritte Heinrich, der nach ihm kam, ist eben doch weitaus milder und umgänglicher.

Herr Poppo von Aquileja weiß das. Und da er noch retten will, was zu retten ist, überfällt er 1044 kurzerhand Grado, plündert und brennt es und freut sich so über seinen Sieg, daß ihn inmitten seiner Beute der Schlag trifft.

Und so war denn auch diese Heimsuchung vorüber, zumal im April 1053 auf der römischen Synode nunmehr verbindlich festgelegt wurde, daß das Gradensische Patriarchat für alle Zeit selbständig sei und auch den Primat über Istrien habe. Endlich konnte die Stadt wieder ein wenig aufatmen, aber die Schläge und Verwüstungen, die ihr Poppo zugefügt hatte, waren so schlimm gewesen, daß sie sich nur noch mit Mühe aufrecht halten konnte und trotz aller Hilfe, besonders von seiten der Republik, ganz langsam verarmte und zerfiel.

Für Venedig allerdings hatte auch dieser traurige Niedergang der alten Kirchenstadt durchaus seine zwei Seiten. Natürlich war das alles sehr schade, aber das Wichtigste, nämlich die Selbständigkeit des Patriarchats, konnte doch ziemlich unbeschadet über all die gefährlichen Runden gerettet werden, und vielleicht entschloß sich der Patriarch nun von selbst, da seine Stadt so unansehnlich wurde, nach Rialto überzusiedeln? Einen Palast hatte er ja sowieso schon hier, der heilige Markus, als dessen Nachfolger er sich fühlte, lag ebenfalls daneben, und für den Staat ergäbe sich dann endlich jene auch örtliche Vereinigung der weltlichen und der geistlichen Gewalt, die nach dem Großen Konzept schon längst überfällig war. Natürlich mußte man das dem Patriarchen ganz allmählich beibringen, aber Venedigs Vertrauen in die Zukunft war kühn und selbstverständlich, zumal 1053 Kaiser Heinrich III. wieder alle Verträge erneuert hatte, alle und günstiger als jemals zuvor.

Da kamen die Normannen.

Dieses nordische Kriegervolk war erst seit 1016 tröpfchenweise in Süditalien eingesickert, hatte sich mit dem energischen Robert Guiskard an der Spitze schnell Kalabrien, Apulien und Sizilien unterworfen und zeigte jetzt, 1076, nicht

Normannenschwert.

übel Lust, die seinem neuen Reich gegenüberliegende Seite der Adria ebenfalls einzugemeinden.

Venedig reagiert schnell. Noch im selben Jahr 1076 eilt der Doge Domenico Silvio von einer Dalmatinerstadt zur anderen, läßt alle Untertaneneide zugunsten der Republik erneuern und sich in einer höchst verbindlichen und unmißverständlichen Weise huldigen. Dann rüttelt sich die Flotte von San Marco zurecht und lauert, was sich jedoch fünf Jahre hinzieht: Doch dann endlich, im Juni 1081, brechen die Nordmänner tatsächlich über die Adria, erobern Durazzo – und Griechenland liegt offen vor ihnen.

Kein Wunder, daß sich der Griechenkaiser Alexios Komnenos mit beschwörenden Worten und hilfesuchend an den Westkaiser Heinrich IV. wendet. Aber wie kann der nützen? Tödlicher Streit mit dem Papst, Canossa, Fürstenfehden überall im Reich, Unruhen in Italien – vor Verzweiflung weiß der Arme kaum noch aus und ein. Trostworte sind das einzige, womit der seinen griechischen Kollegen bedenkt.

Nun bleibt dem Byzantiner nur noch Venedig. Er läßt an den Flottenbeistandsvertrag erinnern, ein paar Diplomaten schwirren nach Konstantinopel und zurück, und noch im Juli 1081 laufen sechzig Venezianerschiffe aus, die neben dem übrigen Gerät auch über eine Art »Torpedos« verfügen, mächtige Holzklötze mit Eisenstiften, durch die sich die feindlichen Schiffsrümpfe vorzüg-

Eine normannische Kriegsflotte in See.

lich aufreißen lassen. Natürlich wird das Treffen vor Durazzo gewonnen, die Normannen entweichen recht unordentlich, und Byzanz nimmt von Durazzo wieder Besitz.

Aber nun verlegt sich Guiskard auf das Hinterland, im Oktober verliert Alexios ganz jämmerlich eine Schlacht, und wer weiß, ob die Normannen auf ihrem Weg nach Konstantinopel aufzuhalten gewesen wären, wenn nicht in Süditalien eine Revolte gegen die Führung ausgebrochen wäre. Der Griechenkaiser lächelt. Im einen Waffengang ist er zwar unterlegen, aber im anderen haben seine Waffen geschlagen. Für einige Zeit dürfte nun wieder Ruhe sein.

Und jetzt zeigte sich, daß ein Komnene sehr wohl danken kann: Im Mai 1082 nahm die Republik in Konstantinopel das Chrysobullon entgegen, ein feierlich besiegeltes kaiserliches Privileg, das besagte, daß Venedig das ganze Ostreich und die Hauptstadt am Bosporus als zoll- und abgabenfreies Land offenstehen. Es war für die weitere Entwicklung des Lagunenstaates wohl das wichtigste Ereignis seiner bisherigen Geschichte.

Im Herbst 1084 allerdings werden die Venezianer erneut gebraucht, die Normannen belästigen Durazzo schon wieder. Aber diesmal ist der Gegner gerüstet, 150 normannische Schiffe rauschen heran, und die Flotte der Republik geht unter in einer fürchterlichen Niederlage. Und da die Venezianer zuhause in ihrem Schrecken und Zorn auch gleich wissen, wo der Schuldige sitzt, kann

sich der Doge gerade noch in ein Kloster retten, wo er denn auch bis zu seinem Ende bleiben muß.

Allerdings war damit die Normannen-Not noch nicht zu Ende. Im Sommer 1085 mußte sich Venedig mit den Griechen zusammen wieder in einer Seeschlacht stellen, und zunächst sah es wiederum gar nicht gut aus – aber dann tauchte plötzlich die Pest bei den Normannen auf, Robert Guiskard starb, sein Heer verlor jede Ordnung, und die alliierten Griechen und Venediger kamen doch noch zu ihrem totalen Sieg. Und damit hat, wenn auch auf Umwegen, die Republik von San Marco erstmals an einer wichtigen Entscheidung der Weltgeschichte mitgewirkt.

Die Lagunen erfüllte solches mit Genugtuung, zumal auch diesmal Alexios Komnenos nicht minder generös dankte: Er bestätigte das Chrysobullon nochmals und ernannte den Dogen nun auch zum Dux von Kroatien – womit die Ostküste der Adria nun bis hinunter nach Albanien mit Fug und Recht venezianisch genannt werden konnte.

Natürlich paßte die Republik sogleich ihr Selbstbewußtsein dem nunmehrigen Stellenwert ihrer Politik an, und da im Jahr 1094 sich gerade der gebannte Kaiser Heinrich IV. in Oberitalien aufhielt, entsandte der Doge eine hochoffizielle Grußbotschaft, verbunden mit allen Ehrbezeigungen, wie sie einem Kaiser des römisch-deutschen Reiches und einem König von Italien zukommen. Der Papst tobte und drohte – Venedig lud den Kaiser nach Rialto ein. Und Heinrich kam, wurde gefeiert, erneuerte die Kaiserverträge, gab zusätzliche Vergünstigungen. Der Papst kündigte härteste Konsequenzen an für diesen Umgang mit einem Gebannten – Venedig lächelte und gab dem Kaiser ein Ehrengeleit bis Verona. Jetzt war Venedig wirklich souverän. Am Ende der Verwicklungen und Demütigungen von hundert Jahren stand die Republik nach außen so fest, daß sie es sich leisten konnte, sich vor niemandem mehr zu verneigen als vor sich selbst.

Aber auch nach innen hatte sich der Staat geformt. Das Warenangebot der Handelshäuser wurde immer reichhaltiger, kostbarer und gewinnbringender, Transportgeschäfte nahmen bereits viel Raum ein, die Stadt war das Zentrum des Personen- und Postverkehrs zwischen dem deutschen und dem griechischen Reich. Landvenetien, Istrien, Dalmatien hingen wirtschaftlich ganz und gar ab, Apulien, Griechenland und Italien kamen ohne venezianische Händler gar nicht mehr aus.

Von allen Lagunenstädten und -orten hatte sich im übrigen das Wirtschaftsleben allmählich fast ganz auf Torcello konzentriert, hier standen die großen Stapelhäuser, hier legten Schiffe aus allen Ländern rund ums Mittelmeer an, hier saßen die großen Kaufherren, hier hatten sie ihre Emporien.

Als politisches Zentrum dagegen war Rialto allemal unbestritten, Adel und Klerus hatten sich bei San Marco angesiedelt. Aber schon kamen auch verschiedene Wirtschaftszweige hinzu, vor allem die Glasindustrie, die nicht nach draußen getragen werden durfte und deshalb unter strengster staatlicher Aufsicht stand, Gold-, Silberschmiede, allerlei künstlerisches Handwerk. Und dann stand hier auch seit 924 eine königliche Münzprägeanstalt, von der aus sich die Geldkultur ganz langsam durchsetzte. Zwar waren in abgelegeneren Gebieten Naturalien noch immer die eigentliche Währung, aber in Rialto und Torcello wurde längst mit Geld gerechnet. Reine Geldgeschäfte hatten bereits eine erhebliche Bedeutung, und zwar seit einiger Zeit – immerhin hatte schon Petrus Candianus IV. spekulative Seedarlehen gegeben.

Am erstaunlichsten aber und am folgerichtigsten ist, wie könnte es in Venedig anders sein, die Entwicklung des religiösen Lebens. Vor allem: Die Oberhoheit über die Kirche war als byzantinisches Erbe selbstverständlich. Im Gegenteil, so fromm sich die Venezianer privat auch darstellen mochten, so wenig Religion fand sich in der Politik, »Prima Veneziani, dopo christiani!« Was dem Staat nützte, war auch moralisch nicht verwerflich, alle alten Lagunengrundsätze dieser Art hatten nichts von ihrer Gültigkeit eingebüßt. Schon damals war es eine gängige Redensart, daß die Venezianer die Dinge zuerst nach ihrem Willen ordneten, und hinterher den darob entbrannten kirchlichen Zorn wegschmeichelten. Der Klerus, mochte er auch früher ab und zu Einfluß gehabt haben, sah sich nun völlig aus der Politik gedrängt. Der Staat konnte der Geistlichkeit befehlen, aber die Geistlichkeit konnte den Staat nicht einmal bitten, es sei denn, ihre Anliegen deckten sich zufällig mit den Staatsinteressen.

Und gegen diese höchst eindeutige Grundhaltung stehen die »scuole«, jene Laienbruderschaften, in denen sich Männer des gleichen Berufsstandes zusammenschlossen und die Venedig anstelle des mittelalterlichen Zunftwesens geprägt haben, dagegen steht die ständig wachsende Zahl der Kirchen und Klöster, und dagegen stehen die Reliquien, die in immer größeren Massen nach Rialto gebracht wurden. Freilich ist gerade bei ihnen wohl nicht mehr auszumachen, ob ihre Beschaffung lediglich die Ehre des Staates erhöhen sollte oder ob die Sammler lediglich von einer unwiderstehlichen Frömmigkeit getrieben wurden. In diesen Jahrzehnten brachten Venezianer von ihren einträglichen Fahrten aus Chios den Heiligen Isidor, aus Konstantinopel den Erzmärtyrer Stephan mit. Fast immer lag dem Erwerb eines solchen Santo kein ordentliches Geschäft zugrunde, sondern Betrug und, nicht selten, schlichte Gewalt. Und da bei solchen Aktionen jeweils auch genügend fromme Kleriker zugegen waren, liegt zu fast jedem dieser Fälle ein wunderschöner Augenzeugenbericht vor.

Eines jedenfalls haben sie alle gemeinsam: Die Umquartierung solcher ehrwürdigen Gebeine ist nichts weiter als eine normale »Translatio«, eine Überführung, und dazu noch völlig berechtigt. Der Orient nämlich habe, so heißt es rundum, die göttlichen Gnadenströme nun lange genug genossen, jetzt müsse der Westen endlich auch Anteil haben, zumal die Verehrung im Osten weitaus kraftloser, die Feste lange nicht so glänzend seien. Und wenn so ein Heiliger bei seiner Überführung nicht durch Stürme oder sonstige wunderbare Widrigkeiten protestiere, müsse angenommen werden, daß die Überführung ganz in seinem Sinne liege. Und so hat sich denn in der Lagunenstadt eine Unmenge heilsträchtiger Überreste angesammelt, und alles natürlich nach bester Christenart: »Du hast, Venedig, den einen in wohlerwogenem Betrug, den anderen in offener Gewalt entführt. Aber es ist kein Betrug und kein Raub, denn nicht böser Wille hat dazu geführt, sondern Ergebenheit und religiöser Eifer.«

Doch ganz verschont von Irrtümern sind auch der Klügste und der Frömmste nicht. Natürlich hat Venedig bei seinem ausgeprägten Sinn für Qualität schon lange ein heißes Verlangen nach dem heiligen Nikolaus, dem Bändiger des Meeres, verspürt. Und so konnte einfach keine Macht der Welt von den Venezianern Zurückhaltung verlangen, als sie auf ihrer ersten Kreuzzugsfahrt an der Küste von Kleinasien das Städtlein Myra gar so harm- und schutzlos in der Sonne träumen sahen, Myra mit seiner mächtigen Nikolauskirche, von der jedermann wußte, wer darin geradezu griffbereit lag. Sie mußten den Heiligen einfach entführen, es ging nicht anders!

Und als sie nach einigen Palästina-Abenteuern endlich wieder am heimatlichen Molo anlegten, war man in den Lagunen außer sich vor Freude. »Venetia tua te invitat, te videre desiderat, alme pater Nicolae!« sangen die Mönche, Glockengedröhn mischte sich mit dem tosenden Jubel der Massen, ein wahrer Nikolausrausch ließ die ganze Republik erschauern.

Aber nicht lange. Denn irgendwann und ganz allmählich sickerte durch, daß der richtige heilige Nikolaus schon vor dreizehn Jahren von Myra nach Bari in Apulien verbracht worden und seither dort eifrig am Wunderwirken sei, feierlich akzeptiert und attestiert von allen Instanzen der Heiligen Mutter Kirche – und daß das gefeierte Knochenhäuflein in Venedig zu irgendeiner namenlosen Seele gehörte, von der keinerlei Einfluß auf die göttlichen Gnadenflüsse zu erwarten sei. Oh Gott, diese Blamage! Puterrot vor Verlegenheit suchte die Republik nach einem Ausweg, aber abgesehen von ein paar Gerüchtlein, etwa daß der venezianische Nicola doch der echte sei oder gar daß es sich bei ihm um einen völlig anderen aber nicht weniger heiligen Nikolaus handle, fand sich nicht viel. Und schließlich wurden die nun gar nicht mehr ehrwürdigen Überreste verschämt weggeräumt und ganz schnell vergessen.

Jedoch abgesehen vielleicht von dem schmerzhaften Schubs gegen das Selbstbewußtsein des Lagunenländchens kam dem Malheur kaum weitere Bedeutung zu. Ein Santo mehr oder weniger – das spielte in Venedig schon keine Rolle mehr. Es gab genügend andere, täglich kamen neue herein, und überdies war der gesamte Bereich Frömmigkeit und Reliquien so vorzüglich organisiert, daß durchaus von einer größtmöglichen Effizienz ausgegangen werden konnte. Aufmerksame Zeitgenossen gewannen sogar den Eindruck, daß die Republik förmlich eine Art Handelsvereinbarung mit ihren Heiligen habe und pünktlich mit jährlichen Festen für alle Segnungen und Gnaden bezahle, die die Himmlischen im jeweiligen Abrechnungszeitraum in die Lagunen geleitet hatten.

Die Zeitgenossen sahen das auch völlig richtig, nur hatten selbst diese Abrechnungsfeste alsbald eine Doppelaufgabe – einmal dienten sie ihrem eigentlichen Zweck und zum anderen dem Staat dazu, sich unzählige Male im Jahr bestätigen und feiern zu lassen. Doch darüber wunderte sich längst niemand mehr, denn er war sowieso einfach überall, der Staat: In den Scuole wurde nur seine Politik gemacht, in den Kirchen und Klöstern wurde nur für seine Anliegen gebetet, die Heiligen hatten nur auf ihn die Gnadenflut zu lenken und die Priesterschaft kam nur zu Wort, wenn sie bedingungslos in seinem Sinne sprach. Frömmigkeit in Venedig, das war ausschließlich Dienst am Staat, und eben sie, die andernorts geradezu als Sprengsatz und Gefahr für die Mächtigen wirkte, sah sich hier im Seeland bald fugenlos eingebaut und als zusätzliche Klammer für ein allumfassendes System.

Der scheinbare Gegensatz zwischen der emsigen religiösen Geschäftigkeit des Volkes und der harten Politik des Staates gegenüber der Kirche wandelt sich unter diesem Blickwinkel denn auch flugs in das Bild von einer großen, überlegenen Grundlinie, wie sie sich eben, wieder einmal, aus dem Großen Konzept ergab.

Und weil dabei dem Staatsheiligen Markus eine ganz besondere Rolle zufiel, kann man die Wolken verstehen, die in jenen Jahrzehnten über die Gesichter der Verantwortlichen zogen, wenn das Gespräch auf ihn kam. Denn eigentlich war er seit seiner Ankunft im Jahr 828 nie mehr gesehen worden, da ja damals schließlich die Witwe des Dogen Justinian in ihrer Angst vor Dieben den hochverehrlichen Leichnam so gut hatte verbergen lassen, daß, nachdem mit dem letzten Mitwisser das Geheimnis ins Grab gesunken war, der heilige Evangelist nunmehr als quasi Unsichtbarer verehrt werden mußte. Vollends peinlich wurde die Affäre dann, als 976 die alte Markuskirche bei jener unglückseligen Revolte in Flammen aufging und das stürzende Holzwerk Altäre und Schreine unter sich begrub. Du guter Himmel – wo war der Heilige! Die verantwortlichen Herren wurden ganz langsam wortkarg und reichlich nervös und klammerten sich eigentlich nur noch an die Überzeugung, daß die hochgebenedeite Mumie ganz sicherlich nicht zu einem Häuflein Asche zusammengeschmort sein konnte, sondern irgendwo in einem nahtlosen Gehäuse aus Stein oder Metall oder beidem unter dem Fußboden, in einem Pfeiler, in einer Mauer sanft vor sich hin schlummerte.

Zum einen war das seinerzeit die übliche Art, derlei Kostbarkeiten aufzubewahren, und zum anderen hätte sich die Witwe des Dogen Justinian doch wohl niemals dazu hinreißen lassen, solch heiliges Gut in eine leicht brennbare Holzkiste zu verpacken, zumal sie ja schließlich wissen mußte, daß die ewige Feuchtigkeit in der Lagune auf die Dauer selbst die ehrwürdigsten Gebeine mit Schimmel überzieht. Nein, nein, der Heilige wartete sehnlichst in einem sorgsam abgedichteten Sarkophag darauf, daß er »gehoben« würde – aber wo!

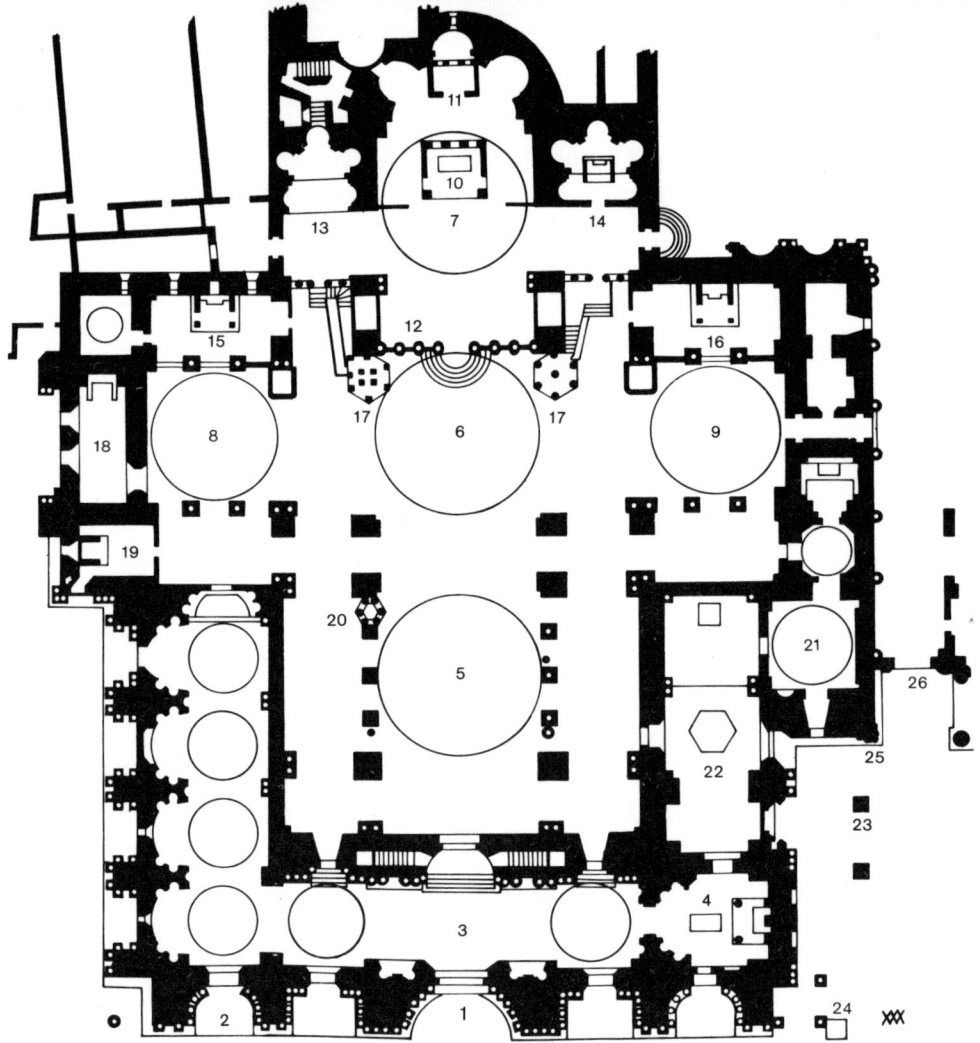

San Marco ist im Stil der byzantinischen Kreuzkuppelkirche mit vorgelagertem
Nartex (Vorhalle) errichtet, wobei Chor (Emanuel-Kuppel), Vierung (Himmelfahrts-
Kuppel), Längsschiff (Pfingst-Kuppel) und beide Querschiffe (Johannes-Kuppel und
Leonhards-Kuppel) von jeweils einer Kuppel überwölbt ist. Der ursprüngliche Ziegel-
bau verlor durch die gotische Überkrustung seine ausgewogenen Proportionen.
Der Grundriß von San Marco:

1. Hauptportal, 2. Mosaik mit der Einweihung von San Marco, 3. Nartex mit
Mosaiken des Alten Testaments, 4. Capella Zen, 5. Pfingst-Kuppel, 6. Himmelfahrts-
Kuppel, 7. Emanuel-Kuppel, 8. Johannes-Kuppel, 9. Leonhards-Kuppel, 10. Hochaltar,
11. Pala d'Oro, 12. Ikonostase, 13. Capella San Pietro, 14. Capella San Clemente,
15. Madonna Nicopeis, 16. Sakramentsaltar, 17. Kanzel, 18. Capella San Isidoro,
19. Capella dei Mascoli, 20. Säulen-Ädicula, 21. Tesoro (Schatzkammer),
22. Battisterio (Taufkapelle), 23. Pilastri Acritani, 24. Pietra del Bando,
25. Tetrarchen, 26. Porta della Carta (Eingang zum Dogenpalast).

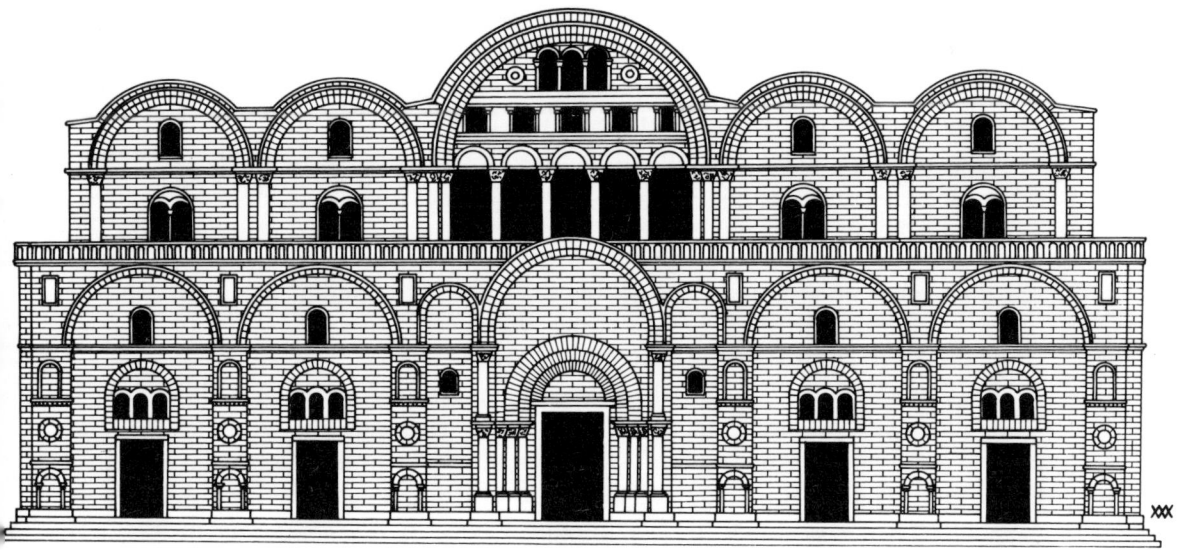

San Marco in seiner ursprünglichen Form.

Und so dürfte man am Rialto seit dem Tag, da der gottselige Orseolo I. den Bau der neuen Markuskirche begonnen hatte, unauffällig aber beharrlich nach dem Heiligen gebuddelt haben, jedoch offenbar erst fündig geworden sein, als zwischen 1050 und 1094 die erste Kuppel auf das Kirchendach gesetzt wurde und für die Stützmauern entsprechende Löcher in den Boden gegraben werden mußten.

Bei aller Erleichterung darüber jedoch haben die verantwortlichen Herren offenbar sogleich befunden, daß die Form dieser Wiederentdeckung nun eben arg prosaisch war. Und da der Kult um San Marco durch die mehr als zweihundertsechzigjährige Unsichtbarkeit desselben nun doch etwas gelitten hatte, beschlossen sie, ein kleines Wunder zu inszenieren. Wie das nun ausgesehen hat, darüber gibt es einen ganzen Wust von Legenden. Doch erscheint es am wahrscheinlichsten, daß bald nach dem Fund ganz geheim zur Nachtzeit der gerade wiedergewonnene Santo mit aller Vorsicht in eine Nische der Markuskirche eingemauert wurde, wobei sorgsam ein breiter Mauerriß offenblieb, durch den wenigstens die Mumienhand schimmerte.

An einem der nächsten Tage ließ man dann eine andächtige Menge sich in der Kirche versammeln, schmerzlich zu San Marco flehen, und plötzlich, in einem Augenblick heiliger Stille, schrie einer »Da!« und zeigte mit schreckgeweiteten Augen auf den besagten Spalt in der Wand. Das Volk sah den Riß, es sah die Hand, fromme Frauen fielen in Ohnmacht, und der heilige Markus ward seiner Stadt wiedergegeben.

Das Abendland staunte ergriffen, selbst den Papst soll dieses gewaltige Wunder fast gar erschreckt haben, zwar wohl aus anderen Gründen, aber immerhin.

Und dann ergab sich alles wie von selbst: Weil so ganz zufällig die Wiederauffindung des Evangelisten mit dem Abschluß der Umbauten an der venezianischen Staatskirche zusammenfiel, konnte ein prächtiges Kirchenfest angesetzt, und weil der römisch-deutsche Kaiser Heinrich IV. zu jener Zeit so ganz zufällig in Italien weilte, dieser auch für seine Anwesenheit bei dem Fest gewonnen werden. Am 8. Oktober 1094 weihte der Patriarch die neue Markuskirche, zog unter dem unbeschreiblichen Jubel des Volkes der Heilige in dieselbe ein – und geleitete der Doge den Kaiser des Westreichs zum Gottesdienst. Noch lange sprach die Christenheit von diesem Tag.

Und Venedig lächelte. Es beherrschte die gesamte Adria, seine Flotte hatte Weltgeltung, der Handel mit dem italienischen Regnum des Westreichs stand ebenso offen wie der im ganzen Ostimperium, Kirche und Religion hatten endgültig ihren Platz gefunden, die Geldkultur eröffnete der Wirtschaft ungeahnte Möglichkeiten, und durch die beginnende Kontrolle der Dogenmacht war die Entfaltung einer Monarchie für alle Zeit unmöglich und die Erneuerung der Führungsspitze des Staates gewährleistet. Und niemand glaubte mehr, daß diese seltsame Händlerrepublik, dieses Bündel von Energie, Zähigkeit und Gerissenheit, sich mit dem Erreichten zufrieden geben würde.

Partner von Kaiser und Papst

»Genua, Pisa, Pisa, Genua! Ich kann diese Namen nicht mehr hören!« Der zerknitterte, kleine Mann bebte vor Zorn und schlug seinen Krückstock einmal ums andere gegen die Erde. Sein Gegenüber lächelte. »Das glaube ich Euch gern, aber wir werden wohl dennoch künftig damit leben müssen. Und spätestens von jetzt an müssen wir uns gegen sie mit allen Kräften wehren.« Er, Vitale Michiele, seit knapp drei Jahren Doge von Venedig, wußte, wovon er sprach. Zwar verstand er den alten Contarini da, der sich um seinen Markt in Alexandria sorgte, nur zu gut, aber schließlich hatte die ganze Republik diesen Kummer. »Seht, wir alle denken über den ganzen Kreuzzug ebenso wie Ihr und haben uns deshalb schließlich auch bisher völlig zurückgehalten. Aber nun, da der Sieger feststeht, da in diesem Juli Jerusalem und damit das ganze Heilige Land an das Kreuzheer gefallen ist – sagt selbst, was geschähe, wenn wir auch jetzt noch unbeteiligt blieben? Alle Privilegien, aller Handel entlang der gesamten syrischen Küste würden zwischen Genua und Pisa aufgeteilt, und das Orientgeschäft wäre für uns verloren. Es bleibt uns nichts anderes, als uns nun einzumischen, wobei ich Euch noch im Vertrauen sagen möchte, daß ich unseren Freunden am Nil und in Bagdad bereits ausführlich von unserer Zwangslage habe berichtet und sie bitten lassen, unsere weiteren Maßnahmen nicht mißzuverstehen. Vielleicht hätten wir sogar die Möglichkeit, in ihrem Sinne zu wirken und Schlimmeres zu verhüten.« »Ihr wollt also tatsächlich Euch an diesem Unsinn beteiligen, ohne Rücksicht auf unsere lebenswichtigen Beziehungen zu Ägypten, zu Bagdad, Tunis und Fes?« »Wir haben keine Wahl –« »Doge!« Die Stimme des Alten überschlug sich, »wir, der Adel, für den ich hier stehe, haben Dich auf den Schild gehoben. Aber wir können das auch wieder rückgängig machen – bedenke, was Du tust!« Noch eine ganze Weile hallte drohend das Klopfen des Krückstocks durch die Galerie, ehe es sich schließlich im Torweg verlor. Der Doge seufzte. Mußte das sein? Es war nur gut, daß er die Meinung des Adels ein wenig besser kannte und sich auf eine überwiegende Mehrheit stützen konnte.

Und also lief noch in eben diesem Juli des Jahres 1099 die erste Kreuzfahrerflotte Venedigs aus, unter der Leitung des Dogensohnes Giovanni und des Bischofs von Olivolo, als Neffe des zornigen alten Herrn und als Sohn des früheren Dogen Domenico Contarini ebenfalls von einigem Rang und eine weitere Sicherheit dafür, daß die Angelegenheit voll im Sinne des Staates durchgeführt würde.

Zunächst begründete man denn auch einen später beliebten Brauch: Die Flotte segelte an der Küste von Istrien und Dalmatien entlang, nahm jeder Stadt den Untertaneneid auf Venedig ab und legte erneut den ganzen Küstenstrich als venezianischen Besitz fest. Dann kam sie am 28. Oktober in Rhodos an und schlug die ebenfalls auf Kreuzfahrt befindlichen Pisaner kläglich zusammen, wobei übrigens noch zu bemerken ist, daß die aus Pisa fast ausnahmslos in venezianische Gefangenschaft gerieten und erst wieder freigelassen wurden, als sie im Namen ihrer Stadt versprachen, niemals mit Griechenland Handel treiben zu wollen. Anschließend wurde auf der Roseninsel überwintert.

Auf der Weiterfahrt, die im Mai 1100 begann, kam dann der fromme Zug in jenen Sog der Nikolausbasilika zu Myra, dem er nicht mehr zu entrinnen vermochte, ehe nicht der vermeintliche Heilige auf einem venezianischen Schiff war. Natürlich blieb es nicht bei der »Translatio« dieser einen Mumie, Myra wurde gründlich ausgeräumt. Und die paar Toten, die dabei anfielen, zählten ja wirklich nicht im Vergleich zu all diesen Wunderdingen, die man zum Lobe des heiligen Markus auf diesem »Besuch« erworben hatte.

Der Auftakt war geglückt. Und als die Flotte am 21. Juni in Jaffa ankam, zeigte sich als nächstes gutes Omen, daß sie bereits sehnlichst erwartet worden war. Um das Kreuzritterreich stand es nämlich gar nicht gut. Da solche Situationen aber für Vertragsschlüsse recht vorteilhaft sind, ließen sich die Venezianer gleich rundum im Heiligen Land Vorrechte einräumen, traten so prächtig und protzig auf, daß sie jedermann bestaunte und nicht anzutasten wagte und gaben sich als die Haupttrauernden, als der Eroberer von Jerusalem, ihr verehrter Vertragspartner Herzog Gottfried von Bouillon, am 18. Juli 1100 verschied.

Leichenbegängnisse und Erbfolgestreitereien ziehen sich allemal hin, und so dauerte es auch hier bis in den Oktober, ehe die Streiter des heiligen Markus nun zum eigentlichen Zweck ihrer Fahrt, nämlich zum Kampf um heilige Stätten oder dergleichen kamen. Das Ziel der vereinten Kampfscharen war Haifa, das in einem kurzen, aber harten Sturm genommen wurde. Die Truppen Venedigs sollen sich zwar höchst lasch und gleichgültig verhalten haben, aber dennoch bekam, Vertrag ist Vertrag, die Republik das vereinbarte Drittel der eroberten Stadt und hatte nun ebenfalls ein Tor ins Kreuzfahrerland, das, versehen mit den Zusagen des seligen Herzogs Gottfried, höchst erfreulich und ausbaufähig war. Und da somit das Ziel der gottgefälligen Pilgerreise erfüllt war, segelte die Flotte des Dogen am 6. Dezember wieder heim in die Adria.

Während jedoch nun die Nebenbuhlerin Genua dem neuen König von Jerusalem, Balduin, nach allen Kräften half und fast alle Kräfte in Palästina einsetzte, verlegte sich die Republik von San Marco mehr auf das Betreuen der kämpfenden Parteien: Sie lieferte alle nur erdenklichen Bedarfsgüter an alle Seiten, organisierte gewinnbringende Pilgertransporte, pflegte emsige Freundschaft zu den christlichen Fürsten Palästinas ebenso wie zu den muslimischen rund-

Ein venezianischer und ein arabischer Kaufmann entspannen sich beim Schachspiel von Handelsgesprächen. Der Orienthandel war einer der Hauptpfeiler für Venedigs Wirtschaft und die Beziehungen zwischen venezianischen und muslimischen Kaufleuten höflich, oft geradezu freundschaftlich.

herum, und in jedem Bericht pries der Doge den bestehenden »festesten Frieden mit den Sultanen in Bagdad und Ägypten«.

Sogar der alte Contarini konnte da zufrieden sein – der »Kreuzzug« hatte seinem Staat statt der befürchteten Kümmernisse nur lauter Vorteile beschert. Aber eben allerdings auch den Ruf des Opportunismus und der totalen Unzuverlässigkeit. Der Papst war bitterböse und stellte die Veneter allenthalben als häßliches Beispiel und ihnen alle Schrecken der Hölle vor, wenn sie sich nicht schleunigst besserten. Jedoch selbst, wenn die Republik von diesen Attacken bewegt worden wäre, sie hätte dennoch nicht anders handeln können. In jenen Jahrzehnten nämlich ging es ihr alles andere als zufriedenstellend: Ab 1103 nahm sich der König Koloman von Ungarn nach und nach ganz Dalmatien und alle Inseln, ein Wunder, daß er nicht auch über Istrien herfiel. Vom Festland aus fingen die Bischöfe wieder an, am venezianischen Gebiet herumzuknabbern, zu plündern und zu brennen, im Orient waren die Niederlassungen in ständiger Gefahr und mußten wieder und wieder verteidigt werden, und zu allem Unglück bekamen die Griechen mit den Normannen aufs neue Streit, mahnten lauthals die Verträge samt Flottenbeistand an, und so hatte das geplagte Venedig 1108 auch noch eine Normannenschlacht zu bestehen.

Doch nicht genug damit. 1105 und 1106 verwüsteten zwei schreckliche Brände einen Großteil von Rialto, 1110 verschlang eine Springflut die Lidostadt Malamocco ganz und gar und 1117 wurden bei einem Erdbeben in den Lagunen Tausende unter ihren zusammenstürzenden Häusern begraben.

Der Doge dieser schlimmen Zeit, Ordefalo Falieri, hat sich dennoch bewundernswert gehalten. Zu dem neuen Westkaiser Heinrich V., der nach der Abdankung des vierten Heinrich ins Amt gekommen war, fand er sogleich ein ausgezeichnetes Verhältnis, bekam schon am 2. Mai 1111 den obligaten Vertrag erneuert und erreichte sogar, daß der Kaiser die Festlandbischöfe zwang, Venedig fürderhin in Ruhe zu lassen. Den Naturkatastrophen nahm er durch seine überlegene Organisationsgabe und seine mutige Zuversicht den ärgsten Schrecken, und 1104 schuf er sogar trotz aller Bedrängnis jene Einrichtung, die Venedigs Weg auf den Gipfel der Macht ganz entscheidend mitbestimmte: das Arsenal – eine gewaltige Schiffswerkstätte, die in ihrer Blütezeit mehr als 20.000 Arbeiter beschäftigte und bis ins 18. Jahrhundert hinein als die modernste und leistungsfähigste Werft der Welt galt.

Doch die Hauptsorge des Dogen galt dem Kampf gegen Ungarn, wobei er in Kaiser Heinrich einen starken und energischen Verbündeten hatte: Nach

Venezianischer Schiffbau im 12. Jahrhundert.

jahrelangen und sorgfältigen Vorbereitungen zogen die Truppen der Republik schließlich 1115 aus und eroberten denn auch tatsächlich Dalmatien zurück, bis weit über Zara hinaus. Zwar ließ man es vorläufig dabei, aber im März 1116 kam der Kaiser nach Venedig, weitere Maßnahmen gegen die Ungarn wurden abgesprochen, und zwei Jahre später rückte der Doge wieder gegen Dalmatien, ein glänzender Sieg jagte den andern, die ganze Küste war alsbald wieder fest venezianisch – und dann kam der Tag von Zara. Der Ungarnkönig brach plötzlich mit einer gewaltigen Übermacht aus den Bergen, die Venezianer wurden einfach überrannt, der Doge fiel und Dalmatien war verloren.

Domenico Michiele, der neue Mann im Dogenpalast, sah sich denn auch in einer üblen Lage. Zwar hielt der Westkaiser weiterhin seine Hand über die Republik, aber nun begann Ostrom Schwierigkeiten zu machen. Der neue Kaiser Johannes erklärte schlichtweg, er werde das Chrysobullon nicht erneuern.

Das war schlimm, um nicht zu sagen, eine Katastrophe. Wie konnte Byzanz nur so schamlos vertragsbrüchig werden! Hatte denn die Republik nicht alle Abmachungen peinlichst genau erfüllt, hatte sie nicht oft und oft ihre Flotte, das Leben ihrer Bürger in unbarmherzigen Normannenkämpfen geopfert – für die Griechen, für dieses Byzanz? Hatte sie nicht zumindest dreimal durch ihre bedingungslose Hilfe das oströmische Reich vor der Eroberung durch die Normannen bewahrt? Hatte sie sich nicht noch vor zehn Jahren für den Basileus geschlagen? Und jetzt dies!

Die Venezianer waren fassungslos und empört, sie kamen sich bitter betrogen vor und verhöhnt, womit sie, vom rein Formalen her, ja auch durchaus recht hatten. Und dennoch, bei genauerem Hinsehen verschiebt sich das Bild denn doch beträchtlich. Denn das Chrysobullon, dieses griechisch-kaiserliche Privileg, gab den Venezianern weit mehr Vorrechte, als ein Staat den Bürgern eines anderen Staates im äußersten Falle zugestehen sollte. Vor allem konnten sie unbeschränkt und ohne steuerliche Belastung im ganzen Ostreich Handel treiben, ohne daß sie dabei der griechischen Gerichtsbarkeit unterstanden. Und also ging allmählich das Handelswesen im gesamten Reich von einheimischen in venezianische Hände über, eine tödliche Gefahr für die griechische Wirtschaft. In Konstantinopel sah man das wohl, und die Sorge wuchs, zumal sich ja die Herren Kaufleute des heiligen Markus aufführten, als hätten sie in Byzanz das Sagen. Protzig trugen sie ihren Reichtum zur Schau, diktierten die unverschämtesten Preise und machten sich bald überall breit, wo es etwas zu verdienen gab. Kein Wunder, wenn nun der neue Basileus versuchte, dieser unheilvollen Entwicklung zu steuern.

Aber Venedig dachte nicht daran, auch nur einen Schritt zurückzuweichen. Und da gerade die Kreuzfahrerstaaten in Palästina bedenklich wankten und um Hilfe schrieen, beschloß der Doge, die Flucht nach vorn anzutreten und sich durch eine energische Kreuzzugsaktion politisches Terrain gegen die Griechen zu schaffen. Flammend rief er seine Bürger auf, das Kreuz zu nehmen, bald stand ein eindrucksvolles Heer, der Papst wußte gar nicht mehr, was er von den Venetern halten sollte und schickte auf alle Fälle mit vielen Grüßen eine geweihte Fahne.

Am 8. August 1122 dann liefen sie aus gegen das Heilige Land: 100 Kriegsschiffe, 100 Lastschiffe, 15 000 Mann Besatzung und mittendrin der Doge persönlich. Die Überfahrt dauerte freilich, man mußte wie gewöhnlich in Rhodos überwintern und kam erst am 29. Mai des folgenden Jahres in Akkon an – da aber genau zur rechten Zeit. Die ägyptische Flotte war nämlich eben dabei, einen Großangriff zu starten, drehte aber ab, als sie die Venezianer sah. Der Doge ließ sogleich verfolgen, und noch am 30. Mai, einen Tag nach der Ankunft, errangen die Kreuzfahrer der Republik einen vollständigen Sieg über die Ägypter vor Askalon.

Derlei macht natürlich Eindruck, und alsbald sah sich der Doge überschüttet mit allen möglichen Handelsprivilegien im ganzen christlichen Palästina. Freilich tat sich dann im fast ganzen folgenden Jahr kaum etwas, von ein paar kleineren Treffen vielleicht abgesehen – dafür aber verhandelte der Doge quer durchs Land und erreichte gegenüber Genua und Pisa einen Vertragsvorteil nach dem anderen, und schließlich setzte er sogar durch, daß als nächste Großunternehmung Tyrus angegriffen werden sollte, der Platz, der für die Interessen von Rialto am allergünstigsten lag.

Und tatsächlich begann auch am 20. April die Belagerung, am 7. Juli fiel die Stadt, Venedig bekam ein Drittel davon zu eigen, richtete sich ein, flocht sein Netz von Niederlassungen – das Orientgeschäft war gesichert, der Zweck des Kreuzzugs erfüllt. Und so legte denn auch die siegreiche Flotte des heiligen Markus noch im Sommer 1124 wieder von der Heiliglandküste ab, kreuzte auf der Heimfahrt fast ein Jahr lang zwischen den griechischen Inseln und ärgerte den Basileus, indem sie ein Eiland nach dem andern plünderte und verwüstete, eroberte dann noch im Frühjahr 1125 die dalmatische Küste zurück und lief endlich, triumphal gefeiert, im Juni 1125 wieder in die Lagune ein. Domenico Michiele war der Held der Republik.

Und wenn es diesem erfolgverwöhnten Mann noch an etwas gefehlt hat – er bekam auch dies: Schon ein Jahr später gab der Basileus Johannes nach und erneuerte das Chrysobullon! Warum? Nun es kann ja durchaus sein, daß sich auch der Papst für die erfolgreichen venetischen Kreuzfahrer verwandt hat, aber vor allem dürfte der Griechenkaiser besorgt hinüber ins süditalienische Normannenland geschaut haben, wo es schon wieder unruhig wurde. Er konnte sich wohl ausrechnen, wann er Venedig wieder brauchen würde.

An Domenico Michiele ist der Kelch zwar noch vorübergegangen, aber Pietro Polani, der ihm 1130 folgte, kam nicht mehr aus, im Gegenteil. Denn der Normanne Roger hatte sich 1130 zum König gekrönt, worüber sich nun neben dem Basileus auch der Papst und der Westkaiser Lothar III. ärgerten.

Und da kam Venedigs erster großer Augenblick: Auf dem prächtigen Reichstag

Lothars zu Merseburg, im April 1135, traten gemeinsam die Gesandten von Byzanz und von Venedig vor den Kaiser, führten Klage über Roger von Sizilien und boten ein Bündnis an. Und der Kaiser erwiderte, daß er diese schwerwiegenden Fragen mit den »beiden Mächten« eingehend prüfen müsse. Venedig als gleichberechtigter Partner des ost- und des weströmischen Kaisers – San Marco konnte stolz sein auf seinen Zögling!

Natürlich kam die Koalition zustande, ein gewaltiges deutsches Heer stapfte gegen Süditalien, Venedig griff zur See an, und die Griechen stellten nahezu unbegrenzte Geldmittel. Es sah böse aus um König Roger. Aber da zerstritten sich Kaiser und Papst, die Deutschen kehrten um, Lothar starb in den Alpen, und Roger war aller Sorgen ledig. Die nächsten Jahre lavierte sich Venedig einigermaßen zwischen Normannen und Byzanz hindurch, half zwar den Griechen mehrmals und bekam auch von Kaiser Manuel, des Johannes Nachfolger, das neue Chrysobullon, aber dann entfremdeten sich Konstantinopel und die Republik immer mehr, und als schließlich 1151 Kaiser Manuel Ancona besetzte und Anstalten machte, einen Riegel durch die Adria zu schieben, sah Venedig darin einen feindseligen Akt und machte postwendend Frieden mit König Roger.

Zu guter Zeit, denn seit der Staufer Konrad III. das Westimperium regierte, war die Reichsgewalt in Italien völlig zusammengebrochen. Jeder tat, was er wollte, jeder richtete eine Herrschaft ein, wo es sich gerade machen ließ. Und als Konrad sich auch noch auf ein Kreuzzugsabenteuer einließ und weit fort nach Syrien zog, gab es bald gar keine Ordnung mehr, und spätestens, als Padua in

Krönungsmantel Rogers von Sizilien, der später durch Heinrich VI. zum Krönungsmantel der Kaiser des Heiligen Römischen Reiches Deutscher Nation wurde.

97

seiner Boshaftigkeit die Brenta ableitete, wurde auch Venedig in die Händel mit hineingezogen.

Denn diese Sache konnte die Republik nun keineswegs dulden. Schon bald nach der Gründung von Rialto hatten die Alten die Gefahr erkannt, daß durch all den Kies und Sand, den die Brenta, die damals noch bei Fusina mündete, in die Lagune schob, eben gerade Rialto sehr bald verlanden würde, weshalb sie denn auch bei dem heutigen Städtlein Stra den Fluß anzapften und in einem breiten Kanal um das Lagunenbecken herum südlich von Chioggia direkt in die Adria leiteten. Und das eben war die Teufelei der Paduaner, daß sie nun diesen Kanalanfang bei Stra sperrten, die ganzen Wassermassen wieder in das alte Flußbett leiteten und damit die uralte Bedrohung für Venedig von neuem heraufbeschworen. Natürlich hat die Republik bei der unausweichlichen Keilerei im Oktober 1144 haushoch gesiegt, und Padua mußte in allen Punkten klein beigeben, aber die Diskussion darüber, ob man nicht doch die wichtigsten Teile des angrenzenden Festlandes unter die Kontrolle von San Marco bringen müsse, ist seit diesem Vorfall nie mehr so ganz verstummt.

Aber in jenen Jahren zählte das noch nicht, da sah die Republik vor allem auf den Ausbau ihrer Vorherrschaft in der Adria. Schon galt der gesamte nördliche und nordöstliche Teil als unbestritten venezianisch, und Dogensöhne oder einflußreiche Patrizier standen den Städten und Landschaften als Comites, als eine Art Grafen, vor. Bereits in diesen fünfziger Jahren des 12. Jahrhunderts wurde die obere Adria als »culphus Venetiarum«, als »Venedigerbucht«, bezeichnet. Dies bestätigte auch König Roger im Frieden von 1154 ebenso wie der Erbe des schwachen Konrad im Westreich, Friedrich Barbarossa im Pakt von 1154 und – immerhin – auch Pisa im Friedensvertrag von 1156: Die Republik von San Marco hatte sich ihren festen Platz auf der Landkarte erhandelt.

Und sie hielt ihn, denn innen war sie stark, stark, weil sie die Fähigkeit hatte, sich verändernden Aufgaben und Gegebenheiten anzupassen. So hatte es etwa bisher genügt, daß der Doge, wenngleich gewählt, seiner Aufgabe mit nahezu monarchischen Vollmachten nachkam. Nun, da der Staat sich einen größeren Rahmen erarbeitet hatte, wurde ihm 1141 ein Gremium von »Sapientes«, von »Weisen« beigegeben, an dessen Entscheidungen er nicht mehr vorbeikonnte. Der Weg zur Gewaltenteilung war eingeschlagen. Auch eine Art Investiturstreit mit dem Patriarchen brachte keine Erschütterung. Um 1150 verzichtete eben der Doge auf die direkte Ernennung der Bischöfe und die förmliche Verleihung von Ring und Stab, wofür dann die Kirche den völligen Ausschluß des Klerus aus Politik und Staatsdienst – auch und vor allem bei der Dogenwahl – hinnehmen mußte. Da die Geistlichkeit aber weiterhin an die Weisungen des Staates gebunden blieb, hatte dieser die Kirche nunmehr völlig neutralisiert und zu seinem nach Bedarf zu benützenden Werkzeug gemacht.

Und dabei und währenddessen gingen die Geschäfte glänzend. Der Orienthandel erbrachte Traumumsätze, der Markt im normannischen Süditalien war

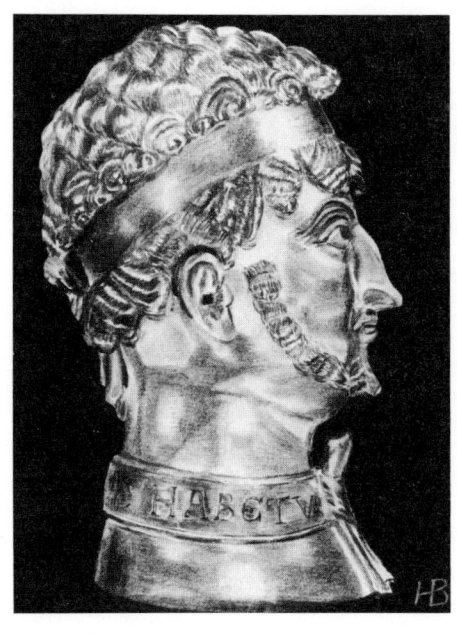

Kaiser Friedrich I. Barbarossa.

unersättlich und im Griechenreich ließen sich Gold und Silber geradezu schöpfen. Venedig wurde reicher und reicher, und schon nahm der Staatsschatz, das »Vermögen des heiligen Markus«, Ausmaße an, die den Einsatz eines eigenen Beamten, des Prokurators, notwendig machten.

Aber dann brach in diese Krämerseligkeit ein Gewaltiger, mit dem eigentlich niemand gerechnet hatte, Friedrich I. von Hohenstaufen, der Barbarossa. Wenn er auch 1152 von seinem Onkel ein völlig verlottertes und zerfallenes Reich hatte übernehmen müssen, so dachte er dennoch nicht daran, sich mit einem schäbigen deutschen Nationalkönigtum abzufinden. Seit 1155 trug er die Kaiserkrone, und sie war für ihn ein Programm – er wollte das Imperium, und zwar ein Imperium, das keineswegs identisch war mit dem, was gemeinhin Westreich genannt wurde. Die Augen des Staufers sahen ganz unverhohlen auf Byzanz.

Und da bekamen es eine ganze Menge Leute mit der Angst. Kaiser Manuel schloß ganz schnell Frieden mit dem Normannenkönig Wilhelm, bei der Papstwahl von 1159 gab es gleich zwei Päpste, von denen einer, Viktor IV., für, der andere, Alexander III., gegen den Kaiser war. Und um diesen Alexander scharten sich nun alle, die sich vor Barbarossa fürchteten, darunter eben auch Venedig. Der Reichstag auf den Ronkalischen Feldern hatte schließlich jedem klar gemacht, daß der Staufer keine selbständigen Stadtstaaten in Oberitalien mehr dulden wollte – wohl schon allein deshalb nicht, weil er ihr Geld für seine Weltreichpläne brauchte. Die Republik von San Marco wußte, trotz des Paktes von 1154, sehr genau was ihr blühte.

Und während Genua und Pisa mit großer Geste an die Seite des Kaisers traten, schlug sich der Rialto zur Partei der Staufergegner und wurde so etwas wie ihr Zentrum. Der König von Frankreich, der König von England, Papst Alexander, Byzanzkaiser Manuel, der Veroneser Städtebund – das waren Venedigs Bundesgenossen, und als Barbarossa eine Handelssperre über die Lagunen verhängte, wußte es sich durchaus nicht allein. Denn zum Ausgleich schickte Byzanz gleich nochmals ein Chrysobullon, und auch sonst hatte der Handelsbann keine argen Folgen – fast alle Märkte lagen sowieso im Lager der Kaisergegner, allenfalls daß die Venezianer wegen der ständigen Überfälle von Genua und Pisa etwas mehr auf der Hut sein mußten.

Aber dann begann die Lage sich denn doch zu verändern – immer mehr norditalienische Städte suchten einen Ausgleich mit Friedrich, weil ihnen die schrecklichen Strafgerichte an Mailand und Cremona 1162 doch in die Knie gefahren waren, England und Frankreich zeigten sich allmählich gar nicht mehr so stauferfeindlich, der Papst Alexander verlor immer weiter an Boden, und als 1166 der Kaiser mit einem gewaltigen Heer gegen Rom marschierte, schien sein völliger Sieg nicht mehr aufzuhalten.

Und da tat sich etwas Seltsames. Der Ostkaiser Manuel schlug Papst Alexander die Kirchenunion vor, wenn er ihm, dem Byzantiner, auch die Kaiserkrone des Westreichs aufsetzte. Nun war Vater Alexander doch etwas erstaunt, wich aus und fragte nur, wie denn der Basileus den anrückenden Deutschen zu bändigen gedenke. Da gab sich Manuel beleidigt und meinte, man werde ja sehen.

Inzwischen war das Stauferheer schon in der Nähe Roms, errang bei Tusculum einen glänzenden Sieg, und die Staufergegner überlegten bereits, wie sie jetzt ihre Köpfe noch retten könnten. Aber plötzlich stoppte der Angriff – unter den Truppen Friedrichs begann eine schreckliche Seuche zu wüten. Tausende und Tausende starben unter qualvollen Schmerzen, darunter der Reichskanzler Rainald von Dassel, das riesige Heer schrumpfte zu einem verängstigten Häuflein zusammen und dem Kaiser blieb schließlich nichts, als noch 1168 heim nach Deutschland zu fliehen.

Die Welt staunte. Und natürlich wendete sich das Blatt nun sogleich. Im Handumdrehen war ganz Oberitalien gegen Barbarossa geeint, und jeder hatte jetzt plötzlich schon immer etwas gegen die Deutschen gehabt. Am weitaus eifrigsten aber wurde nun der Basileus Manuel. Bis nach Ägypten hinunter forderte er die Untertaneneide der Regierenden, ohne Ansehen der Religion, eroberte Dalmatien und Kroatien und verlangte endlich kategorisch die völlige Unterwerfung Venedigs. Die Republik ließ nervös alle ihre diplomatischen Fädlein spinnen, aber am 12. März 1171 ließ der Kaiser von Ostrom die Falle zuschnappen: Völlig überraschend und zur selben Stunde ließ er in seinem ganzen Reich alle Venezianer in die Gefängnisse werfen und ihre Waren und Gelder einziehen. Es sollen ungeheure Summen gewesen sein.

Aber am Rialto lähmte der Schock nicht, sondern spornte nur an. In hundert Tagen wurden im Arsenal hundert Galeeren aus dem Boden gestampft, von überall her Truppen zusammengezogen, und noch im September rauschte eine mächtige Flotte gegen Konstantinopel. Überall, wo sie anlegte, brach jeder griechische Widerstand zusammen, und am Bosporus wurde man außerordentlich unruhig. Ein Glück nur, daß die Venezianer sich für einige Zeit auf der Insel Skyros festsetzten, um das weitere Vorgehen zu beraten und gegebenenfalls zu überwintern. Denn jetzt brach auf einmal auch hier jene gräßliche Krankheit aus, an der bereits der deutsche Kaiser zerbrochen war. Die Symptome waren dieselben, die Folgen waren schrecklich, und als im nächsten Frühjahr der so geschlagene Doge zurück in die Lagune kam, brachte er nicht nur den kläglichen Flottenrest von 25 Schiffen mit, sondern auch die Seuche. Nun fuhr der Tod über Rialto und Torcello und Chioggia hin, es war ein Sterben und Jammern ohne Beispiel. Und auch politisch schien alles zusammengebrochen. Noch während der unglücklichen Zeit auf Skyros hatte der Doge eine Gesandtschaft um die andere zu Manuel geschickt, aber der spottete nur, und mit der letzten, der auch ein gewisser Enrico Dandolo angehörte, muß er besonders übel umgesprungen sein, wobei denn allerdings doch die Behauptung, der arme Dandolo sei von den heimtückischen Griechen auch noch geblendet worden, etwas kühn sein dürfte. Der Alte hatte eben später lediglich den Grauen Star, das war alles. Aber für die Republik sah die Lage dennoch ganz schlimm aus, nun hatte sie nämlich beide Kaiser gegen sich, war geschlagen und entvölkert. Der Doge wurde erstochen.

Sein Nachfolger Sebastiano Ziani soll geseufzt haben, als man ihm die Dogenmütze aufsetzte – eine durchaus verständliche Regung. Aber ein guter Kaufmann gibt nicht auf. Behutsam verbesserte der neue Lagunenherr das Verhältnis zu Barbarossa und ging soweit, ihn mit der venezianischen Flotte im Frühjahr 1173 bei der Belagerung des immer noch griechischen Ancona zu unterstützen. Aber auch dem Lombardischen Bund gegen den Kaiser blieb er, wenn auch vorsichtig, angeschlossen, und im September 1175 unterschrieb er einen Bündnisvertrag mit dem Normannenkönig auf zwanzig Jahre.

Und dann half ihm das Glück. Der Byzantiner Manuel hatte sich entschlossen, mit den Seldschuken ein für allemal aufzuräumen, und zog nun also mit fast allen schlagkräftigen Truppen, über die er verfügte, zu Beginn des Jahres 1176 gegen den Sultan von Ikonion. Aber bei Myriokephalon in Anatolien geriet er in einen Hinterhalt – und von seiner ganzen strahlenden Streitmacht blieb kaum etwas übrig. Er war hoffnungslos gescheitert.

Der Doge aber lächelte. Und bald hatte er mit Manuel wieder das beste Einvernehmen, die »Goldene Bulle« erneuert und die Zusage, daß Venedig alle 1171 entstandenen Schäden vergütet würden.

Aber das war erst der Anfang der großen Wende. Am 29. Mai 1176 unterlag Barbarossa bei Legnano den Lombarden, noch im Herbst bat er den Papst Alexander um Frieden und um Vermittlung beim Normannenkönig und bei den Städten, und am 23. März des folgenden Jahres kam der also umworbene Heilige Vater nach Rialto, begrüßt vom Dogen und den Patriarchen von Grado und Aquileja und so umjubelt, daß er meinte, es gäbe nirgendwo eine liebenswertere Stadt.

Und das war von höchstem Vorteil, denn als es darum ging, den Ort für den großen Friedenskongreß zu bestimmen, setzte sich der Papst so nachdrücklich für Venedig ein, daß die übrigen Parteien nicht anders konnten, als diesem Vorschlag zuzustimmen. Und so begannen in der Kapelle des Patriarchenpalastes am Canal Grande jene Verhandlungen, an deren Ende die Befriedung des ganzen

Der Frieden von Venedig 1177. Kaiser Friedrich Barbarossa links, Papst Alexander III. rechts, der Doge Sebastiano Ziani in der Mitte. Die Darstellung benützte deutlich das Bild Barbarossas mit seinen Söhnen in der Weingartner Welfen-chronik als Vorlage und ist ein fast überdeutliches Dokument venezianischen Selbstverständnisses.

Abendlandes stand. Zwar zogen sie sich hin, aber die Ergebnisse konnten sich sehen lassen – mit dem Papst sollte der Kaiser endgültig Frieden schließen, mit Sizilien einen Waffenstillstand auf fünfzehn, mit den Lombarden einen auf zehn Jahre.

Friedrich wartete in Ravenna. Nach einigem Zögern stimmte er diesen Regelungen zu, war am 12. Juli in Chioggia und am 23. Juli auf dem Lido, wo er samt seinen Fürsten vom Kirchenbann gelöst wurde. Und dann, tags darauf, hatte die Republik ihr großes Fest. Der Doge, beide Patriarchen und alle die Reichsten und Mächtigsten der Lagunen fuhren hinüber zum Lido und geleiteten den Kaiser mit allen Großen seines gewaltigen Imperiums in einem strahlenden Bootszug nach San Marco. Und jene, die dabei waren, können nicht genug schwelgen von Barken in Brokat und Seide, von silbernen und goldenen Rüstungen, von purpurnen und strahlendweißen Mänteln, von schimmernden Baldachinen und von duftenden Kräutern und Blumen, die vor den Schiffen ins Wasser gestreut wurden.

Und vor San Marco wartete der Papst, im leuchtenden Goldornat und umgeben von zahllosen Bischöfen und Kirchenfürsten. Eine nie gesehene Menschenmenge drängte sich auf dem Platz, in den Fenstern, selbst auf den Dächern und Gesimsen.

Und dann legte das Boot mit dem Kaiser an. Langsam stieg er aus, ging auf den Papst zu, beugte das Knie, neigte sich und küßte dem Herrn der Christenheit den Fuß. Da rannen dem Vater Alexander die Tränen über die Wangen, und heftig bewegt beugte er sich und hob den Knienden auf: Kaiser und Papst waren versöhnt, den Riß, an dem Europa über Jahrzehnte gelitten hatte, gab es nicht mehr. Chöre brausten auf, Posaunen ertönten, alle Glocken läuteten, und das Volk von Venedig wußte sich vor lauter Jubel und Glück nicht zu lassen.

Und während nun die nächsten Tage Urkunden unterzeichnet und ausgetauscht, Friedensschwüre erneuert wurden, überschwemmte das Glück die Republik von San Marco. Der Kaiser öffnete dem venezianischen Handel jetzt sein ganzes Reich, abgabenfrei wie im Osten und unter kaiserlichem Schutz, und der Papst verteilte an die Kirchen und Klöster so viele Privilegien und Ablässe, daß die Lagunenstadt in ihrer religiösen Bedeutung nach Rom den zweiten Platz in der Christenheit einnahm.

Doch nicht nur das. Fast alle Großen des Abendlandes waren nach Venedig gekommen oder hatten ihre Gesandten geschickt, mehr als zehntausend Gäste waren von den Venezianern aufgenommen und offenbar bezaubert worden, denn noch Jahrzehnte später wurde der Ruhm der »Wunderstadt« weit über Europa hinaus besungen.

Natürlich hat sich dieser Geschehnisse später auch die Abteilung für Öffentlichkeitsarbeit der Erhabenen Republik angenommen. Und da ihr offenbar die Rolle der Stadt etwas zu gering war, erfand sie noch einen glorreichen Seesieg über Barbarossa, die Gefangennahme des Kaisersohnes Otto und vieles andere

Kaiser Heinrich VI.

und so logisch, daß selbstverständlich nur und ganz allein Venedig das Verdienst am Zustandekommen dieses großen Friedens gebührt. Und weil alles so überzeugend ist, wurde es auch gleich im Dogenpalast mit vielen Bildern festgehalten, damit es die Nachwelt ewig mahnt und auf keinen Fall verloren geht.

In den nächsten Jahren jedenfalls blühte die Republik auf unter der kaiserlichen Gunst, bei der Krönung des späteren Kaisers Heinrich zum König von Italien und bei seiner Hochzeit 1186 in Mailand mit der Erbin von Sizilien, Konstanze, standen die venezianischen Gesandten in der ersten Reihe – und wieder konnten sie zusätzliche Vergünstigungen mit nach Hause bringen.

So löste denn auch 1190 am Rialto die Nachricht vom Tod des alten Kaisers im fernen Kleinasien echte Trauer und Bestürzung aus, zumal der neue Herr Heinrich so finster und hart war, daß man das Fürchten lernen konnte. Und obwohl er zunächst alle möglichen Schwierigkeiten hatte, wurde er mächtiger und mächtiger. Schon 1191 trug er die Kaiserkrone, 1194 setzte er sich als Normannenerbe durch und gebot damit über ein Reich, das von Sizilien bis hinauf nach Dänemark reichte. Doch das sollte nur der Anfang sein. In einem mächtigen Kreuzzug wollte er sich die islamischen Staaten und das Griechenreich

104

unterwerfen und jene Träume verwirklichen, die sein staufisches und normannisches Hausgut waren. Die Welt duckte sich und hatte Angst.

Was viel mehr noch Venedig! Natürlich erwies sich der Kaiser Heinrich stets freundlich und erneuerte großzügig alle Verträge seines Vaters. Aber wenn er erst einmal sein Ziel erreicht hatte und die Flotte der Republik nicht mehr brauchte, dann gnade Gott San Marco! Da zählten die übrigen Sorgen schon gar nicht mehr, etwa daß sich Pisa überall im Ostreich und in Syrien ausbreitete, daß Dalmatien wieder verloren ging und Ancona einmal ums andere versuchte, die Adria zu sperren. In jenen Jahren um 1192, keine fünfzehn Jahre nach den glanzvollen Sommertagen von 1177, sah sich die Republik so bedrängt, daß der Doge Orio Malipiero verzweifelte und ins Kloster ging.

Er sagte, es sei aus religiösem Antrieb – was sollte man da tun? Also wurde er in Frieden gelassen und ein schon fast Achtzigjähriger gewählt, Enrico Dandolo, dem man, obwohl er ja fast blind war, noch am ehesten zutraute, daß er das schlimme Leck im Staatsschiff wieder stopfen könne.

Dandolo nahm an. Und schon nach fünf Jahren, am 28. September 1197, nickte ihm die Geschichte zu – der erst 32 Jahre alte Kaiser Heinrich starb in Messina, gerade als er sich anschickte, in See zu stechen und die Welt zu erobern.

Kaiser Heinrich war gestorben in einem ebenso praktischen Augenblick etwa wie Otto II. und ebenso plötzlich und an derselben rätselvollen Darmkrankheit. Wie seltsam doch die Himmlischen weben – oder sollte das wirklich immer dasselbe Tränklein sein?

Dieser Tod veränderte die Welt. Der Erbe war ein Wickelkind, das Reich brach in Stücke, und wenn Venedig sich jetzt klug hielt, konnte es den Schritt zur großen Macht wagen. Es hielt sich klug.

Staufischer Adler.

Jerusalem! Jerusalem!

Es ist unerträglich, schlichtweg unerträglich. Man kann nicht mehr atmen, nicht mehr arbeiten, wird überrollt und an die Wand gedrängt, hat kein Recht und keinen ruhigen Winkel mehr in der eigenen Stadt. Fremde, Fremde, röhrende, plärrende, ungehobelte Fremde. In unvorstellbaren Massen haben sie die geplagte Stadt überschwemmt, Kriegsleute, Gauner, Abenteurer, Gaukler, Huren und Mönche, tausende geschäftiger, huschender, bettelnder Mönche, an jeder Ecke stehen sie, predigen, lamentieren inmitten des tobenden Gewühls und ihr schrilles Geschrei jagt die letzten Vögel davon.

Außerdem – pardon – stinkt es. Es stinkt überall und ganz abscheulich. Dumpfe Sommerhitze preßt die Luft mit dem würgenden Dunst von Menschen, Tieren und fauligem Wasser zwischen die Häuser, und bei der leichtesten Brise kriechen weitere unbeschreibliche Schwaden vom Arsenal und vom Lido her über die Dächer. Eine Zumutung ist das Leben in dieser zartesten und luftigsten aller Städte geworden, und die Volksseele kocht.

Wie haben sich Rat und Doge nur auf so etwas einlassen können! Die Venezianerzungen sind unablässig in Bewegung, und an allen Ecken wird geschimpft und räsoniert. Sie könnten das Ganze ja vielleicht noch aushalten, wenn es wenigstens ein gutes Geschäft wäre. Aber war schon der Vertrag in seiner Biederkeit der Kaufmannskunst Venedigs rundweg unwürdig, so müssen jetzt auch noch böse Verluste befürchtet werden, da die sauberen Herrschaften offenbar nicht einmal zahlen können. Nur etwas mehr als die Hälfte des vereinbarten Preises hat die Republik, wie aus sicherer Quelle durchgesickert ist, bisher bekommen! Aber das wundert eigentlich auch gar nicht, wenn man sieht, was da alles zusammengekommen ist. Nun gut, ein paar Hochgestellte sind dabei, vor allem aus Frankreich, und dazu noch ein Schock Bischöfe und Äbte. Aber der Großteil ist ein rüder Haufen von Habenichtsen, die das große Glück machen wollen. Und wer in ihr Lager auf dem Lido kommt, muß sich als braver Mensch die Augen vor Scham zuhalten, so geht es dort rund. Fromme Pilger, die Blüte des abendländischen Rittertums? Ein Hohn! Das Volk von Venedig ist empört und wütend und wünscht nichts sehnlicher, als daß dieses seltsame Vorhaben nur ganz schnell beginnen und die widerliche Heimsuchung ein Ende haben möge.

Solche Meinungen und Eindrücke der Gastgeber hätten keinem Unternehmen sehr geschmeichelt, aber für einen Kreuzzug waren sie einfach peinlich. Denn

Papst Innozenz III.

genau dazu hatten alle diese Menschenmassen sich im Sommer 1202 in der Lagune angesammelt. Dem Heiligen Vater Innozenz schwebte sicher etwas anderes vor, als er am 15. August 1198 die Kreuzprediger zum Trommeln durch das ganze Abendland schickte. Dieser, der vierte Zug, sollte seiner werden, ohne Kaiser und König, verpflichtet nur ihm, dem Papst, und unter seiner höchstweisenden Oberleitung. Die Ecclesia Triumphans als wirkliche Erbin des allmächtigen Staufers – Augustinus würde ihn auf beide Wangen küssen! Die deutschen Gegenkönige kamen ihm weiß Gott nicht in die Quere, und die restlichen Regierenden ringsum hatten alle Hände voll zu tun mit dem Grapschen nach Happen aus dem zerborstenen Imperium.

Gerade in Deutschland war die Neigung zu einem erneuten Heiligland-Abenteuer nicht sehr groß, mochten sich die Prediger noch so bemühen. Und sie bemühten sich, das sei zu ihrer Ehre gesagt, höchst eindrucksvoll. Schon die eine Kreuzpredigt des Abtes Martin von Pairis, eine der wenigen, die uns erhalten geblieben ist, würde einem Propagandaredner unserer Tage durchaus wohl anstehen: »Verstattet mir ein Wort an Euch, meine Herren und meine Brüder – wahrlich nicht meines, sondern Christi: Christus selbst spricht heute zu Euch durch meinen Mund mit Seinen eigenen Worten, klagt Euch das Unrecht, das ihm angetan. Vertrieben ist Christus aus Seiner heiligen Stätte, aus Seinem Sitz, ist verstoßen aus jener Stadt, die er selbst mit Seinem eigenen Blute für sich geweiht hat. Wehe, dort herrscht jetzt die Barbarei eines heidnischen Volkes! O Unglück, o Tränen, o Abgrund von Leid! Das Heilige Land, durch das

Christus Seine Schritte lenkte, sage ich, ist in die Hand der Ungläubigen gegeben. Gestürzt sind die Kirchen, beschmutzt ist das Heiligtum, des Reiches Sitz und Würde ist auf die Heiden gekommen. Jenes allerheiligste, ehrwürdigste Kreuzesholz, das von Christi Blut getränkt wurde, wird von Menschen, denen das Wort Kreuz als Torheit gilt, so verborgen und versteckt gehalten, daß kein Christ wissen kann, was aus ihm geworden und wo man es zu suchen hat.

Deshalb Ihr starken Krieger, kommt jetzt Christus zu Hilfe, gebt Eure Namen zur christlichen Heerfahrt, laßt Euch freudig in ein glückhaftes Lager einreihen!

Wenn Ihr aber fragt, was Ihr von Gott an sicherem Lohn für Eure Mühen erhoffen dürft, so verspreche ich Euch gewißlich: Es wird jeder, der das Zeichen des Kreuzes nimmt, jeglicher Sünde fortan ledig sein und das ewige Leben gewinnen! Ich schweige jetzt davon, daß jenes Land, das Ihr aufsuchen werdet, bei weitem reicher und fruchtbarer ist als dieses hier. Und es ist leicht möglich, daß viele unter Euch dort selbst in den Dingen der Zeitlichkeit ein glücklicheres Schicksal finden, als sie es hier erfahren haben.«

Doch wie sie sich auch anstrengen mochten, das Ergebnis war mager – und nicht nur in Deutschland, sondern in fast allen Nordländern. Im Gegenteil, böse Mäuler, vorab das des Walther von der Vogelweide, hetzten, daß nur wieder »deutsches Silber in welsche Truhen fließen« solle. Frankreich zeigte sich etwas williger, desgleichen die Lombardei und dann natürlich auch die treuen Provenzalen. Aber von einem Ruck durch die abendländische Ritterwelt konnte keine Rede sein, und mit enttäuschtem Seufzen mußte Innozenz den ursprünglichen Abfahrtstermin, den er schwungvoll auf das Frühjahr 1199 gelegt hatte, beiseiteschieben. Jedoch deshalb gab er noch lange nicht auf. Seine Prediger tingelten weiter durch die Lande und hatten gegen Ende des Jahres 1200 dann doch ein ansehnliches Häuflein zusammen und den jungen Franzosengrafen Theobald von der Champagne als Führer gewonnen.

Und da dieser bemerkenswerte Mann über die leider höchst seltene Doppelbegabung der Frömmigkeit und der Klugheit verfügte, stand auch bald schon ein durchaus gescheites Grundkonzept: Diesmal sollte es ein Großreinemachen werden – kein Angriff, zunächst, auf das Heilige Land, sondern vielmehr auf Ägypten, das Herzstück der Muslime. Palästina würde ihnen nach dem Sieg dann sowieso zufallen. Da für die Beförderung der Truppen jedoch damit nur der Seeweg in Betracht kam, mußten sich eben noch ein paar der Seestädte anschließen.

Aber darin sah Herr Innozenz, entzückt über die günstige Entwicklung der Dinge, keine Schwierigkeit und ließ sogleich in Genua, Pisa und – wohl oder übel – auch Venedig anklopfen. Jedoch, er hatte sich getäuscht. Genuesen und Pisaner lehnten rundweg ab. Man war doch nicht von Sinnen! Wie wollten denn diese erdfremden Frömmler ohne eine wesentliche finanzielle und politische Potenz hinter sich die ungeheuren Kosten aufbringen – von der Risikoabsicherung ganz zu schweigen. Denn was war, wenn die Geschichte in den

Graben ging? Wer kam dann für die zerstörte Flotte, für den jahrelangen Ausfall nahezu der gesamten Transportkapazität auf? Und im übrigen ließen sich die Orientgeschäfte gerade jetzt wieder vorzüglich an, warum sollte man durch einen solchen Unsinn alles wieder zunichte machen? Und wenn das auch verklausuliert gesagt wurde, die Absage war eindeutig und brachte dem alten Herren in Rom beträchtliche Kümmernis. Denn nun blieb nur noch Venedig, dem er einfach nicht über den Weg traute. Aber da die Verhältnisse einmal so lagen, mußte er eben doch diese höchst bedenklichen Leute als künftige Partner akzeptieren und sich im übrigen aufs Wachen und Beten beschränken und auf die Hoffnung, daß die Republik von San Marco sich wenigstens bei diesem heiligen Unternehmen keine neuen Teufeleien einfallen läßt.

Das Kreuzritterheer und an seiner Spitze Christus selber. Das war das Bild, das die Kreuzzugsprediger von den Heiliglandunternehmen nur zu gerne zeichneten.

Also traf im Februar 1201 in der Lagunenstadt eine Gesandtschaft der vorläufigen Kreuzzugsführung ein: natürlich nicht die hohen Herren selbst, sondern, schon wegen der Reputation, nur ihre Beauftragten, und davon waren die wichtigsten der Vertreter des Grafen Theobald, Gottfried von Villeharduin, und der des Grafen Balduin von Flandern, Kuno von Béthune. Fast ein Vierteljahr lang feilschte die Delegation mit den Venezianern um den Überfahrtsvertrag und erhielt, seltsam genug, immer wenn es fast gar nicht mehr weiterging, kräftige Schützenhilfe vom Dogen persönlich – ganz recht, der Doge unterstützte sie eher als die eigene Stadt! Mochte sich vielleicht auch diese ganz und gar selbstlose und zutiefst gottesfürchtige Haltung aus seinem hohen Alter ergeben – es war jedenfalls ein wahres Himmelszeichen, daß ein so gütiger und frommer Mann gerade jetzt die Geschicke ihrer entscheidenden Verbündeten leitete. Meinten sie.

Mit dem Vertrag, der im April dann schließlich fertig vorlag, waren die Kreuzrittergesandten dann auch hoch zufrieden. Er erschien ihnen zumindest durch und durch korrekt, um nicht zu sagen entgegenkommend: Venedig verpflichtete sich 4500 Ritter, 9000 Knappen, 9000 Pferde und 20 000 Fußsoldaten ins Morgenland zu befördern und vom 29. Juni 1202, dem Tag der Abreise an, ein Jahr lang zu verpflegen. Dafür standen der Republik 85 000 Mark Silber Kölner Gewichts als Gegenwert zu. Diese Summe müsse allerdings auch entrichtet werden, wenn die obigen Zahlen nicht erreicht würden. Im übrigen dürften die Pilger, die sich ab April 1202 auf dem Lido vor Venedig versammeln sollten, während ihres Aufenthalts dort nur aus dem Einflußbereich der Republik auf dem italienischen Festland sich mit Lebensmitteln versorgen. Außerdem werde die Stadt selbst auf eigene Kosten 50 weitere Galeeren stellen, wofür ihr das Recht auf die Hälfte alles Eroberten zugesagt wurde. Die Absicht, den Zug gegen Ägypten zu lenken, formulierte man in einer Geheimklausel, und in einem letzten Satz fand sich die Übereinkunft, daß auch unter anderem die Bestätigung des Papstes erstrebt werden solle.

Erleichtert eilte nun die Delegation nach Frankreich, um dem Herrn Theobald zu berichten. Aber sie kam zu spät, der Graf war tot, verschieden in der ersten Maihälfte, plötzlich und auf ganz natürliche Weise (was übrigens durchaus glaubhaft ist, da er bei der Kurie in höchster Gunst stand).

Die Kreuzherren waren bestürzt. Aber nachdem sie einen Führer brauchten, wählten sie im Juli 1201 den Markgrafen Bonifaz von Montferrat, Enkel des Kaisers Barbarossa und Bruder des letzten Königs von Jerusalem. Ihm fiel nun das ganze Erbe des unfertigen Kreuzzugs zu, insbesondere aber drückte der so gepriesene Venezianervertrag immer ärger. Sicher wäre für den Vielgeplagten einiges leichter gewesen, hätte er gewußt, daß man in Venedig diese Vereinbarung keineswegs für endgültig und unabänderlich hielt. Zwar bezog sich das nicht auf die finanziellen Regelungen, die waren ehern, auch wenn das Gejammer hinterher noch so herzerweichend sein mochte (und daß das eintreten würde, konnte man sich abzählen), nein, es ging vielmehr um die geheime Ägyptenklausel. Sie lag der Republik bös im Magen, denn die Geschäfte mit Alexandrien entwickelten sich ausgezeichnet, der Markt schien nahezu unerschöpflich. In Syrien dagegen waren durch den Zusammenbruch der Lateinerherrschaft alle die blühenden Niederlassungen und Stützpunkte verloren gegangen und lohnende Abschlüsse dort nur noch eine Erinnerung. Deshalb dachte man am Rialto nicht daran, auch nur eine ernsthafte Erwägung des ägyptischen Planes zuzulassen. Wenn schon gegen den Orient, dann durfte der Angriff ausschließlich gegen Syrien und eben Palästina erfolgen. Die Geheimklausel interessierte dabei nicht, da der Großteil der Pilger ohnehin nach Jerusalem wollte. Und wenn man diese Grundeinstellung mit Hinweisen auf die unzähligen Ablässe, die in der Stadt des Herrn zu gewinnen waren, noch ein wenig anheizte, würden die Verfechter der Ägyptenidee bald nicht mehr zählen. Gegen den geballten Willen der Massen waren sie machtlos, und den konnte sich Venedig sichern. Es hatte Übung in derlei Dingen.

Der arme Markgraf aber hielt das Abkommen weiterhin für absolut verbindlich und kämpfte täglich gegen neue Tücken, die plötzlich daraus hervorlugten. Zunächst hatte sich auf sein Haupt die ganze Säuernis der römischen Kurie ergossen, weil der Papst ja nun wirklich sehr unfein ausgebootet worden war. Aber vermochte Herr Bonifaz das mit unendlicher Mühe inzwischen wieder einigermaßen auszugleichen, so brachte ihn eine andere Sache geradezu um seinen Schlaf: Zum Jahreswechsel 1200 auf 1201 hatten etwa 10 000 Männer aller Stände das Kreuz genommen, und Graf Theobald war in seinem Überschwang davon ausgegangen, daß bis zum Beginn des Zuges mindestens dreimal soviel zusammenkommen würden. Also hat er für 33 500 Teilnehmer (sic!) den Vertrag schließen lassen, und also mußte für diese Zahl bekanntlich der Preis an Venedig entrichtet werden, mochten sie nun voll sein oder nicht. Aber genau das letztere war zu befürchten, und zwar in verheerendem Ausmaß. Denn seit jener ersten Zählung der Zehntausend hatte sich eigentlich nicht mehr viel verändert. Von Zeit zu Zeit kamen einige hinzu, aber andere sprangen wieder ab und suchten ihren eigenen Weg nach Jerusalem, weil sie von den Ägyptenplänen gehört hatten – man blieb im Ganzen wohl auf dem einen Drittel sitzen. Herrn Bonifaz war kein leichtes Amt zugeschoben worden.

Aber da er nun einmal angenommen hatte, wurde auch durchgehalten, nach aufrechter, braver Ritterart. Unverdrossen ließ er weiterwerben, reiste, verhandelte, setzte all seine Beziehungen ein, und endlich, endlich lief die Sache doch noch an. Zum Frühlingsende 1202 zuckelten die ersten Pilger gen Venedig und auf den Lido, im Juni drängten sich dort schon ungeheure Massen. Aber es kamen noch lange nicht alle, und so gab die Führung den 29. Juni 1202 als Abfahrtstag auf und Woche um Woche zu, der päpstliche Legat Peter Capuano ruderte erst am 22. Juli über die Lagune herein, und Herr Bonifaz gar war zu Anfang August immer noch nicht da. Die Stimmung im Lager wurde immer böser und wüster. Richtige Raufbanden taten sich zusammen, und die Venezianer jammerten täglich mehr über Gewalt und böse Bluthändel. Kein Wunder, daß bei allen Beteiligten nur ein Wort noch Gewicht hatte, nämlich »weiterziehen«, und so war die Freude denn auch allgemein und übergroß, als der Herr Bonifaz von Montferrat dann wirklich eintraf.

Wer zu spät kommt, sollte nach Möglichkeit für einen glänzenden Auftritt sorgen, je größer die Verspätung, desto wichtiger der Überraschungseffekt! Der Markgraf war außerordentlich spät dran, und da kam es auf einen Tag mehr oder weniger nun tatsächlich nicht mehr an, und so legte er seinen Einzug nach Venedig gleich auf den 15. August 1202: Das Fest der Himmelfahrt Mariens und auf den Tag genau vier Jahre nach dem ersten feierlichen Kreuzzugsaufruf des Herrn Papstes – ein hervorragender Einfall! Die Begeisterung der Massen schlug über, und Bonifaz ertrank beinahe in all den Jubelstürmen. Fortgeweht waren Zwist und Streit und Wut, Pilger und Bürger verschmolzen in Eintracht, und über das Volk von Venedig lief plötzlich ein ehrfürchtiger Schauer bei dem Gedanken an das große Werk, das nun von dieser kleinen Lagune seinen Ausgang nehmen und vielleicht die Welt verändern würde. Ach Gott, man mußte einfach jubeln!

Aber während die Hochstimmung der Menge allseits anhielt, fiel die des Gefeierten rasch zusammen: Das große Zählen brachte niederschmetternde Ergebnisse. Nicht einmal ganz die bekannten Zehntausend hatten sich eingefunden, und obwohl fast alle, zumal die Vermögenden, nochmals kräftig in die Tasche gegriffen hatten, waren zwei Drittel der vereinbarten Summe einfach nicht aufzubringen. Man würde mit den Venezianern reden müssen. Zwar war der Doge schon ein wenig vorbereitet worden, aber ein klares Gespräch mußte nun einmal sein.

Schon für einen der nächsten Tage, es dürfte der 24. August gewesen sein, wurde dieses offizielle Treffen angesetzt. Bonifaz und seine Herren fühlten sich etwas bedenklich, aber da man bei derlei Situationen nicht schon anfangs klein beigeben soll und sie überdies für eine fromme Sache bitten wollten, hielten sie sich stolz und gerade und dachten unablässig an ihre Ehre und ihren Stand, als sie sich vom Lido nach San Marco rudern ließen.

Ein Kreuzzug auf Abwegen

Es ist in der Tat sehr eindrucksvoll, wie das Boot mit den hohen Gottesstreitern vor dem Palast des Dogen anlegt. Aufrecht stehen sie darin, ganz wie die Helden der Alten, umbraust von Hoch- und Segensrufen. Die weißen Mäntel mit dem Pilgerkreuz leuchten in der Sonne, darunter glitzern Schwerter und Kettenhemden, und als die hohen Herren gewichtig an Land stapfen, tiefernst und würdig so dastehen in all ihrer Pracht, da weiß die Menge ganz sicher: Diesen Gewaltigen kann kein Ungläubiger widerstehen! Das Volk ist außer sich. Es jubelt, schreit, von allen Seiten plärrt und dröhnt es »vivat« und »heil«, kaum daß die Diener und Knappen einen Weg durch die tobenden Massen bahnen können; der Herr Bonifaz ist ganz gerührt.

Markgraf Bonifaz von Montferrat, Enkel Kaiser Friedrich Barbarossas und gewählter Anführer des vierten Kreuzzugs.

Der blinde Doge Enrico Dandolo legte den Grundstein zur venezianischen Weltmacht.

Im Palasttor freilich wartet nur ein einzelner Würdenträger. Er lächelt, verbeugt sich und bittet, einzutreten – allerdings nur die Herren von Stand, die Niedrigen bleiben draußen. Nun ist der Dogenpalast zwar noch immer die düstere Trutzburg der Anfangsjahre, aber innen hat die Republik doch keine Kosten gescheut, ihr Selbstbewußtsein sichtbar zu machen. Kostbare Teppiche, Gold, Silber, edelste Hölzer überall, und der Villeharduin meint später, daß es wohl in ganz Europa keinen Palast gebe, der an Pracht diesem gleichkomme.

Die Gottesstreiter sind höchst beeindruckt – aber auch leicht verwirrt. Sie werden über breite Treppen und durch weite Säle geleitet, doch liegt alles wie ausgestorben. Niemand begrüßt sie, keiner verneigt sich, der Doge hat sich offenbar das große Zeremoniell gespart. Schließlich geht es durch eine kleine, enge Tür: Man steht im Arbeitszimmer des ersten Mannes von Venedig.

Oh Gott, hier sieht's tatsächlich aus wie im Kontor eines »Pfeffersacks«! Regale an den Wänden ringsum, übervoll mit Pergamentrollen und Aktenbündeln, in einer Ecke gestapelt kleine Säckchen, Warenproben vermutlich, daneben vier oder fünf Stoffballen. Es riecht nach Gewürzen und Jute. Enrico Dandolo hat sie erwartet – ein paar Komplimente, dann sitzt man sich gegenüber, hier die geputzten, aufgeblähten Militärs, jugendlich und mit den Fersen wippend vor lauter Kraft, dort, im simplen schwarzen Kleid ein neunzigjähriger Greis, hager, bleich, gebeugt von den Jahren, das Gesicht zur reglosen Maske erstarrt und die erloschenen Augen darin irgendwo ins Leere gerichtet.

Montferrat schaudert ein wenig. Wie konnten die Venezianer nur in diesen

114

schwierigen Zeiten die Führung ihrer Stadt einem Mann übertragen, der schon fast gar nicht mehr zu dieser Welt gehört? Doch sei's drum, irgendwie wird man schon mit ihm zurecht kommen.

Es ist still, die Kettenhemden rasseln. Da beginnt der Doge zu sprechen, leise, leiernd, mit einer hohen Greisenstimme. Er beklagt die Verzögerung des heiligen Zuges, die Schwierigkeiten und das Unverständnis, auf die die große Sache so vielerorts stößt. Es sei daher um so nötiger, daß jene, die sich durch dieses Vorhaben aneinander gebunden hätten, eng zusammenwirken. Was jedenfalls die Verpflichtungen betreffe, so habe Venedig den seinen voll entsprochen. Die Schiffe lägen seit Juni bereit, und alle Pilger hätten, so früh sie auch gekommen seien, ausreichend Unterkunft und Verpflegung erhalten. Nur gäbe – er zögert kurz – es da allerdings noch das Problem, daß die Kreuzfahrer ihrerseits den Vertrag noch nicht ganz erfüllt hätten. Freilich bestätige er gern, daß bereits zwei Drittel des vereinbarten Preises bezahlt worden seien, aber da die Fahrt nun beginnen solle, müsse er doch fragen, wann die Republik mit den restlichen 35.000 Mark Silber denn nun rechnen könne. Er wäre schon dankbar, wenn die Herren vielleicht wenigstens in etwa ihm sagen könnten – Dandolo hält inne.

Die Herren blicken zu Boden. Verflucht unangenehm, das. Was soll man sagen? Der Alte schweigt beharrlich, ihnen fällt nichts ein, und die Stille ist ganz und gar unerträglich. Verlegen setzen sie sich zurecht, die Kettenhemden rasseln. Endlich, nach schier einer Ewigkeit, erbarmt sich der Doge. Er möchte, so fährt er leise fort, das hohe Werk natürlich nicht gefährden, schon keineswegs nur des Geldes wegen. Schwierigkeiten seien da, um behoben zu werden, und schon gar die Schwierigkeiten von Pilgern, die unterwegs seien zum Grabe des Herrn. Gerne sei die Republik bereit, die fällige Summe nochmals für einige Zeit zu stunden. Jedoch hoffe man auf eine kleine Unterstützung, insbesondere bezüglich einiger Unannehmlichkeiten, die sich in letzter Zeit ergeben haben. Oh, die Herren sind erleichtert, gerne, was könnten sie tun? Da beugt sich der Alte vor: »Zara – wir müssen Zara niederringen!«

Jetzt sind die Herren in der Tat erschrocken. Sie rutschen auf ihren Sitzen hin und her, die Kettenhemden rasseln ganz erbärmlich.

Zara, was geht sie das an? Nun gut, seit fast zweihundert Jahren war die Dalmatinerküste venezianisch. Aber hatte denn die Republik damals das nicht alles auch jemandem abgenommen, den Griechen, den Kroaten, den Serben, den Ungarn – und wer sich da noch alles balgte? Nun, und jetzt kam eben der König von Ungarn, und drängte die Venezianer heraus. Lauf der Welt. Zudem hatte der Ungar ebenfalls das Kreuz genommen. Man konnte doch wirklich nicht gegen eine ordentliche Christenstadt . . . »Ordentliche Christenstadt?« Keine Woche vergehe, ohne daß ein Verbrechen der Zaresen vermeldet werde. Verschleppte Schiffe, ermordete Besatzungen, unglaubliche Forderungen für vornehme Gefangene, Erpressungen, Vergewaltigungen. Sei das Christenart? Sei es das, wenn ganze Gesandtschaften ausgeraubt und gefangengenommen würden? Wie solle man im Morgenland Ordnung schaffen, wenn im eigenen Bereich so Unglaubliches geduldet würde? Jetzt müsse ein Ende gemacht werden und zwar mit dem Kreuzheer. Die Lippen des Dogen werden schmal: entweder Kampf gegen Zara oder sofortige Zahlung der schuldigen Summe – oder Abzug der Pilger aus Venedig und Beendigung des Vorhabens.

Stille. Die Herren sind sprachlos. Also – also eigentlich, eigentlich müßten sie, wegen der Ehre, jetzt zornig aufspringen, sich mit Donnerstimme von allem lossagen. Aber was wäre dann gewonnen? Zahlen können sie nicht, ergo bliebe nichts, als das ganze platzen zu lassen und schleunigst abzureisen. Man wäre blamiert bis auf die Knochen, könnte sich nirgendwo mehr sehen lassen, von der Ungnade der verschiedenen Könige ganz zu schweigen.

Herr Bonifaz springt nicht auf und von den anderen auch keiner. Sie bleiben sitzen, mit hochroten Köpfen, und wissen vor Verlegenheit nicht, wo hinschauen. Endlich fängt einer an zu stottern wegen einem Kompromiß, es kommen die wirrsten Vorschläge. Der Doge bleibt hart – Geld oder Zara. Die Herren winden sich ganz schrecklich, wissen weder ein noch aus. Aber Dandolo fügt dem Gesagten weiter nichts hinzu, abgesehen vielleicht von dem Hinweis, daß die eine oder andere Schuld vielleicht auch bezahlt werden könne aus der Beute, die in Zara zu holen sei.

Verfluchter Krämer, jetzt haben's die tapferen Ritter gar noch schwerer, und schließlich, ganz allmählich, pendeln sie sich ein. Nun ja, im Grunde genommen, ganz könne und wolle man Venedig auch wieder nicht im Stich lassen, und daß die Zaresen gar so schlimme Übeltäter seien, davon habe man bislang ja nun wirklich keine Ahnung gehabt. Vielleicht wäre es durchaus ein gottgefälliges Werk, soviel Schlechtigkeit in die Schranken zu weisen. Wenn es denn unbedingt sein müsse – nur geheim solle es vorerst bleiben, wenigstens das! »Wohlan, meine Herren, ich darf das als Ihren Beschluß werten, meinem Vorschlag zuzustimmen und vor Beginn des Kreuzzugs gemeinsam mit der Republik den Fall Zara zu bereinigen.« Die leise Greisenstimme des Dogen schneidet wie eine Damaszenerklinge. »Besten Dank für Ihren Besuch.«

Man erhebt sich, die Kettenhemden rasseln, gegenseitige Verbeugungen, und schon stolpern die starken Rittersmänner durch den Saal und die Treppe hinab. Draußen jubelt die Menge schon wieder. Alberne Plebs! Herr Bonifaz ist höchst ärgerlich. Er will weg hier, nichts wie weg! Unsanft wird die plärrende Meute beiseite geschoben, die Herren klettern ins Boot, setzen sich und schauen sich nicht an. So gleiten sie hinaus auf die Lagune, auf demselben Weg, den sie gekommen waren. Nur, wie die Helden der Alten sehen sie gar nicht mehr aus.

Oben aber, im Palast, sitzt ein neunzigjähriger Greis in seinem Sessel. Die toten Augen blicken irgendwohin, aber seine Knochenhände umschließen die Lehnen mit eisernem Griff. Fast scheint es, als ob er lächelt.

Tags darauf, am 25. August, ist in der Markuskirche kein Flecklein mehr frei. Sie drängen sich, schubsen sich, recken den Hals und warten auf den Dogen. Er hat eine Rede an sein Volk angekündigt. Und als der alte Mann schließlich mit einigem Umstand auf die Kanzel krabbelt, wird's richtig mäuschenstill (für Venezianer eine beachtliche Leistung). Ja, und dann hören sie, daß der Doge seine Stadt auffordert, das Kreuz zu nehmen, die ganze Stadt. Manche sind verstört und können diese unglaubliche Wandlung kaum fassen. Schließlich hat man ja seine Informationen. Aber da beschwört dieser seltsame Mann da oben jeden einzelnen unter ihnen, er beteuert gar, daß er selbst, alt, blind und krank, dennoch das Opfer bringen werde – und er sagt das alles so eindringlich und zu Herzen gehend, daß jeder ordentliche Venezïaner versteht: Wenn dieser kalte Rechner so redet, dann ist es eine lohnende Sache. Die Begeisterung schlägt hoch, zu Tausenden stürmen sie vor, alt und jung, hoch und nieder, und fordern das Pilgerkreuz. Das ganze Abendland ist richtig fassungslos, und der Papst liest eine Messe um die andere für die Lagunenstadt und läßt nichts über seine Veneter kommen. So ganz unfehlbar ist halt selbst der Heilige Vater nicht.

Jedenfalls ruderte noch in derselben Woche so ganz unerwartet, überraschend und rein zufällig eine Gesandtschaft des entthronten Griechenprinzen Alexios gen Venedig und bat die Kreuzfahrer schlicht, für ihren Herrn Alexios das Byzantinerreich zu erobern. Mehr nicht.

Dieser Paukenschlag paßt so recht zu der höchst bewegten und sonderbaren Geschichte mit und um diesen Prinzen: Noch acht Jahre zuvor war sein Vater der mächtige Kaiser Isaak II. von Byzanz und er der verwöhnte Kronprinz. Dann revoltierte plötzlich ein Verschwörergrüpplein am Hof, sein Vater wurde abgesetzt, geblendet und ins unterste Verlies geworfen. Und er selbst, ein verstörter, weinender Junge von zehn Jahren, wanderte als Sicherheitsrisiko gleichfalls in den Kerker. Für Konstantinopel war das freilich nichts Aufregendes, denn abgesetzt wurde da laufend jemand, und das Blenden gehörte eben dazu, wenn nicht Schlimmeres. Nur konnte Kaiser Isaak kurz zuvor noch seine Tochter Irene mit dem Staufer Philipp von Schwaben verheiraten, mit eben jenem, der im März 1198 seinem Bruder Heinrich auf den deutschen Königssessel gefolgt war. Nun war es der Schwiegervater des deutschen Königs, der blind, krank und mißhandelt in einem grauslichen Gefängnis von Byzanz saß – und das komplizierte die Sache doch erheblich. König Philipp soll denn auch gleich nach seiner Wahl Pläne gegen Byzanz geschmiedet haben, aber dann kam er selber in immer größere Bedrängnis und die Angelegenheit wurde weiter weggeschoben.

So saß der Anführer der seinerzeitigen Palastrevolte gegen Kaiser Isaak als Alexios III. – die Herren waren übrigens Brüder – weiterhin unangefochten auf seinem Thron, und es hätte sich so bald auch nichts geändert, wenn der junge Prinz Alexios nicht ganz überraschend der Gefangenschaft seines unfreundlichen Oheims entkommen wäre. Ob nun im Herbst 1201 oder im Frühjahr 1202 (so genau weiß man das heute nicht mehr): Die Flucht war perfekt vorbereitet, seine Helfer hatten keine Kosten gescheut. Im Eiltempo ging's durch Nordgriechenland an die Adria und hinüber nach Italien.

Und plötzlich taucht der junge Mann in Rom auf, mit respektablem Gefolge und durchaus nicht als bedürftiger Flüchtling. Der päpstliche Hof schien einigermaßen verwirrt zu sein, und es dauerte geraume Zeit, bis Innozenz III. sich zu einer Audienz entschloß. Die freilich war für den griechischen Kaisersproß keineswegs ergiebiger als die verlegenen Vorgespräche, die, wohl mehr der Form halber, eine Handvoll halbbedeutender römischer Würdenträger zuvor mit ihm geführt hatte. Eigentlich konnte sich das Angebot des jungen Mannes ja durchaus sehen lassen: Wenn die abendländische Christenheit ihm sein Reich zurückeroberte, werde er die Vereinigung der beiden christlichen Teilkirchen herbeiführen und den Primat des Papstes anerkennen. Und das entsprach durchaus genau dem, was sich Innozenz III. als sein eigentliches Ziel vorgenommen hatte. Aber statt daß der Herr der westlichen Christenheit nun dieses Himmelsgeschenk demütig und dankbar angenommen hätte, verhielt er sich wie immer, wenn ihm eine Sache suspekt war. Er hörte sich alles an, war gütig, überaus gnädig, segnete mit Wohlgefallen (das kostete ja nichts), sagte weder ja noch nein und ließ eben alles offen bis zum nächsten Treffen. Denn ganz so einfach, wie sich der junge Mann das dachte, war die Sache wieder nicht. Glaubte dieser Springinsfeld wirklich, er könne der aufsässigen griechischen Klerisei die Union mit Rom einfach diktieren? So mancher byzantinische Caesar war bei diesem Versuch ganz jämmerlich vom Thron gerutscht. Man kannte ja die Kollegen von drüben (und außerdem hatte man selbst einige Übung in solchen Fällen). Im übrigen war der junge Mann mit den Staufern engstens liiert – ein höchst bedenklicher Aspekt.

Prinz Alexios bat den Kreuzzug,
ihm Byzanz zurückzuerobern.

Allerdings war die Angelegenheit auch wieder zu schade, um ungenutzt zu bleiben. Und so erschreckte er ein wenig den oströmischen Kaiser mit der ganz vertraulichen Mitteilung, daß sich im Westen das Ungewitter eines heiligen Krieges gegen Konstantinopel zusammenbraue, den nur er, der Papst, noch abwenden könne. Wenn Byzanz ihm mit einigen Zugeständnissen entgegenkäme, ließe sich da durchaus ein Gespräch führen.

Alexios III., der sich seit der Flucht des kleinen Prinzen doch sehr unwohl fühlte, griff mit erleichtertem Seufzen nach dem ausgestreckten römischen Finger – aber gleich gab es Schwierigkeiten. Der Papst verlangte die unmöglichsten Dinge, der Patriarch bekam einen Wutanfall nach dem anderen, der Kaiser konnte vor lauter Ärger kaum mehr essen – und das war ihm denn schließlich doch zu viel. Die Kontakte nach Rom schliefen ein. Kann man es ihm verdenken?

Innozenz war enttäuscht. Es hätte sich alles vorzüglich entwickeln können, und jetzt gab der andere auf. Schade! Nun gut, da mußte sich der Herr Anwärter auf den Griechenthron eben ins Elsaß zu seinem Schwager bequemen. Mochten doch die deutschen Tölpel die Händel mit Byzanz anzetteln! Gings schief, waren sie die Übeltäter, gings gut, konnte er in Kürze heiter segnend in Konstantinopel einziehen.

Vom späten Frühjahr 1202 bis in den Juli hinein hatte die Kurie den kleinen Prinzen hingehalten, aber die jetzige Lösung war vielleicht gar nicht so schlecht. Rom atmete auf, als die Staubwolke hinter ihm und seinem Gefolge zwischen den Bergen verschwand. Der Fall war vorzüglich erledigt, dachte man.

Da aber kamen die Tage von Verona. Der griechische Trupp hatte sich durch allerlei Fährnisse (was war damals schon sicher in Italien?) bis an den Alpenrand vorgetastet und ruhte erschöpft in der Scaligerfestung aus. Die Stimmung war nicht die beste. Das Ergebnis von Rom ließ wirklich keine Freude aufspringen, und was man so vom deutschen König und seinen Problemen hörte, legte sich aufs Gemüt.

Wer in dieser Lage nun dem kleinen Prinzen geraten hat, sich mit seiner Angelegenheit an das Kreuzfahrerheer in Venedig zu wenden, wird wohl niemals mehr auszumachen sein. War vielleicht alles längst geplant? Immerhin gibt es zumindest zwei Kleinigkeiten, die den beschwingten Glauben an gottgefällige Zufälle sich nicht so recht entfalten lassen wollen: Zum einen sind die Griechen fast genau zur selben Zeit in Verona angekommen, da der Markgraf Bonifaz von Montferrat in Venedig eintraf. Sie saßen also schon abrufbereit an der Etsch, als der Doge vor den Kreuzritterbaronen die erste Zusatzrendite für Venedig erpreßte und, da die Sache anfing, ein gutes Geschäft zu werden, beschloß, in das Unternehmen einzusteigen. Zum anderen verging zwischen der Kreuznahme der Venezianer am 25. August und dem Auftritt der griechischen Delegation in Venedig fast exakt soviel Zeit, als erforderlich ist für den Ritt eines Boten von der Lagune nach Verona und die Reise einer Gesandtschaft von Verona nach Venedig.

Die Fäden waren meisterhaft gesponnen, und was der kleine Prinz den Kreuzherren vortragen ließ, paßte wiederum glänzend ins Gesamtkonzept. Denn das Angebot enthielt in der Tat für jeden etwas und verwirrte in der Folge die frommen Pilgerseelen ganz schrecklich: Zwar bat er sie, ihm sein Reich mit Waffengewalt zurückzuholen. Nun gut, aber das gehe sicherlich ohne großen Aufwand und ohne viel Blutvergießen ab, da das Volk von Byzanz das korrupte Regiment seines Oheims lieber heute als morgen abschütteln wolle und ihn und seinen armen Vater Isaak glühend zurücksehne. Für diese offenbar nicht einmal so schwierige Hilfe bot der (wie er doch annahm) baldige Kaiser von Ostrom Erstaunliches: Die Kirchenunion, einen wahren Geldsegen für jeden, der ihm auf seinen Thron half und großzügigste Unterstützung des Zuges ins Heilige Land.

Das klang gut. Die frommen Herren waren zunächst höchst verdutzt und sprachlos (wobei sich die Verwirrung nur auf die hohen Barone, eben die Gesprächspartner der Griechengesandtschaft, beschränkte. Das Heer selbst hatte noch gar keine Ahnung von seinem Glück). Aber bei dem Gedanken an den unermeßlichen Reichtum von Byzanz, an all die Edelsteine, das Silber und das Gold, das dort zu ganzen Bergen herumliegen sollte, errangen sie rasch wieder die Fassung, seufzten ihr »Deus lo vult« und meinten, daß man einer so guten Sache nicht die Hilfe verweigern dürfe. Allerdings ginge es nicht an, daß dieses Vorhaben in Angriff genommen werde ohne die Billigung und Weisung des deutschen Königs Philipp, und man müsse den jungen Herrn Alexios halt schon bitten, zuerst mit diesem Herrscher eine entsprechende Absprache zu treffen. Dann allerdings werde es wohl keine weiteren Probleme geben.

Wen wundert's, daß zu dieser »Bedingung« gerade der Doge eindringlich geraten hatte? Scheinheiligkeit und Absicht sind dabei gleichermaßen bravourös. Man hatte sich vor dem Haustraum der Staufer, dem universalen Kaisertum, (wenn auch kichernd) verneigt und dabei die plumpen Narren aus dem Norden prächtig mit hereingezogen und zu den offiziellen Veranlassern und »Schuldigen« dieses Zuges gegen Byzanz gemacht. Damit zerrten endlich einmal Papst und Venedig wenigstens an einem Zipfel gemeinsamer Politik. Doch das war Zufall.

Der kleine Prinz, nun zum zweitenmal ermahnt, machte sich wohl oder übel wiederum auf den Weg, weiter über die gräßlichen Alpen nach Hagenau im Elsaß, zu seinem fremden, deutschen Schwager. Er hätte sich leichter getan, wenn der Herr Bonifaz mit ihm gezogen wäre, aber das ging wohl nicht wegen der Staatsräson. Denn der Markgraf, immerhin höchster und alleiniger Führer des Kreuzzugs, ließ die Pilger auf dem Lido Pilger sein, packte genau zu selber Zeit Knappen und Pferde und stürmte nach Norden zu seinem König – freilich auf anderem Weg. Jetzt ging es um Byzanz, das Heilige Grab hatte Zeit!

Der Doge durfte zufrieden sein. Sein Konzept schnurrte ab wie ein Uhrwerk. Nun nahm er das Projekt Zara vor. Sachte, sachte ließ er zusammen mit den Baronen die besagte Übereinkunft durchsickern. Aber was dann folgte, hatte er, zumindest in diesem Ausmaß, nicht erwartet. Guter Gott, war das ein Zetern, Lamentieren und Kreischen! Die gottesfürchtige Heerschar flatterte in heller Aufregung durcheinander, denn außer den obersten Führern hatte niemand auch nur eine Ahnung von den Spielchen hinter den Kulissen und die große Masse noch immer in dem kindlichen Glauben gelebt, man werde nun gleich die Schiffe besteigen und geradewegs nach Palästina segeln. So war der Zara-Schock um so größer. Die Ärmsten kamen sich schamlos hereingelegt vor (womit sie gar nicht so unrecht hatten), eine ganze Menge packte erschreckt das Bündel und zog unter Klagen und Verwünschungen eilig weiter nach Apulien, wo sich gerade Graf Walter von Brienne mit einigen Leuten zu einer ganz normalen Wallfahrt ins Heilige Land einschiffte. Das war wenigstens etwas Solides!

Aber die meisten blieben dennoch. Zum einen hatten sie bezahlt und wollten ihr Geld nicht verlieren. Zum anderen: Was sollten sie sonst tun? Sie wollten nun einmal das Heilige Grab befreien und nicht nur besuchen. Ohne Schiffe jedoch blieb es beim guten Vorsatz und das Land des Herrn in den Händen der Ungläubigen. So leuchtete die Rechnung, die ihre Führer vorlegten, auch den Ärmsten im Geiste ein: Wer wollte die Sarazenen von den heiligen Stätten verjagen (und sich dabei vielleicht auch ein wenig sanieren)? – Sie. Wer hatte die Schiffe? – Venedig. Gab es eine Konkurrenz für Venedig? – Nein. Ecco!

Freilich wehrten und empörten sie sich, so laut sie konnten, sie rotteten sich zusammen und traten richtig gefährlich auf gegen alles Venezianische, schon weil sie wegen zuhause ihr Gesicht wahren wollten. Die wütendsten Proteste hagelte es in den Dogenpalast, eine Besprechung jagte die andere, auf dem Markusplatz

Münzen, wie sie zu Beginn des 13. Jahrhunderts geschlagen wurden in Alexandria, Byzanz, Deutschland, Florenz, Frankreich und einigen Kreuzfahrerstaaten. Unten links ein venezianischer »Matapan« oder »Grosso«.

schrieen sich die aufgebrachten Pilgermassen heiser – aber Dandolo dachte nicht daran, auch nur einen Millimeter zurückzuweichen. Im Gegenteil. Er behandelte die hilflos zappelnden Gottesstreiter mit einem Hochmut ohne Beispiel.

Besonders arg erging es dem Kardinallegaten Petrus Capuano, immerhin dem offiziellen Vertreter des Papstes. Da er die skandalöse Abmachung nunmehr wegen der lautstarken Proteste zur Kenntnis nehmen mußte, verlangte er, wie er meinte energisch, vom Dogen Rechenschaft und das sofortige Auslaufen nach Alexandrien. Der aber fuhr ihn an, was ihn denn das bekümmere, der Kreuzzug brauche keine päpstlichen Ratschläge. Wenn sich der Herr Kardinal nicht sofort auf seine Pflichten als einfacher Kreuzprediger beschränke, solle er sich nur ganz schnell verziehen. Ein tief beleidigter Kirchenmann befand sich anderntags auf dem Weg nach Rom.

Aller Protest verpufft einmal, schimpfen macht müde. Dandolo konnte warten – und er brauchte es nicht einmal lange. Nach ein paar Tagen verebbte schon das Geschrei, zwar grollte und murrte es noch an allen Ecken, aber die erschöpften Helden streckten die Waffen. Sei's drum: wenn die heilige Sache nicht anders zu retten war, gab man halt dieser unverschämten Erpressung nach. Aber nur unter Protest, und das der ganzen Welt zur Kenntnis: Nur unter Protest! Kläglich wurde dann noch die »Forderung« nachgeschoben, daß nach dem Abschluß der Angelegenheit Zara die Fahrt sofort ins Morgenland weitergehen müsse. Die Liebenswürdigkeit, mit der die Republik von San Marco diese Versicherung gab, war schon fast eine Ohrfeige.

Endlich, am 8. Oktober 1202 lief die Kreuzfahrerflotte aus, ein offenbar außerordentlich imposantes Spektakel: 60 große Rundschiffe, 60 Galeeren, mehr als 100 Transportschiffe für Pferde, dazu eine Unmenge sonstiger Last- und Begleitboote. Und natürlich war das Schiff des Dogen der strahlende Mittelpunkt, überreich geschmückt und ausgestattet und im Inneren mit Samt verkleidet. In den Augenzeugenberichten zittert noch heute die Begeisterung nach, und sie bemühen ganze Wortkaskaden, um den prächtigen Anblick zu schildern, die stolzen, reich verzierten Schiffe, über und über mit Wimpeln und Flaggen behangen, darauf die Ritter in blitzender Wehr fein säuberlich an der Reling aufgestellt, alles würdevoll hinausgleitend auf die schimmernde Lagune und flirrend im weißen Sonnenlicht.

Schon am nächsten Tag machte man halt, gegenüber an der istrischen Küste in Pirano. Dort warteten demütige Gesandte der Städte Muggia und Triest, die dem Dogen von Venedig ihre Ergebenheit versicherten. Dandolo nahm das zur Kenntnis und kündigte seine Ankunft in Triest zur Entgegennahme des Untertaneneides an. Diese Zeremonie fand, mehrfach verschoben, endlich am 27. Oktober statt und wurde mit einem entsprechenden Vertrag besiegelt. Die Kreuzritter waren natürlich dabei, sie machten sich gut und verhalfen der Republik zu zusätzlichem Respekt. Eine groteske Farce: Das Kreuzheer des Abendlandes als Komparserie und Dekoration venezianischer Machtpolitik!

Eine große venezianische Galeerenflotte läuft aus.

Nach Triest wiederholte sich diese Komödie noch in einigen anderen Städten Istriens und wohl auch Dalmatiens. Zwar hatten die Venezianer gegenüber den Pilgern zuvor nicht erwähnt, daß auf diese Weise noch die ganze Küste abgeklappert werden sollte, aber darauf kam's nun auch schon nicht mehr an.

Am 10. November landeten sie endlich vor Zara. 33 wertvolle Tage waren schon verstrichen, davon mindestens 20 für die Kreuzfahrer sinnlos vertan. Es war eindeutig, daß Dandolo die Fahrt absichtlich und skandalös verzögerte, aber warum? Nun, der weitere Verlauf des Zuges läßt kaum Zweifel offen: Der alte Fuchs wollte lediglich die Antwort des deutschen Königs abwarten, an der sich das byzantinische Projekt entschied und von der damit der gesamte Weg des Kreuzzugs abhing. Da aber diese Nachricht allenfalls zum Jahresende eintreffen würde, hielt er den Zug so lange auf, bis der Winter einbrach und er mit Überzeugung behaupten konnte, daß eine Weiterfahrt erst im Frühjahr möglich sei. Und da diese jämmerlichen Landratten von Seefahrt keinen Schimmer hatten, wer konnte ihm da widersprechen, wenn er sie mit nautischen Argumenten eindeckte?

Doch nun liegt die Flotte vor Zara, Dandolo will mit den Herren die Lage besprechen – da fangen plötzlich diese überfrommen Südfranzosen, der Graf Simon

Die Eroberung von Zara.

von Montfort und der Abt Guido von Vaux-Cernay, wieder an zu zetern, beklagen das Unternehmen zum soundsovielten Male als verbrecherisch, sondern sich ab und lagern abseits von der Stadt. Und mit ihnen der größte Teil der Pilger! Der Doge wird ernsthaft böse. Am nächsten Tag jedoch läßt er trotzdem die Hafenkette von Zara sprengen, seine Schiffe laufen in den Hafen ein und seine Truppen, vermischt mit den restlichen Kreuzfahrern, umringen die Mauern, die Stadt will sich bereits ergeben – da zieht dieser Abt Guido doch aus seiner unendlichen Kutte ein päpstliches Schreiben und liest vor, daß jeder dem Kirchenbann verfalle, der Zara angreife! Und dann ruft er den Zaresen auch noch zu, auf keinen Fall zu kapitulieren. Die Venezianer sind außer sich, gehen mit blanken Schwertern auf ihn los, und vielleicht hätte er später niemals Bischof von Carcassonne werden können, wenn nicht Simon von Montfort vor ihn gesprungen und seinen eiligen Rückzug gedeckt hätte.

Als die Barone nun auch anfangen zu zögern, kennt Dandolo kein Halten mehr. Er tobt, daß er auf den Bannfluch pfeife, er werde an Zara Rache nehmen! Es sei, weiß Gott, wichtiger, mit diesen Seeräubern und Mördern aufzuräumen, als nach Jerusalem zu schaukeln. Er habe mit dem Kreuzheer bezüglich Zara eine Abmachung getroffen, wenn die nicht eingehalten werde, schmeiße er das ganze Pilgergelichter hier an Land und segle heim nach Venedig.

Also wieder eine Erpressung. Aber obwohl die Kreuzherren allmählich daran gewöhnt waren, wußten sie wieder keinen Ausweg, gaben wieder nach, und die Belagerung wurde fortgesetzt. Verzweifelt steckten die armen Teufel drinnen in der Stadt Kruzifixe auf die Mauern und beteuerten ihre Rechtgläubigkeit, umsonst. Am 24. November brach der Widerstand zusammen, Zara fiel. Die »Sieger« benahmen sich wie die Wahnsinnigen, schändeten, plünderten, was sie erraffen konnten, keine einzige Kirche wurde verschont, sogar einen Teil der Stadtmauer und der Häuser rissen sie ein.

Wie vereinbart, wurde die Beute zusammengetragen, um ordentlich zur Verteilung zu kommen. Da aber hohe Herren allemal einen guten Appetit haben, kamen sich die Kleinen bös übervorteilt vor, und im Handumdrehen prügelten sich die frommen Kreuzritter gegenseitig durch die Straßen von Zara. Es dauerte mehr als eine Woche, bis sich die Gemüter beruhigt hatten. Deus lo vult!

Als der Rauch in den Köpfen und über den Ruinen sich endlich verzogen hatte, zeigte der Kalender bereits Dezember. Jetzt noch auf große Fahrt zu gehen war natürlich ganz und gar unsinnig, und der Doge brauchte weder eine List noch eine Erpressung anzuwenden, um das Heer zum Überwintern in Zara zu bereden. Er wies lediglich gütig mahnend auf den Einbruch der unwirtlichsten aller Jahreszeiten hin, beteuerte, daß er jetzt die ganzen Pilgermassen auf hoher See unmöglich verpflegen könne und meinte im übrigen, daß man hier in Zara doch eigentlich recht behaglich sitze, dies sei zumindest zu bedenken. Kaum einer widersprach – wozu auch?

Ein Heer freilich, das auf Monate wohlig eingemottet im Winterlager sitzt, langweilt sich. Und das konnte Dandolo als verantwortungsbewußter Christ ja nun wirklich nicht zulassen; also beschäftigte er die tumbe Masse auf seine Art: Er ließ sie nach und nach auf die Angelegenheit Byzanz einstimmen. Dafür eignete sich nun nichts besser als das vertrauliche Gerücht. Seine Wirkung wird niemals beeinträchtigt, Korrekturen können ständig und unauffällig erfolgen, und der Urheber bleibt obendrein anonym. Und da die Venezianer schon immer die unbestrittenen Meister dieser Kunst waren (irgendwie mußten sie ja ihre fehlende Stadtmauer ersetzen!), tröpfelten ganz allmählich von allen Seiten so kleine Geschichtlein und Erwägungen unter die Pilgermassen, und auf einmal sprachen sie alle, vorsichtig und hinter der Hand, bald von nichts anderem mehr als von Byzanz – keiner wußte eigentlich warum. Jede der drei Zielgruppen hatte ihre sorgsam abgestimmten Themen: Die ganz Frommen zeterten über das Schisma und darüber, daß Ostrom die heiligen Kreuzzüge behindere, die Staufischen erzürnten sich über das Schicksal des Schwiegervaters ihres Königs und die stauferfeindliche Haltung des dritten Alexios, und die Restlichen, vorab Franzosen und Lombarden, waren erschüttert über die unglaublichen Zustände in diesem Land, das verantwortungslos nur seiner Verderbtheit lebte, während es doch ein Bollwerk gegen den Islam sein sollte. Kurzum, wie sie alle das Rhomäerreich auch sahen, sie waren sich darüber einig, daß das Regime in Byzanz ganz und gar empörend sei und im Interesse der ganzen Christenheit da unbedingt und auf alle Fälle etwas geändert werden müsse.

Man sah förmlich, wie sich der byzantinische Popanz über Zara aufblies, und wenn einer rundheraus sagte, daß der Kreuzzug doch vielleicht einen Umweg über Konstantinopel machen sollte, so klangen die Proteste dagegen gar nicht mehr so überzeugend, wohl nicht zuletzt auch wegen der unablässig gezischelten Hinweise auf den Reichtum von Ostrom, der gar nicht in Worte gefaßt werden könne, und der geflüsterten Geschichten von all dem Gold, den Edelsteinen und den kaum vorstellbaren Mengen heiliger Reliquien, die dort in Byzanz einfach überall nur so herumlägen.

Es war ein teuflisches Gebräu, das da böse und ätzend zwischen die Pilger rann, und die aufgewühlten Seelen kamen gar nicht mehr zur Ruhe.

Denn tief drinnen schwelte noch Schlimmeres: Da sie nun die zaresische Beute endlich geteilt und es mit dem Denken wieder etwas leichter hatten, wurde den Braven ganz langsam bewußt, daß ihnen ja nun nach dieser häßlichen Attacke auf eine Christenstadt samt und sonders der Bann drohte; Abt Guido hatte die entsprechende Ankündigung ja schließlich laut genug verlesen. Zwar hofften sie noch eine Zeitlang, daß Vater Innozenz, gemäß häufig praktizierter Übung, die Sache nicht wahrnehmen würde, aber als dann, nach zweimonatiger Verspätung, der Heilige Vater seinen allerhöchsten Zorn mitteilen ließ, hastete noch im Januar 1203 eine Sühnedelegation der Kreuzritter über die Adria, um in Rom Vergebung, Verzeihung (und wenn möglich auch einige Privilegien) zu erflehen.

Es war höchste Zeit, und auf die Übeltäter prasselte denn auch sogleich ein gewaltiges päpstliches Donnerwetter nieder, aber schließlich empfingen sie dann doch, schon im Interesse des heiligen Zuges, die gütige Lossprechung von all ihren Sünden. Nur die Venezianer waren ausgenommen und ganz besonders deren Doge: Nein, nein, nein, wer derartiges anstiftet und andere auch noch zwingt, solches Unrecht mitzumachen, der konnte in der Familie der Christen wahrhaftig keinen Platz mehr haben. Amen! Vater Innozenz ärgerte sich nämlich ungemein darüber, daß kein einziger dieser widerborstigen Krämerrepublik ihm wenigstens die Ehre gegeben und ebenfalls um Pardon gebeten hatte, und eigentlich hoffte er noch einige Zeit, daß dies nachgeholt würde. Da sich aber nichts dergleichen tat, schleuderte er endlich, um wenigstens ein bißchen das Gesicht zu wahren, doch noch im März 1203 den Bann gegen die Lagunenstadt und ihren unglaublichen Dandolo. Jedoch die Waffe, die einst sogar einen Kaiser Heinrich nach Canossa getrieben hatte – ach, waren das noch Zeiten! –, schlug nicht mehr. Die Kreuzzugsführung befand, daß dieser Bannfluch nun, da die Ausfahrt ins Morgenland unmittelbar bevorstand, das ganze Unternehmen viel zu sehr erschüttern würde. Nun ja, und dann hat man diesen Richterspruch des Herrn der Christenheit einfach nicht bekannt gegeben. Aus. Der Papst hatte seinen Auftritt verpaßt.

Dem eigentlichen Hauptbeteiligten jedoch, dem Dogen, war dieses Pfaffengezänk um Bann oder Nichtbann ohnehin reichlich gleichgültig. Er hatte anderes zu tun. Kurz nach Neujahr 1203 nämlich war der Markgraf von Montferrat nach Zara hereingestürmt mit der Nachricht, daß sein königlicher Herr Philipp ganz im Sinn und Plan des Vorhabens entschieden habe. Gesandtschaften des Königs und des jungen Alexios seien schon zum Kreuzheer unterwegs. Zwar wußte das Dandolo längst, aber dergleichen hört man immer wieder gern. Außerdem konnte er jetzt den Markgrafen ausgezeichnet vorschieben, ihn flüstern und geheimbündeln lassen, und jedermann meinte, der Montferrat täte das aus sich allein, vor allem er selbst. Und also war er um so eifriger im Wühlen und Meinungmachen. Der Doge brauchte nur zuzuschauen.

So war die Szenerie bereits vorzüglich aufgebaut, als wenige Wochen danach die Gesandtschaften des kleinen Prinzen und Philipps mit mächtigem Getöse Einzug hielten. Gleich wurde eine Vollversammlung aller Barone und Herren weltlichen sowie geistlichen Standes einberufen, die vom Gesandtschaftssprecher mit etlichem Aufwand an Gesten und Worten beschworen wurden, dem jungen Herrn Alexios sein Byzantinerreich zurückzuerobern, wobei er offenbar auch gleich mit einem Vertrag wedelte, für den wohl selbst der Apostel Paulus noch einmal für kurze Zeit zum Saulus geworden wäre. Und so wäre fast die Abstimmung nur noch eine Formsache gewesen, wenn nicht wieder diese Südfranzosen zu schimpfen angefangen hätten. Zunächst natürlich der Abt Guido, und dann gleich hinterher der Graf Simon von Montfort, der tränend die Kreuzzugsidee beschwor (er blieb übrigens beim Metier und machte sich

Graf Simon von Montfort. Ob religiöser Fanatiker oder perfekter Heuchler, auf jeden Fall eine der blutigsten Gestalten der europäischen Geschichte.

später als Führer der Albigenser-»Kreuzzüge« einen recht blutigen Namen und ein ungeheures Vermögen). Als da die Stimmung doch umzuschlagen drohte, verlor Enrico Dandolo die Geduld und zählte ganz einfach die Reichtümer Ostroms auf. Das wirkte. Denn ein erheblicher Teil der Gottesstreiter sah durch die beständigen Verzögerungen des Unternehmens seine Barschaft bedenklich sich zum Ende neigen und hatte eine zusätzliche Einnahmequelle dringend nötig. Man nickte und stimmte zu und war sich einig.

Als dann gegen Ende April der kleine Prinz in Zara eintraf, unterschrieben der Doge und mehr als zwanzig der höchsten Barone einen Vertrag, der eigentlich schon von Anfang an nicht eingehalten werden konnte: Für die Hilfe beim Kampf um sein Reich verpflichtete sich Alexios, den Kreuzfahrern bei seiner Thronbesteigung 200 000 Mark Silber zu zahlen. Das Ungeheuerliche dieser Summe wird deutlich, wenn man vergleicht, daß ein Jahr später Markgraf Bonifaz die ganze Insel Kreta für 1000 Mark Silber an die Venezianer verkaufte! Doch das war noch nicht alles. Der Prinz sagte ferner verbindlich zu, für den Kreuzzug 10 000 Ritter zu stellen, auf Lebzeiten 500 Mann zur Sicherung der heiligen Stätten in Palästina zu halten und natürlich die Ostkirche mit der Westkirche zu vereinen und dem römischen Bischof zu unterstellen. Weiter: Außerdem übernahm er die Verpflegung des gesamten Kreuzheeres für ein Jahr nach Ablauf des Vertrages mit Venedig, also vom 29. Juni 1203 bis zum 29. Juni 1204, sowie die volle Wiedergutmachung aller Schäden, die den Venezianern unter den Kaisern Manuel und Andronikos entstanden waren.

Diese Vereinbarungen waren einfach absurd. Der kleine Prinz hatte offenbar gar keine Ahnung, was er da unterschrieb, während die wackeren Kreuzritter in ihrer Gier und ihren wirren Vorstellungen von der Goldstadt Byzanz auch nicht das mindeste Gespür für die finanziellen Möglichkeiten des Griechenreiches hatten. Nur der Doge wußte um die wahren Dimensionen, aber er wußte auch, daß er zu seinem Geld kommen würde, so oder so. Ein guter Kaufmann darf keine Skrupel haben. Er war ein guter.

Endlich, in den letzten Tagen des April 1203, lief die Kreuzfahrerflotte aus dem Hafen von Zara, segelte die dalmatinische Küste entlang, machte hie und da halt, und der kleine Prinz ließ sich, vorerst zur Probe, gleich auch als Kaiser begrüßen und feiern.

Und dann kam die Ernüchterung von Korfu. Auf Korfu nämlich mußte das byzantinische Vorhaben vor der Weiterfahrt durch das ganze Heer gebilligt werden. Aber so sehr die beredte Führungsspitze, vorab die Herren Dandolo und Montferrat, auch ganze Wortfluten auf die Pilgermassen niedergehen ließ und so sehr all die ausgestreuten Gerüchtlein längst ihre Wirkung getan hatten: Der Widerstand der wirklich Frommen war überraschend groß, sie gewannen sogleich, aus welchen Gründen auch immer, einen gewaltigen Anhang, und eine immer erdrückendere Übermacht stellte sich gegen das Projekt. Der kleine Prinz wurde klein und kleiner, und Markgraf Bonifaz fühlte sich gar nicht mehr wohl. Da klärte der Doge die Lage wiederum auf seine Art: Er erpreßte.

Seelenruhig zog er den Vertrag aus der Tasche, den das Kreuzheer mit der Republik geschlossen hatte, und wies darauf hin, daß eben dieser Vertrag am 29. Juni auslaufe. Wenn man, wie es doch Christenpflicht sei, dem vertriebenen Prinzen Alexios nicht helfen wolle, werde Venedig die Flotte an diesem Tag auflösen, und die tapferen Ritter müßten dann eben schauen, wie sie weiterkämen.

Die Wirkung dieses schon zur Routine gewordenen Arguments ist bereits sattsam bekannt: Das ganze Heer gab klein bei. Als schamhafter Kompromiß wurde vereinbart, daß spätestens in der ersten Hälfte des Oktobers jenen, die unbedingt ins Heilige Land fahren wollten, Schiffe zur Verfügung stehen müßten. Ansonsten stimmten sie alle samt und sonders dem Vertrag mit dem Prinzen Alexios zu – und, wie es sich für ein so frommes Unternehmen geziemt, genau zu Pfingsten, dem Fest der göttlichen Erleuchtung, stach man gen Byzanz in See. Der Kalender zeigte den 24. Mai 1203.

Mit geblähten Segeln und bei vorzüglichstem Wetter (also bestimmt ein Himmelszeichen!) rauschte die Flotte um Griechenland herum, zwang im Vorüberfahren die eine oder andere Insel dem Herrn Alexios, oströmischer Kaiser in spe, zu huldigen und legte genau auf den Tag vier Wochen nach Korfu, am 23. Juni 1203, in San Stefano an, drei Meilen vor Konstantinopel.

Griff nach der Weltmacht

Wenn die so sehr mutigen Kämpfer aus dem Abendland bisher für alles Byzantinische nur übelsten Spott übrig hatten, so zerrann ihnen dieser nun förmlich zwischen den Lippen. Denn die Stadt, die sich da vor ihnen auftürmte, war freilich etwas anderes als die kläglichen Nester, die sie von zuhause in Schwaben oder in der Champagne gewohnt waren. Riesige Paläste und Kirchen schoben sich ineinander und übereinander, tausend goldene Kuppeln glänzten in der Sonne, dazwischen hochaufragende Türme und Terrassen mit schimmernden Gärten und ein unübersehbares Gewirr herum von Dächern und Häusern, wie es sich zuvor niemand hatte denken können.

Oh ja, das war sie wirklich, die Mutter der Städte. Wie ein Dreieckskeil drängte sie in die See hinaus, auf der einen Seite grenzend an das Marmarameer und auf der anderen Seite, im Norden, an einen breiten Meeresarm, den sie Goldenes Horn nannten. Dort lag übrigens auch der Hafen und gegenüber Galata mit den Lateinersiedlungen. Dieses Byzanz war wirklich nur von der dritten Seite, vom Lande her anzugehen.

Aber wer konnte schon hoffen, die gewaltigste Befestigungsmauer der Welt zu überwinden? Dreifach war der Mauerring, den Kaiser Theodosius einst um die Stadt hatte legen lassen, mit mächtigen Türmen und Bollwerken ohne Zahl. Wer diese Mauer sah, wußte, warum die schönste und volkreichste Stadt der Christenheit noch niemals erobert worden war. Unter den Kettenhemden der Kreuzritter rutschten die tapferen Herzen immer tiefer, und als sich noch am selben Tag, eben dem 23. Juni, die oberste Führung zum ersten kleinen Kriegsrat zusammensetzte, hatte Dandolo allen Grund zu seinem Vorschlag, von den Inseln her für Lebensmittel zu sorgen und ansonsten das Kriegsvolk streng an Bord zu halten. Sonst werde sich, wie er vorsichtig formulierte, das Heer womöglich noch »zerstreuen«.

Freilich war den also Eingeschüchterten nicht bekannt, daß man sich drinnen in der Stadt gar nicht so rosig fühlte und der Kaiser Alexios III. weder aus noch ein wußte. Die schon in den letzten Jahren nicht sehr geschickte Westpolitik war nun vollends zusammengebrochen. Der deutsche König, das Kreuzheer und Venedig standen als Feinde vor den Toren, der Papst, auch wenn er den Deutschen hätte hindern wollen, überblickte die Entwicklung schon lange nicht mehr, Genua und Pisa waren froh, wenn sie die eigene Haut retten konnten – und andere Freunde im Westen gab es nicht. Seit der Flucht des kleinen Prinzen, spätestens aber seit dessen Kontakten mit dem Kreuzheer konnte der Kaiser absehen, was da auf ihn zukam. Der Papst setzte ihn ja sogar mit dieser Gefahr ganz unchristlich unter Druck – aber Byzanz hatte alle Hände voll zu tun mit Hofintrigen, theologischen Sophistereien und allerlei pikanten Affärchen, so daß für gezielte Diplomatie wirklich keine Zeit blieb.

Und nun saß man da. Denn immerhin, im Norden drohten zusätzlich die Bulgaren, im Osten drangen die Türken vor, und im übrigen befand sich das Reich in einer einfach heillosen Unordnung. Aber ganz entscheidend war natürlich, daß die Regierung die einst so machtvolle Flotte hatte völlig verrotten lassen. Keines der Schiffe war einsatzbereit. Dabei hätte sie gerade während der letzten Jahre doch eigentlich eine gute Waffe gegen die verheerenden Arabereinfälle an den Küsten und auch gegen die Seeräuber sein können. Jedoch, da der Kaiser gerade mit den letzteren laufend die Beute teilte, unternahm man eben doch besser nichts . . . Byzanz, Byzanz!

Von außen keine Hilfe, im Hafen kein brauchbares Schiff und für's Land keine gescheiten Streitkräfte – nun denn, da igelte sich der Kaiser eben in seiner wohlbefestigten Hauptstadt ein. Dieser wüste Haufen übelriechender Lateiner sollte sich daran die Zähne ausbeißen. Und daß das der Fall sein würde, stand

Byzantinischer Soldat. Die Truppen Ostroms waren ein buntes Gemisch aus Genuesen, Pisanern, Engländern und einigen Griechen. Den Kern bildete die Warägergarde aus dänischen, schwedischen und russischen Wikingernachkommen.

für die logischen Byzantiner ganz außer Frage. Sie verwiesen eben auf eine uralte Prophezeiung, daß die Stadt des großen Konstantin nur durch einen Engel des Himmels erobert werden könne. Da aber die plärrenden Abenteurer da draußen offenbar genau das Gegenteil waren, bestand keinerlei Gefahr. Voilà!

Die armen Kreuzritter (sie fühlten sich immer noch als solche) ahnten von ihrer metaphysischen Umquartierung ebenso wenig wie von jenem reizenden Scherz des römischen Papstes, der ihr Vorhaben eigentlich doch recht direkt betraf. Der Heilige Vater hatte nämlich einen Brief an das Kreuzheer geschrieben, in dem er jeglichen Angriff auf Konstantinopel verbot, aber – der Brief trug das Datum vom Juni 1203 und wurde nach Zara geschickt, wo er ankam, als die Flotte gerade bei San Stefano vor Anker ging.

Oh, sollte der Herr der Christenheit so in Unkenntnis über den Verlauf der Ereignisse gelassen worden sein, daß er seine Schäflein tatsächlich noch in Zara glaubte? Kaum. Vielmehr war er laufend und bestens informiert über alles, was sich bei den Pilgern tat, er wußte von den byzantinischen Gerüchtlein während des Winters, von der Rückkunft des Herrn Bonifaz aus Deutschland, vom Ein trudeln der beiden Gesandtschaften samt dem kleinen Prinzen ebenso wie vom Abschluß des Vertrages. Spätestens da hätte er, wäre es ihm wirklich ernst gewesen, seinen Schrieb loslassen müssen. Auf Korfu würde er seine Adressaten allemal rechtzeitig erreicht haben. Aber erst jetzt, im Juni, und dann noch nach

Die Galeere des Dogen. Im Heck Enrico Dandolo, die Gestalt im Bug mit dem hohen Kopfputz (zweite von rechts) soll offenbar Prinz Alexios darstellen.

Zara – das war in der Tat zu lustig! Die Kreuzherren verstanden denn, als sie viel, viel später die päpstliche Botschaft endlich in Händen hatten, den Unernst dieser Aktion auch sehr genau und legten das Ganze zu den Akten. Herr Innozenz hatte sich eben, für alle Fälle, ein Alibi schaffen wollen. Na und?

Dandolos Rat jedenfalls vor San Stefano war befolgt worden, das Heer stand unter der Parole »Keiner verläßt das Schiff«. So schipperten sie weiter die asiatische Küste entlang bis Skutarion, das der goldenen Kaiserstadt akkurat gegenüber lag. Dort setzten sie sich am 26. Juni fest und genossen den inzwischen schon gewohnten Anblick der stolzesten Festung der Erde.

Drüben, in Galata, sehr ordentlich am Strand entlang, ließ der Kaiser sein Griechenheer aufziehen, oder besser, eine Streitmacht aus Genuesen, Pisanern, englischen Söldnern und der dänischen Warägergarde. Griechen waren auch dabei.

Nun denn, so lag man sich eben gegenüber, genau sieben Tage, und es tat sich nichts Bemerkenswertes. Dann, am 2. Juli, tauchte eine Gesandtschaft bei den Lateinern auf: Der Kaiser sei erstaunt über das schlechte Benehmen und ersuche um den sofortigen Weiterzug. Die Emissäre wurden zurückgeschickt mit der Antwort, der Kaiser möge sein Reich dem rechtmäßigen Erben, dem Prinzen Alexios, zurückgeben, und man werde gerne seinem Wunsch entsprechen.

Für den folgenden Tag dann hatte Dandolo eine gloriose Idee: Sagte der kleine Prinz nicht unablässig, daß das Volk von Byzanz nur auf ihn, den legitimen Thronerben warte, daß es den herrschenden Tyrannen lieber heute als morgen loshätte? Ecco! Und also wurde tags darauf der Prinz Alexios herausgeputzt und umkleidet mit allen nur möglichen goldglänzenden Würdezeichen der oströmischen Kaiser und mit angemessener Umgebung unter einen Baldachin vorne auf ein Schiff gesetzt. Das glitt dann würdevoll, flankiert von prächtigen Begleitbooten, auf Rufweite an die Stadt heran, und ein Herold verkündete dem verblüfften Volk von Konstantinopel, daß hier sein wahrer gottgewollter Herrscher Einlaß begehre, um der Schreckensherrschaft des Usurpators ein Ende zu machen.

Die naiven Westler hatten einen freudigen Aufschrei erwartet, aber nichts dergleichen. Hohngelächter und ein Pfeilhagel waren die Antwort. Der kleine Prinz knickte wieder ein, und dicke Tränen rannen über sein Gesicht. Seine Zuversicht war zu einem Nichts geschrumpft. Aber gerade er, vor allem aber Dandolo, hätten wissen müssen, daß die Byzantiner eher einem Krokodil den Thron gegeben hätten als freiwillig und ohne Zwang einem noch so legitimen Kaiser von der Lateiner Gnaden.

Jedenfalls, der schöne Traum vom spontanen Volksaufstand war zerstoben, und so blieb eigentlich nur noch der Angriff. Gar nicht sehr zuversichtlich setzten sich die Führer am 4. Juli zusammen und beschlossen einen Schlachtplan, der natürlich vom Dogen stammte. Und das nun ist das Faszinierende an diesem Mann bis in unsere Zeit: Mit derselben Konsequenz und Verbissenheit, mit der er sein Vorhaben auf dem diplomatischen und politischen Wege eingeleitet hatte, nahm er nun, uralt und blind, auch den militärischen Teil in Angriff. Ein ungeheurer, glühender Wille in einem kaum mehr gehorchenden Körper! Er entwarf die Strategie, er riß das Heer aus seiner Verzagtheit, er leitete die Verhandlungen mit dem Gegner, ja, er stellte sich selbst an die Spitze seiner Truppen.

Die Byzantiner freilich sahen nur das kleine, kaum zehntausend Mann zählende Häuflein der Abenteurer aus dem Westen, das sich doch tatsächlich erfrechte, die Mutter der Städte zu bedrohen. Belustigt setzten sie im Hafen ein paar Schiffe instand und besserten flüchtig die ärgsten Schadstellen an der Mauer aus. Vor allem aber schlugen sie wieder einmal auf die Lateiner in der Stadt los, beraubten und malträtierten sie, wobei es für ihre logischen Köpfe völlig unerheblich war, daß ihr Zorn größtenteils Genuesen und Pisaner traf, Leute, die doch die erklärten Feinde derer vor den Toren waren und die man für die Verteidigung schließlich dringend brauchte. Am Goldenen Horn zog man eben immer andere Folgerungen als anderswo.

Natürlich waren am 5. Juli die Mauern dicht gesäumt mit Gaffern, die zusahen, wie die Kreuzfahrerflotte vom asiatischen Ufer über den Bosporus gegen Galata fuhr. Keiner, der etwas auf sich hielt und über die nötigen Beziehungen verfügte, wollte sich dieses Spektakel entgehen lassen. Und es war in der Tat eindrucksvoll, wie die große Zahl der Galeeren, jede ein Frachtschiff hinter sich, unter unaufhörlichem Fanfarengeschmetter über die Meerenge glitt und am europäischen Ufer anlegte. Aber spätestens da wurden die spöttelnden Voyeure auf dem Mauerkranz von Konstantinopel ein wenig verwirrt: Drüben nämlich, in Galata, erhob sich von griechischer Seite kaum Widerstand, und im Handumdrehen hatten diese ärgerlichen Lateinerhorden dort das gesamte byzantinische Heerlager eingenommen. Schon am folgenden Tag sprengten sie die gewaltige Kette, die die Einfahrt ins Goldene Horn versperrte, eroberten den Galataturm, brausten in den Hafen von Byzanz und zerstörten die griechischen Schiffe, deren Mannschaften natürlich entsetzt und rechtzeitig das Weite gesucht hatten, so daß kaum Menschenleben zu beklagen waren.

Dann setzten sich die Angreifer für einige Tage in Galata fest, sammelten Kräfte und Proviant, sondierten die Lage und beschlossen, die Stadt an der Nordecke anzugreifen, dort, wo die Seemauer, die entlang dem Goldenen Horn lief, und die Landmauer zusammentrafen. Zwar lag genau an dieser Stelle der Blachernenpalast, also das kaiserliche Schloß, das weiß Gott nicht schlecht gesichert war. Aber wenn überhaupt, hatte diese gigantische Festung Konstantinopel hier ihren schwächsten Punkt. Also wollte man die Ecke in die Zange nehmen: Franzosen und Deutsche unter Bonifaz zu Land, die Venezianer zur See, natürlich unter Enrico Dandolo. Am 11. Juli brach das Landheer auf, am 12. stand es, im rechten Winkel zu der aufgereihten Venezianerflotte, vor den Mauern.

134

Aber nun regte sich bei den Griechen doch ernsthafter Widerstand, und die bisher so siegessicheren Landtruppen des Herrn Bonifaz kamen keinen Schritt weiter, im Gegenteil, sie wurden immer mehr in die Enge getrieben. Selbst bei einem großangelegten Sturm am 17. Juli holten sie sich nur blutige Nasen. Dandolo mit seinen Leuten war da schon etwas erfolgreicher: Nach dem üblichen System – Belagerungstürme um die Schiffsmasten, durch Tierhäute geschützte Verbindungsbrücken, Schleudern und Mauerbrecher – gelang es ihm immerhin, in diesen Tagen fünfundzwanzig Türme der Seemauer zu erobern.

Aber dann ging eines der Stadttore, das sogenannte »Quellentor« auf, eine mindestens vierfache Griechenübermacht quoll heraus und formierte sich, allerdings in respektvoller (einstündiger!) Entfernung von den Lateinern, zum Gegenangriff. In ihrer Mitte der Basileus selbst, Alexios III. Was für die Angreifer aus dem Westen freilich die natürlichste Sache der Welt war, nämlich, daß der Herrscher persönlich die Verteidigung seiner bedrohten Stadt leitete, galt beileibe nicht für den damaligen Kaiser von Ostrom. Er haßte Prügeleien dieser Art und war eigentlich keineswegs gesonnen, sich da einzumischen. Wozu bezahlte er seine Waragergarde? Wozu hatte er den Genuesen und Pisanern ihre lukrativen Privilegien gegeben? Wozu hatte er seinen Schwiegersohn, den

Schwere Transportgaleere der Kreuzritter. Sie war groß genug, um auch schweres Belagerungsgerät wie Türme, Mauerbrecher, Sturmleitern und Schleudermaschinen aller Art zu tragen.

Theodor Laskaris? Schließlich waren dessen Absichten auf den Kaiserthron nur allzu offenkundig, also konnte er durchaus etwas dafür tun! Und wenn ihn seine Untertanen und vor allem seine Damen nicht gar so unehrerbietig verspottet hätten, wäre er wohl nie in eine der gräßlichen Rüstungen gestiegen.

So stand er höchst ärgerlich inmitten seiner Truppen und ließ den Feinden eine markige Aufforderung zur Kapitulation überbringen. Hätte er jetzt zugeschlagen, wäre die ganze Angelegenheit sehr schnell und mit peinlichsten Folgen für die Glücksritter aus dem Westen zu Ende gewesen. Der Kaiser aber fand, daß solcherlei Treffen, von deren üblichem Verlauf man schließlich Unangenehmstes gehört hatte, nicht mutwillig provoziert werden dürften und deshalb zuerst eine Reaktion der Gegenseite abgewartet werden müßte. Da aber die Lateiner auch nicht im geringsten Laut gaben (wohlweislich!) und sich der Kaiser zu etwas anderem als warten nicht entschließen konnte, geschah gar nichts.

In diesen wenigen Stunden jedoch hing das Kreuzfahrerunternehmen Byzanz am seidenen Faden. Der Doge erkannte das wohl, gab sofort alle eroberten Bastionen auf und eilte mit seinen Leuten dem Landheer zu Hilfe. Allerdings ließ er, ehe die fünfundzwanzig Türme wieder geräumt wurden, Brände in die Stadt werfen. Und bald raste ein schrecklicher Feuerorkan über das Petrionsviertel und legte eine Fläche in Schutt und Asche »so groß wie die ganze Stadt Arras«. So berichten Augenzeugen.

Der ohnehin verwirrte Basileus war nun völlig konfus. Das tobende Feuer, das Schreien und Jammern drinnen, die bösartigen lateinischen Teufel vis à vis – mein Gott, mein Gott, das war ja schrecklich! Und so ließ er seine Truppen noch ein wenig herumfuchteln und zog sich schließlich samt seiner Übermacht wieder in die Stadt zurück.

Das war glimpflich abgegangen. Bonifaz und Dandolo und ihr ganzes Heer atmeten hörbar auf. Aber die Erleichterung klang nur gedämpft. Denn dessen waren sie sicher: Die Griechen würden wiederkommen, und dann würde die Entscheidung fallen. Über deren Ausgang jedoch machten sich die Herrn um den Dogen keine Illusionen. Man verbrachte eine höchst verzagte und schlaflose Nacht.

Freilich erging es dem geplagten Kaiser von Ostrom nicht besser. Die Szenen waren unerträglich, als er unverrichteterdinge wieder zurückkehrte. Sein ganzer Hof – man bedenke! – stellte sich gegen ihn, der Patriarch ließ ihm Unaussprechliches mitteilen, die Damen spotteten einfach empörend, und ganz offen wurde in seiner Anwesenheit darüber diskutiert, ob nicht doch ein Kaiserwechsel zu erwägen sei. Kein Zweifel, man hatte keinerlei Ehrfurcht mehr und Arges mit ihm vor. Wer kann es dem Herrn Alexios III. da verdenken, wenn er ernsthafte Konsequenzen erwog? Nun, er hat sie gezogen: In derselben Nacht noch raffte er zusammen, was gerade herumlag (es sollen rund tausend Pfund Gold gewesen sein), schlüpfte samt seiner Geliebten durch ein Mauerpförtlein und verschwand in der Dunkelheit.

136

Byzanz war am nächsten Morgen nicht wenig überrascht, aber auch um eine elegante Lösung nicht verlegen: Sie kletterten viele glitschige Stufen hinab, zerrten einen verängstigten blinden Greis aus seinem Verlies, hüllten ihn in die kaiserlichen Prunkgewänder und setzten ihn flugs auf den Thron. Ostrom hatte seinen legitimen Kaiser wieder, Isaak II. war in seine alten Rechte eingesetzt, und seine Hauptstadt huldigte ihm mit allem Jubel, den das Protokoll vorschrieb.

Als gleich darauf eine Gesandtschaft bei den Kreuzfahrern erschien, um den kleinen Prinzen in die Stadt zu holen, waren diese ebenso fassungslos wie der Prinz selbst, aber doch nicht so sehr, daß sie alle Vorsicht außer Acht gelassen hätten: Erst als der Kaiser Isaak den Vertrag von Zara ebenfalls in vollem Umfang anerkannte und verbindlich feststand, daß der kleine Prinz zum Mitkaiser erhoben würde, konnte Alexios mit allem Pomp in Konstantinopel einziehen, flankiert von den obersten Kreuzzugsführern (diese lateinische Garnitur ärgerte das Volk von Byzanz nun zwar fürchterlich, aber da die Verhältnisse nun einmal so lagen, wurde dennoch gejubelt, wenn auch nur halb so laut). Nachdem er und Kaiser Isaak am Abend den Vertrag gleich noch einmal feierlich beschworen hatten, setzte man sich zu einem prächtigen Bankett im Kaiserpalast, Ost und West boten das Bild der herzlichen Eintracht aller Christen, und die Kreuzfahrer meinten, die Gnade des Himmels über ihrem Vorhaben sei noch nie sichtbarer gewesen als an diesem 18. Juli des Jahres 1203.

In den folgenden Wochen ließ sich denn auch alles ausgezeichnet an. Das Kreuzheer wurde in Galata glänzend untergebracht und verpflegt, als Zeitpunkt für die Abfahrt nach Palästina stand der Tag des Heiligen Michael fest. Sogar eine Bresche ließen die Griechen in die Stadtmauer brechen, damit die Kreuzfahrer nicht glaubten, sie stünden eines Tages vor verschlossenen Toren. Gerade der junge Alexios schien besten Willens zu sein: Schon bald nach seiner Krönung zum Mitkaiser am 1. August unterstellte er mit einem förmlichen Schreiben an Innozenz III. die Ostkirche dem Papst zu Rom und bezahlte den Kreuzfahrern die erste Hälfte der vereinbarten zweihunderttausend Mark Silber.

Aber spätestens damit wurde das herzliche Einvernehmen arg getrübt, denn Alexios konnte diese gewaltige Summe, eben hunderttausend Mark Silber, nur unter größter Anstrengung und mit höchst unpopulären Maßnahmen zusammenscharren. Nicht nur, daß er aus seinem Land unmenschlich hohe Steuern pressen mußte, er war auch, da das Geld immer noch nicht reichte, gezwungen, Kostbarkeiten aus den Kirchen konfiszieren zu lassen. Und da seine Eintreiber die Betroffenen keineswegs im Unklaren ließen darüber, für wen das viele Geld bestimmt und wer damit die Ursache dieser Ungeheuerlichkeiten sei, wuchs schnell wieder ein böser Haß gegen alles Lateinische im allgemeinen und gegen das habgierige Kreuzritterpack ganz im besonderen.

Markgraf Bonifaz und ein paar besonnenere unter seinen Herren regten denn auch eine großzügige Auslegung der Abmachungen von Zara an. Aber der Großteil der Barone war unerbittlich. Geld gegen Ware. Sie hatten geliefert, Alexios saß auf seinem Thron. Nun hatte er gefälligst die Rechnung zu begleichen. Das war ein ganz normales Geschäft, und es gab nichts, aber auch gar nichts daran zu deuteln. Der Preis überhöht? Gott, das Griechenprinzlein hätte ja damals nicht zu unterschreiben brauchen. Aber jetzt war Vertrag Vertrag. Wo käme man da hin, wenn jede Vereinbarung beliebig geändert werden könnte, gerade so, wie es dem einen oder anderen gelegen käme?

Wessen Überlegungen die mutigen Gottesstreiter da nachkläfften, ist wohl unschwer zu erraten. Das waren die Grundsätze eines Kaufmanns, und Dandolo war der wohl gewiegteste seiner Zeit. Zwar hielt er sich bei diesen häßlichen Zänkereien fein zurück, aber wenn er um Rat angegangen wurde, konnte er wohl schlecht nein sagen, nicht wahr?

Und so blieb dem kleinen Prinzen, dem nunmehrigen Kaiser Alexios IV., eine ganz bittere Demütigung nicht erspart: Er mußte den Kreuzzugsführern offiziell mitteilen lassen, daß es ihm unmöglich sei, die zweite Hälfte der vereinbarten Summe bis zum Michaelitag, also dem 29. September, zu beschaffen, weshalb er um großzügige Stundung bitte. Nun, diesem Ersuchen gaben die Herren freilich statt, aber da die Weiterfahrt ins Heilige Land abermals verzögert wurde, mußte sich der bedrängte Alexios verpflichten, dem Kreuzheer bis zur Abreise weiterhin kostenlos Logis in Konstantinopel zu bieten und den Unterhalt bis zum 29. September 1204 zu bezahlen. Das war wirklich übel. Denn nicht nur, daß dem ohnehin schon wütenden Volk von Ostrom nun auch noch zusätzliche Kosten aufgebürdet werden mußten, es hatte diesen geldgierigen Heuschreckenschwarm des Antichrist auch noch den ganzen Winter über in der Hauptstadt zu dulden. Erst im März des kommenden Jahres wollten sie sich trollen, um einen anderen unglücklichen Teil der Welt kahlzunagen und leerzusaugen.

Das Nebeneinander von Griechen und Lateinern war kaum mehr erträglich, und die tapferen Rittersleute aus dem Westen taten alles, um es bald ganz unmöglich zu machen. Sie stolzierten durch die Straßen, gerade als ob sie die Herren wären, plärrten dummfrech und laut herum, prügelten sich mit jedem, der ihnen gerade unter die Finger kam, »sie rafften, fraßen und soffen und kannten nirgend ein Maß«. Selbst auf die Kirchen gingen sie los in ihrer Geldgier, und nichts war ihnen heilig. Wen wundert's, wenn da ein Wort das andere gab? Griechen gingen auf Lateiner los und Lateiner auf Griechen.

Da machte es keinen Unterschied mehr zwischen denen aus Pisa oder Amalfi oder Venedig. Als dann die eifrigen Kreuzpilger aber auch noch anfingen, die Hagia Sophia zu berauben, war's einfach zuviel. Rasende Volksmassen brachen über die Lateinerviertel herein, plünderten, mordeten und warfen Brände. Die Angegriffenen taten desgleichen, ein kräftiger Sturm half munter mit, und bald stand die halbe Stadt in Flammen. Zwei Tage lang, am 22. und 23. August, tobte das Feuer, und als es sich endlich legte, war der Südteil von Konstantinopel nahezu zerstört. Kirchen, Paläste, ganze Wohnviertel, das halbe Hippodrom, ausgebrannt, zusammengebrochen – vom Goldenen Horn bis zum Marmarameer dehnte sich ein riesiges, qualmendes Trümmerfeld.

Elend und Hunger zogen ein in Byzanz. Zehntausende hatten alles verloren, was sie besaßen, jegliche Basis ihrer Existenz, aus gesichertem Wohlstand waren sie in die bitterste Armut gestürzt, und ein grausiges Heer von Bettlern schlich wimmernd durch die Straßen. Jetzt freilich gab es zwischen den Parteien keine Brücke mehr, und gut fünfzehntausend verängstigte Lateiner, Männer, Frauen, Kinder, flüchteten ins Venezianerlager von Galata, zitternd um Leib und Leben.

Und die beiden Kaiser? Sie hatten zunächst überwältigt dem Wüten des Feuers zugesehen, wie weiland Nero Caesar beim Brande Roms – jeder säuberlich auf seinem Balkon. Aber sie standen eben nur da, fassungs- und ratlos und taten nichts, einfach nichts. Nero hat damals wenigstens noch gesungen! Entweder hätten sie jetzt die Ausschreitungen gegen die Lateiner eindämmen und sich damit die Rückendeckung des Kreuzheeres sichern müssen, oder sie hätten sich auf die Seite ihres Volkes schlagen und den Herren Dandolo & Co.

Byzanz am Ende der Lateinerherrschaft. Am Rand des halb ausgebrannten Hippodroms und in den einst so reichen südlichen Stadtvierteln stehen nur mehr vereinzelt kleine Häuschen und Hütten.

erklären können, daß es so nicht gehe, und daß überhaupt nichts mehr gehe. Dann wären Stadt und Reich ehern auf ihrer Seite gewesen.

Aber nichts dergleichen. Die zwei Basileuse führten vielmehr ihren Privatkrieg und gifteten sich auf die kurioseste Weise an: Jeder versicherte jeden seines tiefsten Mißtrauens, der Junge ließ dem Alten herzliche Zweifel an seiner geistigen Leistungsfähigkeit ausrichten, und der Alte nannte den Jungen einen Lateinerknecht und seinen »gottverfluchten Sohn«. So saßen die zwei Regenten alsbald zwischen allen Stühlen und hatten verspielt, noch ehe die Partie richtig im Gange war. Dandolo wußte nun, daß er nur noch zu warten brauchte, und den Griechen erschien der entwichene dritte Alexios gegen dieses seltsame Zwiegespann direkt als ein machtvoller Herrscher. Ostrom war wieder einmal in einem entscheidenden Augenblick ohne Führung. Byzanz, Byzanz!

In wirrem Strudel trieben die Ereignisse auf eine Katastrophe zu. Seit der Wiedereinsetzung von Kaiser Isaak und dem spektakulären Friedensmahl vom 18. Juli waren noch nicht einmal fünf Wochen vergangen!

Da versuchte der junge Alexios nochmals einen Sprung nach vorn: Äußere Erfolge sollten ihm das verlorene Terrain wiederbringen. Zusammen mit einigen Kreuzzugsführern, Bonifaz vorab, zog er nach Thrakien und Makedonien, um sich zunächst in diesen Gebieten durchzusetzen. Das Vorhaben gelang denn auch ganz ausgezeichnet, überall wurde ihm gehuldigt und zugejubelt, daß es eine Art hatte (und wenn ein freches Gemeinwesen nicht so recht wollte, half man ein wenig mit den Schwertern nach), und die Rückkunft nach Konstantinopel am 11. November war höchst erfreulich und pompös.

Aber nachdem die Siegestrompeten verhallt waren, zeigte sich die Lage keineswegs mehr so heiter. Kaiser Isaak hatte sich inzwischen geweigert, dem aufdringlichen, primitiven Lateinerzeug auch nur noch das Geringste zu zahlen, und das Verhältnis war mehr als gespannt. Aber statt nun ein bißchen Diplomat zu sein und nach einer Lösung zu suchen – sie hätte ja ruhig scheinheilig sein können – spielte der junge Kaiser plötzlich den starken Mann. Welcher Teufel ihn auch geritten haben mag, dumme Ratgeber, Caesarenwahn, falsche Scham: Er ließ es sich plötzlich einfallen, den Kreuzfahrern mitteilen zu lassen, daß sie schon genug bekommen und sich endlich gefälligst nach Palästina zu scheren hätten.

Schweigen, zunächst. Dann, nach zwei Wochen, am zweitletzten Tag des November, stehen sich Alexios IV. und Enrico Dandolo am Rande des Goldenen Horns gegenüber. Mit steinernem Gesicht zitiert der greise Doge den geschlossenen Vertrag, die Leistungen seiner Partei und verlangt die sofortige Einlösung der Verbindlichkeiten wie versprochen und in Dankbarkeit. Der junge Kaiser weicht aus, gibt sich hochmütig, wohl aus Verlegenheit. Das ist genug für den Kaufmann von San Marco: »Wir haben gemahnt, oft und oft. Was wir fordern, ist rechtens und verbrieft. Wenn Ihr es uns nicht gebt, müssen wir es uns holen, und wir werden Euch dabei in jenen Kot der Straße zurückstoßen, in dem Ihr zuvor gelegen habt.« Anderntags sprengen zwei hohe Kreuzritterbarone in den Kaiser-palast: Marschall Villeharduin und Kuno von Béthune. Mit stolzen Worten schleudern sie dem verdutzten Alexios samt seinen Räten die Kriegserklärung hin, wiederholen Anklage und Forderung und stürmen davon.

Ach du lieber Gott, also schon wieder Tätlichkeiten. Man kam aus der Auf-regung wirklich nicht heraus. Der Kaiser war blaß und die Verlegenheit groß. Natürlich konnte der Lateinervertrag auf keinen Fall mehr erfüllt werden. Weder würden das Volk und Klerus dulden, noch gab es irgendwo irgendwelches Geld, das man den Westlern hätte hinschmeißen können. Und nachdem Ver-handlungen und diplomatische Spielchen wohl auch keinen Sinn mehr hatten, blieb in der Tat nur noch die Möglichkeit, den aufsässigen Franken mittels einer militärischen Aktion Beine zu machen.

Aber für das plumpe Kriegshandwerk hatte kaum ein Mitglied des regierenden Hauses etwas übrig, am allerwenigsten der junge Alexios, und Kaiser Isaak regte sich, als ihm die neue Lage vorgetragen wurde, gleich so auf, daß er Fieber bekam und zu Bett gebracht werden mußte. Wo man auch hinsah, sie hatten alle-samt eine lähmende Angst vor diesen Halbwilden in Galata – mit Ausnahme vielleicht des Prinzen Alexios Dukas (sie nannten ihn Murtzuphlos wegen seiner zusammengewachsenen Brauen), der sich energisch um die Verteidigung küm-merte. Er hieb sogar selber kräftig mit drein, wenn es nötig war. Was nützte jedoch sein Einsatz, wenn er mit unlustigen Söldnern alleine stand auf weiter Flur? Außer matten Bravorufen kam nichts vom Hof, und so wurde der Murt-zuphlos ganz langsam richtig böse. Ein Glück nur, daß die Lateiner nicht wirklich angriffen, sondern bloß ab und zu ein wenig herumscharmützelten. Wie aber nun, wenn sie wirklich kamen?

Im Volk brodelte es ohnehin. Der Zorn auf zwei Kaiser, die Lateinern Tribut zahlen mußten, war ebenso groß wie die Furcht vor der Bedrohung draußen und dem völligen Chaos drinnen. Und dann ging alles sehr schnell, Byzanz spielte sein ältestes und liebstes Spiel: Ein paar gezielte Indiskretionen, bedeu-tungsschwere Blicke der Kleriker, respektlose Äußerungen von Militärs und hohen Herren, verschwörerische Hetzreden unter der Plebs – der Aufstand brach los. Allerdings nicht ganz wie sonst, die Massen tobten zwar, aber im Kaiserpalast blieb's mäuschenstill, und da zogen sie eben enttäuscht zur Hagia Sophia und riefen dort einfach einen neuen Rhomäerherrscher aus namens Nikolaus Kanabos, kaum dreißig, Offizier, Haudegen, also geeignet.

Eine böse Sache für das Duo im Blachernenpalast: Der alte Kaiser ließ schnell die Vorhänge zuziehen und der junge flatterte entsetzt von einem Stockwerk ins andere. Er wußte nicht, was tun, Lateiner ja, Lateiner nein, zahlen, Verhand-lungen oder überhaupt etwas anderes – kurzum, dem Murtzuphlos war's zuviel. Im nickenden Einverständnis mit Klerus, Hof und Warägergarde setzte er den vierten Alexios gefangen und sich selbst als Alexios V. auf den Thron. Kaiser Isaak starb vor Schreck und der Volkstribun Nikolaus desgleichen, obzwar

Kaiser Alexios V. Murtzuphlos.

etwas unsanfter, aber ohne Aufsehen. Der Murtzuphlos war unbestrittener Herr von Byzanz, feierlich gekrönt am 5. Februar 1204.

Diese Entwicklung berührte zumindest den Markgrafen Bonifaz höchst unangenehm. Einmal – was sollte er seinem König und Herrn sagen, da nun der verehrlichen byzantinischen Verwandtschaft gar so übel mitgespielt wurde? Zum zweiten hatte das Kreuzheer ja nun keinen verantwortlichen Vertragspartner mehr, an den es sich halten konnte, und zum dritten mußte man es nun doch auf eine militärische Auseinandersetzung ankommen lassen. Der streitbare Herr drinnen in der Stadt aber hatte mindestens die vierzigfache Übermacht an wehrhaften Bürgern und regulären Truppen zur Verfügung, das Kreuzfahrerlager konnte nur noch mühsam vom Umland her verpflegt werden, und Lebensmittel gab's immer weniger. Am liebsten hätte er den ganzen Zirkus hier abgebrochen und sich schnurstracks ins Heilige Land verzogen – und die ganze verstörte Pilgerschar wäre wohl sogleich mit ihm gesegelt.

Aber wie denn und womit denn, wenn die Venezianer nicht wollten? Und die dachten nicht daran, jetzt aufzugeben. In einem letzten harten Gespräch am 8. Februar mit Alexios V. schuf Dandolo vollendete Tatsachen, indem er Forderungen stellte, die einfach nicht erfüllbar waren: Vereinigung der beiden Kirchen, Abdankung des neuen Kaisers, Wiedereinsetzung von Alexios IV. und Zahlung von fünftausend Pfund Gold! Kein Wunder, daß die Unterredung nicht lange dauerte, zumal die feinen Herren um den Dogen gegen allen Anstand ihre Leute auf den Byzantiner loshetzten. Damit waren alle Türen zugeschlagen. Wütend kehrte Murtzuphlos in die Stadt zurück, ließ den kleinen Alexios im Gefängnis erdrosseln und rief zum schonungslosen Kampf gegen die Lateiner.

Die Kreuzfahrer waren nun vollends bestürzt, wohl auch, weil sie die Mitschuld am Tode des kleinen Prinzen arg drückte. Der Doge aber hatte genau die klare Lage, die er brauchte. Was die sentimentalen verhinderten Heiliglandpilger quälte, kümmerte ihn nicht. Auf irgendwelche albernen Grundsatzdebatten ließ er sich gar nicht erst ein, sondern als er sich mit den umwölkten Herren zusammensetzte, sprach er über die Verteilung der Beute! Mit diesem ebenso infamen wie wirksamen Trick deckte er sämtliche Bedenken zu, zündete von neuem einen rechten Feuereifer an und führte jene Beschlüsse herbei, die dann nicht nur die Entwicklung der folgenden sechs Jahrzehnte bestimmt, sondern auch die endgültige Auflösung des Ostroms eingeleitet haben:
– Vertragsparteien sind Venedig einer- und die Gemeinschaft der Barone andererseits,
– das griechische Kaisertum wird abgeschafft und der Thron mit einem lateinischen Kaiser der Griechen besetzt,
– dieser Kaiser erhält als direkten Besitz die Hauptstadt und ein Viertel des Reiches, über die restlichen drei Viertel ist er nur Oberlehensherr,
– von diesen drei Vierteln erhält Venedig die Hälfte, die andere Hälfte wird unter die Barone aufgeteilt,
– der Vertragspartei, die den Kaiserthron nicht besetzt, wird der Patriarchenstuhl sowie die Hagia Sophia samt ihrem (unermeßlichen) Vermögen zugesprochen.
Neben anderen Regelungen wurde selbstverständlich festgehalten, daß Venedig alle Privilegien und die absolute Handelsvorherrschaft im Griechenreich zurückgegeben werden. Und da der Kreuzzug nicht unerwähnt bleiben konnte, beschloß man, daß die Barone und die Republik Venedig den neuen Kaiser bis zum 15. März 1205 bei der Festigung seiner Herrschaft unterstützen und dann aber wirklich die Fahrt ins Heilige Land antreten würden.

Gut gemacht, Dandolo. Der Köder hatte gewirkt, und Barone und Heer zappelten eifrig an seiner Angel. Halali und heißa, jetzt hub das große Wettrüsten an. Am Galata-Ufer zimmerten und hämmerten und gossen sie ein ganzes Arsenal von fürchterlichen Belagerungsmaschinen, während der Kaiser drüben in der Stadt mit seinen Griechen die Wehranlagen, insbesondere den Teil der Mauer, der Galata gegenüberlag, mächtig ausbaute, erhöhte und eine ganze Reihe zusätzlicher Türme einfügte, die von Wurfmaschinen und ähnlichem überquollen. Im übrigen tat sich außer wenigen kleineren Keilereien im Umland kaum etwas, man war noch nicht soweit.

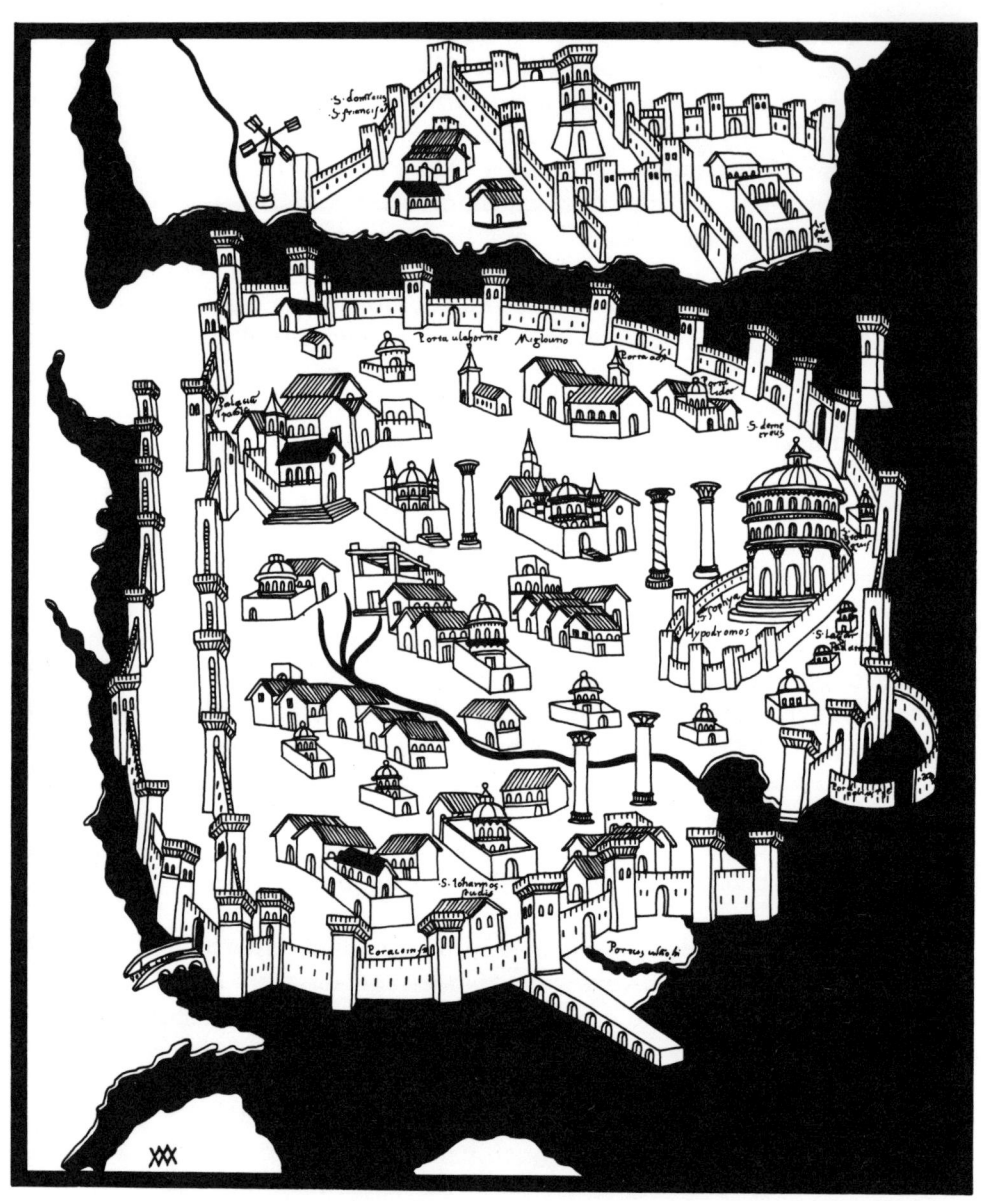

*Byzanz vor den Zerstörungen durch den vierten Kreuzzug nach einem alten Stich.
Oben das Galataviertel, wo traditionell die Lateiner ihre Quartiere hatten, und wo
auch das Feldlager des Kreuzzugs war. Das Galataviertel wird von der eigentlichen
Stadt durch den Meeresarm des Goldenen Horns getrennt. Links die doppelte Mauer
zur Festlandseite, die Kaiser Theodosius hatte errichten lassen. Der große Rundbau
rechts soll die Hagia Sophia darstellen, der hier – tatsächlich knapp – hinter dem
Hippodrom liegt. Überall stehen Triumphsäulen von Kaisern.*

144

Endlich, am 8. April, fand der Doge, daß die Sache nun gewagt werden könne. Fast über einen Kilometer lagen die Schiffe, jedes zu einer richtigen schwimmenden Festung ausgebaut, nebeneinander am Ufer von Galata, und als diese Phalanx am folgenden Tag über das Goldene Horn auf die Stadt zurauschte, sah sie doch ganz gefährlich aus. Aber von den Zinnen und Türmen fauchte den Angreifern ein so zorniger Widerstand entgegen, daß sie nur mit knapper Not sich in einer überstürzten Flucht retten konnten.

Doch Fehlschlag und Übermacht peitschten sie nur auf, und am 12. April rannten sie erneut gegen die Nordecke, fast nach demselben Konzept wie am 17. Juli 1203. Diesmal hatten sie je zwei Schiffe aneinander gebunden und konnten so die doppelte Zahl Leute gegen das jeweilige Ziel werfen. Aber bis zum Mittag verschlechterte sich ihre Position so sehr, daß sie gerade das Hasenpanier hissen wollten, als ein starker Wind die Schiffe ganz nahe an die Mauern schob.

Und da schafften es irgendwie zwei Bischöfe mit ihren Männern, einen Turm zu erobern, und fast gleichzeitig eine andere Gruppe einen zweiten, zu allem Unglück gab auch noch eines der Stadttore nach und brach auf: Hunderte von Frankenrittern stürmten in die Stadt, überrollten den entsetzten Widerstand der Griechen, fluteten über das Petrionsviertel. Der Kaiser wich in den Südteil, zum Bukoleonpalast zurück, um eine neue Verteidigungsfront aufzubauen, jedoch seine Soldaten liefen ihm davon, alles flüchtete, rannte, versteckte sich, Byzanz verlor den Kopf, umsonst rief der verzweifelte Alexios zum Widerstand auf, keiner hörte mehr auf ihn. Er stand allein, und es blieb ihm nichts, als vermummt zwischen den verängstigten Massen noch in der Nacht aus der Stadt zu hasten. Ein paar Unentwegte riefen in der Hagia Sophia Theodor Laskaris zum Kaiser aus, da der aber auch nichts mehr tun konnte, schloß er sich dem Flüchtlingsstrom gleich an.

Und im Petrion tobte schon wieder das Feuer – die lateinische Soldateska hatte strategische Fackeln geworfen! Der dritte der grauenvollen Brände, die diese wundervolle Stadt auffraßen, soll mehr Gebäude vernichtet haben, als zu jener Zeit die »drei größten Städte Frankreichs zählten.«

Es ist ein trauriger Triumph, als am folgenden Tag, dem 13. April, das Kreuzheer von der heiligen Stadt Konstantins Besitz nimmt, überall rauchende Trümmer, Grauen und Elend – und das Schlimmere wird noch kommen! Während Balduin von Flandern feierlich in den Blachernenpalast einzieht und Bonifaz von Montferrat in das zweite Stadtschloß, das Bukoleon, und die Hagia Sophia, bricht über Byzanz die Hölle los.

Eigentlich war eine ordentliche Plünderung vorgesehen, die Beute hätte an einer Stelle gesammelt und zunächst davon die Restschuld der Kreuzfahrer an Venedig bezahlt werden sollen (ein Kämpe wird ganz zu Anfang auch richtig wegen wilden Plünderns gehenkt, als Exempel), aber das Chaos schlägt darüber. Wie die wilden Tiere brechen die Eroberer plötzlich los, morden, schänden, rauben, brennen, zerschlagen, verwüsten, als ob sie von Sinnen wären. Mehr als zweitausend unschuldige Menschen, Männer, Frauen und Kinder, werden hingemordet, Nonnen in den Klöstern vergewaltigt und verstümmelt, unersetzliche Kunstwerke in Stücke geschlagen, zertreten, eingeschmolzen, kostbare Bibliotheken mutwillig angezündet, zerrissen, verstreut.

Der Reichtum einer tausendjährigen Kultur geht unter im Wahnsinn. In der Hagia Sophia hockt eine Hure auf dem Thron des Patriarchen und plärrt unflätige Zoten, betrunkenes Kriegsvolk tritt die herrliche Ikonostase in Stücke, zerhackt die Altarplatte, die zu Recht als eines der größten Kunstwerke der Welt gepriesen wurde, schändet Kelche und heilige Geräte auf unbeschreibliche Weise, reißt die vielgerühmten Seidenvorhänge herunter und zieht sie durch den Kot, während ach so fromme Lateinerkleriker die Reliquienschreine erbrechen und alles an heiligen Knöchelchen und Partikelchen zusammenraffen, was sie greifen können: Die Diener Gottes und des römischen Papstes hatten nämlich in seltener Selbstbescheidung befunden, es sei ihrer »unwürdig, Kirchenraub zu begehen, es sei denn an heiligem Gut«. Und so brechen die weltlichen Räuber von den ehrwürdigen Schreinen und Kästchen Gold, Silber und Edelsteine, während sich die geistlichen über den Inhalt hermachen – in der Tat eine bewundernswerte Arbeitsteilung.

Keine Kirche, kein Palast, kein Kloster, denen diese schreckliche Heimsuchung erspart bliebe, nicht ein Lateiner, der sich wenigstens in etwa zurückhalten würde. So tobt beispielsweise der brave Abt Martin von Pairis inmitten einer wüsten Horde in die Pantokratorkirche, setzt einem zitternden alten Priester das Messer an die Kehle und droht zuzustoßen, wenn er ihm nicht die Reliquienkammer zeige. Kaum sieht er die Schätze, »taucht er beide Hände eilig und begehrlich hinein und, kräftig geschürzt wie er war, füllt er den Bausch seiner Kutte mit dem heiligen Kirchenraub«. Er schaufelt, was er nur tragen kann, und watschelt sogleich zurück in seine Herberge, ganz außer Atem vor lauter Hast, schnell! schnell! Jede Minute ist kostbar. Er sieht schon seltsam aus in seiner viel zu hoch gerafften Kutte, daraus zwei haarige, nackte Beine und darüber ein gutmütiges, dickes Gesicht, hochrot vor Eifer und Aufregung.

Aber was bekümmern Eitelkeit und Hoffart bei so seliger Last: zweiundfünfzig ganz wunderbare Kostbarkeiten hat er seinen geistlichen Söhnen ins Elsaß mitgebracht – Stücklein vom heiligen Johannes Baptista, einen Tropfen vom Blute des Herrn, einen wirklichen Splitter vom heiligen Kreuz, ein Fädlein vom Kleid der heiligen Kaiserinmutter Helena und eine ganze Fülle von Zähnen, Knochen, Schädeln, eines so verehrungswürdig wie das andere. Herr Martin ist glücklich – und in bester Gesellschaft. Der Bischof von Halberstadt räumt die Irenenkirche aus und die Äbte von Langres und Soissons wüten in der Nachbarschaft. Sie haben sicher nicht schlechter abgeschnitten wie der von Pairis.

Drei Tage lang quält und schändet der Lateinermob die Stadt, dann setzt eine Mondfinsternis gnädig ein Ende. Man zieht Bilanz und teilt, und die

Summen lassen erschauern: Allein aus dem, was in den drei offiziellen Sammelstellen abgeliefert wurde, erhalten Franzosen, Lombarden und Deutsche zusammen vierhunderttausend Mark Silber, die Venezianer mindestens ebensoviel. Fast jeder Teilnehmer an diesem Abenteuer wurde ein reicher Mann.

Zweimal vierhunderttausen Mark Silber – viermal soviel, wie der kleine Prinz in Zara zugesagt hatte, achtmal soviel, wie er noch schuldete, als er nicht mehr zahlen konnte. Dandolo hat zwar in der Tat die Restsumme und alle weiteren Zusagen nach Kaufmannsrecht nun eingetrieben, aber selten in der Geschichte hat ein Gläubiger seinen Schuldner in einen grausigeren Konkurs gejagt. Am Anfang stand ein Wuchervertrag, am Ende der Tod eines ganzen Reiches und einer strahlenden Kultur.

Das Ungeheuerliche, das in diesen drei Tagen geschah, hat die Welt erschüttert, die Kulturzentren der muslimischen Reiche waren fassungslos, auch in chinesischen Chroniken hat sich der Abscheu über dieses Verbrechen niedergeschlagen. Sogar der Papst erschrak zutiefst, nur hatte sein Zorn einen ganz einfachen Grund: Jetzt war an eine Kirchenunion nicht mehr zu denken, die letzte Möglichkeit für immer vertan. Auch äußerer Zwang konnte da keine Änderung mehr bringen. Und die Empörung in seinem Schreiben an das Kreuzheer klingt durchaus echt. Nur – gebannt hat er keinen, vorsichtshalber.

Denn nun ging man im zerstörten Byzanz daran, das lateinische Kaisertum aufzurichten. Favorit war zweifellos Bonifaz von Montferrat, aber Enrico Dandolo hatte keinen starken Kaiser vorgesehen. Seine Wahlmänner taten, wie er sie hieß. Was ihm an Stimmen noch fehlte, sicherte er sich bei jenen, die gegen einen Barbarossaneffen als Kaiser ihre Einwände hatten.

Am 9. Mai traten sie zur Wahl zusammen, aus der dann auch programmgemäß der ranghöchste der Barone, Balduin von Flandern, als Sieger hervorging. Er war der Idealfall für den Dogen: sehr brav, sehr fromm, eher zurückhaltend und politisch reichlich unbegabt. Am 16. Mai wurde ihm in der Hagia Sophia die Krone aufgesetzt – Balduin I., lateinischer Kaiser der Griechen.

Der Markgraf erhielt als Trostpreis einen Teil von Nordgriechenland und durfte sich »König von Thessalonike« nennen. Kreta, das ihm ebenfalls zugesprochen wurde, verkaufte er für tausend Mark Silber an die Venezianer, die sich im übrigen jetzt rührend um ihn kümmerten, seinen Groll gegen Balduin nach Kräften förderten und, natürlich höchst diskret, dafür sorgten, daß sich die beiden Herren ständig in den Haaren lagen. Schließlich durfte man doch keinen zu mächtig werden lassen, nicht wahr?

Nach den Beschlüssen von Galata fiel jener Partei, die den Kaiserthron nicht besetzte, der Patriarchenstuhl zu. Und da der Doge die Krone, die zunächst ihm angetragen worden war, ausgeschlagen hatte, zogen nun die Venezianer in die Hagia Sophia ein, ernannten lateinische (und ergebene) Stiftsherren und ließen den jungen Tommaso Morosini zum Patriarchen wählen. Papst Innozenz segnete auch nach einigem Hin und Her die Wahl ab, Morosini fuhr nach Rom, wurde im

Eiltempo Diakon, Priester und Bischof, unterwarf sich und seine ganze oströmische Kirche, die er ja nun vertrat, dem Nachfolger Petri und segelte bald
darauf die Adria hinunter gen Konstantinopel. Und um die Zeit nicht ungenutzt
verstreichen zu lassen, eroberte er im Vorüberfahren auch gleich die Städte Ragusa
und Durazzo für seine Republik. Er war eben vor allem Venezianer, der neue
geistliche Herr und Patriarch.

Kaiser Balduin fühlte sich unterdessen weit unbehaglicher. Das Gezerre um
die Landzuteilung, Intrigen und Gegenintrigen, Päpstliches, Venezianisches,
Französisches, Deutsches, Bonifazisches – wer hätte gedacht, daß einmal soviel
Bosheit auf ihn hereinbrechen würde. Sein Glaube an das Gute wankte bedenklich. Dazu röhrten im Norden die Bulgaren, im Osten lauerten die Türken
und überall im Land spürte man nur Haß, passiven Widerstand und Heimtücke.
Auf was hatte er sich da nur eingelassen!

Trotzdem, im Oktober endlich, konnte er die Lehen vergeben. Sechshundert
Lateiner wurden zu Rittern geschlagen und erhielten ihr Kleinlehen, die großen
und mächtigen seiner Herren setzte er an die gefährdeten Grenzen, so daß sich
wenigstens in etwa eine gewisse Ordnung ergab, das heißt, vielleicht ergab,
denn die verteilten Lehen mußten erst noch erobert werden. Schließlich saßen
immer noch die alten griechischen Herren darauf. Und das war eine kleine Schwierigkeit. Auch mußte es der Kaiser hinnehmen, daß er tatsächlich nur über ein
Viertel des Reiches echte Macht ausüben konnte, ebendieses eigentliche Kaiser-
land an die ärgsten Feinde grenzte und ihm nicht einmal die Hauptstadt ganz
gehörte: Drei Achtel nahm Venedig für sich. Außerdem hatte er auf die Maßnahmen der Markusrepublik keinerlei Einfluß, da er sie von allen Eides- und
Dienstleistungen hatte entbinden müssen. Das lateinische Kaisertum in Byzanz
stand auf bedenklich unsicheren Beinen.

Venedig dagegen konnte lächeln. Drei Achtel des oströmischen Reiches –
diese Landfülle zog sich fast ohne Unterbrechung als Streifen von Konstantinopel die Küste Griechenlands mitsamt den meisten Inseln entlang, um die
Peloponnes herum und die Adriaküste hinauf bis Durazzo. Jetzt konnten Fak-
toreien gebaut werden, und bald würde sich eine nahtlose Kette venezianischer
Stützpunkte von der Mutterstadt bis nach Byzanz ziehen. Selbstverständlich
hatte Kaiser Balduin auch für alle Zeit das absolute Handelsmonopol Venedigs
im ganzen Rhomäerreich zu verbriefen, mit allen Privilegien, die jemals bestanden. Und dann waren da noch Kreta, die Insel mit der unvergleichlichen
Handelslage, der Anteil an der Hauptstadt – und die Hagia Sophia.

Trotz aller Verwüstungen war dieser Wert gar nicht abzuschätzen, riesiger
Grundbesitz im ganzen Reich, kaum faßbares Barvermögen und eine unendliche
Fülle der wunderbarsten Kunstwerke. Die ganzen folgenden Jahre haben die
Venezianer eine Kostbarkeit um die andere vom Bosporus in die Lagune ge-
schafft, gar nicht zu reden von jener Unmasse herrlichster Dinge, die nach
der Plünderung im April denselben Weg gegangen waren. Die goldenen Pferde

Ein Portal von San Marco, geschmückt mit Säulen aus Byzanz.

des Lysippos – sie standen bis zum 13. April 1204 im Hippodrom von Byzanz – sind nur das bekannteste davon. Ungeachtet aber dieser materiellen Gewinne war die Machtposition der Republik in Balduins Reich einfach unangreifbar. Venedig konnte alles tun ohne den Kaiser, aber der Kaiser nichts ohne Venedig. Die Serenissima hatte ein Modell für ihre künftige Politik geschaffen.

Daß die Vereinbarungen von Galata alle Beteiligten bis zum 15. März 1205 in Byzanz festhielten, war Dandolo im übrigen nicht unlieb. Balduin saß immer noch viel zu schief auf dem Thron, und je mehr der Doge sich beim Stützen unentbehrlich machte, desto fester griff er das Erreichte für seine Stadt. Und er war unentbehrlich. Er schlichtete, beriet, vermittelte, beschwichtigte, zog seine Fäden, spielte jeden gegen jeden aus, und wer von ihm kam, war überzeugt, den besten aller Tips bekommen zu haben – und tat doch nur, was einzig den Krämern von San Marco nützte. Das Wort des Dogen war die geheime Währung im lateinischen Byzanz.

Es galt auch, als sie den unglücklichen Alexios Murtzuphlos durch die Straßen prügelten und vor Gericht stellten. Der arme Kerl hatte versucht, mit seinem Schwiegervater, dem dritten Alexios, im Exil Kontakt aufzunehmen. Der aber hatte ihn hinterrücks überfallen und blenden lassen, und so war der letzte Byzantinerkaiser hilflos und blind den lateinischen Häschern in die Arme gelaufen. Ha, und nun saßen sie über ihn zu Gericht, die Herren Barone aus dem Westen. Aber was heißt schon Gericht – sie berieten unverblümt, wie man ihn am empfindlichsten vom Leben zum Tode bringen könnte.

Ein Einfall war gräßlicher als der andere, aber da sie sich denn doch nicht einigen konnten, meinte Herr Dandolo so nebenbei, daß man im alten Rom Verräter eigentlich vom kapitolinischen Felsen gestürzt habe. Zustimmung ringsum, und schon wurde der Delinquent auf den Taurosplatz geschleppt, die Theodosiussäule hinaufgezerrt und hinabgestoßen. Kriegsverbrecherprozesse sind eben allemal einseitig, die Sieger bestimmen die Moral.

Allerdings hätten die tapferen Eroberer von Ostrom inzwischen die Nordgrenzen etwas mehr beachten sollen. Der Bulgarenzar Johannes suchte nämlich, wenn auch etwas unbeholfen, wieder und wieder durchaus freundschaftlichen Kontakt. Aber Kaiser Balduins Kanzlei hatte anderes zu tun und kümmerte sich nicht darum, im Gegenteil, sie benahm sich höchst schnippisch und ablehnend. Da packte den also Verschmähten der wilde Zorn, und als die Exilgriechen bei ihm noch ein wenig stichelten, schlug er los. Mordend und plündernd brach er über die Grenzen und baute sich vor Adrianopel auf. Der überraschte Balduin scharrte seine Streitmacht zusammen, hastete in Begleitung von Dandolo und Villeharduin nach Norden und stellte sich den Bulgaren.

In einer fürchterlichen Schlacht am 15. April, ein Jahr nach dem Fall von Byzanz, wurden die Lateiner nahezu völlig aufgerieben, der größte Teil der Ritter erschlagen, Kaiser Balduin gefangen (und bald danach grausam zu Tode gequält).

Nur der Doge und Villeharduin samt einem jämmerlichen Häuflein entkommen mit knapper Not dem wüsten Gemetzel. In wilder Flucht keuchen und stolpern sie durch die Nacht, von kreischenden Bauern verhöhnt, mit Kot beworfen, von fluchenden Priestern verwünscht und bespieen. Irgendwo auf dem freien Feld wankt Dandolo und sackt zusammen. Sie halten erschrocken, legen ihn auf die Erde, unter einen Ölbaum. Es ist still. Der Alte fragt mühsam um

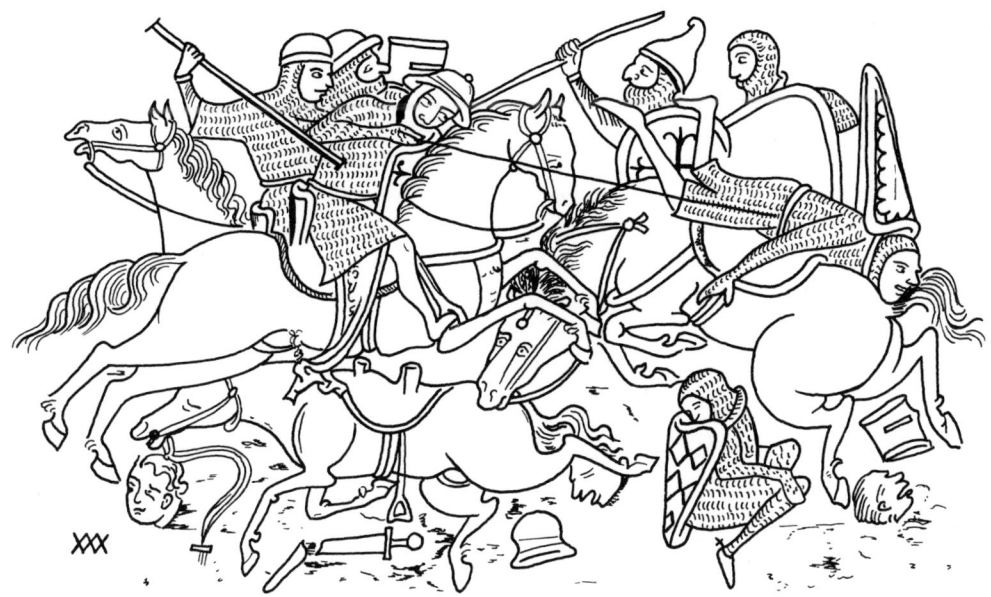

Die verheerende Niederlage der Lateiner bei Adrianopel.

Wasser. Doch ehe sie danach suchen können, zischelt und faucht es hinter den Büschen, haßerfülltes Geschrei überall, Erdbrocken und Grasbüschel klatschen auf Helme und Mäntel, es ist finster und keiner zu sehen, die Pferde schäumen und reißen, Dandolo wird von einem Stein getroffen – schnell fort hier, weiter, weiter! Hastig zerren sie den Ächzenden aufs Pferd und hetzen weiter in die Dunkelheit, der Küste zu. Als sie gegen Morgengrauen in Rhaidestos ankommen, verdreckt, gejagt, innen und außen geschlagen, ist ein großer Traum zerstört.

Das Lateinerreich war eingeknickt, der Nimbus der Unbesiegbarkeit seiner Herren verweht. Aber einzig eben dieser Ruf der Unüberwindlichkeit sichert zu allen Zeiten den Eroberern ihre Beute. Der Sieg gibt ihnen die Legitimität, die erste Niederlage nimmt sie ihnen. Und das mußten die Frankenritter von Byzanz bitter erfahren. Die Feinde an den Grenzen schwollen übermächtig an, überall im Reich brachen Aufstände los, bildeten sich neue Herrschaften, um Nicäa entstand ein neues Griechenkaisertum und auch der Lateinerkaiser Heinrich, der Bruder und Nachfolger Balduins, vermochte nur mit Mühe, die größten Gefahren ein wenig einzudämmen. Der Papst wollte helfen, rief flehend von Nord nach Süd zum Kreuzzug - aber keiner hörte ihn mehr. Die Lateiner in Konstantinopel waren allein.

Und Dandolo schwieg. Der alte Tiger hatte sich verkrochen, die Krallen waren stumpf. Sein zitternder Körper gab auf, und es war kein Wille da, der ihn nochmals hätte zwingen können. Das Gesinde huschte auf Zehenspitzen, ab und zu stahl sich der Arzt herein, leise, behutsam. Der Doge von Venedig erlosch, ganz, ganz langsam. Und jetzt mußte er Bilanz ziehen, es war an der Zeit. Und freilich und zweifellos ist es eine Kaufmannsbilanz gewesen, wie sie bis heute üblich ist: ausgerichtet am reinen, klingenden Nutzen, aufgebaut auf harte, klare Summen und Fakten. Gewissen und Moral sind hier fehl am Platz. Enrico Dandolos Aktiva konnten sich sehen lassen. Er hatte seiner Republik drei Achtel des Griechenreiches erobert, eine durchgehende Landverbindung von der oberen Adria bis Konstantinopel geschaffen, das frühere unbeschränkte Handelsmonopol für ganz Ostrom wieder gesichert, glänzende Stützpunkte für den Handel mit dem Orient erworben, den Kreuzzug von Ägypten ferngehalten, und in Byzanz herrschte ein lateinischer Kaiser, der von dem Willen Venedigs abhängig war. Im übrigen hatte der Sieg unermeßliche Schätze eingebracht, die zum kleineren Teil San Marco bereits zu Füßen gelegt worden waren, zum weitaus größeren hier auf ihren Abtransport warteten. Er, Enrico Dandolo, hatte in kürzester Zeit dem kleinen Händlerstaat in der Lagune oberhalb Ravenna die Rolle einer Großmacht erkämpft.

Die Passiva aber wogen schwerer. Alle Aktivposten nämlich waren durch eine gigantische Fehlkalkulation in Frage gestellt. Gewiß, er hatte für das lateinische Reich einen schwachen Lehensstaat und einen schwachen Kaiser gewollt und auch erreicht. Venedig war die eigentliche Herrschaft über ganz Ostrom somit sicher. Aber er hatte eben nur für den Tag und für seine Stadt gedacht und nicht daran, daß sich die neue Herrschaft vor allem sichern und durchsetzen mußte. Er hatte tausend kleine Vorteile erramscht, aber dabei die mächtigen Feinde ringsum kaum beachtet und übersehen, daß, nachdem ja nun alles verteilt war, wohl kaum mit weiterer Verstärkung aus dem Westen gerechnet werden konnte. Eine starke Führung, straffe Innen- und überlegene, auf vorläufigen Ausgleich bedachte, großräumige Außenpolitik wären das Gebot der Stunde gewesen. Dandolo hat in seinem Händlereifer das Gegenteil ins Werk gesetzt.

Er, Enrico Dandolo, zersprengte und zerstörte ein großes und, trotz seiner Mängel durchaus geschlossenes Reich, jedoch war er außerstande, etwas Gleichwertiges oder gar Besseres an seine Stelle zu setzen. Er schuf ein Vakuum, in das neue Mächte eindrangen. Ein Doge von Venedig hat die Welt verändert, und sei es nur dadurch, daß er den entscheidenden Teil der Aufgaben, die er sich gestellt hatte, nicht zu lösen vermochte.

Der ausgemergelte Leib des fast Hundertjährigen hat endlich am 1. Juni 1205 zu atmen aufgehört, und sie legten ihn in die Gruft der Hagia Sophia, wo er an die zweihundertfünfzig Jahre bleiben konnte. Zum 1. Juni 1453 aber zog der Türkensultan Mehmed in Konstantinopel ein. Er, der zweite Eroberer dieser Stadt, wollte den ersten, den er den »Zerstörer« nannte, nicht in seinen Mauern dulden. Das Grab wurde aufgerissen und der Staub des Venezianers in den Bosporus gestreut. Dandolo fuit.

Imperium Venetiarum

Der übermächtige, unheimliche Alte war tot. Und hinterließ ein Weltreich, mit dem die Serenissima zunächst gar nicht so recht etwas anzufangen wußte. Drei Achtel des römischen Reiches – das hieß riesige Ländereien mit Hunderttausenden von Menschen, das hieß Aufgaben und Verantwortung, wie sie sich bisher nie gestellt hatten. Die Regierung von Venedig war in einiger Bedrängnis, und sogar das Volk wurde unruhig. Die ungeahnten Perspektiven verwirrten die Köpfe, abenteuerliche Ideen geisterten zwischen den Gassen, und als an jenem denkwürdigen Oktobertag des Jahres 1205 der Rat zusammenkam, hielt das ganze Lagunenländchen den Atem an.

Das Wetter war scheußlich. Ein eisiger Wind peitschte den Regen über die Lagune, aber rings um den Dogenpalast drängten sich die Menschen in Nischen und Torbögen, unter den Arkaden von San Marco sangen ein paar Burschen »Byzanz, du goldene Stadt«, und sobald einer der Räte mit seiner Gondel anlegte und tief in den Mantel verkrochen durch Kälte und Regen zum Tor hastete, schallten Zurufe auf.

Sogar im Ratssaal knisterte die Spannung, die Herren mochten sich noch so betont sachlich geben. Und als der Doge zu sprechen begann, gab es wohl keinen, der nicht zuhörte. Denn der Doge stellte vor, über welche Gebiete die Republik von San Marco nun gebot, und daß eben alle in der Ägäis und in Griechenland lägen. Es sei jedoch schwierig, dieses Imperium zu regieren, wenn die Hauptstadt fernab läge und die Verbindung zwischen beiden Landesteilen nur zu Schiff gehalten werden könne. Auch bitte er, einmal zu vergleichen zwischen dem unfruchtbaren Sumpfland, in dem sie jetzt lebten und der strahlenden Kaiserstadt am Bosporus, deren Hinterland so üppig sei wie wohl nur noch das Paradies: »Bedenkt doch, daß hier nichts gedeiht, weder Weizen noch Wein noch Vieh, daß wir alles von außerhalb herbringen müssen, bis auf den Fisch, in Konstantinopel aber hätten wir alles in Reichweite.« Und außerdem, was habe die Stadt für eine Lage, am Schnittpunkt aller Handelsstraßen nach Asien, in den Orient, nach Afrika und die Donau hinauf. Nirgendwo in der Welt gäbe es rundherum aufnahmefähigere Märkte und günstigere Einkaufsmöglichkeiten. Und so schlage er denn vor, zumindest den Regierungssitz der Republik nach Konstantinopel zu verlegen, ja, später auch allmählich ganz dorthin umzusiedeln.

Die Vorstellung war ungeheuerlich. Zwar hatte man schon seit mehreren

Wochen an allen Ecken von Rialto darüber geredet und diskutiert, aber nun stand sie da, vor dem Rat, und verlangte eine Entscheidung. Der Doge besaß das meiste Geld in Venedig, eine gewaltige Autorität, alle fürchteten ihn, aber bei diesen Plänen konnte ihm zumindest ein Teil der Räte nicht mehr folgen. Der erste, der aufstand, war der alte Badoër. Die Gicht hatte ihm den Körper gekrümmt, aber er galt noch immer als einer der hellsten Köpfe in der Lagune, und seine Argumente schnitten allemal wie Damaszenerklingen: »Der Vorschlag hat gewiß seinen Reiz – die Republik als die Erbin Ostroms! Aber er scheint mir doch zu einem recht ungünstigen Zeitpunkt vorgebracht. Noch gellen die Schreie der Sterbenden vor Adrianopel, noch hören wir die entsetzten Berichte, daß der wichtigste Teil der fränkischen Ritterschaft in Griechenland tot und der lateinische Kaiser nunmehr ohne schlagkräftige Streitmacht sei. Und treffen denn nicht bis heute täglich Meldungen ein, daß die Bulgaren Byzanz immer heftiger bedrängen, in Nicäa ein neues Griechenkaisertum sich bildet und auch unser Epirus bereits selbständig ist? Und wenn wir nun noch den Sultan von Ikonion, der hinter allem lauert, dazunehmen, dann frage ich Euch, Ihr Herren: Wollt Ihr tatsächlich in den sicheren Untergang ziehen?«

Die Gegenseite wird unruhig und heftig, zwar hält sich der Doge zurück, aber seine Parteigänger ereifern sich, ein Wort gibt das andere, bis schließlich einer ruft, ob man denn der Republik nicht die Kraft zutraue, sich ihrer Feinde zu erwehren, und ob Konstantinopel nicht die stärksten Befestigungen der Welt besitze?

Da kichert der Badoër. »Oh ja, diese Mauern sind in der Tat gewaltig, nur daß sie Herr Dandolo vor kurzem gleich zweimal genommen hat, während über den prächtigen Wassergraben rings um Rialto bisher weder Kaiser noch König gekommen sind. Auch werde ich es nicht wagen, die Wehrkraft unserer Republik anzuzweifeln, allerdings denke ich auch ein wenig daran, wie das riesige Söldnerheer, das wir dann wohl ständig werden erhalten müssen, bezahlt werden soll. Die Summen dürften sich uns wohl schwer aufs Gemüt legen und unser Handelskapital sehr rasch zusammenschmelzen lassen. Dadurch aber werden dann die Einnahmen laufend weniger, das Kapital schließlich vollends aufgebraucht – und die Entlassung der Söldner notwendig sein, eben weil wir sie nicht mehr bezahlen können. Und dann? Ihr Herren, Ihr träumt einen gefährlichen Traum, ich bitte, vergeßt ihn. Lasset uns dafür die Handelswege sichern, die wichtigsten Punkte und Inseln besetzen, unseren Anteil an der Hauptstadt ausbauen und die Durchfahrt zum Schwarzen Meer offenhalten. Achten wir auf die Märkte und Niederlassungen, üben wir ringsum macht-vollen Frieden und erhandeln wir uns dafür Kaufmannsrechte und Freiheiten. Und halten wir im übrigen alle in Abhängigkeit, den Lateinerkaiser samt seinen Fürsten, ohne daß man uns zu etwas zwingen kann, was wir nicht wollen oder uns gar schadet. Lasset die andern Ostrom erobern und verteidigen – uns aber die Früchte ernten. Denn für ebendies können wir hier in der bergenden Lagune

Venezianische Haustypen

Römisch-byzantinisch

Frühmittelalterlich

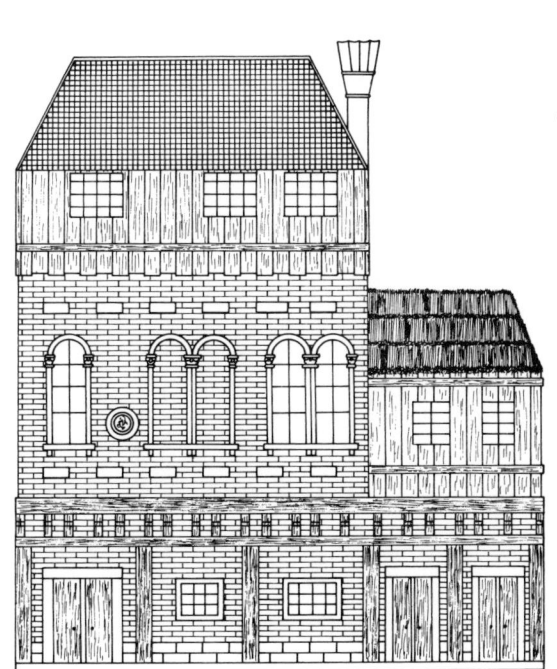

Romanisch

Spätromanisch

155

Frühgotisch

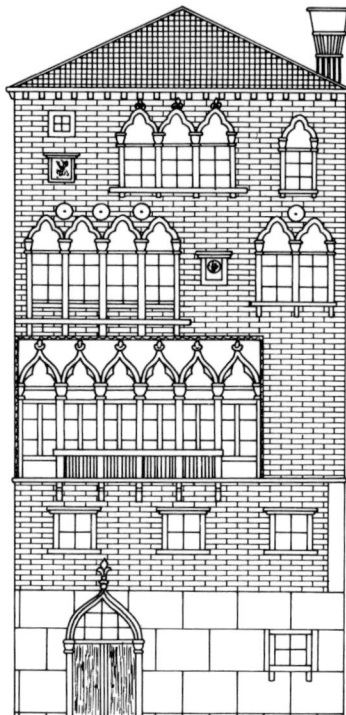

Hochgotisch

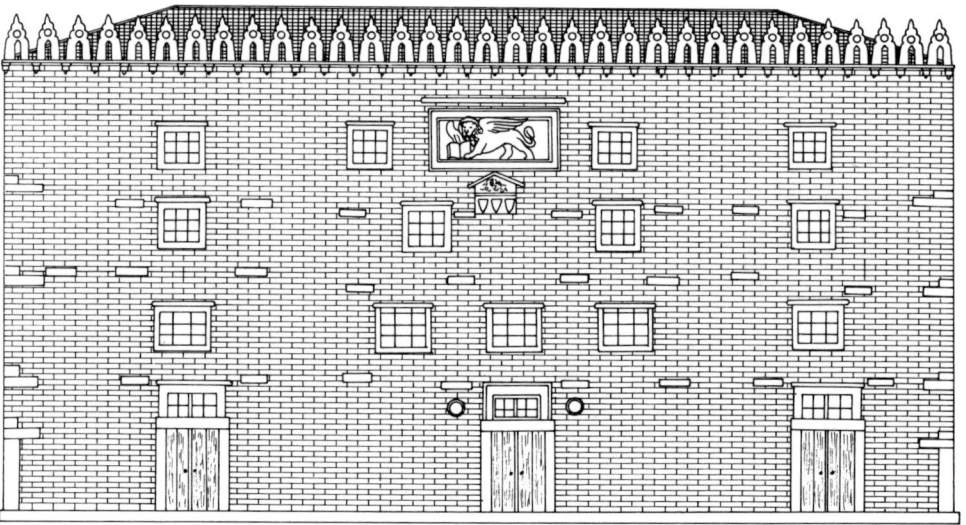

Mittelalterliches Lagerhaus

Spätgotisch

Frührenaissance

Hochrenaissance

157

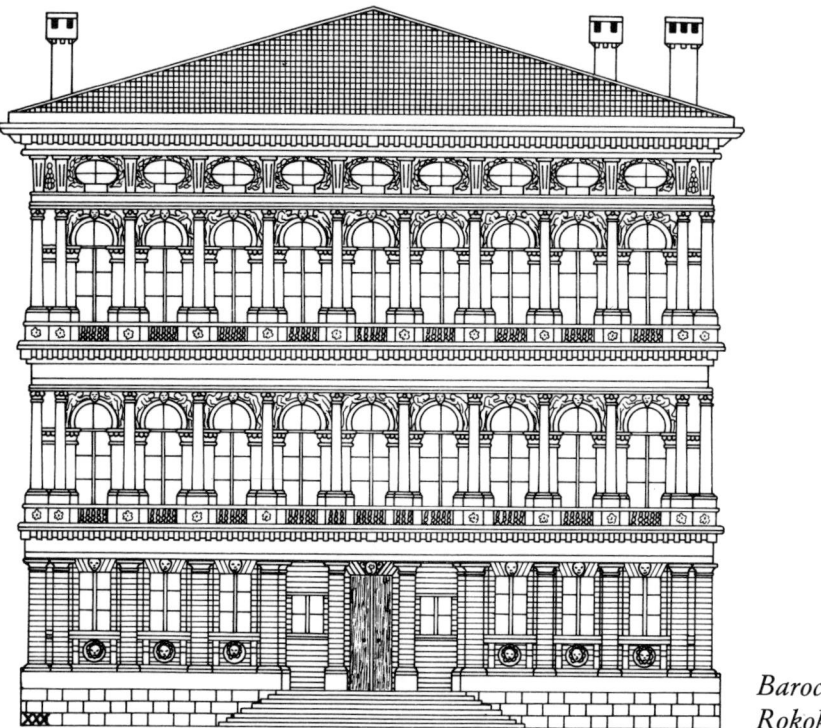

*Barock–
Rokoko*

bleiben und uns mit einem starken Stützpunkt in Konstantinopel begnügen. Träumt Euren Traum nicht weiter, Ihr Herren, Ihr erspart der ganzen Republik Not, Leid und Knechtschaft!«

Der Badoër schweigt, und die bedrückte Stille zeigt ihm, wie gut er getroffen hat. Freilich finden die ganz Forschen gleich ihre Sprache wieder, und noch Stunden dauert das zähe Ringen – dann aber kann die Abstimmung nicht mehr hinausgeschoben werden: Zweiundzwanzig der Räte stimmen für, vierundzwanzig gegen die Verlegung Venedigs an den Bosporus. Bleich lehnt sich der Doge zurück. Man sieht, er möchte aufspringen, den Beschluß in Stücke schlagen, aber er bleibt sitzen, mit unbeweglichem Gesicht. Denn längst schon hat der Rat das letzte Wort bei allen großen Entscheidungen, der Doge muß sich beugen.

Und auch das Volk draußen auf dem regennassen Platz verhielt sich ganz so, wie man es inzwischen von den Venezianern längst gewohnt war: Als das Ergebnis bekannt wurde, gaben sich zwar die einen von Herzen erleichtert, die anderen sichtlich enttäuscht, auch standen sie noch eine Weile in Grüpplein beisammen und beredeten sich, aber an Lärmen oder gar Protestieren dachte keiner. Der Rat hatte gesprochen, die Sache war entschieden.

Für die Reichsordnung in der Ägäis lagen die Grundzüge nun jedenfalls fest und wurden auch sogleich konsequent verwirklicht. Vorab: Natürlich gab die Republik kein Stücklein jener drei Achtel des römischen Reichsgebiets preis, die ihr bei der Beuteteilung 1204 zugesprochen worden waren. Sie verschob eben nur das Risiko, griff zum Lehenssystem und gab alle Gebiete, über die sie nicht unter allen Umständen und völlig verfügen mußte, sogleich weiter. Strategisch Notwendiges und regelmäßige Abgaben ließen sich vertraglich sichern, man hatte, was man wollte, aber eben keine Ausgaben. Denn wie er die Kosten des Lehens, seiner Eroberung und Verteidigung deckte, das war selbstverständlich die alleinige Angelegenheit des Lehensnehmers, schließlich hatte er ja auch das uneingeschränkte Nutzungsrecht seines Territoriums.

Zuerst natürlich wurde diese vorzügliche Lösung auf der Peloponnes mit ihrer aufsässigen Bevölkerung angewandt. Unter viel wohltönenden Worten verlieh Venedig die Halbinsel dem Herrn Gottfried von Villeharduin, treuer Mitstreiter des alten Dandolo, ließ sich von ihm die ungehinderte Benutzung aller Häfen, militärische Hilfe im Bedarfsfalle, umfassende Unterstützung der venezianischen Politik und eine zufriedenstellende Jahresabgabe garantieren, und bald hatte Herr Gottfried den Titel eines Fürsten von Achaia. Die Genugtuung auf allen Seiten war unübersehbar.

Schwieriger ließ sich die Sache schon in Epirus an. Zwar war auch diese Provinz damals im Teilungsvertrag Venedig zugesprochen worden, aber inzwischen hatte dort der Griechenprinz Michael Komnenos eine höchst unabhängige griechische Herrschaft aufgebaut, den Titel eines Despoten von Epirus angenommen und alle Lateiner aus dem Lande gejagt. Niemand rechnete damit, daß dieser Nachkomme des großen Kaisers Manuel sich mit den »Ansprüchen« von San Marco überhaupt nur beschäftigen würde. Aber siehe da: Kaum hatte man Kontakt aufgenommen, erkannte der stolze Grieche die Republik auch schon als Lehensherrin an, sicherte ihr die immerwährende Förderung ihrer Interessen zu – und verzichtete zu ihren Gunsten auf Durazzo.

Bis heute hat so mancher Politiker darüber gegrübelt, mit welchen Schmeicheleien, Versprechungen und behutsamen Drohungen den Lagunenfüchsen dieses diplomatische Husarenstück wohl gelungen sein mag. Und was das alles noch ganz besonders delikat machte – Venedig galt nun durch dieses Abkommen als Lehensherrin eben des Mannes, der sich vorgenommen hatte, das Lateinische Kaisertum zu zerstören, das doch eigentlich von demselben Venedig überhaupt geschaffen worden war! Doppelzüngigkeit? Verrat? Nun, die Republik schätzte die Überlebensmöglichkeiten der Lateinerkrone von Byzanz eben realistisch ein, und so löste sie ihr eigenes Imperium ganz und gar von deren Schicksal und begann, sich um die möglichen künftigen Partner zu kümmern. Das war alles.

Jedenfalls hatte die Rialto-Regierung am Lehenswesen bald Geschmack gefunden und wandte es nun auch sogleich bei allen ihren Ägäis-Inseln an, deren immerhin größten Teil – von Kreta über Rhodos und Euböa bis hinauf nach Lemnos – sie vertraglich fordern konnte. Und sie forderte, aber sie machte es sich dabei nicht schwer. Waren die bisherigen griechischen Herrn bereit, auf die Republik den Lehenseid abzulegen, änderte sich überhaupt nichts, außer eben daß sie von byzantinischen zu venezianischen Untertanen wurden. Machten sie Schwierigkeiten, vergab die Regierung das fragliche Eiland an einen interessierten (allerdings sorgsam ausgewählten) Haudegen, der dann auf eigene Rechnung die Lage klärte, eine Herrschaft aufbaute und zu guter Letzt dann halt Lehenstreue auf die Bibel und San Marco schwor. Eine ganze Reihe wackerer Herren hat auf diese Weise dem Staat beträchtliche Arbeit abgenommen und dabei das große Glück gemacht. Aber Marco Sanudo übertrifft sie doch alle.

Natürlich hatte auch er mit Enrico Dandolo zu tun – er war nämlich sein Schwiegersohn. Und da er zu den Reichsten im venezianischen Konstantinopel zählte und vor lauter Draufgängertum fast barst, ließ er sich nicht zweimal bitten, im aufrührerischen Naxos doch nach dem Rechten zu sehen. Im Schatten von drei staatlichen Galeeren rauschte er mit einer gar nicht so großen Söldnertruppe alsbald dort in den Hafen und stand schon am nächsten Tag als Sieger auf der Burg. Aber Naxos mit seinen 428 Quadratkilometern erschien ihm denn doch etwas zu wenig, außerdem waren seine Leute gerade so schön in Bewegung – er mußte vielleicht doch noch etwas weiter ausgreifen. Und als er nach ein paar Monaten den Lehenseid ablegte, gebot er auch über Paros und die meisten Kykladeninseln bis Tinos und Andros, ließ von der Republik sein Gebiet als Herzogtum und sich als Herzog bestätigen und hatte bald mehr Macht und mehr Unabhängigkeit als sonst jemand im venezianischen Imperium. Jedoch, wenn er auch seiner Lehensherrin ein Zugeständnis nach dem anderen abluchste, am Lehensverhältnis selbst hat keiner von beiden jemals gerüttelt, im Gegenteil, mit seinem schlagkräftigen Heer und seiner tüchtigen Flotte und seinen pünktlichen Abgaben war der Republik ihr Herzog von Naxos allemal der liebsten einer.

Denn bei solchen Leuten als Lehensmannen konnte sich Venedig getrost und wie vorgesehen ausschließlich auf jene Städte, Felsnasen und Inseln beschränken, deren Verwaltung sich nun einmal keinem Dritten anvertrauen ließ. Das waren natürlich neben Durazzo und Korfu vor allem Kap Modon und Koron an der Südwestecke der Peloponnes, herrliche, unangreifbare Auslugposten und für die Sicherung der Schiffswege einfach lebensnotwendig, das waren als Brücke zum Orient Kreta, und, nach und nach, das vielseitig verwendbare Euböa. Die anderen Plätze, die länger oder kürzer direkt verwaltet wurden, zählten nicht – bis auf Abydos, Callipolis und Lampsakos. Diese drei Orte liegen nämlich entlang der Dardanellen, und von ihnen aus läßt sich die Meerenge lückenlos beherrschen. Sie und selbstverständlich dazu das Stadtquartier in Konstantinopel bildeten denn auch so etwas wie den Schlußstein für das erstaunliche Gebäude des Imperiums Venetiarum, das so in gar kein Schema passen wollte: Fast die Hälfte, eben Epirus und die Peloponnes, unter nur lockerer Oberhoheit, ein gutes weiteres Drittel unter direkter Lehensherrschaft, und nur

160

der Rest unter unmittelbarer Verwaltung, kaum Aufwendungen für die Eroberung, nur ganz geringe für die Verteidigung, dabei überall Militärbasen und Handelsplätze, gesicherte Schiffswege, enorme Marktvorteile und ein regelmäßig fließender Strom von Abgaben, darunter auch Bodenschätze, und, was ganz besonders wichtig war, Holz.

Wie Dandolo es gewollt hatte: Eine ununterbrochene Kette von Stützpunkten und Ländereien zog sich vom Bosporus um Griechenland herum, über Dalmatien und Istrien bis hinauf in den oberen Adria-Bogen – und wie der alte Badoër es gefordert hatte: Dieser ganze Besitz schlug kaum belastend zu Buch, sondern vielmehr ergaben sich allenthalben Vorteile und Gewinne, wie sie niemals erwartet worden waren. Die Republik von San Marco konnte von sich sagen, das bisher kostengünstigste und für die eigene Wirtschaft effizienteste Großreich der Geschichte eingerichtet zu haben.

Und die Republik sagte das auch, immer und überall und belegt mit Zahlen und Fakten, aber ebenso vertraut und selbstverständlich nutzte sie sämtliche Möglichkeiten ihrer Gebiete gründlich und gnadenlos bis zur Neige. Noch heute sieht sich Venedig dem bitteren Vorwurf gegenüber, es habe alle Länder, über die es jemals geherrscht, nur ausgebeutet und leergesaugt, und das ist richtig, zumindest bis weit ins fünfzehnte Jahrhundert hinein: Seien es die herrlichen Wälder Istriens und Dalmatiens, die rücksichtslos geschlagen und im Schiffsbau oder als Fundamente für die Rialto-Stadt verwendet wurden, während die abgenagten Hänge bald ohne Leben und für alle Zeit unfruchtbar als trostlose Karstflächen in der Sonne glühten, seien es die griechischen Gebiete, die immer nur liefern mußten, ohne daß von dem erwirtschafteten Geld auch nur ein bißchen zurückgeflossen wäre, und die sich von Jahrzehnt zu Jahrzehnt weiter zurückentwickelten, sei es der emsige Raubbau an allen nur möglichen Kunstdenkmälern – Venedig hat seinen schlechten Ruf durchaus verdient!

Und doch, wäre die Stadt überhaupt fähig gewesen, sich anders zu verhalten? Vermutlich nicht. Zu viele Jahrhunderte schon kreiste alles Denken in den Lagunen um ein einziges Thema, eben den Handel. Es hatte die Beziehung zum eigentlichen Geschehen von Säen, Wachsen, Ernten längst verloren, es verfügte über kein freies Eckchen mehr für die Überlegung, daß die Natur im Gleichgewicht bleiben muß, wenn eine ständige Nutzung gewährleistet sein soll. Der Venezianer sah nun einmal in allen Dingen, mit denen er in Berührung kam, grundsätzlich nur Güter, die möglichst rasch mit möglichst großer Rendite umgesetzt werden mußten. Sein persönlicher Besitz und Verbrauch durften einen sehr geringen Prozentsatz seines gesamten Betriebskapitals nicht überschreiten, und langfristige Investitionen gestattete er sich nur, wenn sie direkt oder indirekt für den Ausbau seines Unternehmens unerläßlich waren. Güter und Kapital mußten arbeiten, mußten ständig in Umlauf sein, sie zu binden kam einer Todsünde gleich.

Wie sollte da der Staat dieser Händler anders denken können? Selbstverständlich hatten alle die Gebiete, auf welche Weise sie der Republik auch immer verbunden waren, schnellen und spürbaren Nutzen zu bringen, und zwar so viel, daß auch nach Abzug der üblichen Unkosten für Administration und Militärisches noch immer ein kräftiges Sümmlein für San Marco übrig blieb. Auf diesen letztlich einzigen Zweck wurde denn auch die gesamte Verwaltungsstruktur ausgerichtet, wiederum ohne bestimmtes System, sondern als bunte Mischung aus Byzantinischem, Altrömischem, Deutsch-Fränkischem, Muslimischem und eingesetzt gerade so, wie es eben praktisch war.

Die großen Landnehmer, etwa die Herren von Achaia oder Naxos oder gar den Griechen von Epirus, berührte das weniger. Sie hatten ihre Verträge und arbeiteten ansonsten nach ihrem eigenen, meist feudalistischen Prinzip. Bei ein paar kleineren redete die Republik zwar ab und zu mit, aber meist nur, wenn es sich um Geld und Geldeswert drehte, im übrigen war der Ortspotentat sich selbst überlassen. Eigenes setzte der Staat eigentlich nur dort ins Werk, wo er sich eine direkte Herrschaft vorbehalten hatte: In den Städten, wo ein Bailo, ein Gouverneur eingesetzt wurde, der zusammen mit beratenden Bürgergremien regierte und dem Rat in Venedig unmittelbar verantwortlich war, auf den Auslugfelsen von Modon und Koron, die unter eine so strenge Militärverwaltung kamen, daß dort kaum einer noch auch nur zu atmen wagte. In Korfu dagegen ließ die Regierung genau jene Wehrverfassung installieren, die Byzanz in Italien nach der Gotenvertreibung eingeführt hatte, während in Euböa noch jahrzehntelang gleich mehrere Verfahren nebeneinander blühten. Aber eben dort, wie auch auf Korfu und einer ganzen Reihe anderer Plätze, achtete die Republik sehr genau darauf, daß die einheimische Bevölkerung zumindest nicht schlechter behandelt und höher besteuert wurde als zu byzantinischen Zeiten.

Um so mehr wundert da das wirklich harte Vorgehen auf Kreta. Vielleicht weil die Insel gar zu wichtig war und man sich kein Risiko leisten konnte? Vielleicht. Jedenfalls sah sich die Insel, kaum daß sie 1205 von Bonifaz von Montferrat an Venedig verkauft worden war, von einem ganzen Schwarm fremder Kleinadeliger aus der veroneser Gegend, die sich ihr Land sehr unfein von den Einheimischen holten, überschwemmt, sah sich in sechs Sestieri – analog zur Rialto-Stadt – eingeteilt und von einem Duca, also Herzog, regiert, den die Regierung in den Lagunen ernannte. Wer die Kreter kennt, wird gern glauben, daß sie derlei nicht klaglos hinnahmen. Schon 1206 kam es zu einem von den Genuesen kräftig geschürten Aufstand, der, kaum geglättet, im folgenden Jahr von neuem hochzischte und 1208 endlich die ganze Insel in Brand setzte. San Marcos Herrschaft auf Kreta wankte, und in der Rialto-Stadt wurden in allen Klöstern besorgte Bittandachten gehalten.

Und siehe da, der Himmel hatte ein Einsehen. In jenen gefährlichen Monaten nämlich mußte Venedig gerade einen großen Transport ritterlicher Pilger ins Heilige Land durchführen. Und so ganz zufällig erinnerte sich jemand daran, wie

Markuslöwe an der Festung Zákynthos, darunter die Wappen von zwei kleineren Lehnsträgern.

doch der alte Dandolo damals die Sache mit Zara und den Kreuzrittern geregelt hatte. Bald erreichten die Unterhändler und Gerüchtemacher des Dogen auch hier einen Stimmungswandel, und prompt landete der fromme Zug im Sommer 1208 statt in Palästina eben auf Kreta, prügelte für die Venezianer den Griechenaufstand nieder, machte kräftig Beute, fühlte sich mehr als saniert, und nicht wenige der gottesfürchtigen Herren ließen sich gleich ein Lehen geben und blieben da. Ganz Venedig war ob dieser Geschehnisse gerührt, der Klerus hob einmütig die Arme gen Himmel und sprach von einem veritablen Wunder und pries den gnadenbringenden Einfluß des heiligen Markus. Natürlich wurde dieser transzendente Aspekt der Angelegenheit besonders eifrig den aufmüpfigen Kretern vorgehalten, aber die mochten einfach nicht daran glauben und gaben sich weiterhin so widerspenstig, daß bald jedermann in Venedig zur Überzeugung kam, diese armen Wesen müßten einfach mit der doppelten Erbsünde belastet sein. Wodurch sich auch gleich die nicht enden wollenden Aufstände erklären ließen und die Tatsache, daß die Kreter bis 1350 brauchten, ehe sie sich mit der Venezianerherrschaft abfanden.

In Konstantinopel entwickelten sich die Dinge recht eigentlich umgekehrt. Dort regierte seit dem Tod Kaiser Balduins 1206 dessen Bruder Heinrich, geschickt und energisch und mit erstaunlichem Erfolg. Aber die Republik mochte ihn nicht, er war ihr zu stark, und so hintertrieb sie seine Politik, wo sie nur konnte. Nicht selten wühlte sie so arg, daß der Kaiser und der Patriarch Morosini, immerhin ein echter Venezianer, gemeinsam beim Papst wegen der »schlimmen

Lagunenpest« um Hilfe riefen. Trotzdem aber konnte sich Heinrich überall erstaunlich durchsetzen, und vielleicht wäre es unter seinen Händen mit dem Lateinischen Kaiserreich sogar noch etwas geworden, wenn er nicht schon 1216 verschieden wäre – zwar nicht an der traditionellen Darmkrankheit der deutschen Kaiser, aber doch wohl nicht ohne Nachhilfe. Sagt man. Und nach ihm war die lateinische Krone so ziemlich verwaist. Sein gewählter Nachfolger, ein Franzosengraf, kam erst gar nicht, dann versuchte eine Zeitlang die Kaiserinwitwe zusammen mit Vasallen zu regieren, und schließlich saß mit Balduin II. ein kleiner Junge auf dem Thron – herrliche Zeiten für Venedig! Jetzt hatte sein Podestà in Konstantinopel das Sagen, jetzt wurde am Bosporus nur noch das betrieben, was der Lagunenrepublik nützte und was sich letztlich in klingender Münze auszahlte. Das zerfallende Lateinerreich war für den Rialto kaum noch von Interesse. Weshalb auch? Dem eigenen Imperium konnte kein Schaden mehr entstehen, gleichgültig was mit dem Schattenkaiser am Goldenen Horn geschah, und zu den Griechen ringsum bestand bestes Einvernehmen, womit man ja dann eigentlich auf alle Eventualitäten bestens vorbereitet war. Und genau genommen galt es jetzt nur, die verbleibende Zeit zu nutzen und noch so viel Erwerbenswertes wie möglich fortzuschaffen. Alles weitere würde sich finden.

Und wenn die Söhne des heiligen Markus am Bosporus bisher noch eine winzige Spur von Zurückhaltung geübt haben sollten, so gaben sie jetzt auch noch diese auf. Offen und systematisch kämmten sie Kirchen und Klöster durch, ließen die Ruinen zerstörter Paläste umgraben, mächtige Mauern einreißen, um Säulen und Skulpturen herauslösen zu können. Die Bauten und Höfe um die Hagia Sophia wurden zu einem riesigen Warenlager für Kunstwerke aller Art, täglich kam Neues hinzu, täglich rumpelten mächtige Kisten hinunter zum Kai, wo sie, eine nach der andern, in die Bäuche der Schiffe mit dem Markuslöwen geschoben wurden, und täglich grüßte die Wache auf Kap Modon ein paar Segler, die schwerbeladen die Adria hinaufrauschten. Immerhin konnten die Kapitäne bald den Ballast aus Sand und Kies im Unterschiff, der für die Stabilisierung nun einmal erforderlich war, zum Teil durch schwere Marmorblöcke, Säulen und Statuen ersetzen, was die Transportkosten für die entsprechenden Stücke denn auch erfreulich verringerte.

Venedig räumte in Byzanz die Regale – doch nicht nur dort. Auf Kreta und Euböa ließ sich ebenfalls eine ganze Menge finden, und die Lehensmannen leisteten ihre Abgaben nicht ungern hie und da in Antiquitäten. So steht noch heute im venezianischen Arsenal einer der herrlichen delischen Löwen – ein Geschenk des Herzogs von Naxos, zur Verrechnung natürlich.

Die Lagunenrepublik hatte einen gesunden Appetit, und sie nahm und nahm und nahm. Und so mancher unserer Zeitgenossen gerät noch heute in helle Empörung über soviel Schamlosigkeit. Jedoch, pardon, vielleicht sei inmitten dieser Entrüstung die schüchterne Frage gestattet, wie sich denn die großen Museen unserer Tage gefüllt haben? Wie etwa diese unvergleichlichen ägyptischen und altorientalischen Sammlungen im Britischen Museum, im Louvre, in Berlin zusammengekommen sind? Vielleicht wäre es für uns doch besser, ganz, ganz stille zu sein? Schließlich hatten die Venezianer uns und unseren Vätern sogar noch etwas voraus: Sie waren ehrlich, sie sagten, was sie haben wollten, und versteckten ihre Habgier nicht hinter salbungsvollen Heucheleien.

Denn eben auch diese »Kunsttransporte« entsprachen ganz ihrer Händlermoral, und sie wären höchlich erstaunt gewesen, hätte man sie deshalb gescholten. Außerdem gab es ein Gesetz, daß von jeder Kaufmannsfahrt eine Kostbarkeit zum Schmucke der Markuskirche mitzubringen sei. Und da diese Bestimmung stets eingehalten wurde, wandelte sich die Grabeskirche des Evangelisten bald in ein rechtes Schatzkästlein, auch oder vielleicht sogar vor allem von außen: Von den 2643 Säulen und Säulchen der Kirche stehen allein 292 an der Außenfront, unzählige Relieftafeln und Marmorplatten wurden nach und nach vor die Fassade gestellt und an die Mauern geklebt, kaum ein Flecklein, das nicht bald mit irgendeinem geschichtsträchtigen Kunstwerk überzogen gewesen wäre. Ob aus diesem vaterländisch-frommen Eifer der Bau selbst Nutzen gezogen hat, ist durchaus die Frage. Denn die klaren, schlanken byzantinischen Linien rutschten in die Breite, verzogen sich, und mit zunehmender Kostbarkeit verlor das Ganze – pardon – seine Form.

Doch das hat damals ganz gewiß niemanden gestört, im Gegenteil. Die Pracht

Eine der Acritani-Säulen vor San Marco, ein Beutestück aus Syrien. Dahinter die mit byzantinischen Säulen und Marmorplatten geschmückte Außenwand des Tesoro.

165

der Staatskirche war der sichtbare Ausdruck des wachsenden Wohlstandes, und jede neue Säule bestätigte einmal mehr, daß nun der große Reichtum nach Venedig floß.

Und es floß in der Tat das große Geld. Der gewaltige Fußtritt Enrico Dandolos hatte ungeahnte Märkte aufgestoßen, venezianische Geschwader kreuzten auf dem Schwarzen Meer, liefen die Krim an, Trapezunt, fuhren die Wolga hinauf, ihre Karawanen zogen nach Kiew, nach Täbris und Samarkand, und was sie dort für ihre Waren erhandelten, war schon fast märchenhaft. In Syrien dagegen flirrte der Zauber des Orients, Akkon, Tyrus, Lajazzo in Kleinarmenien, überall hatte Venedig ein ganzes Drittel des Stadtgebiets zu eigen, zollfrei und ohne Einschränkung, alle Schätze des Morgenlandes kullerten in die Truhen der Lagunenhändler. Und so ergab sich ein ganz eigentlich logischer Zyklus – die Schiffe aus dem Orient teilten auf Kreta ihre Ladung, wovon die eine Hälfte nach dem Westen und also Venedig, die andere über Konstantinopel in die Ebene hinter dem Schwarzen Meer ging. Der Warenstrom von dort floß wieder über Konstantinopel, dann aber die Donau hinauf oder durch die Ägäis nach Kreta, wo er ebenfalls zwischen den Sendungen für Syrien und für den Westen aufgeteilt wurde, vor allem eben Pelze, Rohmetall und Getreide. Einiges konnte auch der Westen stellen, wie Pferde, Rinder, Getreide, Salz, aber im Ganzen spielte der Osten den Lieferanten, der Westen den zahlungskräftigen Abnehmer – und Konstantinopel die unschätzbare Drehscheibe. Und das eben war das größere Imperium der Venezianer: Im Osten Niederlassungen und Handelshäuser bis nach Indien hinein, an der Levanteküste freie, hochprivilegierte Häfen, in der Mitte Konstantinopel und fast alle Inseln als Märkte und Stützpunkte zu eigen, und im Westen das ganze Stauferreich von Holstein bis Sizilien marktoffen, abgabenfrei und bei allem Handel unter kaiserlichem Schutz. Kein Wunder, wenn sich da das Gold des Abendlandes auf den Weg in die Lagunen machte . . .

Und wenn die Neider auf den Plan traten: Genua und Pisa hetzten, wo sie nur konnten; die Ungarn und Kroaten fielen unablässig in Dalmatien ein, und sogar Istrien wurde immer wieder von irgendwelchen rauflustigen Reichsfürsten angegriffen. Zwar setzte sich die Republik durch, hatte am Ende die ganze Ostküste, von Cattaro bis Grado, fester und uneingeschränkter im Griff als jemals zuvor, beherrschte die Adria souverän, aber eigentlich befand sie sich doch unentwegt im Kriegszustand und mußte fast ein halbes Jahrhundert lang allein für diese Keilereien enorme Summen aufwenden. Die kostspieligen Differenzen mit Kaiser Friedrich II. sind da noch gar nicht mitgerechnet.

Die aber fraßen zumindest ein ebenso großes Loch in die Staatskasse, wobei freilich zu bemerken ist, daß an diesem Ärger Venedig nun wirklich die alleinige Schuld traf. Im Gegenteil, es wurde vom Kaiser geradezu umworben. Aber als er 1220 großzügig und ohne zu zögern die Verträge seines Vaters mit der Republik erneuerte, argwöhnten die Venezianer sogleich, er wolle sie nur einlullen, um in der Zwischenzeit seine sizilischen Handelsplätze auszubauen, und als er zwölf Jahre später Rialto besuchte und den Kaiserpakt bei dieser Gelegenheit auch auf sein sizilisches Reich ausdehnte, nahmen sie dieses Geschenk zwar mit Vergnügen an, mißtrauten ihm und seinen Absichten jedoch nur um so mehr. Zwar wollte Friedrich sie lediglich als Bundesgenossen für seinen Kampf gegen Papst und Lombarden gewinnen, aber da sie auf alle Fälle eine starke Kaisermacht verhindern wollten, zogen sie es vor, ihn weiterhin mißzuverstehen und förderten schließlich die Lombardenstädte so unverblümt, daß in der Schlacht von Cortenuova im Sommer 1237 auch ein Venezianertrupp unter Piero Tiepolo, dem Sohn des Dogen, auf der Seite Mailands gegen die Kaiserlichen antrat. Aber eben das ging schief, der Dogensohn geriet nach der vernichtenden Niederlage der Lombarden in Gefangenschaft, und Friedrich ließ ihn, zutiefst verbittert über die Heimtücke Venedigs, an den Mast eines erbeuteten Fahnenwagens binden und im Triumphzug durch Cremona hinter sich herführen.

Die Verlegenheit in der Lagune war groß. Voilà, nun mußte man sich wohl doch festlegen. Und also schloß Venedig 1239 mit dem Papst und – immerhin – mit Genua ein Bündnis gegen den Kaiser. Der Heilige Vater war vom Sieg der Allianz so sehr überzeugt, daß er bereits im voraus das sizilische Reich seines Feindes verteilte. Doch der gewaltige Staufer wußte sich zu wehren. Genua erlebte eine Schlappe nach der anderen, der gefangene Dogensohn wurde gehängt, und Venedigs kaum gefestigtes Imperium geriet aus den Fugen: Die istrischen und dalmatinischen Städte erhoben sich, die Pisanerflotte blockierte die Adria und Friedrichs Schwiegersohn, der Griechenkaiser Vatatzes von Nicäa, rückte gegen Konstantinopel vor.

Oh Gott, das war nun allerdings nicht vorgesehen. Und da glücklicherweise auch gerade der Papst gestorben war, tauchte plötzlich eine venezianische Gesandtschaft am Kaiserhof in Foggia auf, bald danach die nächste und dann wieder eine, bis schließlich der Imperator seinen Groll besänftigte und den Krieg gegen die Lagunen einschlafen ließ. Venedig zitterte noch lange nach und gab sich fortan fleißig loyal. Sogar 1245, als auf dem Konzil von Lyon der Kaiser für abgesetzt erklärt wurde, hielt es zu ihm und unterstützte ihn auch während der folgenden drei Jahre bei seinen Kämpfen in Oberitalien. Aber dann, 1248, als Friedrich den endgültigen Sieg schon greifen konnte und der Papst verzweifelt Zeter und Mordio schrie, wurde sein Heer durch Verrat und Unachtsamkeit nahezu völlig aufgerieben, und schon zwei Jahre später war er tot – übrigens ebenfalls der bewährten, schnell wirkenden Darmkrankheit erlegen.

»Was Sie nicht sagen! Der Kaiser? In Castel Fiorentino?« Die beiden Herren, die am Molo zusammenstehen, sehen plötzlich höchst bedeutungsvoll drein. »Also so etwas, wie schnell es doch gehen kann. Tja, nun werden wir uns wohl auf Herrn Konrad einstellen müssen.« »Er soll ja recht umgänglich sein –« »Doch, doch, das habe ich auch gehört, nun, wir werden ja sehen. Aber was ich Ihnen eigentlich sagen wollte, Verehrtester, soeben habe ich eine Sendung syrischen Brokat bekommen, also von einer Qualität…«: Venedig findet immer schnell seine Fassung wieder, Zeit ist Geld, selbst wenn die Faust der Geschichte die Erde erbeben läßt – wobei sehr die Frage ist, ob es sie in diesem Fall überhaupt verloren hatte, denn wahrscheinlich vermochte keiner in den Lagunen diese strahlende, übermächtige Herrscherpersönlichkeit jemals zu begreifen. Einer, der zwischen Brokatballen und Kontobüchern seine Gewürztüten zählt, und einer, der die Welt von Grund auf umgestalten und erneuern will, die werden wohl niemals wirklich zusammenfinden.

Die winzigen, unendlich wichtigen Tagesfragen breiteten sich, kaum gestört, sogleich wieder über Rialto aus. Und daß der Papst Apulien-Sizilien als erledigtes Lehen einziehen und Neapel besetzen ließ, daß König Konrad über die Alpen kam, siegreich durch Italien zog und Neapel einnahm, das alles wurde nur so nebenbei registriert, nähere Kontakte hatten Zeit bis nach der allfälligen Kaiserkrönung. Doch da starb Konrad 1254, wohl an derselben Krankheit wie sein Vater und wiederum für einige Leute in einem unvergleichlich praktischen Augenblick.

Die Welt kam beträchtlich in Unordnung. In Süditalien setzte sich nun König Manfred, ein weiterer Sohn des großen Friedrich, als Regent durch, während der Heilige Vater das Land wütend dem Franzosen Karl von Anjou zu Lehen gab mit dem Auftrag, die verhaßten Staufer zu vertreiben, und in Oberitalien entstand nun endgültig eine Vielzahl selbständiger Staaten, darunter auch Gebilde wie das eines gewissen Ezzelino da Romano, ein Kleinedelmann, der sich in Vicenza festgesetzt hatte und von dort so quasi als Neulangobarde durch Mordbrennen und Unterwerfen aller Orte ringsum Anstalten machte, sich ein regelrechtes »Reich« aufzubauen. Sein Fehler war, daß er sich schließlich auch über Randgebiete der Republik hermachte. Die Rialto-Regierung zog die Brauen hoch, und da gerade wieder einmal bei Chioggia auf den Abtransport ins Heilige Land ein ganzes Heer von »Pilgern« wartete, Abenteurer zumeist, die im Orient ihr Glück machen wollten, wurde man schnell handelseinig. Die streitbare Pilgerschar rückte gegen Padua und Vicenza vor, trieb dem Herrn Ezzelino im Oktober 1259 seine Reichsideen samt der Seele aus und hatte, als sie dann dem Land des Herrn entgegensegelte, das beruhigende Gefühl, mit diesem Abstecher nicht nur das Geld für die Überfahrt, sondern auch noch ein hübsches Startkapital für das Morgenland verdient zu haben. Sie waren's zufrieden »und priesen Gott mit lauter Stimme«.

Zugegeben, die Sache hat die Republik schon sehr beschäftigt, zumal sich die letzten Kämpfe mit Ezzelinos Bruder fast ein weiteres Jahr hinzogen, dennoch aber hätten sie sich etwas mehr um das Kaiserreich Nicäa kümmern sollen. Dort war Kaiser Theodor II., bei dem sie sich durch eine ganze Reihe von Verträgen und Abmachungen fast gegen jegliches Mißgeschick abgesichert hatte, verblichen, und die Krone glänzte nun auf dem Haupt seines siebenjährigen

Sohnes. Dem aber war der ehrgeizige General Michael Palaiologos als Regent beigegeben worden, eine für den Rialto völlig unbekannte Größe. Und in diesem Herrn wühlte die Idee, er müsse mit dem Lateinischen Kaisertum ein Ende machen. Sachte, sachte spann er seine Diplomatenfäden und am Ende stand im März 1261 ein Vertrag mit Genua, der bei gegenseitigen Hilfsverpflichtungen die Bestimmungen des Chrysobullons einfach von Venedig auf Genua übertrug. Am Rialto hatte man die Gefahr viel zu spät bemerkt und, weil die Gegenseite alles so meisterhaft zu verschleiern verstand, keinen rechten Überblick und nur eine Menge schlimmer Ahnungen.

Sie erfüllten sich: Im Sommer 1261 marschierte Herr Palaiologos von Nicäa los, allerdings nun als alleiniger Herr und Kaiser Michael VIII. Der Thronerbe Johannes IV. war ihm nämlich doch arg hinderlich gewesen, und so hatte er den armen Jungen einfach erwürgen lassen. Er war nun einmal für klare Lösungen – auch vor Konstantinopel, wobei ihm allerdings der Zufall nach Kräften half. Als seine Schiffe nämlich auf die Stadt losfuhren, waren fast alle Lateinersoldaten und die ganze Venezianerflotte gerade auf einer Expedition gegen die Insel Daphnusion, so daß er, als er die Lage nur eben sondieren wollte, lauter offene und unbewachte Tore vorfand und eine Bevölkerung, die ihm so sehr zujubelte, daß er ohne Umstände auch gleich in die Stadt einzog. Der Lateinerkaiser Balduin entwich derweil durch ein Seitenpförtlein und ließ sich hastig in das lateinische Griechenland rudern – Sicherheit geht vor allem. Und die venezianische Flotte, die auf diese Meldung hin sogleich entsetzt zum Goldenen Horn zurückfuhr, konnte am Kai nur noch ihre bibbernden Landsleute aufsammeln, die von den Genuesen und Griechen gemeinsam höchst unsanft und ohne alle Habseligkeiten vor die Mauern gesetzt worden waren. Venedig hatte seine Handelsdrehscheibe verloren, und sein ganzes meisterhaftes Wirtschaftsgeflecht erlitt einen bösen Schock.

Doch nicht für lange. Schleunigst wurden die Funktionen Konstantinopels nach Kreta verlegt, vom Kaiser mit verschiedenen Druckmitteln und gegen den erbitterten Widerstand der Genueser die freie Durchfahrt ins Schwarze Meer erzwungen, dem Sultan von Ikonion die Stadt Sinope an der Schwarzmeerküste abgenommen und dort ein entsprechender Umschlagplatz angelegt. Und schon ein Jahr nach der Katastrophe stand das Handelsreich Venedigs wieder ehern und nahtlos wie je, wenn auch vielleicht etwas anfälliger und ungeschützter gegenüber genuesischen Anschlägen.

Doch angesichts solcher Ereignisse, die übrigens die Republik durch ihre unmögliche Politik am Bosporus selbst heraufbeschworen hatte, rückten die Kämpfe der letzten Staufer mit Papst und Anjou doch ziemlich weit weg. Zwar gab es mit König Manfred einige höfliche Kontakte, aber als der dann 1266 bei Benevent Krone und Leben verlor, erledigte sich die Sache von selbst, und der junge Konradin, den der Anjou zwei Jahre später bei Tagliacozzo besiegte und auf Anweisung oder doch zumindest mit Zustimmung des Heiligen Vaters in Neapel wider alles Recht enthaupten ließ, ergab doch eher ein Thema für die Damen als für einen nüchternen Politiker.

Wichtiger war da schon der Papst, der strahlende Sieger und nunmehr eigentliche Herr des Abendlandes. Welch ein Weg von dem römischen Metropoliten des vierten Jahrhunderts, der mit seinem Kollegen aus Aquileja gleichberechtigt auf einer Bank saß, zu diesem Gebieter der Welt, der Kaiser und Könige in die Knie zwang, mächtige Herrschergeschlechter einfach auslöschen konnte und die sanfte Lehre seines Herrn unwidersprochen den Notwendigkeiten der Macht anpassen durfte!

Selbst Venedig war beeindruckt, wenngleich sich die Bewunderung durchaus in Grenzen hielt. Man kannte sich zu gut. Da empfahl sich die Zusammenarbeit mit dem Neuen im Süden, eben Karl von Anjou, schon eher, da dieser immerhin ganz offen »Kreuzzugspläne« gegen die Griechen in Byzanz schmiedete, eine wunderbare Sache für die Rialto-Regierung. Natürlich stand bald ein Vertrag, es wurde vorbereitet und taktiert – aber auch die Griechen erfuhren davon. Und ehe die venezianisch-angovinische Allianz noch zum Zuschlagen kam, inszenierten Kaiser Michael von Konstantinopel und König Peter von Aragon 1282 die Sizilianische Vesper, Karl von Anjou verlor Sizilien und jegliche Lust, sich außerhalb Süditaliens zu betätigen.

Schlimm, schlimm! Mit umwölkten Gesichtern legte man am Rialto das Vorhaben zu den Akten. Jetzt mochte nur noch der Himmel wissen, wie man den Genuesen am schnellsten beikam. Denn die Genuesengefahr war das beherrschende Thema in den Lagunen. Längst schon befaßte sie nicht mehr nur die Politiker: Wo ein venezianischer Kaufmann auftauchte, in Syrien, in Ägypten, in Kleinasien, auf hoher See – überall lief er Gefahr, von diesen Widerlingen aufgebracht und an Gut und Leben geschädigt zu werden. Und ganz besonders übel war das Schwarze Meer. Nicht selten sperrten sie es einfach, und wer nicht von ihnen gefangen und mißhandelt werden wollte, mußte sich zu gewaltigen, gefährlichen und kostspieligen Umwegen nach Westen oder Osten entschließen.

Natürlich ging die Premiere dieser bösartigen Machtdemonstrationen im Sommer 1261 über die Bühne, als Basileus Michael gegen Konstantinopel rückte – und ausgerechnet in jenen Wochen bereisten die Gebrüder Nicolò und Matteo Polo, Orienthändler zu Venedig, die Krim, um einzukaufen. So, und nun saß man fest, und mußte versuchen, irgendwie durch die östlichen Ebenen nach Syrien und ans Mittelmeer zu kommen. War die ganze Sache an sich schon unangenehm, so bedrückte sie Herrn Nicolò noch ganz besonders. Denn zuhause warteten seine hübsche Frau und sein siebenjähriger Sohn Marco, immerhin geboren im Todesjahr des Königs Konrad. Es würde wohl lange dauern, bis er sie wiedersah. Er behielt recht. Über Sarai an der Wolga zogen die beiden Brüder nach Buchara in Mittelasien und fanden sich schließlich in Peking wieder, vielbestaunt am Hof des Kublai Khan, von wo sie erst nach fast einem Jahrzehnt wieder nach Venedig zurückkehrten. Sie brachten viel Geld mit und die durchaus ernstgemeinte Bitte des Khan an den Papst, er möge doch ein paar kompetente Gottesstreiter nach China schicken, da man sich dort sehr für das Christentum interessiere. Aber der Heilige Vater, eben erst die Staufer los geworden, hatte vollauf mit dem Ausbau seiner Weltherrschaft zu tun und für derlei Dinge also wirklich keine Zeit.

Und so reiste mit den Herren Polo, als sie zwei Jahre später wieder nach China aufbrachen, kein einziger Missionar, dafür aber der erst siebzehnjährige Marco. Und das sollte sich als recht folgenschwer erweisen.

Zunächst steuerten sie Akkon und Jerusalem an, dann Lajazzo in Kleinarmenien – und waren von da an nicht mehr gesehen. Erst fünfundzwanzig Jahre später, 1295, stieg am Molo von Rialto ein höchst fremdartiger Tatare an Land und behauptete, Marco Polo zu sein.

Er war es wirklich und was er erlebt und gesehen hatte, sprengte alle Vorstellungen jener Zeit: Vier Jahre lang waren sie über Persien und Georgien kreuz und quer durch die Länder Zentralasiens gezogen, wiederum bis nach Peking. Dort wurden sie fürstlich empfangen, der Khan ließ sich den nunmehr einundzwanzigjährigen Marco vorstellen – und nahm ihn in seinen Dienst. Schon bald danach war der junge Venezianer Statthalter der Provinz Kiang-nan, Vertrauter des Khan und Sonderbotschafter. Während seiner siebzehn Jahre Aufenthalt in China hatte er in höchstem Auftrag nahezu alle Hauptstädte Asiens besucht, Burma, Java, Sumatra und Indien bereist. Der Khan hielt mächtige Stücke auf ihn und übergab ihm schließlich, als höchsten Ausdruck seiner Wertschätzung, die zierliche Mongolenprinzessin Cocachin mit der Weisung, sie möglichst unversehrt zu ihrem Bräutigam, dem Khan von Persien zu bringen. Eine heikle Angelegenheit, aber Marco nahm nicht ungern an. Fast drei Jahre dauerte die schwierige Fahrt, zunächst per Schiff von China aus um Hinterindien herum, dann die Küste Indiens entlang und bis in den Persi-

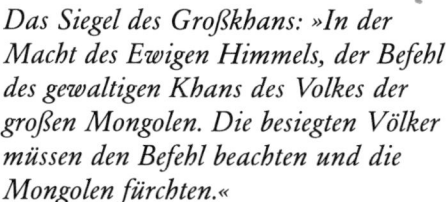

Das Siegel des Großkhans: »In der Macht des Ewigen Himmels, der Befehl des gewaltigen Khans des Volkes der großen Mongolen. Die besiegten Völker müssen den Befehl beachten und die Mongolen fürchten.«

chen Golf nach Ormuz und von dort zu Land an den Hof des Khan, wo er die zarte Schönheit denn auch ordnungsgemäß abliefern konnte.

Reich beschenkt zog er weiter – aber nicht wieder zurück nach Peking, sondern gegen Westen zum Schwarzen Meer, ins Kaiserreich Trapezunt.

Endlich, endlich hatte er nach mehr als zwei Jahrzehnten wieder christlichen Boden unter den Füßen, er war richtig selig. Aber nicht sehr lange. Denn kaum hatte sich herumgesprochen, was der seltsame Fremde da so an Kostbarkeiten mit sich führte, wurde er auch schon hinterrücks überfallen und nach allen Regeln der Kunst ausgeraubt, etwas, das ihm auf seinen ganzen langen Fahrten durch alle die heidnischen Länder nicht widerfahren war. Nur, was er am Leib trug, ließen sie ihm. Aber das genügte. In die Kleidersäume nämlich waren eine ganze Menge Edelsteine eingenäht, mit denen er sich zuhause in Venedig ein höchst bequemes Leben finanzieren konnte.

Nur eines bekümmerte ihn: Man glaubte ihm nicht. Seine Berichte paßten so zu gar keiner der bekannten Geschichten vom unheimlichen, gespenstischen Osten, von Magiern und Zauberern und Ungeheuern, deren Namen schon so schön erschauern machten. Was Marco da erzählte, klang alles so normal, so alltäglich, daß es einfach nicht stimmen konnte.

Und wer weiß, ob von seinen Abenteuern überhaupt etwas geblieben wäre, wenn nicht der Genuesenkrieg sich so gefährlich zugespitzt hätte, daß die Republik ab 1294 alle waffenfähigen Männer zum Kriegsdienst rufen mußte, und darunter war dann eben auch – Marco Polo.

»Wahrhaftiges Abbild der Völker des fernen Ostens.«

Die große Rivalin

Die Herren langweilten sich, sie langweilten sich ganz entsetzlich. Nun hockten sie schon acht Wochen hier, in diesem höchst unwirtlichen Gewölbe, auf dürftigen Strohschütten und gelegentlich umhuscht von Ratten, so recht ohne Licht und Luft – und keiner wußte, wie lange noch. Zu zehnt hatte man sie hier zusammengepfercht, außer dem Wärter sahen sie kein fremdes Gesicht, Hunger, Wut und bohrende Ungewißheit legten sich bös auf die Stimmung. Dabei war es bei ihnen oben noch erträglich, weil sie als höhere Chargen für ihre Peiniger einen größeren Wert darstellten, aber ein paar Stockwerke tiefer, bei den Mannschaften, wo fünfzig und noch mehr sich in einem einzigen Verlies drängten und am Boden eine undefinierbare Brühe schwappte – pfui Teufel!

So weit war es also gekommen, Venezianer als Kriegsgefangene in einer Festung vor Genua, als Faustpfand und Leuten ausgeliefert, die in ihrem Haß kein Maß kannten. Wenn sich das Kriegsglück nicht bald wendete, konnten sie sich ausrechnen, wie die Sache enden würde, oder besser, wie sie alle enden würden. Herrliche Aussichten, in der Tat – und zu reden gab es auch nichts mehr. Welche Fehler bei der Schlacht gemacht worden waren, wer alles schuld war, wem man nach der Rückkehr den Garaus machen würde, das war schon unzählige Male durchgekaut, jeder kannte des anderen Familientragödien, und die Heldentaten, die großen Geschäfte, die Witze konnte man einfach nicht mehr hören! Ein Glück nur, daß unter ihnen Ser Polo war, dessen seltsame Geschichten wenigstens die Tage vertrieben. Anfangs hatte er sich ja geziert und sich beschwert, daß man ihm doch nicht glaube, weshalb sollte er dann – aber schließlich war er dann doch weich geworden. Und jetzt sprudelte er nur so, und das Eigenartige war, daß alles, wenn man genau hinhörte, auf einmal gar nicht mehr unmöglich klang, im Gegenteil. Sie waren ja alle Kaufleute, Kapitäne, Politiker, klare Köpfe also, und wenn da von ihnen eine Frage kam, antwortete der Polo so selbstverständlich und logisch, daß sie sich zuweilen bereits bei dem Gedanken ertappten, was man von dem fremden Volk vielleicht lernen könnte – wenn man schon eine so vorzügliche Informationsquelle hatte! Und als Rustichello, der Pisaner, mit der Idee kam, daß diese Berichte unbedingt aufgeschrieben werden müßten, stimmten sie alle sogleich bei. Am nächsten Tag bestachen sie den Wärter, bekamen Feder, Pergament und Tinte, und jetzt schrieb der Pisaner und Polo diktierte ihm. Und da sie alle mithalfen, hatten sie etwas zu tun – und vielleicht kam sogar noch etwas dabei heraus!

Marco Polo in »tatarischer Tracht«.

Vorab: die Aufzeichnungen sind ein Buch geworden, das viele Jahrzehnte später unter dem unsinnigen Titel »Il Milione« in fast alle wichtigen Sprachen übersetzt worden ist, das unter anderem Christoph Columbus zu seiner Fahrt »nach Westen« veranlaßt hat, weil er daraus schloß, daß die Erde tatsächlich eine Kugel sein müsse, und das also zweihundert Jahre nach seiner Entstehung die Welt verändert hat. Das Buch mit den Randbemerkungen des Columbus liegt noch heute wohlbehütet in der Bibliothek zu Sevilla.

Daran freilich hat keiner der Herren gedacht, als sie in den letzten Maitagen des Jahres 1299 nach neun scheußlichen Monaten endlich wieder als freie Menschen in ihr geliebtes Venedig abgeschoben wurden. Der geschlossene Friede war zwar ganz offensichtlich nur bröckeliges Flickwerk, aber wenigstens konnte man sich auf den nächsten Waffengang gründlicher vorbereiten.

Ganz zweifellos hat jetzt auch Herr Marco Polo zumindest als Berater verschiedener staatlicher Institutionen ein beträchtliches Gewicht gehabt in der Republik, denn schon bald nach seiner Rückkehr aus der Gefangenschaft heiratete der gut Vierzigjährige Donata Loredan-Badoër, das sorgsam gehütete Kleinod einer der reichsten und mächtigsten Familien Venedigs. Es ist nicht anzunehmen, daß der stolze, alte Loredan seine Tochter einem unwichtigen Niemand gegeben hätte, einem, der dazu noch als Aufschneider galt. Auch ist Ser Marco später in der Kirche San Lorenzo begraben worden, und dergleichen widerfuhr eigentlich nur Leuten, die einen gewissen Rang hatten. Vielleicht haben ihm seine Kenntnisse zu diesem Rang verholfen? Vielleicht hat sein Wissen dem Staat hohen Nutzen gebracht? Denn immerhin, der alte Krieg mit Genua ging ja weiter.

Und alt war dieser Krieg weiß Gott! Zwar machte das besagte unangenehme Genua bis ins elfte Jahrhundert nichts weiter als einen kleinen markgräflichen Flecken aus, aber spätestens seit dem ersten Kreuzzug waren »die Genuesen« einfach da, die lästigen Scharmützel mit ihnen an der Tagesordnung. Und nachdem nun durch Enrico Dandolos Geniestreich das Venedigerreich in Griechenland bestand, wußten sie sich vor Konkurrenzneid gleich gar nicht mehr zu lassen, hetzten den Seeräuber Aleman Costa gegen venezianische Besitzungen, schürten Aufstände auf Kreta und Intrigen im Lateinischen Konstantinopel. Nun gut, 1218 hat sie die Republik gezwungen, alle Seeräuberschäden zu ersetzen und in Byzanz nicht mehr Rechte zu beanspruchen, die sie nicht schon früher unter dem seligen Basileus Alexios III. gehabt hatten – und eine Zeitlang hielten sie sich auch daran, wodurch man tatsächlich einigermaßen aneinander vorbeikam. Immerhin reichte die Stimmung sogar für das bekannte Bündnis gegen Kaiser Friedrich II. Aber schon 1257 war nichts mehr zu kitten, und es begann ein erbitterter Krieg, der sich über sechzehn Jahre hinzog.

Der Kriegsgrund war natürlich winzig, wie meist, wenn eine Auseinandersetzung von allen Teilen gewollt wird: in Akkon lagen das venezianische und das genuesische Quartier nebeneinander und genau auf der Grenze dazwischen das Kloster San Saba. Jeder wollte es haben, Venedig nahm es, und Genua überfiel als Revanche im Sommer 1257 plötzlich aus heiterem Himmel Kloster und Venezianerstadt, machte ein großes Gezeter und veranlaßte den Regenten von Akkon, Philipp von Montfort, die Venezianer aus der Stadt zu weisen.

Venedig zog in heller Empörung das Schwert, hatte sogleich König Manfred, Pisa, fast alle syrischen Barone, den Patriarchen von Jerusalem, den Deutschorden und die Südfranzosen für sich und rumpelte, angesichts solcher Rückenstärkung, schon ein paar Monate später mit gewaltiger Rachegebärde wieder in den Hafen von Akkon. San Saba und ein Teil des feindlichen Quartiers wurden erobert, gleichzeitig im Hafen von Tyrus das ganze dortige Genuesengeschwader besiegt und zur Vorsorge auch gleich von einer weiteren Lagunentruppe unter Giovanni Doro alle Niederlassungen Genuas an der syrischen Küste geplündert und angezündet.

Das war dem Papst nun doch etwas zuviel, er mahnte, daß derartiges bei den Heiden keinen guten Eindruck mache, und wollte nach allen Seiten vermitteln. Aber als die Venezianer am 24. Juni 1258 der Genuaflotte erneut einen Tiefschlag versetzen konnten, hörte keiner mehr auf ihn. Die Sieger meinten, ihn nicht mehr zu brauchen, und die Besiegten brüllten nur noch nach Vergeltung.

Es stand nicht gut für Genua, aber der Vertrag von Nymphaion mit Michael Palaiologos, an dessen Ende bekanntlich die Zerschlagung des Lateinischen Kaiserreichs und die Vertreibung der Venezianer aus Konstantinopel stand, änderte die Lage grundlegend. Die Lagunenrepublik siegte zwar im Mai 1263 bei Nauplia in einem Seetreffen überlegen, aber geholfen hat das nichts, im Gegenteil. Im nächsten Jahr nämlich kaperte Genua nach bester Seeräubermanier bei Durazzo sogar die Levanteflotte der Venezianer mit der reichsten Ladung, die sich ein Freibeuter nur wünschen konnte: eine bittere Pille für Rialto und eine teure dazu!

Da kam plötzlich der Griechenkaiser Michael, dem die Genuesen längst unerträglich lästig waren, mit dem Vorschlag, er wolle Genua verjagen und Venedig wieder alle Rechte in Konstantinopel geben, wenn er dafür Euböa bekomme. Venedig lehnte ab. Zwar hat es sich über dieses unbedachte Nein später schrecklich geärgert, aber am Rialto dachte man zu dieser Zeit nur eines: Rache für die gestohlene Levanteflotte! Und erst, als die Republik am 23. Juni 1266 bei Trapani auf Sizilien fast die ganze Flotte Genuas vernichtet hatte, fühlte man sich in den Lagunen etwas besser.

Und nun hörte man auch auf den Papst mit seinen Friedensappellen und bequemte sich am 12. August 1269 zu einem Waffenstillstand mit Genua. Dessen Regelungen und Klauseln jedoch waren so verwirrt und durchlässig, daß sie eigentlich nur den Status quo festschrieben und im übrigen jede Menge künftige Kriegsgründe gleich im voraus lieferten. Da half auch der Segen des Heiligen Vaters nicht.

Natürlich sah das Venedig sehr wohl, aber es brauchte jetzt eine Atempause, zumal nun auch ein Abkommen mit Kaiser Michael zustande kam, mit dem er den Besitz der Republik in der Ägäis anerkannte und ihrem Handel wieder erhebliche Freiheiten einräumte. Die waren zwar bei weitem nicht so erfreulich wie in den goldenen Zeiten des Chrysobullons, aber sie ließen sich ja »ausbauen«. Also schon aus diesem Grunde: um Himmelswillen jetzt keine anderweitigen Aufregungen! Und so lächelte die Lagunenregierung nach Genua hinüber, so lieb wie sie nur konnte, erneuerte 1279 sogleich wieder den Waffenstillstandsvertrag von 1269 und meinte sogar im Vertrauen, ob Genuesen und Venezianer vielleicht nicht einmal etwas gemeinsam unternehmen sollten, zum Beispiel gegen den mächtigen Karl von Anjou vielleicht oder gegen den Papst oder gegen alle beide? Doch da der Rialto ja gleichzeitig mit Karl wegen eines »Kreuzzugs« nach Byzanz verhandelte, wird der Einfall schon nicht so ernst gemeint gewesen sein.

Und in diese Idylle brach die Katastrophe von 1291: die Mameluken eroberten die gesamte syrische Küste, und alle Plätze dort, vorab Tyrus und Akkon, gingen verloren. Jetzt gab es nur noch Lajazzo, und das war so gut wie eingeschlossen. Venedig mußte sich umstellen, es konnte nicht mehr länger auf den Schwarzmeerhandel verzichten, es mußte Genua zwingen, entweder sich ganz

Genua, die große Rivalin Venedigs.

zurückzuziehen oder aber, wenn es gar nicht anders ging, wenigstens zu teilen. Und das bedeutete, daß der Entscheidungskampf mit Genua um die Herrschaft zwischen Bosporus und Krim unausweichlich geworden war.

Zunächst gab es 1293 ein kurzes Gefecht vor Koron, dann pisackte man sich tüchtig auf Zypern, und am 28. Mai 1294 war es soweit: in einer fürchterlichen Seeschlacht in der Bucht von Lajazzo wurde das Aufgebot der Republik von San Marco vernichtend geschlagen. Mindestens fünfundzwanzig Galeeren sanken, der Kommandant Marco Baseggio fiel, und die Mannschaft wanderte in genuesische Gefängnisse.

In Genua schlägt die Stimmung über: »Incredibilis victoria et inaudita – ein unglaublicher und unerhörter Sieg« jubelt man, die Massen toben und schreien, Spottlieder, Sieg- und Hetzreden gegen die Feindin gellen durch die Gassen und an allen Ecken. Niemals in den Jahrhunderten zuvor war ein Gemeinwesen so total von einem geradezu hysterischen Kriegsfieber geschüttelt worden, niemals zuvor hatte ein so greller, rasend geschürter Haß jeden klaren Gedanken erstickt. Die Fanatisierung der Massen als zusätzliche Waffe – Genua kann durchaus den zweifelhaften Ruf für sich in Anspruch nehmen, die Wiege

177

der modernen Kriegspropaganda zu sein. Denn dieser seltsam forsche, überdrehte »Stil« im Umgang mit Gegnern griff sehr schnell um sich, und selbst Bündnisverträge quollen bald über von hohlen Phrasen und Wortattacken gegen den, zu dessen Vernichtung man sich zusammengefunden hatte.

Auch in Venedig machten sich diese Seltsamkeiten breit, wenn auch dezenter, wohl, weil man dort anderes zu tun hatte. Die Angst hockte nämlich auf dem Dogenpalast. Voller Schrecken hatte der Rat auf die Hiobsbotschaft von Lajazzo hin alle Männer zwischen 17 und 70 Jahren zu den Waffen gerufen, venezianische Diplomaten hasteten nach Sizilien, Pisa, Aragon, um eine Allianz gegen Genua zu sammeln.

»Wir brauchen nicht zu betteln!« sangen die Genuesen, machten zu Wasser und zu Land Jagd auf alles, was venezianisch war, und der Griechenkaiser, den sie im Augenblick auf ihrer Seite hatten, ließ kein Schiff des heiligen Markus mehr durch den Bosporus. Doch Venedig schickte den Roger Morosini auf Expedition. Und der kaperte, brannte, versenkte jedes Genuesenschiff, das er nur auftun konnte, plünderte und zerstörte alle feindlichen Stützpunkte in der Ägäis und führte sich vor Konstantinopel so auf, daß es der Basileus mit der Angst bekam und alle Meerengen schleunigst wieder aufmachte. Na also, wenigstens dies!
Aber daß das nur Vorgeplänkel waren, wußten sie am Rialto nur zu gut. Und sie wunderten sich deshalb nicht, als in den letzten Augusttagen 1298 eine

gewaltige Genuesenflotte um Sizilien herum und die Adria hinaufrauschte. Die Republik war gerüstet: mehr als neunzig Galeeren und fast zweihundert kleinere Schiffe glitten unter dem Kommando von Andrea Dandolo, Sohn des Dogen Giovanni, aus der Lagune hinaus gegen Süden und stellten die Feinde am 1. September 1298 vor der Insel Curzola.

Wie und durch wessen Schuld die Katastrophe hat eintreten können, weiß heute niemand mehr aus all den wirren Berichten und Beschönigungen herauszufinden. Zumindest gibt es da den bitteren Satz, daß, wenn die Venezianer ebenso mutig gekämpft hätten wie die aus Chioggia und aus Zara, das Treffen wohl anders ausgegangen wäre. Jedenfalls grub sich der Tag von Curzola als das schwärzeste Datum in die Geschichte der Republik ein. Fast siebzig der neunzig Galeeren wurden versenkt, unzählige andere Kähne gingen auf Grund, das Meer war rot von Blut und bedeckt mit Planken, Balken, Leichen und Schiffbrüchigen. Viele, viele hundert der unglücklichen Venezianer wurden gefangengenommen, der Rest erschlagen, ertränkt. Auch der arme Kommandant Andrea Dandolo ist in Gefangenschaft geraten, aber wohl noch am selben Tag einer bösen Verwundung erlegen. Und da die Venezianerchroniken wenigstens ein bißchen Lobenswertes finden mußten, so erzählen sie halt, daß der unselige Andrea die Schande des Tages nicht verwunden und dieserhalb sich von einem Schiffsmast zu Tode gestürzt habe.

Jedenfalls ruhte nun auf dem Adriagrund vor Curzola der Stolz Venedigs,

Bug und Heck einer Fusta oder Galiota, einer leichten Galeerenvariante.

179

seine Flotte, ein Teil seiner Soldaten und streitbaren Männer – und der andere wurde auf den Schiffen des Feindes fortgebracht nach Genua, in ein ungewisses Schicksal. Marco Polo war auch darunter.

Die Republik zitterte. Aber da es für sie nun einmal keinen Sinn mehr hatte aufzugeben, robbte sie nach vorn und knüpfte Gespräche mit dem Sultan in Ägypten an – begleitet von den ätzenden Spottgesängen der Genuesen, die womöglich noch böser waren als früher.

Doch das schmerzte nun nicht mehr so, denn der Sultan al-Malik an-Nasir war gnädig. Er gab den Venezianern ganz außerordentliche Handelsfreiheiten: Sie sollten ihm Bauholz, Waffen und Sklaven liefern und dafür alle gewünschten orientalischen Waren zollfrei ausführen und wieder Christenpilger ins Heilige Land transportieren dürfen, soviel sie wollten – und das alles unter freiem Geleit! Unter solchen Aspekten ließ sich freilich leichter auf das Schwarze Meer verzichten.

Daher streckte die Republik auch schon bald nach dem Vertragsabschluß mit dem Sultan ihre Friedensfühler nach Genua aus, und am 25. Mai 1299 war man sich handelseinig: der Friedensvertrag stand. Venedig respektierte als Interessensphäre Genuas die Küste von Civitavecchia bis nach Nizza, und Genua anerkannte dafür die Adria als ausschließlich venezianisches Einflußgebiet. Über das Schwarze Meer wurde kein Wort verloren und auch nicht über den Orient – wodurch schließlich alles ebenso unklar und gefährdet blieb wie zuvor. Jedenfalls aber kamen die venezianischen Kriegsgefangenen alle frei, und beide Seiten durften hoffen, wenigstens die nächsten Jahre einander ausweichen zu können.

Bald florierte auch Venedigs Handel wieder wunderbar, das Geld floß, die Kunden waren zufrieden, am Rialto schoben sich immer neue Kirchen und Paläste in die Höhe, und im Arsenal wurde gehämmert und gesägt, daß es eine Art hatte. Jetzt zitterte niemand mehr in Venedig, jetzt gab es sogar schon wieder Überlegungen, wie man durch einen Kranz von Bollwerken auf dem Festland Stadt und Handelswege zusätzlich sichern könnte.

Was Wunder, wenn da der Blick zuerst nach Ferrara ging? Dort hatte die Republik schließlich schon seit langer Zeit die Handelsherrschaft, und da am letzten Januartag 1308 gerade Markgraf Azzo VIII. verschieden war und beträchtliche Thronwirren hinterlassen hatte, gab es eigentlich keinen Grund, weshalb San Marco nun nicht auch die politische Herrschaft antreten sollte. Einer der Thronprätendenten hatte sich ja sowieso schon hilfeschreiend zum Dogen geflüchtet. Allerdings kam nun auf einmal die Kurie und behauptete, Ferrara zähle zu jenen Gütern, die der selige Kaiser Barbarossa anno 1177 im hochgepriesenen Frieden von Venedig an den Heiligen Stuhl abgetreten und somit jener ein Erbrecht habe. Aber man verglich sich am Rialto mit den Gesandten Seiner Heiligkeit und vereinbarte, daß beide Mächte, Venedig und die Kurie, gleichberechtigt Ferrara verwalten und sich in die Einkünfte teilen sollten. Doch noch ehe die Tinte des Vertragsentwurfs trocken war, tat es von Avignon her einen

180

schrecklichen Schlag. Papst Clemens V. tobte, daß solch ein Abkommen niemals in seinem Sinne, die Republik eine Diebin und wegen Betrugs an der Heiligen Mutter Kirche in Bann und Interdikt sei, wobei er auch noch gleich ganz Oberitalien zu einem Kreuzzug gegen die Frevlerin aufrief.

Ein absurder Einfall, gewiß, aber Ravenna, Cervia, Bologna, Padua und dem Patriarchen von Aquileja konnte nichts willkommener sein, als im Rahmen eines »heiligen Werkes« dem verhaßten Lagunennest ein Ende zu machen und dafür noch Ablässe zu bekommen. Doch ganz so schlimm kam es nun wieder nicht. Die Verbündeten stellten sich zwar breitbeinig vor Ferrara, Venedig mußte klein beigeben, Ende August 1309 die Stadt räumen und zu allem Überfluß auch noch nach Istrien und Dalmatien hasten, wo der geistliche Herr aus Aquileja alles durcheinander gebracht hatte.

Aber dann zeigte es sich eben doch, daß Politik nicht nur aus Raufen, sondern auch aus Klugheit bestehen kann: Venezianische Gesandte machten den Papst zu einem glücklichen Mann, als sie ihm sagten, daß der Staat von San Marco sogleich sich zu einem Kreuzzug zur Wiedererrichtung des Lateinischen Kaiserreichs in Konstantinopel bereit finden würde, wenn er erst wieder die Gnade des Heiligen Vaters und seinen Frieden wegen Ferrara habe, andere Gesandte berichteten dem Patriarchen von Aquileja vom Wohlwollen Seiner Heiligkeit für die Lagunenstadt und daß man nun daran denken müsse, die gegenseitigen Beziehungen zum – auch finanziellen – Wohle beider Teile auszubauen, wieder andere Delegierte gingen nach Verona, unterrichteten die Scaliger dort von den jüngsten Entwicklungen und bemerkten nebenbei, daß im Falle einer territorialen Ausweitung der Herrschaft Veronas wohlwollendes Stillschweigen von Seiten Venedigs zumindest selbstverständlich sei – kurz, nach nicht ganz zwei Jahre bezahlte die Republik 100 000 Florentiner Schadenersatz (natürlich an den Papst), der Papst teilte der staunenden Welt mit, daß Venedig nun wieder in den Schoß der alleinseligmachenden Kirche zurückgekehrt und von Bann und Interdikt befreit sei, und im Friedensvertrag bekamen die Lagunenfüchse nicht nur ihre Handelsherrschaft in Ferrara neu bestätigt, sondern auch eine ganze Reihe weiterer Zusagen, die sie vor ihrem Streit mit Seiner Heiligkeit gar nicht gehabt hatten. Selten in der Geschichte ist eine Niederlage geschickter »umgewandelt« worden! Der Diplomat aber und Herr dieses Spiels war Francesco Dandolo, der später dann auch prompt Doge geworden ist. Im übrigen aber hat dieses Meisterstück Venedig hohes politisches Ansehen gebracht und eigentlich den Grundstein zum legendären Ruf der venezianischen Diplomatie gelegt.

Und dieser wachsende Ruf fand auch denn sogleich eine Bestätigung, als der deutsche König Heinrich VII. 1310 über die Alpen kam und sich die Lombardenkrone aufsetzte. Er hatte sich vorgenommen, die Reichspolitik der Staufer kompromißlos wieder aufzunehmen, und forderte also auch von jedem Staatswesen in Oberitalien Huldigung, Kriegsbeitrag und Heeresfolge. Jeder beugte sein Knie, jeder leistete seinen Schwur – nur Venedig verstand, sich zu drücken. Auch zwei Jahre später, bei der Kaiserkrönung in Rom, war die Republik natürlich glänzend vertreten, aber einen Untertaneneid oder ähnliches hat der nunmehrige Kaiser von ihr niemals gehört. Freilich ist es fraglich, ob diese Politik hätte durchgehalten werden können, aber zunächst war Herr Heinrich mit den Vorbereitungen für einen Feldzug gegen Neapel beschäftigt und brauchte jede Hand, und gleich darauf, schon 1313, ist er in Siena den traditionellen Tod der deutschen Kaiser in Italien gestorben, ganz überraschend und in einem ungemein praktischen Augenblick. Übrigens hat von seinen Nachfolgern keiner mehr versucht, sich auf ähnlich nachhaltige Weise südlich der Alpen zur Geltung zu bringen – wodurch die Herren wohl alle wesentlich länger lebten.

Allerdings machte der tote Herr Heinrich Venedig im nachhinein doch noch einigen Kummer. Er hatte nämlich in Verona den Scaliger Cangrande als Vikar eingesetzt, und nun, da das Reich sich wieder einmal auflöste, machte der wackere Degen seine eigene Politik. Von Diplomatie hielt er nicht viel, er schwor auf die Wirkung von Faust und Schwert, und was er sich damit zusammenzwang, konnte sich durchaus sehen lassen: Vicenza, Feltre, Belluno, Treviso, Padua. Natürlich wußte man auch, daß er von einem kleinen oberitalienischen Königreich träumte und mit seinem Appetit durchaus noch nicht am Ende war. Aber die Republik von San Marco hielt fast zaghaft still, denn er saß an ihrem Weg nach Deutschland. Und da er ihr Staatsgebiet peinlichst in Ruhe ließ, warum sollte sie dann – ?

Das änderte sich eigentlich erst, als nach dem Tod des Cangrande sein Neffe und Nachfolger es mit dem Größenwahn bekam. Daß er sich auch Brescia und Parma zulegte, wäre ja noch gegangen, aber als er direkt neben Chioggia ein Fort baute, und ein bedrohliches dazu, da war die Geduld wohl doch zu Ende. Wieder eilten venezianische Gesandte, und bald war eine meisterhafte Einkreisung gelungen: Florenz, Ferrara, Mailand, Mantua, Bologna, dazu Graf Johann von Görz-Tirol, Herzog Karl von Mähren, also der spätere Kaiser Karl IV., und sogar Papst Benedikt XII. Voilà, wenn das nicht klappte!

Es klappte! In kaum zwei Jahren war der Cangrande-Neffe niedergerungen, am 24. Januar 1339 wurde der Friede beschworen, jeder bekam ein paar Ländereien, Venedig aber Treviso, sein »Auge auf dem Festland«. Zwar war Florenz Lucca versprochen worden, aber da es seine Sache Venedig übertragen hatte, wurde daraus natürlich nichts. Florenz, mit ein paar schäbigen Gebietsstreifen abgefunden, zog sich in den Schmollwinkel zurück und schwor, sich den Vorfall zu merken.

»Nein aber auch, wie bedauerlich! Was die nur haben? Als ob wir etwas dafür könnten, wenn sie ihre eigenen Angelegenheiten schleifen lassen!« Die Söhne von San Marco setzten ihre treuherzigsten Mienen auf und kümmerten sich im übrigen um die Einbindung von Padua, das ja denn auch bald völlig unter venezianischer Kuratel stand, und um die veroneser Scaliger, denen es ebenso

Mit Mastino, dem Neffen und Nachfolger Cangrandes, endete bereits wieder der Scaligertraum vom oberitalienischen Königreich.

erging. Außerdem wurden rundum in Oberitalien Verträge und nützliche Bindungen geschaffen oder erneuert – und endlich, im Jahre 1347, schriftlich festgelegt und allen Anrainern und Interessierten kund und zu wissen getan, daß die gesamte Adria, von der Linie Valona-Otranto bis hinauf zu den Lagunen, venezianisches Hoheitsgebiet sei und jeder, der dort Schiffe wegnehme oder eigenmächtig mit Kriegsfahrzeugen kreuze oder sonst den Frieden störe, die Republik beleidige und also deren Strafe und Rache zu fürchten habe.

Im Grunde genommen war das ja eine Unverfrorenheit. Da wurde einfach ein ganzes Meer zum Privatbesitz erklärt – aber keiner protestierte, jeder ließ es stillschweigend gelten und unterschrieb brav alles, was die Republik so nach und nach vorlegte. Selbst die Ungarn mußten zugeben, daß ohne Venezianer in der Adria »nichts mehr möglich« sei, und wenn Boccaccio schimpfte, daß das ehrwürdige adriatische Meer nun zum Venetermeer umgetauft worden sei, so war das für Rialto nur eine Schmeichelei. Natürlich wurden in der Folgezeit von den Staatsjuristen der Republik die erstaunlichsten Rechtsgrundlagen für diesen Anspruch nachgewiesen, jedoch, da ihre Beweiskraft von der Beweiskraft der venezianischen Waffen und Dukaten abhing, hatten sie, wie eben alle großartig zitierten »Rechtsgrundlagen« in der Politik, wohl doch nur kosmetische Bedeutung. Den eigentlichen Sachverhalt umreißt immer noch jenes kurze Wortgeplänkel zwischen Papst Julius II. und dem venezianischen Gesandten Gerolami Donato, in dessen Verlauf der Heilige Vater die Titel der Rechte zu sehen verlangte, die die Lagunenrepublik auf das adriatische Meer habe. Da lächelte Ser Donato fein: »Was das betrifft, so wird Eure Heiligkeit das gewünschte Dokument auf der Rückseite der echten konstantinischen Schenkung finden.« Der Papst soll das Thema fürderhin peinlichst gemieden haben.

Im ganzen jedenfalls fühlte sich Venedig in jenen Jahren um 1345 durchaus prächtig, und als dem feinsinnigen und gelehrten Geschichtsschreiber Andrea Dandolo, Nachfahr des unglücklichen Kommandanten von Curzola, 1343 die Dogenmütze aufgesetzt wurde, stieß man die Gläser an auf eine goldene Zukunft. Aber wie es so zu gehen pflegt – vier Jahre danach bebte die Erde, und mit einer ganzen Menge Häuser stürzte auch gleich wieder die Zuversicht zusammen. Und im nächsten Jahr war die Pest in den Lagunen. Ihre Ernte war nicht gar so groß wie sonst irgendwo, denn durch das ständig fließende Wasser in den Kanälen herrschten hier einfach unvergleichlich bessere hygienische Verhältnisse als andernorts, aber dennoch war an allen Enden ein schreckliches Jammern und Sterben. Viele, viele Familien erloschen, und als die Heimsuchung endlich weiterzog, beklagte die Republik mehr als ein Drittel ihrer Bürger.

Vielleicht hielt Genua jetzt, da die Intimfeindin so bitter angeschlagen war, seine Stunde für gekommen? Jedenfalls verlangte es plötzlich, wiewohl selbst durch die Pest arg erschöpft, daß Venedig seinen Schwarzmeerhandelsplatz von Tana am Asowschen Meer nach Kaffa auf der Krim verlegen müsse. Ach! Am Rialto war man nun doch etwas sprachlos. Das war ja etwa so, als ob ein Kaufmann aufgefordert würde, seinen eigenen, gutgehenden Laden zu schließen und als Untermieter zu seiner ärgsten Konkurrenz zu ziehen. Jedoch, war auch die Plumpheit dieses Einfalls an sich eine Beleidigung, so wurde damit endlich der eigentliche Grund für diesen nun schon gut hundert Jahre währenden, zermürbenden Kampf zwischen den beiden Rivalinnen umrissen: das Ringen um die Herrschaft über den Handel am Schwarzen Meer!

Nach 1204 war da nämlich Venedig eindeutig im Vorteil, dann hat sich, als nach 1261 Konstantinopel wieder griechisch war, die Lage umgekehrt, und seither verteidigte Genua »sein« Meer mit Zähnen und Klauen. Trotzdem hatte Venedigs zähe Beharrlichkeit gegen alle die unglaublichen Widerstände inzwischen wieder glänzenden Erfolg gehabt – außer Sinope am kleinasiatischen Ufer hatte es sich gegenüber am Asowschen Meer längst eben jenes Tana gesichert, hinter dem die ganzen unerschöpflichen Märkte des heutigen Südrußland offenlagen. Natürlich war das für Genua, das geglaubt hatte, mit Amastris und Samsun in Kleinasien und mit Kaffa auf der Krim das absolute Monopol erreicht zu haben, ganz und gar unerträglich, und da weder Überfälle noch Belästigungen noch regelmäßiges Sperren von Dardanellen und Bosporus wirklich halfen, bildete es sich nunmehr als letzten Ausweg offenbar ein, durch einen erzwungenen Umzug Venedigs nach Kaffa die Sache doch noch für sich entscheiden zu können.

So eine Kühnheit! Selbstverständlich lehnte Venedig das Ansinnen ab, und selbstverständlich sperrte Genua dafür den Bosporus. Sogleich aber hatten die Rialtodiplomaten Bündnisse zur Hand mit dem Griechenkaiser, dem die Vertreibung der Genuesen aus Konstantinopel versprochen wurde, und Aragon, das Sardinien bekommen sollte. Die Prügelei am 13. Februar 1352 allerdings, die vor dem Goldenen Horn und also unter den prüfenden Augen des Basileus stattfand, verlief doch recht seltsam. In den Venezianerchroniken steht zwar, keiner habe gewonnen, aber da der Kaiser von Konstantinopel sich daraufhin zu wohlwollender Neutralität entschloß, scheinen sich die Venezianer keinen Lorbeerkranz erkämpft zu haben.

Das nächste Treffen im Jahr darauf, am 27. August 1353, ging da schon anders aus: Venedig und Aragon jagten vor Sardinien fast die gesamte genuesische Flotte auf den Grund. Genua blieben seine bösen Spottlieder vor Entsetzen im Halse stecken, aber dann hatte es einen einfach genialen Einfall: es unterstellte sich Erzbischof Giovanni Visconti von Mailand als Oberherrn, selbiger nahm gleich darauf umjubelt von seiner neuen Stadt Besitz – und jetzt hieß Venedigs Gegner nicht mehr Genua, sondern Mailand! Die Diplomaten am Rialto dürften fürs erste seltsam dreingeschaut haben.

Aber die Schrecksekunde war kurz. Gleich huschten sie wieder los, und schon im Dezember desselben Jahres stand ein neuer Lombardenbund, diesmal gegen Mailand gerichtet: Verona, Ferrara, Padua, Mantua und – Kaiser Karl IV.! Das war meisterhaft und zuviel für den Erzbischof. Denn er dachte nicht daran, sich wegen Genua auch nur mit irgend jemandem zu schlagen, geschweige denn mit einer solchen Liga. Und so schickte er im Mai 1354 Francesco Petrarca, den Dichter, nach Venedig, um ihn vor Rat und Dogen für Frieden werben zu lassen. Und der Dichter warb, mit einer großen, edlen Rede, die so recht den Geist des Abendlandes umgriff, manches reimte sich sogar. Es war eine ganz wundervolle Rede, aber leider, die Kaufleute des Heiligen Markus fanden nur, daß sich in all den kunstvollen Satzgebilden kein einziger handfester Vorschlag fand, und so mußte Petrarca bald unverrichteter Dinge den Rückweg antreten, freilich nicht ohne zuvor seiner tiefen Enttäuschung über das unversöhnliche Verhalten der Republik in wohlgesetzten Worten Ausdruck verliehen zu haben.

Doch abgesehen vom Gram des Dichterdiplomaten: Venedig hat mit seinem Nein in der Tat einen großen Fehler gemacht. Denn zu jenem Zeitpunkt hätte es mit Mailand aus einer Position der Stärke heraus verhandeln können, womit

Heckfigur einer eroberten genuesischen Galeere, heute noch gern gezeigtes Prunkstück des Museo Storico Navale in Venedig.

entsprechend gute Ergebnisse so gut wie sicher gewesen wären. Und außerdem wollte eigentlich keiner der Verbündeten den Krieg, schon gar nicht, da jetzt die Aussicht bestand, auch ohne Mühen und im Konferenzsaal den versprochenen Siegespreis einzuheimsen.

Die ungeschickte Ablehnung des Mailänder Friedensangebots stimmte daher die Freunde rundum höchst bedenklich, die Allianz begann zu zerbröckeln, und als sich die venezianische Flotte vier Monate später dem Aufgebot des wiedererstarkten Genua stellen mußte, kam von nirgendwoher Hilfe. Die Schlacht beim Kap Modon ging für San Marco verloren, und der Rialto mußte froh sein, als er beim Friedensschluß im Juni des folgenden Jahres nur die Bedingungen des Vertrages von 1299 beschwören und sich verpflichten mußte, drei Jahre lang Tana nicht anzulaufen. Im übrigen erging es jetzt Aragon wie vordem Florenz: der Vertrag wurde heimlich und separat vereinbart, Aragon sah sich ausgeschlossen, bekam kein Stücklein vom versprochenen Sardinien und mußte sich mit 99 000 Florentinern abfinden lassen, die ihm Venedig als Entschädigung zahlte! Die Republik hatte eben eine ganz besondere Art, ihre Freunde zu verprellen, obwohl sie doch eigentlich gerade jetzt notwendiger gewesen wären denn je.

Im Juli 1357 nämlich überfiel der Ungarkönig Ludwig Dalmatien, nahm sich Stück für Stück, und im Diktatfrieden vom 18. Februar des nächsten Jahres mußte das hilflose Venedig ihm alle seine Eroberungen als rechtens zugestehen. Und acht Jahre später, am 9. August 1367, stand Kreta in Flammen: doch jetzt waren es nicht die unseligen Kreter mit ihrer doppelten Erbsünde, die aufbegehrten, sondern die eigenen venezianischen Kolonisten. Zwar durfte sich die Lagunenregierung selber die Schuld zuschreiben, denn die armen Teufel auf Kreta hatten in der letzten Zeit bis zu hundert Prozent ihrer Ernte als Steuern abführen müssen.

Aber das machte die Sache nicht ungefährlicher, zumal hinter allem, wie könnte es anders sein, wieder einmal die Genuesen steckten. Und also schickte die Republik eine übermächtige Landarmee, die Aufständischen kamen in Bedrängnis, boten ihre Insel Genua an, das lehnte ab und stellte sich taub – und schon nach gut drei Jahren wurden den letzten Empörern die Köpfe abgeschlagen. Aber die Regierung tat noch ein übriges. Im Osten der Insel liegt hoch oben in den Bergen und nur ganz schwer zugänglich die Lassithi-Ebene, im Übermaß fruchtbar und als kretische Kornkammer das ideale Zentrum für Aufrührer. Somit erließ Rialto das Gesetz, daß jedem, der dort oben säe oder pflüge oder Herden weide, ein Fuß abzuhacken sei. Die Lassithi wurde zur Wüstenei und blieb es, bis die Türken kamen. Erst dann wurde sie wieder – Rebellenland.

Kreta war nun also »befriedet«, aber nun begann Genua, das sich längst wieder aus seiner scheinheiligen Bindung mit Mailand gelöst hatte, erneut zu wühlen. Schon 1376 sah sich Venedig einer höchst gefährlichen Liga gegenüber: der Patriarch von Aquileja und der König von Ungarn, die sich in Istrien teilen, der Herzog von Österreich, der Friaul und Triest haben wollte, Padua und Verona, die das venezianische Joch abzuschütteln gedachten, und dann natürlich Genua, das zu allem entschlossen war.

Die Gesandten der Republik flatterten durch das Abendland, aber niemand mochte sich binden. Der Kaiser wollte keine Partei ergreifen, der Franzosenkönig hatte anderes zu tun, und Aragon lehnte ebenfalls ab – was allerdings denn auch nicht weiter verwunderlich ist.

Und als der Krieg begann, war Venedig, das so geschmeidige, vielzüngige Venedig, allein. Zwar hatte es anfangs einige Erfolge bei kleineren Scharmützeln auf der Adria, aber am 5. Mai 1379 erlitt es vor Pola eine totale Niederlage, aus der gerade noch mit Mühe sechs Galeeren gerettet werden konnten.

Und dann geschah das bisher Undenkbare: Genuesen patroullierten vor dem Lido!

Bald darauf braust dann auch Piero Doria daher, mit gut zweihundert Schiffen, davon mehr als siebzig Galeeren. Er unterwirft die Küste Istriens, danach Grado, Caorle, schließlich Chioggia und blockiert die Porti zur Lagune. Und da auf dem Festland die anderen Feinde im Halbkreis kauern, ist Venedig nunmehr eingeschlossen, ohne Hoffnung und dem Hungertod ausgeliefert, wenn es sich nicht ergibt.

Die Gegner triumphieren und biegen sich vor Lachen über die quakende Hilflosigkeit der »einstigen Herrin der Adria samt drei Achteln des römischen Reiches«. In Genua kreischen die Gassenjungen: »Nun bist Du ja tot, auch wenn Du es nicht glaubst, nun hast Du Deinen Lohn, Du Mutter des Betrugs!«, und in Padua sitzen Architekten und Militärs zusammen: sie brüten über Plänen, nach denen ein Damm vom Festland zum Rialto aufgeschüttet werden und die Stadt zu einer Seefeste Paduas ausgebaut werden soll. Der Ungarkönig tönt, er werde Venedig zu seiner zwölften Provinz machen, und Piero Doria leistet den feierlichen Schwur, daß er nicht ruhen wolle, als bis er den vier Rossen von San Marco das Zaumzeug umgelegt habe. Kein Zweifel, die Republik Venedig ist in höchster Not, und der Rat faßt Beschlüsse, die offenbar so erschütternd sind, daß alle Aufzeichnungen darüber später, am 1. März 1384, spurlos verbrannt werden.

In der Nacht vor der Christnacht des Jahres 1379 bäumt sich das gequälte, verzweifelte Völklein der Veneter noch einmal auf, das letzte Mal, wie es scheint. Und gewärtig, daß es nun auch aus seiner letzten Zuflucht, dem Sumpfland, vertrieben – und wohl auch für immer aufgerieben würde. Kein ermunternder Zuruf will aufkommen, und tiefe Traurigkeit liegt über Rialto, als das letzte Aufgebot über die Lagune hin gegen den Lido gleitet: 34 Galeeren, gut hundert sonstige Schiffe und an der Spitze der alte Doge.

Der Rest ist schnell erzählt: Im Handstreich hat diese letzte Flotte Venedigs die Blockade vor den Porti aufgebrochen, einige wichtige Kanalmündungen besetzt und dann einen Ring um Chioggia geschlossen: Die Genuesen samt ihrer Flotte saßen in der Falle!

Zwar zitterten der Doge und Vettore Pisani, der Flottenkommandant, in der Angst, daß alles doch noch zusammenbrechen könnte, da ihr Belagerungsring wegen der wenigen Fahrzeuge, die sie hatten, überall durchlässig war. Aber dann kam Carlo Zeno, gerade noch zur rechten Zeit.

Er war ein prachtvoller Kerl, der Zeno. Mit einer eigentlich nur kleinen Flotte hatte ihn der Rat auf Expedition geschickt, um in der Ägäis alles Genuesische das Fürchten zu lehren – er schien seine Sache gut gemacht zu haben, die von ihm Heimgesuchten bebten noch immer! Dann hat man ihn heimbeordert wegen der großen Not, und schon jetzt, am Neujahrstag des Jahres 1380, war er da. Es brauchte nicht viel, Gruß, Zuruf, ein paar Zeichen, und schon fügte Carlo seine Kähne in die ärgsten Lücken. Nun gnade Dir Gott, Genua!

Der Venezianerring zog sich enger, die Eingeschlossenen japsten, wollten ausbrechen, wurden untergetaucht, Pietro Doria hatte sich dabei offenbar übernommen, er starb am 25. Januar. Der Ring zog sich zu. Monate, Monate enervierender Belagerung, draußen der Gürtel der Venezianer, viel zu weit, ständig mußte hin- und hergekurvt werden, um Lücken zu schließen, drinnen die Feinde, die Genuesen, die sich nicht rühren konnten, die zusammengepfercht auf ihrer riesigen Flotte saßen und nur noch Angst und Hunger hatten. Zwar wagten sich noch ein paar Geschwader Genuas in die Adria und richteten einigen Schaden an, aber zu einer Entsatzschlacht kam es nicht mehr.

Mitte Juni 1380 dann wurde die Schleife um Chioggia ein Nadelöhr, die genuesische Flottenpracht buchstäblich erwürgt, das noch Brauchbare San Marco unterstellt, das Unbrauchbare versenkt. Am 21. Juni war die Stadt wieder venezianisch und mehr als tausend Genuesen wanderten in die Rialtogefängnisse beziehungsweise (jedenfalls flüstert man das bis heute in Genua!) nach Ägypten, zur weiteren Verwendung für den Sultan.

24. Juni 1380: Der Doge Contarini zieht in Chioggia ein, Hosiannachöre, Weihrauch, Blumenregen, das Volk ist außer sich. Auf dem Stadtplatz besteigt er den Thron, hebt die Arme zum Himmel, das Volk verstummt. Und in die Stille hinein und weit übers Meer hallt seine Stimme: »Du Raubstadt, wo ist Dein Stolz?« Was er sonst gesagt hat, ist nicht überliefert und wohl im tosenden Jubel untergegangen.

Kein Zweifel, der strahlende Sieger hieß Venedig, Venedig, das erschöpft und halbtot nur noch die Hälfte der Schiffe hatte zusammenscharren können, über die seine Feindin vor den Lagunen verfügte, Venedig, das all seinen Gegnern ringsum in jeder Weise so hoffnungslos unterlegen schien! Das ist in der Tat eine Wendung, die alle Merkmale eines kleinen Wunders aufweist, und als solches wird sie ja auch in den Annalen der Lagunenstadt geführt. Trotzdem, ein wenig Irdisches hat auch mitgewirkt: die Republik hatte nämlich umgerüstet. Spätestens seit 1320 wurden im Arsenal zwei neue Galeerentypen gebaut, die kleinere »Fusta« mit 15 bis 20 Doppelriemenpaaren und 60 bis 80 Ruderern, sowie die große »Galea sottil« mit 23 Dreierpaaren und 138 Ruderern an Bord. Das Neue dieser Schiffe war der mit dem Deck nach oben wasserdicht geschlossene Rumpf, also ein regelrechter Schwimmkörper. Die bisherigen Modelle dagegen, die übrigens die Genuesen immer noch hatten, waren oben offen und liefen, schwappte eine Welle darüber – was bei den langen, schmalen, niedrig gebauten Galeeren nur allzuleicht passierte –, voll Wasser und soffen, pardon, ab, während die neuen venezianischen Typen weiterhin munter obenauf schwammen. Als deshalb Genua den Venezianern so nach und nach alle die alten Typen auf den Grund jagte, tat es ihnen eigentlich nur einen Gefallen: Es zwang sie, das neue System anzuwenden.

Und das kam – aus China! Es entspricht genau dem Aufbau der Petschili-Dschunke, dem damals in Ostasien überlegenen Schiffstyp. Gleichzeitig hat der venezianische Schiffbau auch das wendige, im Manövrieren europäischen Syste-

Petschilidschunke aus dem Buch des Marco Polo. Wie alle Venezianer war Ser Polo mit Seefahrt und Schiffsbau bestens vertraut und brachte zahlreiche Verbesserungen auf diesem Gebiet von China mit in die Lagune.

men überlegene Dschunkensegel übernommen, das dann, etwas verändert, als Luggersegel bis in unser Jahrhundert die Lagunen beherrschte. Wie diese Kenntnisse aus China nach Venedig gelangt sind? Nun, da Ser Marco Polo nach seiner Gefangenschaft in seiner Heimatstadt offenbar doch noch höchst ernst genommen worden ist, dürfte er da wohl nicht unbeteiligt gewesen sein – oder?

Jedoch trotz des eindrucksvollen Sieges von Chioggia, trotz des Löwenmutes der Pisanis, Contarinis, Giustinianis mußte die Republik, als sie am 8. August 1381 zur Friedenskonferenz nach Turin kam, erkennen, daß sie dennoch die Besiegte war. Genua hatte sie zwar überwunden, aber die anderen Alliierten noch immer am Halse. Und so fiel auch der Friedensvertrag gar nicht so erfreulich aus: Venedig verlor Treviso und Triest, mußte seinen Verzicht auf Dalmatien bestätigen und jeder Einflußnahme auf Padua und Verona entsagen. Aber was blieb, genügte noch immer, das alte Staatsgebiet in den Lagunen, die Adria, die Ägäis, die Schwarzmeerplätze und alle dazugehörenden Freiheiten – eine höchst respektable Basis, auf der sich arbeiten und warten ließ, warten, bis sich die Verhältnisse änderten.

Sie änderten sich schnell. Der großmäulige Ungarnkönig Ludwig starb und sein ach so mächtiges Reich fiel wie eine Seifenblase zusammen und Dalmatien somit wieder an Venedig, Padua verlor nach und nach wieder allen Hochmut und kehrte reuig zu den Geldtöpfen San Marcos zurück, und Genua gar trat nur noch als Handelszentrum in Erscheinung, einmal unter diesem, einmal unter jenem Herrn. Als politische Potenz schied es aus. Zwar ist das etwas verwunderlich, denn Geld und Kraft für einen eigenen Staat hätten die Genuesen durchaus genug gehabt. Aber vielleicht scheute ihr, in Italien geradezu sprichwörtlicher, Geiz tatsächlich, wie es zuweilen heißt, neue Kosten für eine Kriegsflotte, für ein Söldnerheer und gar für neue Kriege und zog es deshalb vor, diese unangenehmen Dinge einem fremden Oberherren zu überlassen – Mailändern, Franzosen, Spaniern und Piemontesen in bunter Folge. Es könnte durchaus so sein, die Fakten jedenfalls sprechen nicht dagegen.

Und so ist von den großen Tragöden und Komikern dieses waffenklirrenden Stücks des 14. Jahrhunderts eigentlich nur die venezianische Händlerrepublik übriggeblieben, äußerlich zwar etwas ramponiert, im Inneren aber so gefestigt und so voller Energie, daß die Welt sich noch auf einiges gefaßt machen konnte. Denn in diesem Gemeinwesen war eine Ordnung gewachsen von einem so hohen Maß an Geschlossenheit, Kraft und Ausgleich, daß die Republik von Venedig bis weit ins 17. Jahrhundert hinein als der fortschrittlichste, stärkste und reichste Staat des Abendlandes gegolten hat.

Galea sottil, der neue venezianische Galeerentyp.

Die Erhabene Republik

»Was mir aber vor allem so recht merkwürdig dünkt, ist, daß dieses Volk so recht ein Ganzes scheint, ohne Zwietracht und Bosheit. So Schiffe eines Kaufherrn verloren gehen durch Heiden, Sturm oder christliche Spitzbuben, klagt die ganze Stadt darüber, aber so ein Geschwader heil eingelaufen ist mit reicher Fracht, frohlockt sie desgleichen, so daß sich glauben läßt, Schiffe und Waren seien Eigentum von allen und nicht eines einzelnen reichen Herrn. Auch habe ich niemanden ungut reden hören über den Dogen und das Regiment, weder die Niedrigen noch die Höheren, wiewohl ich mich mühte, viele Meinungen zu fragen, entgegen dem alten Gesetz, daß wir nicht mit ihnen umgehen dürfen, es sei denn, zum Kaufen und Tauschen.«

Treffender hätte der Handelsmann Peter Werlin aus Schlettstadt, um 1530 zu Geschäften in Venedig für Straßburger und Baseler Häuser, das venezianische Staatsverständnis nicht umreißen können. Wie mag auf ihn, und wohl auch auf seinen Bruder in Breisach, an den dieser Brief gerichtet war, eine so eherne, ruhige Geschlossenheit gewirkt haben, auf sie, die sie sich zuhause im Reich dem Toben des Bauernkriegs und dem selbstmörderischen Kampf zwischen Kaiser und Fürsten gegenüber sahen! Und ringsum, in Frankreich, Holland, Ungarn, Italien war es schließlich nicht besser. Wie eine seltsam ferne Wunschinsel lag diese Republik inmitten der gärenden Welt, fest und gelassen, kaum berührt von dem Wüten, das gegen ihre Grenzen schlug und wohl wert, bewundert, vielleicht sogar ein wenig beneidet zu werden.

Denn das uralte Große Konzept, unverändert gültig und alles prägend, hatte eine ganz erstaunliche Verfassung wachsen lassen. Bestimmt von der selbstverständlichen Tatsache, daß der Staat nur bestehen konnte, wenn im Innern alle Kräfte zusammengefaßt und in einer Richtung wirkten, hatte man in den Lagunen große Kämpfe und Erschütterungen tunlichst vermieden – abgesehen vielleicht von wenigen harten Attacken gegen monarchische Bestrebungen –, und Machtverschiebungen langsam, lautlos, aber um so zäher verfolgt.

Am Anfang war ja alles recht einfach: große Familien und Kleriker wählten den Dogen, der berief seine Räte und Mitarbeiter und schaltete eigentlich recht autoritär bis zu seinem Hinscheiden. Spätestens jedoch ab 850 hatte eine allgemeine Volksversammlung, der »Arengo«, bei der Dogenwahl erheblich mitzubestimmen, und es sah eine Zeitlang in der Tat so aus, als würde sich da so etwas wie eine Demokratie entwickeln.

Aber das lag gar nicht im Sinne der Großen Familien, die sich ja schließlich längst zu einer höchst selbstbewußten Adelsschicht entwickelt hatten: sie waren die Nachkommen der alten Tribunengeschlechter, die Erben der sagenumwobenen Sippen, die in Jahrhunderten diesen Staat mühsam aufgebaut hatten, sie trugen die Risiken und führten jene Handelshäuser, von deren Erfolg das Schicksal des gesamten Gemeinwesens abhing – und die im übrigen ebenfalls von ihren Vorfahren Stück für Stück zusammengefügt worden waren. Selbstverständlich kam die Führung der Republik ganz allein ihnen, den Großen Familien, den Patriziern, zu. Sie dachten nicht daran, die Macht mit der Plebs zu teilen, und erreichten, daß ab 1176 der Arengo nicht mehr direkt mitwählen

Prozession einer Bruderschaft. Obschon das Bürgertum von den direkten politischen Entscheidungen ausgeschlossen war, hatte es durch die Scuole und Bruderschaften doch erheblichen Einfluß auf den Staat.

solle, sondern vier Urwähler zu küren habe, die ihrerseits vierzig eigentliche Wahlmänner ernennen durften. Aber schon 1268 wurde die Aufgabe dieser Vierzig auf höchst raffinierte und für jeden Nichtjuristen hoffnungslos verwirrende Weise dem Großen Rat übertragen, wodurch von da an die demokratischen Rechte des Volkes auf einen kräftigen Jubelschrei zusammengeschmolzen waren, den es auszustoßen hatte, wenn ihm vom Balkon des Dogenpalastes aus der neue Regent Venedigs präsentiert wurde mit den Worten: »Das ist Euer Doge, wenn es Euch beliebt!«

Vollends vor die Tür gesetzt sahen sich dann die kleinen Leute, als 1297 der Doge Pietro Gradenigo die Zugehörigkeit zum Großen Rat erblich machen ließ. Er setzte nämlich durch, daß nur noch Persönlichkeiten diesem Großen Rat angehören durften, die für sich selbst bereits eine vierjährige Mitgliedschaft oder aber in ihrer Familie seit 1176 ein Ratsmitglied nachweisen könnten. Und da nur Angehörige des Großen Rates in irgendwelche Regierungsämter gewählt werden durften, war die Macht im Staate für alle Zeit dem Patriziat gesichert.

Hier also die kleinen Leute, die »Popolanen«, wie sie hießen, die nicht einmal mehr das kleinste Wörtlein mitzureden hatten – dort die Patrizier, die alle Gewalt in Händen hielten: In der Republik von San Marco hatte sich die Oligarchie durchgesetzt, die Herrschaft einer dünnen Oberschicht, die sich über Jahrhunderte kaum veränderte.

Jedoch, auch wenn es einen überzeugten Demokraten von Herzen erbittert (was sich allerdings auch gehört): das System hatte durchaus sein Gutes. Zum einen brauchte niemand mehr nach Wählerstimmen zu schielen, Wahlgeschenke auszustreuen, den Massen nach dem Mund zu reden; wenn Entscheidungen zu treffen waren, wurden sie am Nutzen des Staates ausgerichtet und nicht an der Frage, ob sie vielleicht unpopulär sein könnten. Und zum anderen sorgte die wachsame Eifersucht zwischen den einzelnen Familien sehr wohl dafür, daß keiner zu mächtig wurde, keiner seine Aufgaben vernachlässigte, keiner Schaden anrichten konnte. Mochten die Mengen ihrer Reichtümer auch unterschiedlich sein, vor dem Staat und im Staat waren sie alle gleich, im Dienst am Staat forderten sie von einander das Äußerste, trieben sich gegenseitig zu immer neuen Höchstleistungen an. Natürlich auch mit gutem Grund: Gedieh der Staat, dann gedieh der Handel, ging es ihm schlecht, ließen die bösen Folgen für die Geldtruhen nicht lange auf sich warten. Wer für das öffentliche Wohl sorgte, sorgte für sein Geschäft, ein Umstand, aus dem der Idealismus immer neue Kraft schöpfen konnte.

Und so war es einfach selbstverständlich, daß jeder für die Republik das Letzte gab, ohne dafür auch nur ein wenig geehrt zu werden. Denn keiner sollte sich über den anderen erheben, alle waren sie gleich. In Venedig hat es nie einen wirklich Gewaltigen gegeben, keinen Medici, Sforza, Visconti, Colonna, in Venedig verneigte man sich nur vor der Republik, der alle bedingungslos zu dienen hatten. Wohl deshalb auch hat bis zum Ende der alten Serenissima niemand ein Denkmal in der Lagunenstadt bekommen (mit Ausnahme des Herrn Colleoni, und das auch nur, weil die Regierung ohne dieses Zugeständnis sein unermeßliches Vermögen nicht hätte erben können).

Sie waren alle gleich – und sie mußten es sein, da nur so jene völlige innere Ruhe erreicht werden konnte, die eines der steinernen Grundgesetze der Republik ausmachte. Waffenlärm wegen privater Auseinandersetzungen durfte es nicht geben. Wer sich dazu hinreißen ließ, wurde hart bestraft, nicht selten sogar mit dem Tod. Zwar konnten sich auch in Venedig, wie anderswo, eine ganze Menge Leute nicht ausstehen. Aber man wahrte die Form, war höflich, lächelte gequält, auch wenn man sich hätte Gift geben können. Für eventuelle Rache-Akte ließ man sich Feineres, Subtileres einfallen, eben etwas, das die innere Ruhe nicht störte. Denn die war nun einmal heilig, und die Sorge um sie ließ die sonst doch recht profane Republik sogar die Ehebrecher mit aller Strenge verfolgen – natürlich nicht wegen der Moral. Vielmehr stellten die möglichen Regungen gehörnter Ehemänner ein so unberechenbares Risiko für den Frieden in den Kanälen dar, daß derlei einfach von Anfang an unterbunden werden mußte.

Doch zumindest ebenso unantastbar wie die innere Ruhe war die Würde der Republik. Mochten hinter den verschlossenen Türen die Räte sich angiften, mochten sie dort dem Dogen eine Niederlage nach der anderen bereiten: Nach außen durfte nichts dringen. Nach außen traten alle Würdenträger und Organe der Republik in feierlicher Einigkeit auf, sie waren der Staat, und der Staat war erhaben. Mißgriffe von Amtsträgern wurden im Stillen ausgemacht, notwendige Umbesetzungen unauffällig vorgenommen. Niemand außerhalb des Dogenpalastes hatte das Recht, die Regierung zu kritisieren oder gar eines ihrer Mitglieder zu verunglimpfen. Die Strafen dafür waren hart. So etwa wurde um 1450 einem siebzehnjährigen Contarinisproß die rechte Hand abgeschlagen, weil er einen Spottvers über den Dogen an eine Mauer gekritzelt hatte – immerhin, einem Contarini!

Denn so hart und unerbittlich die Rechtsprechung der Republik auch zugreifen konnte, sie war stets und in höchstem Maße gerecht. Die Urteile wurden ohne jedes Ansehen der Person gefällt, im Gegenteil, je höheren Standes der Delinquent war, desto mitleidloser traf ihn die Strafe. Es fehlte in Venedig einfach jedes Verständnis dafür, daß jemand überhaupt gegen den Staat handeln konnte, und je mehr einer an Führungsaufgaben teil hatte oder hätte haben können, um so größer war das Befremden. Immerhin machte sich ein Angehöriger des Patriziats sogar schon verdächtig, wenn er seiner Republik gegenüber zu wenig Einsatzfreude zeigte. Da brauchte es nur einen kleinen Hinweis, und aus der Gleichgültigkeit des Ser Giustiniani oder Vendramin war auch schon eine Anklage wegen Arglist oder Sabotage geworden. An »Hinweisen« fehlte es den Gerichten nie.

Unter den Loggien nämlich und in einigen Räumen des Dogenpalastes waren

DENONTIE SECRETE
CONTRO CHI OCCVLTERÃ
GRATIE ET OFFICII.
Õ COLLVDERÃ PER
NASCONDER LA VERA
RENDITA Ð ESSI.
xxx

Löwenmaul: »Geheime Hinweise gegen jedermann wird er in Dankbarkeit und Pflicht verbergen, oder er wird dazu beitragen ihre wirklichen Zusammenhänge ans Licht zu bringen.«

mehrere Marmorplatten in die Mauern eingelassen mit hübschen Reliefs, die einen löwenähnlichen Kopf zeigten und darin ein spaltbreit geöffnetes Maul, durch das sich etwas einwerfen ließ. Und eingeworfen wurde fleißig – geheime Anzeigen! Jeder konnte hier anklagen, ohne daß sein Name dem Beklagten jemals bekannt geworden wäre. Der sah sich nur plötzlich vor den Rat der Zehn zitiert, dem Satz gegenüber: »Wie uns mitgeteilt wurde –«, sah sich vielleicht gefoltert, verurteilt und schließlich sogar um irgendwelche Gliedmaßen oder gar ums Leben gebracht. Und er wußte zu keiner Stunde, wem er diese Glücksfälle zu verdanken hatte. Es konnte jeder gewesen sein, der Buchhalter, der mißgünstige Bruder, der geprellte Geschäftsfreund, der Friseur, die eifersüchtige Gattin oder jemand aus deren Anhang.

Doch eben das war das Geniale an diesem System der totalen Überwachung, daß die Regierung zwar lückenlos über alles unterrichtet war, der Überwachte aber mangels Kenntnis seines Feindes keine Rache üben und damit den inneren Frieden nicht gefährden konnte. In den ersten Jahren zwar, als dieses Verfahren der geheimen Anzeige, wohl in der schlimmen Bedrängnis des Chioggiakrieges, eingeführt worden war, gab es mehr Ärger und Mißbrauch als nützliche Ausbeute. So mancher meinte, jetzt endlich für irgend etwas Vergeltung üben zu müssen, und die Irrwege und Peinlichkeiten für die Behörden rissen nicht ab. Aber dann erließ die Regierung 1387 das Gesetz, daß jede Anzeige die Unterschrift des Klägers sowie zweier Zeugen zu tragen habe, anonyme Mitteilungen ungelesen vernichtet und falsche oder böswillige Anschuldigungen strengstens bestraft würden. Die Sache spielte sich ein, und bald verfügte San Marco über das beste Nachrichtennetz, das sich denken läßt, das nichts kostete, und das zudem noch einen höchst erfreulichen Nebeneffekt hatte: Jene, die nach dem Rand der Legalität schielten, überlegten es sich nun doch, und die Masse der anderen, der loyalen Bürger, wurde durch dieses ständige Mitdenken allmählich mit dem Staate eins, und die Angelegenheiten des Gemeinwesens galten immer mehr auch als Angelegenheiten eines jeden einzelnen.

Trotzdem ballen wir Heutigen angesichts solcher Polizeistaatmanieren erschüttert die Faust und fühlen in uns wohlig den heiligen Zorn aufsteigen, weil – aber bevor wir denselben vollends sich ausbreiten lassen, sollten wir vielleicht doch noch rasch ein paar Kleinigkeiten bedenken: Zunächst wurde ja nur ein Bruchteil der Anzeigen überhaupt verfolgt oder führte, wenn es doch zu einem Verfahren kam, zu belanglosen Resultaten; energisch verfolgten die Behörden nur Vergehen, die dem Staat gefährlich werden konnten oder sollten. Sodann wäre zu beachten, wie es zu jener Zeit rings um Venedig mit den Menschenrechten aussah – was war denn ein Leben bis ins späte 18. Jahrhundert hinein wert im Kirchenstaat, in Frankreich, im Deutschen Reich, unter irgendeinem oberitalienischen Potentaten? Zum dritten brachte diese Republik ihren Bürgern ganz einfach einen unglaublichen Wohlstand, selbst der Ärmste war abgesichert, der Staat kümmerte sich um ihn. Und eben darin liegt wohl doch ein kleiner Unterschied: denn in unserer so fortschrittlichen Welt von heute haben immerhin mehr als 65 Prozent der Staatsgebilde ein zumindest ebenso dichtes Spitzel- und Nachrichtensystem wie seinerzeit der Rialto, nur eben daß es den Menschen dabei außerdem noch ganz einfach schlecht geht. Vielleicht lockert sich unsere, wegen der »venezianischen Zustände« geballte Faust nun doch ein wenig?

Ja, vielleicht entwickelt sich sogar eine Art ärgerlicher Bewunderung, wenn wir bedenken, welch umfassenden – und ebenfalls kostenlosen – Nachrichtendienst die Republik im Ausland unterhielt. Die Regierung in der Lagune wußte alles, was ein Mächtiger dachte, welche Fäden er spann, welche Pläne er entwarf, wie er gerade die Meinung änderte, beziehungsweise mit welchen Mitteln er sich dazu bewegen ließ. Denn die Republik hatte die besten Agenten der Geschichte – ihre Kaufleute. Auch sie sorgten nur und ausschließlich für ihren Staat, auch sie waren vor allem Venezianer und dann erst Christen, auch sie sammelten und hamsterten alles, was sie nur in Erfahrung zu bringen vermochten, um es dann umgehend an den Rialto weiterzuleiten.

Sie saßen ja schließlich überall, rund ums Mittelmeer und weit nach Osten, Norden und Westen, und wenn ein Regent auch nur drei von ihnen in seine Stadt ließ, hatte er gleich hinter jeder Tür den Dogen sitzen. Hohe und Höchstgestellte waren ihre Informanten, immer und immer wieder versank ein prallgefülltes Beutelchen mit Dukaten in den weiten Brokatärmeln eines Höflings, weil er über seinen Herrn etwas besonders Schönes berichtet hatte. Und Tag für Tag trugen die Schiffe aus allen Weltgegenden mit ihren kostbaren Waren nicht minder kostbare Nachrichten und Hinweise in die Lagune, und während die Schauerleute Stoffballen und Getreidesäcke geräuschvoll in die Stapelhäuser und Gewölbe karrten, überreichte im Dogenpalast ein unscheinbarer Handelsmann dem Großkanzler ein versiegeltes Kästchen, dessen Inhalt die Arbeit der Diplomaten des heiligen Markus zumeist beträchtlich erleichterte.

Der Große Rat beschäftigte sich mit derlei Dingen freilich nicht. Zwar hatte er anfangs, als »Collegium Sapientum Comunis Venetiarum« spätestens ab 1141 dem Dogen beigegeben, fast die gesamte gesetzgebende und vollziehende Gewalt in seinen Händen und übte sie direkt oder durch seine Ausschüsse auch höchst nachdrücklich aus. Aber als seine Mitgliederzahl nach dem berühmten Beschluß von 1297 von ursprünglich 300 gleich auf das Vierfache stieg, wurde er denn doch für zu schwerfällig befunden und mußte allmählich fast alle seine exekutiven Befugnisse an andere Institutionen abgeben, die sich nach und nach bildeten. Aber die Verabschiedung der Gesetze blieb ihm immer noch, er allein konnte einem Gnadengesuch stattgeben, er ratifizierte die Wahl des Dogen ebenso, wie er aus seiner Mitte die Senatoren, die Mitglieder der Quarantia, des Rates der Zehn, die sechs Räte des Dogen, den Großkanzler, die Avogadori, die Provveditori und die Zensoren bestimmte – womit er bis zum Ende der Republik die eigentliche Legislative darstellte.

Der Senat dagegen entwickelte sich zur veritablen Exekutive. Zwar gab es ihn schon seit 1229, aber erst um 1385 herum wurde seine Mitgliederzahl auf sechzig festgesetzt und sein Aufgabenbereich umrissen: er faßte die innen- und außenpolitischen Beschlüsse, entschied über Krieg und Frieden ebenso wie über Maßnahmen zur Reinhaltung der Gewässer. Er überwachte die Verwaltung, ernannte die fünf Vertreter der Terraferma im Kollegium, berief die mittleren Beamten – und den Patriarchen, die Bischöfe und sonstigen Würdenträger der Kirche im Herrschaftsbereich der Republik. Neben Beauftragten der Quarantia und des Rates der Zehn, den Avogadori und ein paar sonstigen hohen Beamten durfte auch der Doge mit seinen Räten den Sitzungen beiwohnen. Einen Einfluß aber auf die Entscheidungen hatte er nicht.

Dafür präsidierte er im »Kollegium«, das am ehesten als »die Regierung« bezeichnet werden kann. Und dazu gehörten außer ihm natürlich seine sechs Herren, die drei Vorsteher der Quarantia und sechzehn »Weise«: sechs aus dem Großen Rat, fünf für die Terraferma und fünf für die Scuole. Zunächst hatte ja das hohe Kollegium nur Arbeit und kaum Kompetenzen. Es mußte die Vorlagen für den Senat erstellen, die lästigen Verhandlungen mit der römischen Kirche führen, die Berichte der in- und ausländischen Diplomaten entgegennehmen und auswerten. Eine etwas angenehmere Pflicht war es, als Repräsentanz der Republik von San Marco hohe und erfreuliche Staatsgäste zu empfangen, aber die wirkliche Wende brachte eigentlich erst das Jahr 1526. Von da an durfte es die Staatsangelegenheiten nach dem Grad ihrer Geheimhaltung sortieren und entscheiden, was davon dem Senat vorgelegt werden durfte – und was nicht.

Und im letzteren Fall durfte dann das Kollegium ganz allein beschließen, woraus ihm sicher denn auch eine gewisse Genugtuung erwachsen ist.

Diese traurige Empfindung, eben ein wenig mißachtet zu sein, hatte der Kleine Rat zu keiner Zeit. Die sechs Herren, für jeden der sechs großen Teile der Rialtostadt, die Sestieri, einer, waren recht eigentlich die Schatten des Dogen. Sie begleiteten ihn nahezu bei Tag und Nacht. Er konnte weder ohne sie ins Ausland reisen, noch irgend jemanden zu einem Gespräch empfangen. Was er tat oder tun wollte, was in ihm an mehr oder weniger klugen Gedanken zum Wohle der Republik reifte, alles mußte er mit ihnen besprechen und teilen. Gab es Meinungsverschiedenheiten zwischen ihm und den Herren, galt letztlich immer deren Meinung – kraft Gesetzes. Konnte oder durfte er eine Zeitlang sich nicht zeigen, vertraten sie ihn, und unablässig mußte er sich ihre kritischen Ermahnungen nicht nur anhören, sondern sich auch unverzüglich danach richten. Kaum jemals hat ein Staat das Mißtrauen gegen sein Oberhaupt so deutlich demonstriert, und dann auch noch gleich in sechsfacher Ausfertigung!

Wenn oben auf der Scala dei Giganti im Hof des Dogenpalastes der Patriarch die Dogenmütze mit den Worten »Accipe coronam ducalem ducatus Venetiarum« auf das Haupt des Neugewählten niedersenkte, wenn die Glocken dröhnten und die Posaunen schmetterten, die Herren ringsum in Gold, Rot und Schwarz sich huldvoll verneigten, draußen der Jubel des Volkes die Scheiben klirren ließ, wenn ganz Venedig ergriffen in einem tiefen Knicks zusammensank – dann wurde ein freier Mann zum Gefangenen des Staates, wurde aus einem kühnen Politiker und Kaufmann eine Marionette des Systems. Denn nicht nur, daß der Doge spätestens seit dem 14. Jahrhundert bloß noch tun durfte, was ihm gesagt wurde, er hatte auch für sein Privatleben härteste Einschränkungen hinzunehmen. Aus seinem prächtigen Palast mußte er in die höchst bescheidene offizielle Wohnung im Dogenpalast umziehen, durfte Venedig nicht mehr ohne Erlaubnis des Rates verlassen, keine auswärtigen Güter besitzen, weder direkt noch indirekt weiter Handelsgeschäfte betreiben, seine Kinder durften nur mit ausdrücklicher Genehmigung nach auswärts heiraten, keine Ämter außerhalb Venedigs annehmen, später sogar, gleich ihm selbst, die Stadt nicht einmal mehr verlassen.

Und natürlich war es dem Dogen verboten, ohne seine Räte Briefe auswärtiger Mächte zu öffnen, Briefe zu schreiben, Gesandte zu empfangen, Geschenke anzunehmen; selbst privat durfte er kein Gespräch mit einem fremden Politiker oder Militär führen. Er gehörte dem Staat ganz und gar. Weder konnte er die Wahl ablehnen noch ohne die volle Zustimmung des Rates zurücktreten. Francesco Foscari hat dreimal einen solchen Antrag gestellt, der dreimal abgelehnt wurde – und der alte, gebrochene Mann mußte »weitermachen«. Selbst der Leib des toten Dogen mußte der Republik für die Bestattungszeremonien uneingeschränkt zur Verfügung stehen, auch gegen den Willen des Verstorbenen. Hielt die Familie ihn dennoch zurück, durfte der Staat mit Waffengewalt vorgehen. Das Ärgste aber kam danach: der Rat beurteilte öffentlich seine Amts-

SCVDIERI DEL DOGE   TROMBE PIFEARI   SERVITORI DELL'IMBASCIATORI

XXX   L' ILLVSTRISSIMA SIGNORIA   LA SPADA   OMBRELA   IL SERENISIMO PRINCIPE CANZILLIER GRANDO   CAPIT GENER

Der festliche Dogenzug. Gl'otto stendardi – acht Standarten, Comandatori – die militärischen Befehlshaber, Trombe di arzento – silberne Posaunen, Servitori dell'ambasciatori – Botschaftsangestellte, Trombe pifeari – Trompete und Flöten, Scudieri del Doge – Kammerherren des Dogen, Ambasciatori varii principi

DI ARZENTO COMANDATORI GL OTTO STENDARDI

CVSSINO CATEDRA CAPELLANO SECRETARII CORNO AMBASCIATORI VARII PRINCIPI

– Botschafter verschiedener Fürsten, Corno – Dogenhut, Secretarii – Sekretäre, Capel-
lano – Kaplan, Cussino Catedra – Kissen und Stuhl des Dogen, Capitano generale –
Generalkapitän, Canzillier grando – Großkanzler, Il serenissimo principe – Doge,
Ombrela – Schirm, La Spada – Schwert, L'illustrissima signoria – Ratsherren.

führung, billigte oder tadelte, was nicht selten einem posthumen Rufmord gleichkam. Und wenn gar noch eine Strafe verhängt wurde, mußten sie die bedauernswerten Hinterbliebenen bezahlen.

Welcher Weg des Dogats von der Machtfülle eines Pietro Orseolo bis zu diesen Beschränkungen kaum vier Jahrhunderte danach! Denn nicht einmal zur Administration hatte der Doge noch eigentlich Kontakt. Jeder Behörde, jeder Institution, von der Flottenverwaltung bis zur Armenspeisung, hatte der Rat einen Provveditore, einen Aufseher vorgesetzt, der die Anordnungen des Rates oder des Senats übermittelte und ihre Durchführung beobachtete. Gerade daß der Doge gelegentlich genannt wurde.

Derlei galt natürlich besonders für das Gerichtswesen, das aufgebläht war wie nur weniges sonst in Venedig. Aber gerade dieser Umstand trug Erhebliches zur inneren Ruhe bei, denn die zahllosen Unklarheiten, die sich aus der Zusammenarbeit von Kaufleuten und Seefahrern zwangsläufig ergeben, ließen sich am ehesten durch Richterspruch klären. Und so waren auch die Stadtgerichte als erste Instanz, wiewohl zeitweise mehr als zehn an der Zahl, unablässig in Hetze, und der obersten Instanz, der Quarantia, erging es nicht besser.

Eigentlich nahm ja die Quarantia, oder die Vierzig, als Ausschuß des Großen Rates bis ins 13. Jahrhundert hinein die Aufgaben des Senats wahr. Aber dann verschoben sich die Zuständigkeiten doch sehr, und dem Vierzigerausschuß blieb schließlich nur noch die Position der Obersten Gerichtsinstanz. Vermutlich ist er zunächst darüber höchst verstimmt gewesen, jedoch dürfte sich das bald gegeben haben, da die Arbeit aus dieser einzigen noch verbliebenen Funktion sehr schnell so zunahm, daß schließlich drei Kammern geschaffen werden mußten: die Quarantia Civil vecchia für Zivilsachen des alten Staatsgebietes, die Quarantia Civil nuova für Zivilsachen der Terraferma und der Kolonien und die Quarantia Criminal für Strafsachen.

Hochverrats- und Staatsverfahren waren da noch gar nicht inbegriffen. Die hatte sich der schreckliche Rat der Zehn vorbehalten, eine Institution, die der Republik als ständiges Andenken an die Verschwörung des Tiepolo am 13. und 14. Juli 1310 geblieben ist.

Die Gründe für jene damalige Empörung liegen im dunkeln, aber es scheint tatsächlich, daß Baiamonte Tiepolo, Enkel des Dogen und ungemein populär, die noch kaum gefestigte Adelsherrschaft stürzen und den Großen Rat wieder für die Allgemeinheit öffnen wollte. Daß er ein fast allmächtiges Dogenamt dabei für sich vorgesehen hatte, ist eigentlich natürlich. Die Sache wurde verraten und nach einigem Durcheinander Baiamonte verbannt – aber schon ein paar Tage später setzte der Rat ein Gremium von zehn Patriziern ein, das seither als hellwaches und allem übergeordnetes Gewissen der Republik über die Staatssicherheit wachte. Dieser Rat der Zehn konnte in der Tat alle Institutionen, auch den Großen Rat, außer Amtes setzen, niemand war vor ihm sicher, weder Doge noch Prokurator noch Generalkapitän. In der ganzen Republik schlichen seine

Spitzel, Lauscher, Agenten, er wertete die Anzeigen der »Löwenmäuler« aus. Und wenn die »Signori di notte«, seine Geheimpolizei, gegen eine Tür klopften, war das schlimmer, als wenn die Pest Einlaß begehrte.

Seine erste große Stunde hatte der Rat der Zehn in den Jahren 1354/55. In dieser Zeit der Bedrängnis durch Genua und seine Verbündeten, in jenen Jahren, da das Volk immer unruhiger wurde, Pest und Erdbeben noch nicht vergessen waren, berief der Rat den erfahrenen Marin Falier in das Dogenamt. Daß Falier, Freund Petrarcas und weitblickend wie kaum einer in seiner Zeit, die Ausweitung der Staatsverantwortung auf die mittleren und unteren Schichten bei den gegebenen Schwierigkeiten für unerläßlich hielt, darf als sicher gelten. Er übertrug zwei nichtadeligen Kapitänen das Kommando über ein Eingreifgeschwader und ergriff energisch Partei für die kleinen Leute, insbesondere, wenn er im Verhalten eines Patriziers Arroganz und Überheblichkeit zu erkennen glaubte. Ob er nun sein Ziel, eben die Neuverteilung der Staatsverantwortung, auf stille, unauffällige Weise durch die Umbesetzung von Schlüsselpositionen zu erreichen suchte, oder ob er tatsächlich eine offene Revolution plante, wird noch lange ein unerledigtes Thema bleiben. Jedenfalls aber bekam der Rat der Zehn Kenntnis von ihm gar nicht angenehmen Entwicklungen, ein Anhänger Marin Faliers nach dem anderen wurde verhaftet, gefoltert, hingerichtet – teilweise unter den seltsamsten Vorwänden. Schließlich stand Falier allein, er, der Doge, wurde vor die Zehn geladen, während er sprach, ist angeblich aus seinem Gewand ein Papier gefallen, aus dem seine Schuld eindeutig hervorging. Am 17. April 1355 wurde Marin Falier in vollem Ornat auf den Treppenabsatz der Dogenstiege gezerrt, der Vorsteher der Zehn schleuderte ihm das Urteil entgegen, Knechte rissen ihm seine Würdezeichen ab, stießen ihn zu Boden – dann schlug der Scharfrichter zu. Aber das genügte dem Haß des Patriziats noch nicht. Zehn Jahre später ließ der Rat bekanntgeben, daß das Urteil über Falier für alle Zeiten bestehen bleiben, jedoch sein Andenken ausgelöscht werden solle. Kurz darauf sah man sein Bild im Saal des Großen Rates übermalt und mit der Inschrift versehen »Hic est locus Marini Faletri decapitati pro criminalibus« – hier ist die Stelle des Marin Falier, wegen Verbrechen enthauptet. Welche Verbrechen er aber wirklich begangen hat, das konnte nicht einmal der tief erschrockene Petrarca in Erfahrung bringen. Der Rat der Zehn wußte Geheimnisse zu wahren.

Eine ungeheure Überraschung ging damals durch das Abendland, und selbst Kaiser Karl IV. soll über die Grausamkeit des venezianischen Adels sehr verwundert gewesen sein. Aber das System in der Lagune überstand auch dies, und der Rat der Zehn amtierte weiter, ebenso wie die drei »Capi«, die Inquisitoren. Sie waren die eigentlichen Untersuchungsrichter der Zehn, zwei davon Senatoren, einer Mitglied des Großen Rates. Sie ermittelten nur, aber vor ihnen stehen zu müssen genügte vollauf, zumal wenn auch noch einer der drei Generalstaatsanwälte, ein Avogador, als stiller Zuhörer anwesend war. Bei einer solchen Konstellation konnte der Angeklagte nur noch um seinen Kopf beten.

Denn die Avogadori waren noch weit mehr als die obersten Staatsanwälte, sie hatten auch über die Verfassung zu wachen. Auch sie zu dritt, hatte immer einer den Sitzungen des Großen Rates, des Senats und des Kollegiums beizuwohnen und sofort Einspruch zu erheben, wenn ein Beschluß gegen die Verfassung oder gegen ein bestehendes Gesetz verstieß – also auch sie hatten letztlich eine Kontrollaufgabe. Ihre Pflicht war es, von Anfang an mißtrauisch zu sein und das zu tun, was in Venedig in Sachen Staatssicherheit eigentlich jeder tat, nämlich den anderen überwachen. Ob darin wohl mit ein Grund für die bewundernswerte Stabilität des Lagunenstaates liegt?

Freilich sollte man nun annehmen, daß diese verwirrend verflochtenen Behörden und Ämter einen mächtigen Verwaltungsapparat erfordert hätten. Jedoch scheint – eine echte Kaufmannstugend – eher das Gegenteil der Fall gewesen zu sein. Genaue Zahlen fehlen, aber die eigentliche Regierungsadministration scheint tatsächlich mit etwas mehr als zweihundert mittleren Beamten ausgekommen zu sein. Ihnen, wie auch der gesamten Verwaltung, stand der Großkanzler vor, der zweite Mann im Staat nach dem Dogen – und ein Bürgerlicher, ebenso wie alle mittleren und unteren Beamten! Der Großkanzler war höchster Geheimnisträger, ebenso wie viele seiner Untergebenen. Er hatte zu prüfen, ob ein Beschluß ordnungsgemäß und von jedem verantwortlichen Gremium abgesegnet war, und in seinem Vorzimmer saß der »Bollador«, auch ein Bürgerlicher, mit dem Stempel »nulla oblat«, und ohne dieses Signum war auch der wichtigste Erlaß ungültig. Und auf diesem Umweg sahen sich zwar die Bürgerlichen von der direkten Regierungsverantwortung ausgeschlossen, aber im Besitz eines wesentlichen Anteils an ihrer Ausführung, womit das innenpolitische Gleichgewicht sich eben doch wieder einpendelte.

Doch bei aller Sparsamkeit, gerade im Verwaltungsaufbau, verschlang »der Staat« ganz einfach Riesensummen, von den Kriegen, der Errichtung öffentlicher Bauten und den Kosten für das Arsenal ganz abgesehen. Aber der Rat bat die Bürger zur Kasse – auch hier übrigens auf höchst ungewöhnliche Weise: Wer viel hatte, mußte viel abführen, wer wenig hatte, kam zuweilen ganz ungeschoren davon. Und um diese feinen Unterschiede feststellen zu können, schwirrten Tag für Tag die »Cataveri« durch die Stadt, die Vermögensschätzer, denen alle Finanzverhältnisse offengelegt werden mußten. Und wehe dem, der falsche Angaben machte und später ertappt wurde! Er konnte noch so sehr von Adel sein, Gefängnis und eine immense Geldstrafe waren ihm zumindest sicher. Die Abgaben hatten es in sich, kaum etwas, das gehandelt oder geleistet wurde, ohne daß nicht der Staat mit an der Kasse saß: Steuern auf Einfuhr, Ausfuhr und Durchfuhr, auf Lebensmittel und Gebrauchsgegenstände, auf Eigentums- und Vertragsveränderungen, Marktabgaben, Schiffsabgaben, direkte Zölle – die Liste ist unendlich. Und wer in Kriegszeiten keinen Militärdienst leisten konnte und sich auch sonst nicht nützlich zu machen wußte, durfte den »Zehnten«, seine Kriegsabgabe leisten. Was allerdings sonst noch aus freiwilligen Spenden, aus Strafgeldern, aus ordentlichen und aus Zwangsanleihen dem Staat zufloß, erreichte nicht selten die Höhe der normalen monatlichen Steuereinkünfte und mehr. San Marco drückte seine Bürger schwer – aber dafür blieb die Währung stabil, der Staat konnte die Sicherheit garantieren, und erst unter diesem Schutzschild vermochte der Kaufmann seine Pfunde so wuchern zu lassen, wie es eben für Venedig sprichwörtlich wurde.

Über die Stufen, die dieser Staat für seinen Weg zum Gipfel einer Großmacht genutzt hat, ist viel gerätselt worden. Ganz sicher aber gehört dazu, daß er eine Einheit war, daß da nicht zwei Parteien, hie Popolani, hie Patrizier, gegeneinander kämpften, gegeneinander ausgespielt werden konnten, sondern daß, trotz der oligarchischen Grundstruktur, ein Ausgleich in der Verteilung der Macht gefunden wurde. Und dazu gehört wohl auch, daß ein Venezianer ganz selbstverständlich der Ansicht war, in seiner Republik sei alles besser, schöner, angenehmer, lebenswerter. Und wenn er feststellen mußte, daß sein Lagunenstaat in einigen Punkten hinter anderen nachhinkte, gab er das zwar nicht offen zu, aber er sorgte dafür, daß diese Lücken geschlossen wurden. Und so kam tatsächlich der Tag, an dem Venedig in seiner Welt das Beste, das Größte, das Schönste zu bieten hatte, es kam der Tag, an dem Venedig den Superlativ erreichte – und über Jahrhunderte hielt!

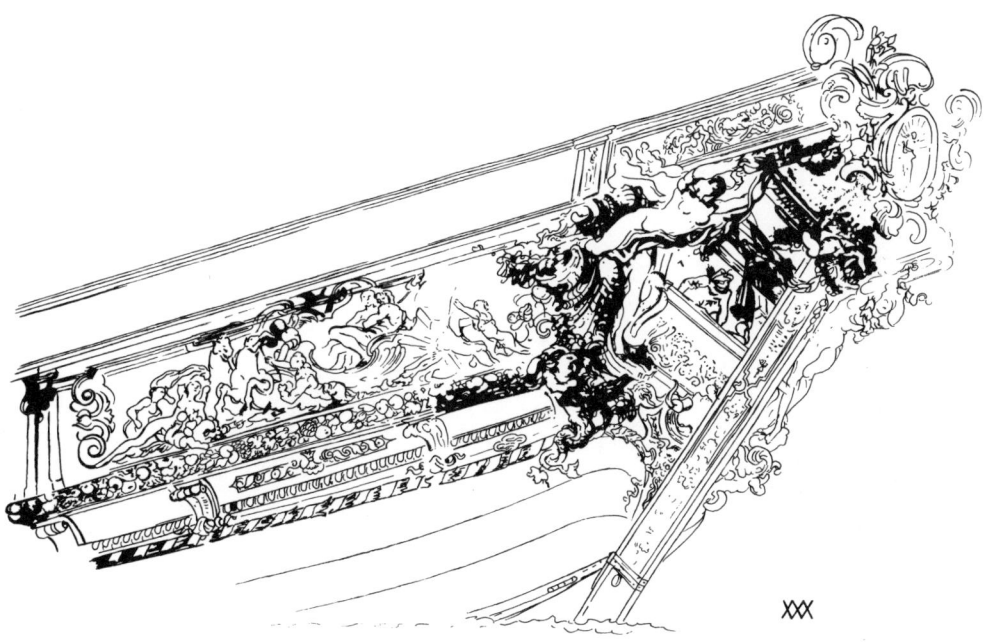

xxx

Das prunkvolle Heck einer venezianischen Galeere.

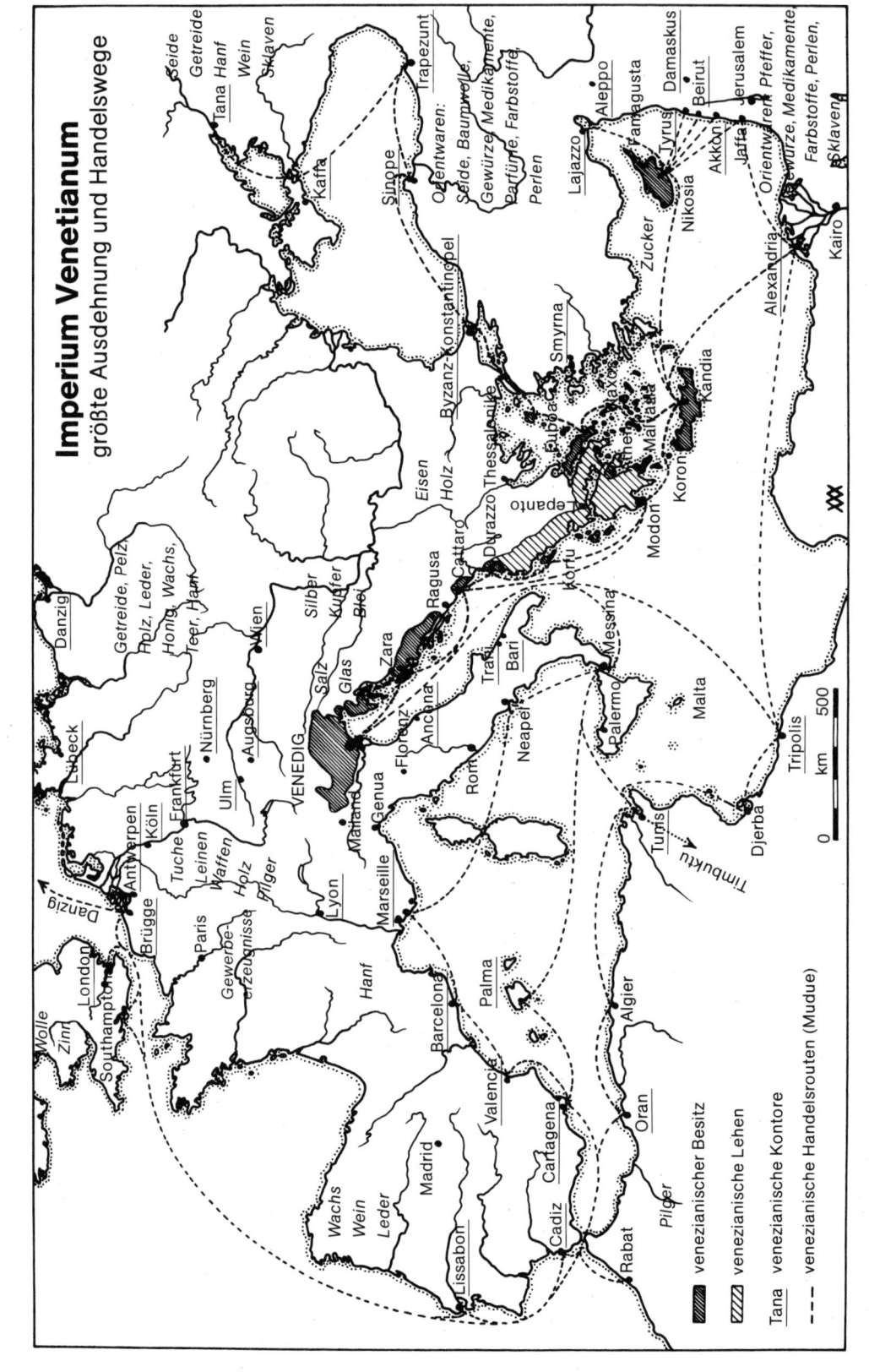

Imperium Venetianum
größte Ausdehnung und Handelswege

Seide, Getreide, Tana Hanf, Wein, Sklaven

Kaffa

Sinope

Trapezunt

Orientwaren: Seide, Baumwolle, Gewürze, Medikamente, Parfüme, Farbstoffe, Perlen

Byzanz-Konstantinopel

Aleppo

Lajazzo

Famagusta

Damaskus

Beirut

Tyrus

Akkon

Jaffa

Jerusalem

Nikosia

Orientwaren: Gewürze, Medikamente, Farbstoffe, Perlen, Sklaven

Zucker

Alexandria

Kairo

Smyrna

Negroponte

Kandia

Koron

Modon

Lepanto

Thessaloniki

Dyrazzo

Korfu

Cattaro

Ragusa

Zara

Messina

Palermo

Bari

Ancona

Neapel

Malta

Tripolis

Djerba

Tunis

Timbuktu

Eisen

Holz

Silber

Kupfer

Blei

Salz

Glas

VENEDIG

Florenz

Genua

Milano

Rom

Wien

Nürnberg

Augsburg

Ulm

Holz

Waffen

Leinen

Tuche

Frankfurt

Köln

Danzig

Lübeck

Getreide, Pelz, Holz, Leder, Honig, Wachs, Teer, Hanf

Antwerpen

Brügge

Paris

Lyon

Marseille

Gewerbe- erzeugnisse

Pilger

Hanf

Barcelona

Palma

Valencia

Cartagena

Cadiz

Madrid

Lissabon

Wachs, Wein, Leder

Rabat

Oran

Algier

Pilger

London

Southampton

Wolle

Zinn

Danzig

Legende

	venezianischer Besitz
	venezianische Lehen
Tana	venezianische Kontore
---	venezianische Handelsrouten (Mudue)

0   km   500

Das Goldene Jahrhundert

»Vengono, ecco, vengono! O santa croce, che giorno, che festa!« Die Menge rings um den Markusplatz schubst und drängelt sich, Väter heben ihre Kinder hoch, alte Mütterchen kauern nieder und schlagen das Kreuz ein Mal um das andere, die Glocken des Campanile beginnen zu läuten, ein gewaltiger, vielstimmiger Choral braust auf: »Te Deum laudamus!«

Die Scuola San Giovanni Evangelista hat ihren großen Tag. In einer prächtigen Schiffsprozession ist sie den Canal Grande heruntergezogen, dicht geschart um das Kleinod, das sie bewachen darf, die Reliquie des wahren Kreuzes. O santa croce, und jetzt kommt der fromme Zug aus der Porta della Carta, um feierlich und mit vielen Stationen die Piazza zu umschreiten und schließlich in die Basilika einzuziehen. Der herrliche Chor von San Marco dröhnt und jubiliert, und vor den aufgeregten Massen entfaltet sich wieder einmal ein Stücklein vom Glanz ihrer wundersamen Republik: Vorab gute zwei Dutzend mannshohe Kandelaber, über und über mit Gold bedeckt und würdig geschleppt von schneeweiß gewandeten Alumnen, dazwischen und darum Fahnen aus Goldbrokat, Purpur, feinster Seide, sodann alle die Kleriker, die Kanoniker, Prälaten, Äbte und Chorherren, gar fein in Samt und Atlas und Spitzen, wie es sich ziemt, danach die gottesfürchtigen Brüder der Scuola, würdig im schlichten Leinenkleid – und jetzt die heilige Reliquie, in einem goldenen Schrein, unter einem goldenen Baldachin, o santa croce! Die Menge fällt auf die Knie und verharrt auch gleich so, da nun die hohen Herren vorüberziehen, Senatoren, Räte, der Prokurator, zwei Avogadori und so viele, viele, mit denen man sich gut stellen muß – es ist eine wundervolle Prozession und ein unvergleichlicher Anblick, evviva la Scuola di San Giovanni! (Siehe Seite 208/209).

Natürlich gibt es bald jede Woche ein Fest, und die meisten sind durchaus prunkvoller als dieses, etwa die »Festa delle Marie«, an der in San Pietro di Castello an Lichtmeß zwölf Paare getraut werden, und eine Ruderregatta den ganzen Canal Grande hinunter bis nach Castello die Stadt in Aufruhr versetzt, oder das Gründonnerstagsfest mit den Akrobaten, Umzügen, Komödien, Maureskentänzen, Fechtspielen – und dem herrlichen öffentlichen Festschmaus! Oder die »Festa della Sensa« gar am Himmelfahrtstag, da der Doge im goldenen Bucintoro hinaus auf die Lagune fährt und sich mit dem Meer vermählt, und überhaupt die vielen, vielen Feiern, weil früher einmal eine Schlacht gewonnen, weil eine kostbare Reliquie nach Rialto gebracht worden war, weil ein großer Heiliger sein

Fest oder eine Scuola ihren Gründungstag hat. Alle diese vielen herrlichen Tage, an denen nur getanzt, gelacht wird, an denen Übermut und Überfluß das Zepter schwingen, das Geld der Reichen unters Volk rollt und sich jeder an die übervollen Tische der Bruderschaften setzen darf.

Natürlich hat die Stadt bald Mühe, im Kalender alle ihre Feste unterzubringen, aber das hier muß man doch wohl ein wenig hervorheben. Die Mitglieder der Scuola San Giovanni Evangelista nämlich sind zumeist einfach wichtige Leute, vor denen sich zu verneigen niemals schaden kann. Wenn man bedenkt, wie sie

vor mehr als zweihundert Jahren angefangen haben, als asoziale Fanatiker, die sich in aller Öffentlichkeit die Rücken blutig schlugen – und jetzt sind sie ein ganz feiner und staatstragender Zirkel und haben noch gar eines der größten Heiligtümer der Republik in ihrer Obhut! Nein, also wirklich, Respekt. Und außerdem, so bescheiden ist ihr Fest auch wieder nicht, denn die Bankette und Programme, die sie anschließend den Tag über bieten, können sich sehen lassen! O santa croce, evviva la santa croce, evviva la scuola!

Venedig feiert, es feiert unablässig – aber das Geldverdienen vernachläßigt es

dennoch keineswegs, im Gegenteil. Die Gewinne, die bleiben, die Vermögen, die sich ansammeln, erreichen gespenstische Höhen, und es scheint, als ob das noch lange so bleiben würde.

Und ganz allmählich gewinnt der Venezianer Geschmack daran, seinen Reichtum auch zu zeigen. Sein Lebensstil kann sich bald mit dem der reichsten Fürsten des Abendlandes messen und sein Palast wird zu einem wahren Schmuckkästchen: »Alles schien Gold, in mehreren Zimmern sah ich nichts als Gold und feinen Azur.« So schildert wenigstens Herr Leonardo di Niccolo Frescobaldi aus Florenz schon 1320 einen Patrizierpalazzo. Aber eben um diese Zeit auch, etwa ab 1320, drang nach Venedig die Gotik, von den Venezianern die »deutsche Baukunst« genannt. Anfangs gab es zwar nur hier einen Bogen und dort ein Gewölbe, aber dann folgte bald die Frari-Kirche und der Entschluß, diese neue Bauweise kräftig mit bereits Bewährtem so lange zu mischen, bis sie dem venezianischen Empfinden und Bedürfnis entsprach. Das Ergebnis ist bezaubernd. Die Paläste vor allem behielten durchaus ihre römisch-byzantinische Grundform, wodurch die gotischen Elemente, die kaum etwas tragen mußten, fast zum reinen Schmuckwerk und damit zart und schwerelos werden konnten. Die Spitzbogen sahen sich nach orientalischer Art in die Höhe gezogen, wo sie sich meist ineinander verschlangen, die Säulen wurden zerbrechlich zart und paßten wunderhübsch zu den kleinen Balkonen, die nun vor fast jedem Fenster schwebten. Nach und nach wandelte sich ganz Venedig, die Paläste bekamen ihre Loggien und Filigranfriese und überall in den Winkeln und Gassen schoben sich bald liebenswerte Spitzbogenfenster mit ebensolchen Balkonen aus den Mauern. Venedig wurde leicht, selbst so mächtige Kästen wie die Ca Foscari oder die Palazzi Giustiniani verloren alles Gewicht, und die unvergleichliche Ca d'Oro, um 1420 für die Contarini gebaut, scheint geradezu zu schweben, wenn auch keineswegs ordentlich und gleichmäßig, denn einem Venezianer war die Symmetrie samt ihrer Intoleranz höchst unsympatisch.

Nur am neuen Dogenpalast machte er der Symmetrie einige Zugeständnisse, aber diese langen Fronten und Kolonnaden waren ja auch zu schön! Und stand dieser mächtige Block auf seinem Säulenrost nicht für die ganze Stadt mit ihrem Fundament aus lauter schlanken Pfählen? Ein Wunderwerk – dem aber trotzdem die bösesten Wirren nicht erspart geblieben sind.

Denn eigentlich ist der Bau in dieser Form schon um 1340, wohl von dem damaligen Staatsbaumeister Filippo Calendario begonnen worden, und bereits fünfzehn Jahre später stand der ganze Flügel entlang dem Molo und sogar ein Teil des Traktes zur Piazzetta hin. Aber dann fand der Rat, daß Ser Calendario in die angebliche Verschwörung des Marin Falier verwickelt sei, ließ ihn 1355 an seinem eigenen Meisterbau aufhängen und verbot dessen Weiterführung bei einer Strafe von 1000 Dukaten. Das war schade, und weil 1422 der Doge Tommaso Mocenigo auch so empfand, zahlte er die Summe – und der Senat verfügte sichtlich erleichtert die Fertigstellung mit den Worten »Palatium nostrum fabricetur et fiat in forma decora et convenienti quod respondeat solemnis simo principio palatii nostri novi, e sit pro honore domini nostri« (Unser Palast soll gebaut werden, und zwar in jener schönen Form, die zu dem bereits vorhandenen Anfang unseres neuen prächtigen Palastes paßt, und ihn weiterführen, und das geschehe zur Ehre unseres Herrn). Daß Herr Mocenigo im Einverständnis mit dem Senat die 1000 Dukaten aus der Staatskasse genommen, dann wieder dahin zurückgelegt und der Staat ergo sich selbst die Strafe bezahlt habe, nur um weiterbauen zu können – das ist wohl nicht ganz zu beweisen, wenngleich sich derlei Gerüchte bis heute hartnäckig gehalten haben.

Und während der Dogenpalast nun endlich seiner Vollendung entgegenging, bekam die Markuskirche jene Bogenspitzen und Türmchen auf die Fassade gesetzt, die so gar nicht passen und alljährlich Hunderttausende in Entzücken versetzen, und schließlich bauten die Brüder Buon um 1450 zwischen die Basilika und den nunmehr fertigen Palast die herrliche Porta della Carta – womit die Regentschaft der Gotik am Rialto schon wieder zu Ende war. Aber in nicht ganz eineinhalb Jahrhunderten hat sie Venedig einen ganz eigenen Stil und sein unverwechselbares Gesicht gegeben, und das ist doch eine recht stolze Bilanz.

Viel mehr Kunst freilich, als unbedingt für die Ausstellung des Reichtums erforderlich war, gestatteten sich die Lagunenherren nicht, allenfalls daß die ersten Maler ihr knappes Auskommen hatten. Für Musik oder gar Dichtung bestand kein Bedarf, obwohl der große Petrarca sich 1362 in Venedig sogar niederließ. Zwar war er wohlgelitten, und man zeigte sich auch erfreut, als er seine wertvolle Bibliothek der Republik vermachte, aber schon bald, fünf Jahre nach seinem Tod, wanderte der größte Teil davon nach Paris. Was sollte man mit Büchern, die dem Geschäft keinen Nutzen brachten?

Das Schulwesen wurde da schon besser betreut. Schließlich waren für die Verwaltung gut ausgebildete Leute vonnöten, und ein kluger Kopf, der fremde Sprachen beherrschte und dank philosophischer Studien logisch zu denken verstand, verzinste sich. Die untere Schulbildung wurde durch Privatlehrer oder Privatschulen vermittelt, Geld war ja genug vorhanden. Für die mittlere Stufe richtete der Staat öffentliche Kurse ein, die bis zu vier Dukaten im Jahr kosteten und in denen »magistri« oder »professores« genannte Autoritäten Latein, Griechisch, Logik und Philosophie lehrten, wobei im letzteren Fach auch die Naturwissenschaften mit eingeschlossen waren. Für die Hochschulbildung schließlich gab es seit 1336 die Kanzleischule im Dogenpalast, aus der alle großen Diplomaten, Politiker und Verwaltungsfachleute der Republik hervorgegangen sind, und dann eben, nach dem Anschluß Paduas, die dortige Universität, von der Regierung stets wie eine besondere Kostbarkeit gehegt und umsorgt.

Der Staat brauchte gute Leute. Denn nicht nur die auswärtige Politik, sondern auch das Gemeinwesen war höchst kompliziert geworden.

Längst hatten die meisten Einwohner der Lagunenorte ihren Wohnsitz nach

Rialto verlegt, in alter Zeit schon die aus Caorle, Jesolo und Herakliana, dann, nach der schrecklichen Springflut, die Überlebenden aus Malamocco und schließlich, wohl schon seit 1250, so nach und nach selbst die aus dem mächtigen Torcello. Zwar war gerade dies dem Rat gar nicht recht, und er rief immer wieder auf, nicht nur zu bleiben, sondern auch vom Rialto wieder dorthin umzusiedeln. Aber die Appelle verhallten ungehört, und schon um 1400 ragten auf Torcello nur noch neun Kirchen irgendwo aus Schilffeldern.

Dafür aber zählte die Rialtostadt um 1400 bereits mehr als 100 000 Einwohner, es wurde gebaut, wo nur noch ein Flecklein war, die Häuser trieben einander in die Höhe, in den Gassen und Kanälen herrschte drangvolle Enge. Rialto war die Republik, Rialto war – Venedig. Eine solche Megapolis zu verwalten, wollte gekonnt sein, selbst wenn sich die Gesellschafts- und Machtordnungen inzwischen doch recht gut eingespielt hatten. Das Goldene Buch, in dem die Nobiles, und das Silberne Buch, in dem die bürgerlichen Familien eingetragen waren, galten längst als etwas Gottgegebenes, und die Folgerungen daraus auch. Um so größer war dann die Freude, wenn sich ein Bürgerlicher wegen großer Verdienste um den Staat vom Silbernen ins Goldene Buch umgeschrieben sah, ein Glück, das beispielsweise nach dem Chioggiakrieg gleich dreißig Familien widerfahren ist. Ob aber der Tausch immer gut war? Geld konnte man auch als Bürgerlicher genug verdienen – aber in Ruhe, während die ständigen bösartigen Hakeleien und Intrigen unter den Nobelfamilien gerade einen »Empörkömmling« keine Minute mehr ruhig atmen ließen.

Nicht selten mag ein so Geadelter zu seiner »Scuola« sich zurückgesehnt haben oder zu seiner »Ars«, der Zunft. Denn das Zunftwesen war in den letzten Jahrzehnten kräftig aufgeblüht, fast jeder Berufsstand hatte seine eigene. Die »Artes« entwickelten sich als weltliche Gemeinschaften neben den Scuole, und es ist fast unmöglich, hier genau zu trennen. Jedenfalls hatten sie bald ein so großes Gewicht, daß ihnen der Rat 1397 in höchster Nervosität jegliche eigenmächtige Versammlung untersagte.

Weshalb eigentlich? Weil es auf einmal so viele waren? Nun, das konnte bei der Größe der Stadt nicht ausbleiben, vor allem auch, da die Industrie einen so gewaltigen Aufschwung nahm. Und freilich beschäftigte sie hochqualifizierte Kräfte, denn das war nicht mehr die einfache Holz- und Metallverarbeitung von einst, sondern die Produktion von erlesenen Luxusgütern, wie sie das Abendland sonst nirgendwo bieten konnte: Elfenbeinschnitzereien, Intarsien, kostbare Möbel, reiche Wand- und Deckenverkleidungen, zauberhafte Emaillearbeiten, allerfeinste Woll- und Seidenstoffe!

Seidenstoffe! Von höchster Qualität und von unvorstellbarer Schönheit, mit chinesischen, byzantinischen, abendländischen Dekors, Farben, ob deren Leuchtkraft die Aufkäufer ins Schwärmen kamen. Hatte man für Goldschmiede-Erzeugnisse in Genua einen scharfen Konkurrenten und mußte man den Wollstoffmarkt mit Florenz und Flandern teilen – der Seidenhandel gehörte Venedig ganz allein. Er war eine starke Säule der venezianischen Wirtschaft, brachte Traumumsätze in ganz Europa, und die Seidenverarbeitung beschäftigte eine große und ständig wachsende Zahl von Handwerksbetrieben. Natürlich blieb das Material bis zum endgültigen Verkauf im Besitz des Importeurs, des Groß-kaufmanns. Er bezog die Kokons aus dem Orient, gab sie an die Kleinbetriebe zur Bearbeitung und nahm später die fertigen Produkte in Empfang. Die Hand-werker wurden für ihre Arbeit bezahlt, und sie wurden gut bezahlt. Wollte ein Kaufherr den Fertigungspreis drücken, konnten die Handwerker es sich leisten abzulehnen, schließlich ertranken sie in Aufträgen! Dasselbe galt übrigens auch für die im Schiffbau beschäftigten selbständigen Betriebe, die Zimmerleute, Kalfaterer, Blockmacher, Segelmacher und Takler. Auch sie wurden höchst ordentlich entlohnt, auch sie waren so ausgelastet, daß sie Unterpreisaufträge jederzeit ablehnen konnten. Das System von Angebot und Nachfrage bewährte sich einmal mehr – und ganz besonders für den »kleinen Mann«. Freilich spielte gerade so mancher Seidenhändler mit der Idee, einen Fertigungsgroß-betrieb mit abhängigen Arbeitskräften aufzuziehen und damit diese lästigen freien Kleinmeister gründlich auszuschalten. Aber da fuhr sogleich die Regierung dazwischen. All diese selbständigen Handwerker hatten sich nämlich zu einem stabilen und nicht unvermögenden Mittelstand entwickelt, und der Staat war nicht gesonnen, diesen für eine ausgeglichene Wirtschaftsordnung so wichtigen Faktor wegen der Habgier eines einzigen Unternehmers in Frage zu stellen. Der Herr mußte eben lernen schärfer zu kalkulieren!

Die Republik wußte, wovon sie sprach, sie kalkulierte selber sehr scharf. Denn die zweite starke Säule, die Glasindustrie, war ja schließlich Staatsgeheimnis und der Monopole kostbarstes. Fenstergläser, Brillengläser, Spiegel und farbige Becher und Krüge fanden reißenden Absatz. Abgeschirmt vor unerwünschten Spähern lebten und arbeiteten die venezianischen Glasbläser auf Murano, einge-bettet in ein vorbildliches Sozialsystem: alle sechs Stunden Schichtwechsel, regelmäßige arbeitsfreie Monate zur Erholung, Kündigungsschutz, Jugendschutz – und eine Altersrente von 70 Dukaten. Im Großen Rat waren sie durch einen Nuntius vertreten, sie hatten eigene Schulen und zur Überwachung der Arbeits-bedingungen einen von Arbeitern und Hüttenbesitzern gemeinsam gewählten Kontrollbeamten. Nur – sie waren Geheimnisträger, alle ihre Wege außerhalb Venedigs wurden genau überwacht, und sie durften um nichts in der Welt jemandem ihre Kunst verraten: »Ein Glasbläser, wenn er zum Schaden der Republik seine Fertigkeit in ein anderes Land bringt, soll aufgefordert werden heimzukehren; weigert er sich, sollen seine nächsten Verwandten ins Gefängnis geworfen werden, damit sein Familiensinn ihn zur Rückkehr bewege; verharrt er in seinem Ungehorsam, sind heinliche Maßnahmen zu ergreifen, um ihn, wo immer er sich aufhält, aus dem Weg zu räumen.« So verfügte der Rat der Zehn im Jahr 1454. Wenn es um gewinnbringende Monopole ging, wurde die erhabene Republik zur Furie!

Kaufmannszug im 15. Jahrhundert.

Da kannte sie kein Pardon. Und es ist fast ein Wunder, daß sie bei ihrem ureigensten, dem Salzmonopol, nicht noch nachdrücklicher vorgegangen ist. Aber eigentlich ist ihre Konsequenz auch so schon eindrucksvoll genug. Zunächst handelte man damit zwar eifrig, aber ganz im üblichen Rahmen. Dann konnten mit ein paar Städten Dauerabnahmeverträge geschlossen werden, sie ließen sich erneuern, immer weitere Exklusivklauseln kamen hinzu – und plötzlich stand Venedig rechtens und mit Siegel und Unterschrift als der alleinige und ausschließliche Salzlieferant da. Um 1210 bereits war dieses totale Monopol für Mailand und sein ganzes Territorium gesichert, 1251 erging es Ferrara, Ravenna und Mantua ebenso. Und sie kamen nicht mehr aus. Wie viel mehr noch hatten sich da die unterworfenen Landstriche zu fügen! Das lateinische Konstantinopel, die Ägäis, Achaia, Kreta, Dalmatien und erst recht Istrien – sie alle lebten mit venezianischem Salz, zahlten, was diktiert, und nahmen, was geliefert wurde. Daß eine ähnliche Regelung mit dem süditalienischen Reich nicht gelang, muß wohl an den wirren Zeitläuften gelegen haben, aber dafür ließ sich ein Ausgleich schaffen, als nach und nach das Gebiet der Terraferma erobert wurde, mit den reichen, großen Städten, mit den unzähligen Kochtöpfen, in denen fortan ausschließlich venezianisches Salz schmoren durfte. Und als man das aufsässige Cervia, selbst ein erheblicher Salzproduzent und also eine böse Konkurrenz, endlich in den Griff bekam, hatte die Stadt eben nur noch nach Venedig zu liefern und zu einem Preis, der dem Rialto immer noch die übliche Gewinn-spanne sicherte.

Gewiß, das ewige Feilschen und Keifen und Lauern wegen der Einhaltung des Monopols war lästig, aber der Salzhandel brachte prächtiges Geld, Geld mit dem man zudem fest rechnen konnte. Und derlei darf kein Kaufmann schlei-fen lassen! Zwar verlor der Salzhandel nach 1500 dann doch an Bedeutung, aber die Summen, die bis dahin in die Lagunen geflossen waren, freuten San Marco von Herzen. Und wenn wir die venezianischen Chroniken durchblättern mit all ihren Berichten von Reichtum, Macht und Glanz, dann raschelt es halt doch allemal zwischen den Seiten: »Am Anfang war das Salz!«, was eben auch durchaus zutrifft.

Etwas schwieriger gab sich da schon der Pfeffer. Er war heißbegehrt und für die feine Küche vom Mittelalter bis weit ins Rokoko ein wahrer Abgott. Ver-ständlicherweise, denn wenn man so die damaligen Transport- und Lagermöglich-keiten bedenkt – nun, Sie wissen schon! Und da halfen nur noch Beizen, Ge-würze und vor allem Pfeffer. Das Abendland seufzte nach Pfeffer, und Venedig besorgte ihn. Zwar lag Indien weit, aber in Zusammenarbeit mit orientalischen Händlern und Spediteuren ließ sich das schon bewerkstelligen. Und also schau-kelten mehr als fünfhundert Jahre lang unzählige Karawanen von Osten her zur Levanteküste, nach Tyrus, Akkon, Alexandrien, hochbeladen mit Pfeffer-säcken und in venezianischen Diensten. Dort, in den Häfen, wurde die Ware dann umgeladen auf die Schiffe mit dem Markuslöwen und landete schließlich, nach einer abenteuerlichen – und leider auch kostspieligen – Reise in den Stapel-hallen des Rialto. Venedig hatte sich einmal vorgenommen, immer schneller, besser und preisgünstiger zu liefern als die Konkurrenz, ein Grundsatz, der auch im Pfefferhandel hielt. Niemals vor Portugal ist es jemandem gelungen, die Venezianerpreise auf diesem Sektor ernsthaft zu unterbieten. Ergo kaufte das ganze Abendland seinen Pfeffer bei San Marco und baute der Republik damit eine weitere starke Säule ihrer Macht: um 1300 bereits war dieses Gewürz der weitab führende Artikel im venezianischen Sortiment, blieb es bis nach 1500 und machte nicht wenige Herren in Venedig zu den reichsten Männern ihrer Zeit.

Allerdings wird zuweilen lebhaft angezweifelt, ob sie das wirklich nur durch das Pfeffergeschäft geworden sind. Der Sklavenhandel, eine weitere gewaltige Stütze der venezianischen Wirtschaft, blühte nämlich nach wie vor. Nur hatte sich das Einzugsgebiet mehr nach Afrika und Innerasien verschoben, vor allem in die Schwarzmeersteppen, wo Genuesen und Venezianer in seltener Eintracht zusammen auf die Jagd gingen. Die verwendbaren der eingefangenen Subjekte wurden dann auf dem großen Sklavenmarkt zu Kairo angeboten und brachten durchweg vorzügliche Preise. Von den Balkansklaven war man eigentlich doch so ziemlich abgekommen, allenfalls daß in einer Ausnahmesituation, etwa wenn schnell gute Ruderer gebraucht wurden, ab und zu ein Schock kräftiger Burschen zusammengefangen wurde. Denn Christensklaven brachten immer mehr Ärger, und wenn man schon einmal eine gute Ladung davon hatte, war es wirklich besser, sie ganz rasch gegen Moslems einzutauschen. Die waren unter der Hand sogar im Abendland abzusetzen, wo sie unauffällig in die jeweilige Dienerschaft eingegliedert wurden, und außerdem brauchte Venedig selbst jede Menge, die Stadt hatte schließlich immer Mangel an Arbeitskräften, an billigen allemal. 1368 gab es am Rialto sogar einen richtigen Sklavenaufstand, und um 1470 zählte der deutsche Handelsmann Felix Faber dort noch immer mehr als 3000 dieser armen Teufel. Doch damals rentierte sich die Sache schon nicht mehr recht, da der Stückpreis teilweise siebenmal höher lag als noch um 1250, und als die Türken 1493 dann auch die Ausfuhr von Moslemsklaven verboten und damit jeden Tausch unmöglich machten, wurden für eine einigermaßen gute Ware Summen verlangt, die einfach unmoralisch waren. Und damit erledigte sich die Sache von selbst.

Doch auch ohne diese geldträchtigen Monopole brachte der Handel Venedig noch immer genug. Eigentlich war das Warenangebot in den letzten Jahrhunderten so ziemlich gleich geblieben, nur eben, daß sich alles ungemein ausgedehnt und vervollkommnet hatte. Längst war der Rialto der bestorganisierte

Heck einer venezianischen Galeere im 15. Jahrhundert.

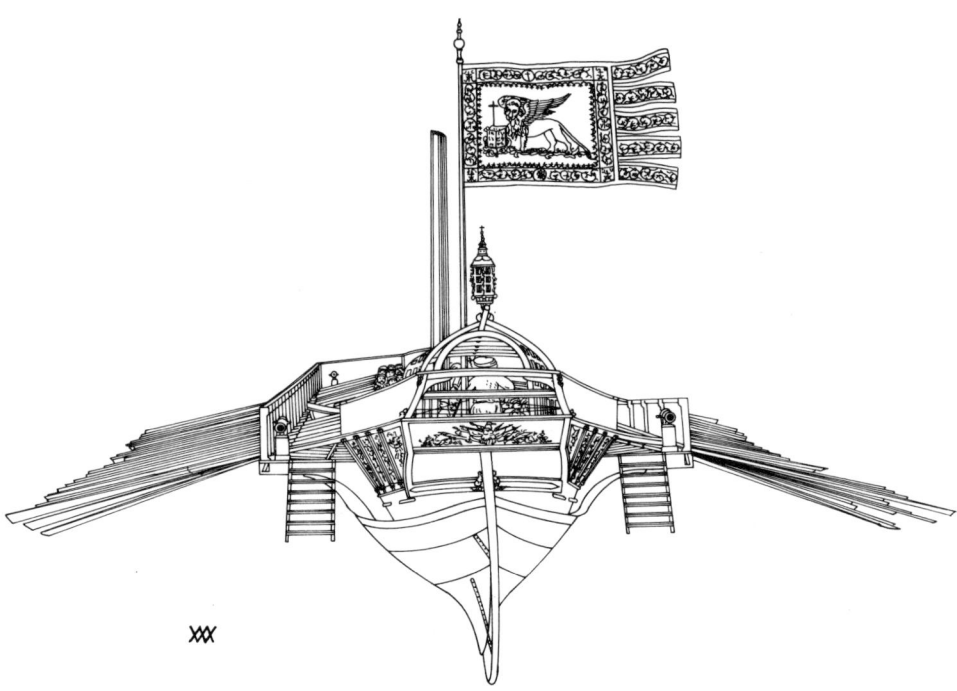

und wichtigste Markt für Gold und Silber, längst trugen die Soldaten des ägyptischen Sultan Mäntel aus Venedig, längst brachte allein der Seifenexport eine Viertelmillion Dukaten jährlich. Der Zucker aus dem Orient war zu teuer, nun hatten sich die Cornaros mit dem König von Zypern geeinigt und bauten eben dort auf riesigen Plantagen Zucker an – eine Goldgrube für alle Beteiligten! Und da sich dasselbe Experiment auf der Peloponnes ebenso günstig entwickelt hatte, konnte man zufrieden sein.

Auch die wichtigen Märkte in Flandern und England waren nun erschlossen. Schon 1314 hatte das erste »flandrische« Geschwader, eine Handvoll schwere Transportsegler, flankiert von vier flinken Galeeren, vom Molo abgelegt, Mallorca, Valencia, Cadiz, Lissabon und schließlich oben das englische Southampton angelaufen und endlich vor Brügge Anker geworfen: flandrische Tuche und englische Wolle gegen allerlei Orientwaren, eine vorzügliche Ergänzung! 1322 stand das erste Konsulat in Brügge, zwei Jahre später wurden die Venezianer nach Antwerpen eingeladen, festlich empfangen, mit zumindest denselben Angeboten erfreut wie in Brügge: der flandrische Markt gehörte bald zu den »Perlen der Republik«. Und dann folgten 1359 die Handelsverträge mit Aragon, Kastilien, Portugal, dem maurischen Granada und endlich, 1409, eine Kolonie in London, womit die Tür auch zum Westen offenstand.

Jetzt konnte niemand mehr widersprechen, wenn ein Venezianer selbstbewußt lächelte: »Unser Markt ist die Welt!« Denn auch die übrigen Handelsrouten, die Mudue, wie sie genannt wurden, erbrachten mehr als jemals zuvor. Vorab natürlich jene ins Schwarze Meer, nach Konstantinopel und Griechenland. Aber auch in Syrien hatte sich einiges gebessert, Tripolis konnte wieder angelaufen werden, sogar Tyrus, womit Damaskus vor der Tür lag, und dann natürlich das immer noch christliche Lajazzo, von dem aus alle Tore nach Innerasien gingen. Das Abendland erzeugte immer mehr Waren, die für den Orient interessant waren, und hatte einen immer größeren Bedarf an erlesenen Spezialitäten von dort, die umgeschlagenen Warenmengen wuchsen und wuchsen, die Umsätze, die Preise, die Gewinne – es war eine herrliche Zeit!

Aber als die allerkostbarste Perle der Republik glänzte immer noch das geliebte Alexandria. Alexandria, der Schlüssel zu dem lebensnotwendigen Indien und zur ganzen islamischen Welt, Alexandria und sein eigenes Venezianerviertel, das mit fast ebenso vielen Stapelhäusern prahlte wie die Mutterstadt selbst! Man hätte sich geradezu glücklich preisen können, wenn da nur nicht die Sultane in Kairo mit ihren ewigen Launen gewesen wären. Einmal überschütteten sie einen mit Gnade, dann wieder brüllten sie und erließen Verordnungen, die bald jeden Schritt unmöglich machten. Doch letztlich wollten sie immer nur Geld, die bösen Verbote mußten dann durch unangenehm hohe Bestechungssummen ausgehöhlt werden, ebenso wie Ideen um Einfuhrbeschränkungen oder die Errichtung eines ägyptischen Pfeffermonopols. Immer hatte man auf der Hut zu sein, immer zu zahlen, von den unverschämt hohen Durch-

.gangszöllen, die sich um nichts in der Welt senken ließen, ganz zu schweigen.

O ja, die Herren Sultane wußten ihre Kühe zu melken. Und da setzte sich schließlich bei den Venezianern die Auffassung durch, daß Afrika das, was es auf diese Weise verschlinge, gefälligst auch zu liefern habe. Dafür aber eignete sich ganz besonders die Goldstadt Timbuktu am Niger. Und also zogen die Lagunensöhne kühn und unter dem väterlichen Schutz gutbezahlter Tuareg von Tunis oder Oran aus gut dreitausend Kilometer durch die Sahara bis hinunter an den Niger und tauschten auf dem Markt von Timbuktu miserable Tuche und wertlose Glasperlen gegen Gold, mit dem sie dann nach ihrer Rückkehr den Appetit des Sultans stillten. Doch natürlich galten die Besuche in den Berberstädten nicht diesen Wüstenschätzen allein: Venedig betreute den gesamten Zwischenhandel von Spanien nach Afrika, seine Schiffe versorgten alle großen Mahgrebmärkte mit alexandrinischer Ware und luden auf der Rückfahrt fromme Mekkapilger nach Alexandrien oder Palästina – gegen nicht zu geringes Entgelt, wie sich denken läßt!

Angesichts solcher Dimensionen nimmt es fast wunder, daß die Herren am Rialto sich, besonders im 14. und 15. Jahrhundert, so rührend um den Deutschlandhandel kümmerten. Aber er scheint sich wirklich gelohnt zu haben, denn mit Herzinnigkeit wird immer wieder die Verbundenheit beider Teile betont, und 1509 sagt der allmächtige Bankier Girolamo Priuli sogar: »Deutsche und Venezianer sind gleichsam ein und dieselbe Sache durch ihren Handel.« Anfangs, als 1177 Barbarossa sein Reich den Lagunenhändlern öffnete, mögen die Aussichten ja nicht so vielversprechend gewesen sein. Aber bald schon wurden Augsburg, Ulm, Nürnberg höchst bemerkenswert, und über Basel, Straßburg und Köln nach Holland zu ziehen brachte volle Taschen.

Später freilich mühte man sich nicht mehr so. Wien, sowieso des deutschen Reiches Kaiser- und Hauptstadt, lag angenehm nah, hatte ausgezeichnete Straßen nach Polen, Ungarn und zu den Hansestädten. Ergo richtete Venedig dort ein ausgedehntes Emporium ein mit Stapelplätzen, Werkstätten und allem, was dazugehört, beförderte seine gesamte Waren für den deutschen Markt dorthin – und alle, alle kamen! Jede größere deutsche Handelsstadt hatte bald in Wien ihre ständige Vertretung, nahm vielleicht die Interessen von ein paar kleineren wahr, und also rollten die Dukaten ohne Unterlaß in die Truhen des Venedigerhauses.

Natürlich wollte die Hanse engen Kontakt, zu Anfang des 15. Jahrhunderts war eine Route Venedig-Augsburg-Brügge im Gespräch, und Stralsund schlug sogar vor, jede der beiden Städte solle die andere exklusiv vertreten, Stralsund Venedig in Deutschland, Venedig Stralsund in Italien, ein Einfall, aus dem dann allerdings nichts wurde, da die Partner, und damit der Nutzen, eben doch höchst ungleich gewesen wären. Aber die Hanse allgemein glühte vor Zuneigung, und das wirkte sich entschieden auf den Rialto-Umsatz aus.

Trotzdem war es fast noch wichtiger, daß die Deutschen in hellen Scharen

Der Canal Grande und die alte, hölzerne Rialtobrücke Mitte des 15. Jahrhunderts. Ganz rechts der alte Fondaco dei Tedeschi, wie er vor dem Brand und Wiederaufbau 1505 aussah.

über die Lagune in die Stadt gerudert kamen. Schon 1228 hatte ihnen der Rat ein eigenes Haus, den Fondaco dei Tedeschi, gebaut, und seither entwickelte sich das Geschäft, daß es eine wahre Freude war. Dabei ging die Republik mit den Nordländern keineswegs zimperlich um: Sie durften nur im Fondaco absteigen, mit niemandem außer mit Kaufleuten Kontakt haben, nicht einmal mit ihren Landsleuten. Immer standen sie unter Aufsicht, konnten nur deutsche

Waren einführen, und wenn sie diese verkauften oder eintauschten, war immer ein Staatsbeamter dabei. Frei zu kaufen oder zu verkaufen war bei bösesten Strafen verboten. Und warum? Nun, Venedig wußte aus eigener, erfolgreicher Praxis, wie gefährlich Händler werden konnten – und baute eben vor.

Natürlich war der Fondaco ewig überfüllt, seine 56 Zimmer reichten nie aus und die Gänge waren von provisorischen Schlafstellen gesäumt, kein reines Vergnügen für die, die dort nächtigen mußten. Denn die Eifersüchteleien zwischen den deutschen Städten waren sprichwörtlich, und wenn die Weinschenken im Haus die Köpfe dann noch etwas erhitzt hatten, gab gleich eine Faust die andere; ein Glück nur, daß sofort bei Eintritt alle Waffen in Verwahrung genommen wurden. Darauf achtete schon die Republik, nicht nur des inneren Friedens in ihrer Stadt wegen, sondern auch weil sie die Hausherrin war. Zweimal, 1318 und 1505, baute sie das abgebrannte Gebäude wieder auf, das letzte Mal ließ sie es von Giorgone und Tizian auch noch ausmalen. Denn die Sache lohnte sich wirklich: Um 1473 wurde der Fondaco auf einen Umsatz von 1 Million Dukaten geschätzt, darunter Brocken wie jene 20 000 Dukaten, die die Fugger für einen Diamanten in Kupferbarren zahlten, und wenn die Deutschen nicht handelten, waren sie kräftig zahlende Gäste, etwa als sie in ganzen Horden kamen, um die doppelte Buchführung zu lernen. Und da der Bau nun einmal der Republik gehörte, verlangte sie auch kräftig Miete, was gerade bei solchen Gelegenheiten entsprechend zu Buche schlug. Und da die Tedeschi für alles, was sie mitbrachten, enorme Eingangs-, und für alles, was sie mitnahmen, ebensolche Ausfuhrzölle zahlen mußten, wundert es nicht, wenn der Doge Francesco Foscari den Fondaco das »beste Glied der Stadt« und »die goldene Arche des Senats« nannte.

Es erstaunt dann auch nicht mehr so sehr, wenn die Bilanz des Staatshaushaltes etwa im Jahr 1500 bei 1,5 Millionen Dukaten Einnahmen und 0,5 Millionen Dukaten Ausgaben mit einem Reingewinn von 1 Million Dukaten abschließt. Der Senat als oberste Finanzbehörde und sein Finanzminister, der Savio Cassiere, konnten sich beruhigt zurücklehnen.

Auch die Procuratoren mögen sich gefreut haben, denn sicherlich ist ein erkleckliches Sümmchen in den Kirchenschatz des heiligen Markus getröpfelt, mit gutem Recht übrigens. Wenn nämlich der Staat in Geldnöten war, wurde aus dem Vermögen des Heiligen kräftig nachgeholfen, und das kam durchaus öfter vor – woraus sich ergibt, daß der Schatz von San Marco in Wahrheit die vornehmste staatliche Depotstelle war, sozusagen die eiserne Reserve der Republik.

Es ist auf diesem Hintergrund nicht weiter erstaunlich, daß die Verwalter dieses so bedeutsamen Fonds, eben die Procuratoren von San Marco, den höchsten protokollarischen Rang nach dem Dogen innehatten. Auch waren sie, wenngleich durch den Rat auf Lebenszeit ernannt, von staatlichen Kontrollinstanzen nahezu völlig unabhängig und residierten in ihrem riesigen Amtsgebäude, den

1319 gebauten alten Procuratien am Markusplatz, mit einem Heer von Juristen, Buchhaltern und Schreibern. Sie herrschten gönnerhaft, wie alle Leute, die Geld verteilen dürfen – und sie jammerten, gleich diesen. Sie jammerten, daß das Vermögen des heiligen Evangelisten doch arg bescheiden sei, daß die Situation von Tag zu Tag bedrohlicher werde und man unbedingt neue Einnahmequellen finden müsse. So lagen sie dem Papst unablässig in den Ohren, ob denn nicht diese oder jene ertragreiche Abtei dem heiligen Markus zugesprochen werden könne – nicht selten mit Erfolg übrigens, am Ende hatten sie eine stattliche Liste zusammen.

Aber so ganz ernst dürfte ihre Klagen wohl doch keiner genommen haben, denn sie ertranken in Arbeit: Im 12. Jahrhundert genügte noch ein Procurator, im 13. waren es ihrer vier, 1319 wurden es sechs, 1442 sogar neun. Zwar unterstand ihnen auch die Verwaltung der niedergelegten Vormundschafts- und Sorgegelder für Waisen und Wirre, die Überwachung von Testamentsvollstreckungen, die Unterstützung Armer und der Unterhalt der Wohlfahrtseinrichtungen. Aber schon 1250 bekamen sie einen eigenen zusätzlichen Gerichtshof, die »Curia procuratorum«, der ausschließlich die Vormundschaftssachen behandelte und jene nicht seltenen Fälle, in denen der heilige Markus die Vermögen von Verstorbenen ohne direkte Erben antreten mußte – und mit dieser Institution waren die Herren Procuratoren doch sehr entlastet. Da sie jedoch auch dann noch, wie gesagt, allesamt und allezeit völlig überbeschäftigt waren, darf eigentlich, trotz ihrer Lamenti, für die Vermögensverhältnisse des heiligen Markus nur das beste angenommen werden – und das heißt wohl das Vielfache dessen, worüber damals der reichste Mann Venedigs verfügte!

Natürlich blieben diese Summen nicht in den Truhen, sondern die hohen Herren ließen sie arbeiten, oder besser gesagt, sie spekulierten damit, wofür es ja auch genügend und höchst erfolgversprechende Möglichkeiten gab. Denn seit einiger Zeit konnte man schon genau auswählen: Sollte das Kapital in den üblichen Warengeschäften, in reinen Geld- oder nur in Frachtgeschäften angelegt werden? Vermutlich fiel die Wahl meist auf die ersten beiden Möglichkeiten, aber eigentlich etwas zu Unrecht. Gerade am Frachtbetrieb ließ sich glänzend verdienen.

Da waren nämlich nicht nur die ausgezeichnet bezahlten Lohnfahrten im Auftrag der großen Handelshäuser, sondern und vor allem der Pilgertransport ins Heilige Land. Auch hier hatte sich in der Tat so etwas wie ein Monopol Venedigs herausgebildet, wer nach Palästina wollte, schiffte sich eben am Rialto ein. Doch dies nicht etwa aus reinem Brauchtum, sondern weil die Lagunenfüchse wieder einmal einfach preiswerter waren und mehr Sicherheit boten als alle anderen. Aber billig war so eine Fahrt zum Grabe des Herrn dabei noch lange nicht: Für Hin- und Rückfahrt und ein halbes Jahr Verpflegung an Bord mußten immerhin im Durchschnitt 140 Dukaten auf den Tisch gelegt werden – ein stattliches Sümmchen, denn genau so viel verdiente einer der hochbezahlten venezianischen Steinmetzen im ganzen Jahr, und genau so viel nur durfte laut Ratserlaß die pompöse, goldstrotzende Ausstattung eines Saales in einem Nobel-palazzo maximal kosten. Nahm der fromme Pilger dann auch noch Pferd und Diener mit, verdreifachte sich der Betrag eben. Selbstverständlich war die Gesamt-zahlung voraus zu leisten, und der Kunde bekam eine Quittung, mit der er dann für die Rückfahrt gegebenenfalls ein Schiff einer anderen Venezianer-reederei benutzen konnte. Auch hatte er, wenn er auf der Rückreise geringere Dienste als bezahlt benötigte, etwa weil Pferd und Diener im Heiligen Land abhanden gekommen waren, sogar Anspruch auf Erstattung – nur kam dabei niemals viel heraus.

Nicht so für die Reeder. Da waren zunächst die reinen Passagiereinnahmen: im 13. Jahrhundert faßten die Schiffe noch etwa 100 Pilger und 20 Pferde, was 26 000 Dukaten brachte. Dann wurden die Schiffe größer, und im 15. Jahr-hundert konnte man von etwa 500 Passagieren und 35 Pferden ausgehen – also von tatsächlich 74 900 Dukaten, eine vorzügliche Sache. Denn erfahrungs-gemäß verlor sich rund die Hälfte der frommen Pilgrime irgendwo unterwegs, sie verschieden auf der Überfahrt oder im Gelobten Land oder blieben gar dort, und damit war ein ganzes Viertel der gezahlten Passagen verfallen, der Schiffs-raum konnte anderweitig genutzt werden, was einer weiteren Einnahme von 6700 beziehungsweise 18 725 Dukaten entsprach. Außerdem beförderte so ein Kahn ja nicht nur Pilger, sondern erledigte auch auf einer Fahrt mit Stationen in Zara, Ragusa, Durazzo, Korfu, Modon auf der Peloponnes, Kandia auf Kreta und Famagusta auf Zypern, während der durchschnittlich drei Monate jede Menge Lohntransporte.

Die Reeder hatten Grund zum Strahlen, denn trotz der horrenden Preise boten sie den Fahrgästen oft nicht einmal das Notwendigste. Auf den kleineren Schiffen, eben im 13. Jahrhundert, mögen die Verhältnisse ja noch erträglich gewesen sein, aber vor jenen Massentransportern des 15. Jahrhunderts mit ihren zwei bis drei Passagierdecks, für die die venezianische Regierung gesetz-lich eine Mindesthöhe von 1,20 Meter (sic!) vorgeschrieben hatte, schaudert man nun doch ein wenig.

Ritter Grünemberg, routinierter Heiliglandpilger, hat im Jahr 1486 Pilgrim-hinweise veröffentlicht, die eigentlich alles sagen: Zunächst weist er darauf hin, daß einem der Patron, der Schiffskapitän, einen Schlafplatz von 8 Schuh Länge und 3 Spannen Breite, also ein Rechteck von 2,40 auf 0,48 Meter zu-weisen werde, und man darauf achten solle, möglichst in der Mitte zu liegen, »denn an den Enden wiegt das Schiff gar viel mehr. Doch lieg nicht grad unterm Loch, deren sind es meistens fünfe, nennt man Porten. Denn welcher grad darunter liegt, der hat keine Ruh vor den Pilgrim, so Tag und Nacht hinauf an den Leitern steigen und ihre Notdurft verrichten. Wer sich aber zu weit von den Porten legt, der hat viel auszustehen durch die schlechte Luft. Sieh zu, daß du eine große Truhe hast. Die Länge sei danach angetan, daß man gut darauf liegen kann, wegen der Läuse und Flöhe, deren über die Maßen viele werden.« Sodann rät er dringend, sich in Venedig mit Schmalz, Käse, Eiern, Schweineschinken, geräucherten Zungen, gedörrtem Hecht und Salz einzudecken und sich einen großen Käfig machen zu lassen, »darinnen du dir hältst Hühner, alte und junge«. Denn »der Patron gibt zumal übel zu essen. Nur des Tags zweimal. Aber du kannst an seiner Kost nicht satt werden, keinesfalls. Sein Essen ist, so er Fleisch gibt, Schaf-Fleisch. Das schlachtet man nicht, es sei denn rotzig oder halb vor Hunger gestorben. Das wird so widerwärtig, wer es nur sieht, der kann davon nicht essen. Sein Brot ist alter, abgelegener Biscot, der ist hart wie ein gebackener Stein, voller Maden, Spinnen und Würmer. Sein Wein ist badewarm und schmeckt gar seltsam. Es gibt auch zwischen den Mahlzeiten weder zu essen noch zu trinken.« Verständlicherweise rät der Ritter da doch sehr für die Gesundheit, meint, daß man »Schild« für den Magen nehmen müsse, denn es komme manchmal, »daß das Erbrechen nicht nachlassen will, wodurch denn

Große venezianische Caracca um 1500. Obwohl reines Handelsschiff, schwer bewaffnet gegen Piratenüberfälle. Auf solchen Schiffen wurden bis zu 500 Pilger zusammengequetscht.

einer tödlich krank wird.« So sei das Mittel ein »guter Trost«. Auch solle man in Venedig Gewürze und grünen Imber kaufen, doch wenig Zucker und Veilchensirup, »was an der Latwerge dabei Honig ist, verdirbt aller von der großen Hitze und werden schwarze Käfer daraus. Item, besorge dir Goldlatwerge und Theriak und ein gutes Riechmittel. Das gibt manchmal neue Kraft. Denn es ist ein solch grundloser, böser Gestank, daß man's schwer beschreiben kann mit Worten. Ohne Erfahrung nicht zu glauben. Es ist unten im Schiff voller Fliegen, Würmer und Käfer, Maden, Mäuse und Ratten. Kommt alles von verfaultem Fisch und Fleisch und Mehl und überhaupt von allen eßbaren Dingen. Es werden auch leicht Pilgrim krank, besonders an der Dissenteria. Die haben dann keine Pflege und lassen ihre Notdurft auf den Sand gehen, wo sie liegen. Auch wenn Sturm ist und das Schiff stark stößt, so erbricht sich die Mehrheit. Gegen diesen Gestank ist recht nützlich Essig in die Nase gestrichen.«

Derlei kostete also ein nicht einmal kleines Vermögen! Aber trotzdem, in Venedig war man noch am besten aufgehoben, denn immerhin bestand die Gewähr, auch wirklich ins Heilige Land zu kommen, im Gegensatz etwa zu Marseille, von wo der Weg zum Kairoer Sklavenmarkt wahrscheinlicher war als nach Jerusalem, oder zu Genua, das stets nur die allerwackeligsten Kähne hernahm, mit denen die braven Wallfahrer allenfalls bis zur Südspitze Sardiniens gelangten, ehe sie absoffen, weshalb denn auch bald die Gegend dort das »Pilgergrab« genannt wurde.

Und daß all diese Nebeneinkünfte – von Zusatzverpflegung und Arzneien bis zu Hühnerkäfigen – Venedigs Wirtschaft zusätzlich beflügelten, dagegen war nun wirklich nichts zu sagen, denn die anderen hielten es ebenso und ihre Preise waren nicht weniger hoch. Nur eben, daß Venedig auch noch die besseren Schiffe, die tüchtigeren Kapitäne und das korrektere Geschäftsgebaren hatte, Eigenschaften übrigens, die überhaupt den Ruf der venezianischen Handelsflotte ausmachten. Denn die galt etwas in der Welt.

Wenn ein Geschwader auftauchte, so fünf oder sechs mächtige Transportsegler in der Mitte, flankiert von behenden Galeeren, wenn man bedachte, daß die venezianischen Schiffskarten und -geräte die besten der Welt und die Marteloios, die unvergleichlichen Meßtische, gar eine Lagunenerfindung waren, da stieg schon Bewunderung auf, und man erkannte den Venezianern den usurpierten Titel der »Herren der Meere« sogar neidlos zu.

Und der Anblick solcher Geschwader machte auch klar, mit welchen Entfernungen Kaufleute eigentlich rechneten, welch ungeheure Summen für ihre Einkäufe sie eigentlich mit sich führen mußten. Jedoch, was dann, wenn sie Schiffbruch erlitten, wenn sie ausgeraubt wurden?

Nun, sie vermieden das Herumschleppen so riesiger Beträge, indem sie ihren Lieferanten einen Wechsel, also einen Schuldschein unterschrieben, der irgendwann später zu einem bestimmten Zeitpunkt an irgendeinem anderen Ort, der für beide Teile praktikabel war, bezahlt werden mußte. Und wenn sich abzeichnete, daß der Schuldner zum Fälligkeitstermin nicht am Zahlungsort sein konnte, schickte er einen Dritten, die Schuld zu begleichen, ebenso verfuhr der Gläubiger – und daraus entwickelte sich das ganze Wechselsystem, so wie es heute noch bei uns geübt wird.

Natürlich war es immer ratsam, als letztes Glied in der Reihe der Gläubiger einen Fachmann zu haben, der sich dann, wenn der Wechsel nicht bezahlt wurde und also platzte, auch zu wehren wußte, und diese Aufgabe fiel denen zu, die bisher schon die einfachen Geldgeschäfte getätigt hatten, den Geldwechslern. Und diese wiederum waren zumeist, weil der Papst irgendwann sinnigerweise verboten hatte, daß Christen von Christen Zinsen nehmen, eben Juden – denen wiederum auf höchstkirchlichen Erlaß hin nahezu jede andere Tätigkeit untersagt war. Nun ja, und damit standen diese, wie überall in Europa, auch in Venedig an der Wiege des Bankgewerbes.

Sie waren nämlich gerade zur rechten Zeit nach Rialto gekommen – was allerdings zweifellos kein Zufall war, denn eine günstige Wirtschaftsentwicklung riecht man eben. Und so gab es 1132 bereits 1300 Juden in der Lagune. Sie saßen in Mestre und auf der Insel Spinalonga, die heute ihretwegen Giudecca heißt, arbeiteten als Händler, Ärzte und eben Geldwechsler und waren eigentlich ziemlich frei und unbehelligt. 1374 bekamen sie dann sogar die Erlaubnis, sich gegen eine fünfjährige Niederlassungsgebühr in der eigentlichen Stadt anzusiedeln und auf dem Lido einen eigenen Friedhof einzurichten. Doch nicht einmal zwei Jahrzehnte später, 1392, gab es in Venedig ein entsetzliches Geschrei, daß die Juden bereits die halbe Stadt besäßen und »totum mobile Venetie« schnurgrad »in Judenhänden« sei. Das war nun zwar maßlos übertrieben, aber da der Pfandverleih ja allemal der wichtigste jüdische Erwerbszweig war, ist es nicht unmöglich, daß ein erheblicher Teil des venezianischen Silbers und Goldes auf diesem Weg zu ihnen übergewechselt hatte. Der Rat beschwichtigte zwar anfangs, aber 1395 mußte er dann doch die Söhne Abrahams nach Mestre verbannen.

Ecco, da saßen sie nun. Aber im Handumdrehen blühten die Geschäfte eben dort, und Mestre wurde zu einem höchst bedenklichen Nebenrialto. Deshalb war der geplagte Rat fast erleichtert, als es dann doch wieder von Mestre her leise, ganz leise hereingeschlichen kam, hier plötzlich ein Judengeschäftlein da war und dort eines – und er also seufzend feststellen konnte, daß gegen diese seltsamen Leutchen wohl doch nichts helfe und sie halt in Gottes Namen nun bleiben könnten. Allerdings müßten sie eine besonders gekennzeichnete Kleidung tragen, dürften keine Christen heiraten und sich nur als Ärzte betätigen. Und so blieb es denn eigentlich auch bis 1519, als die Regierung dann verfügte, daß alle Juden auf der alten Eisenschmelzinsel, dem Ghetto, ihren Sitz zu nehmen hätten, abgeschlossen, mit Toren und einer Sperrstunde, die jeder, der keine Sondergenehmigung hatte, einhalten mußte. Im übrigen konnten sie in diesem ihrem Viertel so ziemlich machen, was sie wollten, Pfandverleihung, Altkleider-

*Jüdischer
Geldwechsler
und Bankier.*

handel, wohl auch weit einträglichere Handelsarten, über die man aber nicht sprach, weil sie – eigentlich – verboten waren. Nur die Ärzte durften in der ganzen Stadt arbeiten, aber sie waren ja schließlich auch so gut, daß kein um seine kostbare Gesundheit besorgter Nobile auf sie verzichten wollte. Der Regierung gefiel diese Regelung eigentlich sehr gut, sie hatte die Söhne Abrahams unter Kontrolle, und da doch jede Menge von ihnen die Sperrstunden überschritt, brachte das erfreulich hohe Strafgelder, mit denen die Staatskasse permanent rechnen konnte. Und so hielt sich diese einzigartige Idylle bis zum Ende der Republik 1797, da die Franzosen unter »Liberté, Egalité, Fraternité« die Ghettotore einrissen, und die Juden an den Canal Grande umzogen.

Das Bankwesen aber ging gleich nach dem Auszug der Hebräer nach Mestre anno 1395 an – die Patrizier über. Denn es hatte sich höchst erfreulich entwickelt und versprach eine große Zukunft. Neben dem Wechselgeschäft umfaßte es die Versicherungen, die mit Rück- und Lebensversicherungen schon boten, was wir heute noch haben, sodann die Verwaltung von Einlagen und Sparguthaben, die damals bekanntlich auf andere Weise als durch Zinsen Erträge bringen mußten, außerdem die Zahlungsvermittlungen, aber nicht mehr als Personalkredite, sondern nur gegen Verpfändung von Grund und Boden – und schließlich die Spekulation. Der Staat freilich übte strengste Aufsicht, wollte einer ein Bankgeschäft begründen, mußte er ganze 5000 Dukaten Kaution hinterlegen, und bei der kleinsten Unregelmäßigkeit schlug der Rat der Zehn erbarmungslos zu. Mit 44 Banken um 1423 hatte das Gewerbe einen beträchtlichen Umfang, und Großunternehmen wie der Banco Soranzo arbeiteten bis nach Augsburg und Ulm.

Freilich hätte sich das Bankwesen kaum so ausbilden können, wenn in Venedig nicht ein eigenes Münzsystem entstanden wäre. Denn eigentlich gab es lange Jahrhunderte nur die karolingische Ordnung mit dem Denar, darüber dem Schilling und dann eben dem Pfund. Erst Dandolo hat den »Matapan« oder »Grosso«, einen Doppelschilling, schlagen lassen, und 1284 endlich war die Geburtsstunde des Dukaten. Er war aus Gold, wog 3,55 Gramm, faßte 18 Metapan und war 1/67 einer Kölner Silbermark wert (die immerhin238 Gramm wog!). Später dann, genau am 24. Mai 1472, schlug der Doge Nicolò Tron das Silberpfund, die »Lira Tron«, von dem 124 Stück auf einen Dukaten gingen und den etwas komplizierten Unterwert der Silbersoldinen (124 Silbersoldinen waren 6 Lira Tron) – womit das venezianische Münzsystem stand. Es ist denn auch im gesamten Mittelmeerraum die internationale Währung geworden, wie der Heiligland-pilger Grünemberg ebenfalls bezeugt: »Item versieh dich mit Dukaten de Zeka. Desgleichen mit neuen Marzellen oder Margetten (Matapane). Die nehmen die Griechen und Heiden gar gern. Einer kann ihnen sonst kein Genüge tun, und verwerfen sonst ander Geld.«

Venezianisches Geld war die Weltwährung, die Republik von San Marco sah sich von einem grenzenlosen Vertrauen getragen, sie galt als Inbegriff der Sicherheit und der Verläßlichkeit. Um 1423 stand Venedig auf dem Gipfel seines Ansehens, seines Reichtums, seines Glanzes. Fast hundert Jahre hatte, trotz aller Genuesennot, sich dieser erstaunliche Staat konsequent auf seinen Zenith zubewegt, und das waren hundert Jahre wachsenden Reichtums, wachsender Macht, wachsendes Selbstverständnis, hundert Jahre voller Kraft, Kühnheit und Weitblick – die hundert goldenen Jahre Venedigs.

Der glückliche Tommaso Mocenigo, der Doge zwischen 1414 und 1423, konnte die Früchte dieser großartigen Entwicklung zusammenfassen, konnte die Summe ziehen, konnte das Glück beim Namen nennen, ein Glück, zu dem sogar er selbst gehörte. Denn in jenen Jahren höchster Blüte stand mit ihm ein großer Mann an der Spitze, weitblickend, klug, beherrscht, hochgebildet, ein Weiser. Und die Linien seiner überlegten Politik, die in der Tat den letzten Höhepunkt Venedigs erst möglich machte, erstaunen ebenso wie seine Aufzeichnungen, die »Discorsi«, in denen er seine Gedanken zur Staatskunst und zum Menschen festgehalten hat. Er war ein frommer Mann, aber seine Religiosität griff weit aus, sie umfaßte die Humanitas im besten Sinne und hatte von ihr das Signum. Sein Denken war geprägt vom Wissen um die Würde des Menschen, aber hinter allem stand die Klugheit, die Kenntnis dessen, was verwirklicht werden kann und was verwirklicht werden darf. Sein Weg ging wunderbar zwischen Franz von Assisi und Niccolò Machiavelli, und hätten die späteren Großen im Abendland bei ihm etwas nachgelesen, wäre vielleicht manches besser gekommen.

Tommaso Mocenigo, der Weise auf dem Dogenthron. Unter seiner leitenden Hand erreichte Venedig den absoluten Höhepunkt seiner Macht, seines Reichtums und seines Glanzes.

Nun bei alledem war er Venezianer, ganz und gar Sohn seiner Republik, jenes Staates, der trotz mancher Schatten einfach das fortschrittlichste, menschlichste, gerechteste und ausgeglichenste Gemeinwesen vieler Jahrhunderte war.

Und wie die Welt damals Venedig sah, hat kein Geringerer als Francesco Petrarca zusammengefaßt: »Die erhabene Stadt Venedig: Heute die einzige Herberge der Freiheit, Gerechtigkeit und des Friedens, einzige Zufluchtsstätte der Gutwilligen und einziger Hafen für alle, die, von der Tyrannei bedrängt, ein ruhiges Leben zu führen suchen. Eine Stadt, die reich ist an Gold, aber reicher noch an Ruf und Namen, die mächtig ist an militärischer und wirtschaftlicher Kraft, aber noch mehr durch Bürgertugend; die auf festen Marmor gegründet ist, aber noch sicherer auf der festen Grundlage unangreifbarer Eintracht ihrer Bewohner; und die, besser als durch das Meer, durch die Klugheit und Weisheit ihrer Söhne beschützt und beschirmt wird.«

Ein falscher Schritt

Sie kann schon tückisch sein, die Macht. Hat man sie nicht, werden alle Tage und Nächte darauf verwandt, wenigstens eine Ecke zu erhaschen, ist sie einem aber in ihrer ganzen Fülle zugefallen, zwingt sie zu Entscheidungen, die nicht minder strapazieren. Soll man mit ihr nun hart und konsequent einen gewaltigen Herrschaftsblock aufbauen, oder soll man sie dazu einsetzen, die ganze Umgebung in demütig-freundschaftlicher Abhängigkeit zu halten und im übrigen als der wohlwollende, große Richter, Vermittler und Ordner, als der umworbene Mittelpunkt zu wirken? Beide Methoden haben durchaus ihre Vorteile – was die Wahl nicht eben einfacher macht, zumal sich auch die Nachteile ausgleichen. Denn im ersten Fall muß man zumindest ein kleines Imperium schaffen, so weit ausgreifend und fest, daß ihm die Feinde ringsum, die man sich bei seinem Bau wird machen müssen, nichts anhaben können. Und das zweite System gewährleistet durchaus nicht, daß sich die eigenen Vorstellungen und Ziele immer voll durchsetzen lassen.

Auch Venedig litt an diesem Dilemma, und die beiden Parteien im Rat, die Falken und die Tauben, hielten sich so ziemlich genau die Waage. Die Kriegerischen verlangten, kräftig das italienische Festland einzuholen, während die Sanften meinten, die griechischen Besitzungen und Istrien seien genug, und außer ein paar weiteren Stützpunkten und dem Wiedergewinn von Dalmatien und Treviso solle eigentlich nicht viel mehr angestrebt werden. »Denn«, so pflegten sie zu sagen, »jeder Landbesitz verstrickt uns mehr in die gefährlichen und kostspieligen Händel der Nachbarn.«

Aber Treviso wollten eben auch sie haben, denn es hatte sich gerade als Lebensmittelmarkt in Notzeiten vorzüglich bewährt. Und also steuerte der Doge Antonio Venier, den die Friedfertigen sehr wohl zu sich zählen konnten, zwar dieses Ziel an, war aber sonst sorgfältig auf eine Politik des Gleichgewichts bedacht. Er beruhigte die noch immer vom Chioggiakrieg aufgewühlten Lagunenwogen, und seine Jahre von 1382 bis 1400 preisen die Chronisten als die »Zeit der festlichen Besuche und der wohlfeilen Preise«. Dabei tat er sich keineswegs so leicht. Denn Venedigs Haustrauma war das Reich des Ezzelino. Zwar konnte es seinerzeit gerade noch rechtzeitig zerschlagen werden, aber wiederholen durfte sich derartiges nicht mehr. Doch eben jetzt, in diesem Jahr um 1400, gab es gleich drei, die danach strebten: in Mailand Giangaleazzo Visconti, in Verona der Scaliger Antonio und in Padua Francesco Carrara.

Natürlich gaben sie sich alle höchst zuvorkommend, aber die Gefahr war offensichtlich, und Venedig fand, daß, da nun schon einmal etwas getan werden müsse, es wohl am besten sei, wenn sich die Herren selber gegenseitig verprügelten.

Und da der Carrara der Lästigste, weil Nächstgelegene war, hetzte es den Scaliger auf ihn, voller Überzeugung, Giangaleazzo Visconti werde sich umgehend zugesellen. Er gesellte sich hinzu, aber auf der falschen Seite und half dem Carrara! Weshalb es denn auch kam, wie es kommen mußte – Antonio Scala unterlag 1387 hoffnungslos, wurde auf der Flucht vergiftet, Visconti nahm sich Verona und die Restgebiete fielen an Carrara.

Oh Gott, also war der Paduaner ja noch mächtiger. Die Republik zuckte nun doch ein wenig zusammen, schloß schon am 29. Mai 1388 mit Mailand einen Vertrag »ad damnum et confusionem domini Paduae«, zu Verderben und Vertreibung des Herrn von Padua, sagte dem Visconti im ersten Jahr 100 000 Dukaten im Ganzen und für das zweite Jahr, falls notwendig, monatlich 8000 Dukaten Unkostenbeitrag für dieses Unternehmen zu, besorgte Ferrara, Mantua, den Patriarchen von Aquileja und sogar den Herzog von Österreich als Verbündete, der Carrara war eingekreist, ergab sich am 23. November desselben Jahres und wanderte samt Sohn in Mailänder Spezialhaft. Ecco.

Aber Venedig ärgerte sich wiederum. Nicht nur, daß man vertragsgemäß die ganzen Hunderttausend zahlen mußte, obwohl der Visconti allenfalls die Hälfte

Marken von Waffenschmieden, die für Venedig arbeiteten. Oben in der Mitte die große Arsenalmarke. Darunter zwei Reihen Klingenschmiedmarken, darunter zwei Reihen Plattnermarken.

gebraucht hatte, die Mailänder Herrschaft reichte nun tatsächlich bald »von Meer zu Meer«, wogegen man ja nun wieder etwas tun mußte. Ergo gab es alsbald einen Krieg zwischen Florenz und Mailand. Mitten in demselben jedoch, als gerade Herr Giangaleazzo fern in der Toskana seine Truppen durcheinanderschob, entkam so ganz zufällig Francesco Novello, des alten Carrara Sohn, aus Mailand, zog am 19. Juli 1390 umjubelt in Padua ein, ließ sich bald danach von der Republik innig an die Brust drücken, schwor ihr Liebe und Treue und wurde ins Goldene Buch eingetragen. Der Visconti aber fügte sich, meinte: »Ich weiß sehr wohl, daß man sich nicht in Krieg mit denen begeben soll, die Dukaten prägen!« und schloß nicht einmal zwei Jahre später seinen Frieden mit Padua. Zwar war er immer noch mächtig genug, aber dank des nun wieder botmäßigen Paduaner Puffers konnte man's so belassen, und als der Doge Venier im November 1400 sich zum Sterben legte, hatte er bewiesen, daß auch ein Friedfertiger Siege erringen kann.

Sein Nachfolger Michiel Steno war das Gegenteil. Die Rauflustigen hatten ihn durchgesetzt, und hinter ihm stand vor allem der junge Francesco Foscari, höchst einflußreich, zwischen 1404 und 1405 sogar Haupt der Vierzig und ärgster aller Kriegstreiber. Sie ließen ihren Dogen ganz unverhüllt auf Padua schielen, der Carrara dort wurde nervös, annektierte, um sich eine bessere Basis zu verschaffen, nach dem Tode des Giangaleazzo Visconti Verona und Vicenza – und lieferte dem Dogen den Kriegsgrund.

Venedig schickt einen Herold und befiehlt, Vicenza zu räumen, Francesco Carrara läßt den Boten verprügeln, erklärt der Republik am 23. Juni 1404 den Krieg, sieht sich alsbald eingekreist, eine Stadt nach der anderen fällt, 1405 ergibt sich bereits Verona und sein Sohn Jacobo verschwindet in einem Verlies des Dogenpalastes. Und während der Krieg weitergeht, ziehen weißgekleidete Veroneser auf den Markusplatz und legen vor dem Dogen Banner und Schlüssel ihrer Stadt nieder, während dieser von seinem Balkon huldvoll lächelt und die erhabenen Bibelworte spricht: »Das Volk, das da wanderte in der Finsternis, hat das große Licht gesehen!«, ein Satz übrigens, mit dem die Republik von nun an jede derartige Schlüsselübergabe kommentiert.

Fünf Monate später kapituliert das ausgehungerte Padua, San Marco legt seine Hand darauf, und auch Francesco Novello Carrara samt einem weiteren Sohn findet sich in Venezianerkerkern wieder. Dann aber wird es schlimm. Ganz heimlich befindet der Rat der Zehn, die Carraras hätten an der Republik Hochverrat begangen, und ebenso heimlich werden alle drei Gefangenen im Gefängnishof gehängt. In der Stadt aber läßt man eifrig das Gerücht ausstreuen, der alte Carrara sei an einer Erkältung gestorben, während von den Jungen tunlichst geschwiegen wird – mit gutem Grund.

Die Volksmeinung nämlich hielt geradezu rührend zu den gefallenen Herren von Padua, und wenn die Venezianer nicht so lang geübte gute Staatsbürger gewesen wären, hätte es, als die Wahrheit durchsickerte, zweifellos eine Empörung gegeben. Aber der Rat war, selbst angesichts der Entrüstung im Ausland, unerbittlich und ließ auch die beiden letzten, flüchtigen Carrarasöhne aufspüren und beseitigen. Die Republik hatte nun zwar einen häßlichen Schatten auf ihren Namen gelegt, aber dafür das Reich des Ezzelino gewonnen. Und vielleicht nahmen die Herren um den Dogen und Francesco Foscari diesen hohen Preis dafür gern in Kauf.

Denn bei einem Mächtigen vergißt die Öffentlichkeit schnell, zumal, wenn er hinterher so geschickt ist wie damals die Söhne des heiligen Markus: Die angeschlossenen Gebiete werden bewundernswert behandelt. Sie dürfen ihre Selbstverwaltung, ihren Adel und ihre Besitzordnung behalten, werden in Zivil- und Strafrechtsdingen völlig gleichgestellt, haben ihre Vertreter, die Weisen, in der Regierung, nur eben, daß sie keine venezianischen Vollbürger werden. Aber das läßt sich zur Not verschmerzen, schließlich bleibt das Bürgerrecht ihrer eigenen Städte weiterhin ohne Einschränkung bestehen. Und da sich derlei rasch herumspricht, kommen immer noch weitere Abordnungen an den Rialto und bitten um Schutz und Herrschaft Venedigs, darunter Ravenna, Bologna und sogar Ancona.

Ob die Republik da auch noch unbedingt nach Friaul, dem der Patriarch von Aquileja als weltlicher Herr vorstand, hatte greifen müssen, sei dahingestellt. Denn Friaul gehörte einwandfrei zum Reich, und das mußte Schwierigkeiten mit dem Kaiser geben. Doch in der Lagune fühlte man sich stark genug, wenngleich zunächst verschlungene Wege eingeschlagen wurden.

Der Ungarnkönig Ludwig war nämlich 1382 verblichen und hatte als Erben eigentlich nur den Gatten seiner einzigen Tochter, Sigismund von Luxemburg, Herzog von Mähren, hinterlassen. Doch einem beträchtlichen Teil des ungarischen Adels gefiel diese Lösung gar nicht, weshalb umgehend der Mitbewerber Karl von Anjou-Durazzo auf den Thron gehoben wurde. Nun aber sah die Königinwitwe ihre Tochter Maria um das Erbe betrogen und schuf ihrerseits vollendete Tatsachen, indem sie den unerwünschten neuen Herrn ebenso umgehend ins Jenseits befördern ließ. Entgegen dem Brauch jedoch, nach solchen Aktionen möglichst vorsichtig zu sein, ließ sie sich unbekümmert samt ihrer Tochter nach Novigrad locken, wo sie auch prompt eingefangen und höchst unsanft vom Leben zum Tode gebracht wurde, während Frau Maria alsbald geschunden und bespieen im alleruntersten Gefängnisgewölbe vor sich hin wimmerte.

Und jetzt trat Venedig auf: ein Machtwort, die Wüteriche ließen ihr Opfer frei und dem Herrn Sigismund wieder zustellen, freilich auch zusammen mit dem Hinweis, San Marco erwarte für diesen Dienst eigentlich schon ein entsprechendes Entgegenkommen in Dalmatien. Nun, Sigismund nahm vergnügt Gemahlin und Hinweis entgegen, aber kaum war er 1387 endlich König von Ungarn, konnte er sich bezüglich Dalmatiens an nichts mehr erinnern.

So etwas schmerzt. Und also wandte sich die enttäuschte Republik dem Gegenspieler und Karl-Erben, Ladislaus, zu und sorgte dafür, daß ihm in Zara unter Gepränge als dem rechtmäßigen Ungarnherrscher gehuldigt wurde – bevor er ihr am nächsten Tag vereinbarungsgemäß die ganze Stadt für 100 000 Dukaten verkaufte! Doch gekauft ist gekauft, Zara war wiederum, nunmehr das neunte Mal, venezianisch und leistete dem Dogen den Untertaneneid.

Daß dieses Herr Sigismund, nun seit 1411 auch deutscher König, vielleicht ungünstig aufnehmen könnte, war im voraus nicht ausgeschlossen, weshalb denn auch Venedig rechtzeitig den Osmanen eine kleine Nachricht zugehen ließ. Und als dann der Doppelkönig tatsächlich erbost über Friaul auf die Lagune zubrauste, brachen im Osten die Türken los, das königliche Heer mußte schleunigst umkehren, Venedig hatte einen herrlichen Grund, sich auf Friaul, dieses »unglaublich gefährliche Aufmarschgebiet des Feindes«, zu stürzen, und als Sigismund dann wegen anderer Bedrängnisse 1413 Waffenstillstand schließen mußte, wehte die Markusfahne bereits auf den meisten Türmen dieses wunderschönen Landes.

Michiel Steno starb in den letzten Tagen des Jahres 1413. Seine Politik hatte sich, zumindest vorerst, als durchaus wirkungsvoll erwiesen. Daß dann doch die Gegenseite, die Friedfertigen, ihren Kandidaten durchbrachte, lag wohl vor allem an dessen Persönlichkeit: Tommaso Mocenigo.

Sein Konzept sah anders aus. Aber auch gegen seinen Willen, die Sache mit Sigismund mußte zu Ende gebracht werden. Denn der König führte inzwischen einen erbarmungslosen Handelskrieg und verbot allen deutschen Städten, Venedig anzureisen, sie sollten dafür über Mailand und Genua oder über Ungarn ans Meer. Das war gefährlich, und als dann auch noch des Königs Patriarch, Ludwig von Aquileja, anfing den Waffenstillstand zu brechen, befahl der Senat den Angriff: Dem Herrn Ludwig erging es alsbald sehr schlecht, zumal der König nicht helfen konnte, da er mit den Hussiten genug zu tun hatte – und so war im Handumdrehen Friaul venezianisch; der Patriarch mußte auf alle weltliche Macht verzichten, bekam ein paar Pfründe, und im übrigen war Venedig die Landesherrin und Friaul vom Reich abgetrennt. Natürlich brach das jedes Recht, aber was gilt schon das Recht, wenn die Macht das Wort führt! Tommaso Mocenigo allerdings dürfte dem Staat kaum gratuliert haben, denn im zudem erheblich deutsch besiedelten Friaul hatten die Habsburger ausgedehnte Besitzungen, weshalb nun künftig die deutschen Kaiser würden von Venedig Lehen in Empfang nehmen müssen. Und das konnte nicht gut gehen.

Der Doge wurde wohl auch nicht unterrichtet, als der Rat der Zehn am 24. Mai 1419 einem Subjekt namens Michaletto Muazzo den Auftrag gab, König Sigismund zu vergiften. Mehr als acht Monate zogen sich Muazzos Vorbereitungen hin, dann widerriefen die Zehn ihre Anweisung, »weil derlei nicht verborgen bleiben kann und dann zu Schmach und Schande des Staates ausschlagen muß«. Doch das dürfte kaum der Grund gewesen sein. Vielmehr erübrigte sich die Sache entweder, weil der König wegen seiner vielfältigen Nöte immer handsamer wurde, oder aber weil die hohen Herren, wie vielfach bestätigt, tatsächlich Muazzos Gift an einem Schwein ausprobiert und dann, als das Borstentier ziemlich unbeschadet weiterquiekte, die Sache wohl doch nicht gewagt haben. Denn mit Gift besaß man in der Lagune wenig Erfahrung. Als die beliebteste Geheimwaffe galt dort noch immer der Glasdolch, er konnte so praktisch abgebrochen werden und verblieb dann dort, wohinein er versenkt war; die großen Giftküchen Italiens dagegen standen in Mailand und Florenz (natürlich auch in Rom, aber davon spricht man nicht). Außerdem wäre der Mord wirklich überflüssig gewesen, denn obwohl sich Venedig nach und nach ganz Dalmatien nahm, ließ es der König angesichts der Türkengefahr geschehen und fand sich sogar 1433, im Jahr seiner Kaiserkrönung, zu einer Zusammenarbeit mit Venedig gegen die Osmanen bereit.

Tommaso Mocenigo konnte in der Tat bei seiner Abschiedsrede auf einen friedlichen, von allen Seiten bewunderten und umworbenen gesicherten Staat blicken. Denn allein in der Ägäis waren neben mehreren Inseln zehn weitere Städte zu Venedig gekommen, darunter Athen, Nauplion, Patras, Lepanto und Thessalonike, in Albanien saß man gut, Ehrengesandtschaften trafen aus Indien und Ägypten ein und fast jede Stadt in Italien wünschte sich, unter der Herrschaft Venedigs zu stehen. Das war es, was Mocenigo gewollt hatte. Mittler, Anreger, Umworbener zu sein. Und immer wieder, selbst noch in seiner Sterberede, flehte er, es nun mit den Eroberungen gut sein zu lassen, und vor allen Dingen Mailand nicht anzugreifen. Keine Warnung hat er öfter und dringender ausgesprochen.

Und noch vor etwas anderem hat er gewarnt: Jeder könne sein Nachfolger werden, Marin Caravello, Antonio Contarini, selbst der brave Bembo oder Pietro Loredan, der Generalkapitän – nur nicht Francesco Foscari, der werde den Krieg über die Republik bringen. Aber die Mahnung des Alten hatte kein Gewicht, zu lange schon waren die Fronten geklärt, hatten die Rauflustigen eine Mehrheit für ihren Mann gesichert: Am 15. April 1423 stimmten von den 41 Wahlmännern 26 für ihn, und der neue Doge hieß eben nun doch Francesco Foscari.

Er war einer von denen, die Parteinahme verlangen, die Haß ebenso fordern wie Bewunderung. Wenn er zugriff, fragte er nicht nach den Mitteln, für ihn zählte nur der Erfolg – und diesen Erfolg mußte man sehen, fassen können, er mußte Macht einbringen, da nur sie die Freiheit des Starken sichert. Er kannte keine anderen Grundsätze, dieser Foscari, am wenigsten bei sich selbst, und so ist auch seine Laufbahn geradezu atemberaubend: Mit dem Vater noch in Ägypten in der Verbannung, kehrte er mit achtzehn Jahren zurück, machte sich durch eine reiche Heirat unabhängig, präsidierte, noch nicht einmal dreißig, der Quarantia, war Avogadore, Mitglied der Zehn, schließlich Procurator von San Marco. Fast drei Jahrzehnte hatte er die venezianische Politik mehr und mehr bestimmt, überall saßen seine Leute, weniges geschah, was er nicht wollte, nichts, was er nicht wußte. Und jetzt, da man den Fünfzigjährigen zum Dogen

Doge Francesco Foscari. Durch seine Terrafermapolitik, mit der er Venedig in die Händel der europäischen Mächte verstrickte, einerseits, und die dadurch schwächliche Türkenabwehr andererseits, ruinierte er die Staatsfinanzen und das Handelsimperium und wurde so zum Totengräber der Macht und des Glanzes seiner Stadt.

krönte, lächelte er. Er würde kein Machtloser sein, dafür hatte er vorgesorgt.

Und er würde arbeiten können. Denn die große Entscheidung zwischen der Land- und der Seepolitik war ja längst zugunsten des Landes gefallen, und auch die boshaftesten Alten im Rat mußten zugeben, daß sich die angegliederten Gebiete höchst nützlich machten: Padua, Treviso, Rovigo und Bergamo bezahlten die Flotte, Verona die Kosten für Korfu und Kreta, Udine und sein Umland den Unterhalt der ostadriatischen Festungen, Cologna und die restlichen den Betrieb des Arsenals, von dem prachtvollen Sicherheitsgürtel, der jetzt um die Lagune lag, ganz zu schweigen. Was wollten die Herren Gegner denn noch?

Was Francesco Foscari allerdings noch immer vom Tisch wischte, war die Tatsache, daß sein Staat sich nunmehr rettungslos in die gefährlichen und kostspieligen Händel der italienischen Potentaten verwickelt sah. Schon sein Vorgänger war mit Hilfeschreien aus Florenz eingedeckt worden, weil der Mailänder unentwegt nach Süden vorstieß. Tommaso Mocenigo hatte seinerzeit abgelehnt. Aber kaum saß der Foscari auf seinem Sessel, flehte Florenz von neuem und in höchster Angst. Natürlich wollte er sich ebenfalls taub stellen, aber die Vorstellung, daß nach dem Fall der Toskana ein übermächtiges Mailand sich – und das lag auf der Hand – auf Venedig stürzen würde, störte das Wohlbefinden nun doch empfindlich.

Nicht sehr gern schmiedete der Doge also eine Koalition mit Florenz, Savoyen, Montferrat, Ravenna, Mantua und kaufte für ein Sündengeld den besten Condottiere jener Jahre, Francesco Bussoni Conte di Carmagnola. Nun war es

doch so weit, San Marco mußte sich von ehrlosen, blutsaugerischen Kriegs-
unternehmern abhängig machen, mußte riskieren, daß, wie der kluge Mocenigo
stets gefürchtet hatte, der Tag kommen würde, an dem »der Schwanz mit dem
Hund wedelt«. Die Mienen am Rialto umwölkten sich zusehends.

Denn jene Condottieri waren in der Tat Geschäftsleute, die ein leistungs-
fähiges Heer vermieteten wie ein Reeder seine Transportflotte. Sie nahmen einen
Auftrag an, erledigten ihn, stellten die Rechnung, wurden bezahlt – und schlossen
den nächsten Mietvertrag. Es kümmerte sie nicht, für wen, für was sie kämpften,
ihre Ehre war das Geld. Und da Angebot und Nachfrage auch hier die Preise
bestimmten, kam es nicht selten vor, daß sie, jeweils sich nach den Höchst-
angeboten richtend, samt ihrem Heer während eines Krieges mehrfach die Fronten wechselten. Und wenn man nicht sehr wachsam war, saßen sie plötzlich
durch Heirat oder Revolte auf dem Thron ihres Auftraggebers.

Carmagnola war ein Prototyp: Um 1390 der Welt geschenkt, konnte er zunächst als Schweinehirt Erfahrungen sammeln, stürzte sich dann in den Söldner-
dienst, fiel auf durch erhebliches Organisationstalent und war bald dem er-
lauchten Filippo Maria Visconti, Herzog von Mailand, unentbehrlich. Gegen ausgezeichnete Bezahlung und den Grafentitel gewann er mehrere Schlachten für
seinen Kunden, heiratete dessen Tochter und berechtigte Aussichten auf den
Mailänder Herzogshut. Dann allerdings gab es Unstimmigkeiten, Venedig bot
mehr, und also setzte Graf Carmagnola Können und Mannschaft eben künftig
statt für, gegen seinen hohen Herrn Schwiegervater ein. Und die Welt wunderte
sich nicht, sie waren und taten's alle gleich, die Montefeltro, Malatesta, Picci-
nino, Colleoni, Sforza – nur über den letzten, Albrecht von Wallenstein, sind
sich die Gelehrten nicht ganz einig.

All dies weiß Foscari natürlich, aber er schwört auf Carmagnola, und der
Kriegsverlauf scheint ihm fürs erste recht zu geben: Schon in den ersten Tagen,
am 7. April 1426, erobert der Graf Mailand, dann Stück für Stück der Ländereien
und schließlich, am 20. November, die Burg von Brescia. Der Visconti kapituliert, schließt am 30. Dezember Frieden und verpflichtet sich, nicht nur alle
besetzten florentinischen und savoyardischen Gebiete zurückzugeben, sondern
auch Stadt und Land Brescia an Venedig abzutreten, was der Rat in der Lagune
gar nicht ungern hört.

Aber als der Mailänder wieder etwas bei Atem ist, denkt er nicht nur nicht
daran, die Verpflichtungen einzulösen, sondern umwirbt seinen Herrn Schwiegersohn Carmagnola so schamlos, daß dieser aufgrund seines Marktwertes am
17. August 1430 der Republik geradezu einen Phantasievertrag aufzwingen
kann: Absolute Kommandogewalt, tausend Dukaten monatlich in Krieg und
Frieden, zwei Mittelstädte zur uneingeschränkten Nutzung und im Falle der
Vertreibung des Visconti eine große Herrschaft. »Der Graf« hält Hof in Venedig,
er tritt auf wie niemand sonst in der Stadt, und schließlich entlädt sich der
Zorn gerade der Nobili auf den, der diesen Popanz gerufen hat – Andrea

Francesco Bussoni Conte di Carmagnola,
der erste sündhaft teure Condottiere
Venedigs.

Contarini versucht den Dogen niederzustechen, und nur durch Zufall wird dem Foscari dabei lediglich das Gesicht aufgerissen.

Ein Jahr darauf brauchen sie den verhaßten Condottiere erneut, weil aus Mailand wieder Gewitter dräuen. Er soll zu Land angreifen, während Pietro Loredan das »geknechtete Genua vom Joch der Visconti befreien« und zu diesem Zweck vom Meer her operieren soll. Der macht seine Sache auch vorzüglich und erringt einen totalen Sieg, aber Carmagnola kommt nicht vom Fleck. Selbst Brescia läßt er verloren gehen, kann trotz schlimmster Vorhaltungen zu nichts Wirksamem bewegt werden – und weckt ganz langsam das Mißtrauen des Rates. Man erinnert sich, daß er der Schwiegersohn und mögliche Erbe des Visconti ist, daß er sein künftiges Territorium zu schonen geneigt sein könnte, beobachtet genau, zitiert ihn sodann, begleitet von acht Nobiles, zum Dogen. Aber der empfängt ihn nicht, sondern läßt ihm den Weg ins Gefängnis weisen. Am 7. April 1431 finden ihn 26 von 36 Richtern des Hochverrats für schuldig, am 5. Mai wird auf der Piazzetta sein Kopf vom restlichen Körper getrennt. Für die nunmehrige Witwe und die Tochter setzt der Rat eine ansehnliche Pension aus, aber die Damen ziehen es vor, sich sehr überstürzt nach Mailand abzusetzen, wodurch zur allgemeinen Erleichterung der Pensionsbeschluß wieder rückgängig gemacht werden kann. Der Fall ist erledigt, aber die Autorität des Dogen von Grund auf erschüttert, und seine Feinde wagen sich hervor.

Zwar kommt es dann zwei Jahre danach doch noch zu einem erträglichen

Frieden, in dem der Visconti Venedig alle Eroberungen bestätigen muß, auch hat die Republik nun eine Stütze in Papst Eugen IV., der ein Condulmer und venezianischer Patrizier ist, aber die Empörung über die ewigen, teuren Kriege, die man ja doch nur Foscaris Steckenpferd, der Landpolitik, zu verdanken hat, steigt. Der Doge jedoch kann nicht mehr zurück. 1437 kommt es zu einer neuen Prügelei mit Mailand, der (schrecklich teure) Condottiere Francesco Sforza gewinnt für Venedig die Adda-Grenze, Brescia, Bergamo und Cervia – und heiratet nach dem Friedensschluß 1444 die Viscontitochter Bianca. Venedig stöhnt, aber zwei Jahre später fängt der Mailänder schon wieder an, es gibt den vierten Krieg mit ihm, der auch weitergeht, als er im nächsten Jahr stirbt. Natürlich folgt Francesco Sforza nach, natürlich taucht als Gegenkandidat der Viscontineffe und Herzog von Orléans auf, natürlich fördert Venedig einmal diesen, einmal jenen, will sich mit Frankreich liieren, aber das steht dann plötzlich auf der Seite des Sforza – es ist ein unglaublicher Wirrwarr.

Erst der Schock, den 1453 der Einzug der Türken in Konstantinopel auslöst, bringt ein bißchen Vernunft: Im April 1454 kommt der Frieden von Lodi zustande, der Venedig seinen Besitzstand sichert, Cremona zusätzlich einbringt und Italien endlich mit dem Fünfergestirn Venedig, Mailand, Florenz, Neapel, Kirchenstaat das Gleichgewicht und für ein paar Jahre Ruhe.

Aber was konnte der Doge antworten auf die Frage, wo denn nun der Nutzen sei? Gewiß, das Venedigerreich hatte unter ihm seine größte Ausdehnung gefunden. Aber diese vier Kriege hatten Unsummen verschlungen, der Staat versank in einem Schuldenberg – eingehandelt hatte man sich nur ein paar Städte mehr, die, abgesehen davon, daß aus ihren Steuereinkünften niemals die riesigen Kriegskosten auszugleichen waren, die Verteidigungskosten nur noch erhöhten. Wie steht es doch bei Machiavelli? »Keiner kann Kräfte gewinnen, der im Krieg verarmt, mag der Krieg auch siegreich sein, denn der Krieg nimmt dann mehr weg, als er gibt. So erging es Venedig und Florenz, als jenes die Lombardei, dieses die Toskana gewann. Sie waren beide besser dran, als sich die eine mit dem Meer, die andere mit sechs Meilen Landumkreis beschied.«

Das Dogenamt hat aus Francesco Foscari einen unglücklichen und von vielen Nobelfamilien glühend gehaßten Mann gemacht. Zweimal wollte er zurücktreten, zweimal hat der Rat die Bitte nicht zur Kenntnis genommen. Von seinen vier Söhnen sind drei gefallen, den vierten verfolgte der Rat der Zehn mit erdichteten Anschuldigungen und ungerechten Urteilen, bis er in der Verbannung auf Kreta starb. Dann erst schlug man auch den Dogen selbst: Am 22. Oktober 1457 wurde er vor die Zehn zitiert, für abgesetzt erklärt und der Dogenring vor seinen Augen zerbrochen, so, als ob er schon tot wäre. Langsam, auf seinen Stock gestützt, verließ der achtzigjährige Greis den Palast, den er fertiggebaut und zum schönsten Regierungssitz des Abendlands gemacht hatte, verkroch sich in seinem Haus am Canal Grande und starb noch in der gleichen Nacht. Mehr als sechzig Jahre Arbeit für die Republik waren ausgeklungen. Die Witwe des Toten wollte ihn selbst begraben, wenigstens jetzt sollte ihn der Staat nicht haben – aber der Staat kam. Beamte drangen in die Halle, drängten die zornige alte Dame zur Seite und beschlagnahmten den Leichnam. Und am nächsten Tag nahm der Staat mit allem Pomp Abschied von Francesco Foscari und errichtete ihm über seinem Grab in der Frarikirche ein prächtiges Denkmal. Der Staat durfte auch dies.

Ja, er durfte sogar gewisse Grundsätze brechen, wenn es um seine Würde ging – oder um Geld, denn das letztere bedingte nun einmal das erstere. Und so müssen vielleicht auch seine kleinen Verbeugungen vor dem Herrn Bartolomeo Colleoni gesehen werden, jenem Condottiere, den 1448 noch der alte Foscari in die öffentlichen Dienste geholt hatte und in dessen Haus bis zu seinem Tode 1475 sich nach und nach sagenhafte Reichtümer stapelten. Eigentlich mochte man am Rialto diesen Haudegen recht gern, den Wilden mit dem weichen Herzen. Denn er war, wenn auch kleiner bergamascer Landadel, durchaus von Stand, gebildet und ungemein großzügig, und er konnte träumen – vom Mailänder Herzogshut etwa oder von der Heeresführung in einem Türkenkreuzzug oder von einem Denkmal vor San Marco. Natürlich blieb er immer nur der Festlandsdegen der Republik, aber er leistete gute Arbeit, und als er sich mit 75 Jahren endlich und ohne Erben zum Sterben legte, vermachte er dem venezianischen Staat sein ganzes unermeßliches Vermögen – allerdings mit der verbindlichen Auflage, daß ihm dafür vor San Marco ein Denkmal errichtet werden müsse. Wenigstens dieser Traum sollte sich erfüllen! Der Senat wand sich. Niemals noch war jemandem, und mochte er noch so viel geleistet haben,

Bartolomeo Colleoni. Von all seinen Träumen wurde nur das Reiterstandbild des Verrocchio wahr.

außer dem Grabstein in einer Kirche etwas derartiges zugestanden worden, schließlich lag gerade in der Tatsache, daß sich keiner über den anderen erheben konnte, mit die Stärke des Gemeinwesens. Aber da nach all den Mailänder- und sonstigen Kriegen jeder Grosso ein Himmelsgeschenk bedeutete, wäre die Ablehnung einer solchen Erbschaft einem Verbrechen gleichgekommen. Die Regierung seufzte. Und in dieser Bedrängnis tauchte von ungefähr der Hinweis auf, daß Ser Colleoni ja eigentlich nicht festgelegt habe, daß es unbedingt die Basilika von San Marco sein müsse. Man habe schließlich auch noch die Scuola von San Marco, und die stehe neben San Giovanni und Paolo und also doch ziemlich abgelegen... der Senat war überglücklich. Und so bekam die Republik das Vermögen, Colleoni sein Denkmal (nach Meinung von Kunsthistorikern das schönste Reiterdenkmal überhaupt) – und auch die bösesten Zungen konnten nicht behaupten, daß dem letzten Willen des tapferen Bartolomeo kein Genüge getan worden sei.

Dennoch und im Ganzen aber endete das 15. Jahrhundert nicht gut für die Republik. Zwar hatte sie noch im Februar 1489 Zypern eingezogen, war auch noch immer die entscheidende Handels- und Geldmacht Europas, aber im Osten drohten die Osmanen immer unheimlicher, und die großen Herren des Westens schauten immer begehrlicher auf die kleinen, aber so reichen und fruchtbaren Staaten Italiens – Venedig hatte Grund zur Sorge.

Denn in Frankreich hatte König Karl VIII. plötzlich einen höchst bemerkenswerten Einfall. Er wollte als Erbe der Anjous Süditalien in Besitz nehmen und von dort aus in einem Zug gegen Konstantinopel das oströmische Reich erneuern. Sein Angebot an die Republik klang denn auch verlockend: Die gesamte Ägäis solle für alle Zeit ungefährdet venezianisch sein, wenn es gemeinsam

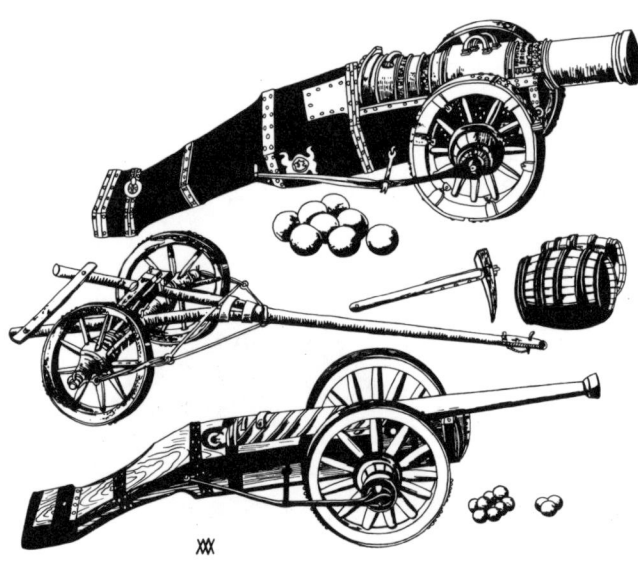

Geschütze:
Schwere Kartaune, Protze,
leichte Feldschlange,
sowie Pulverfässer, Kugeln
und Spitzhacke.

240

gelänge, das Vorhaben durchzuführen. Aber auch die Türken kamen und warben höchst verführerisch, und irgendwie dachten die Venezianer zudem an die Erklärung des Senats aus dem Jahr 1409, daß Frankreich sich unter keinen Umständen in Italien festsetzen dürfe, da dies das Ende des italienischen Staatengefüges bedeuten würde. Gott, was sollte man da nur tun? Der Rat behandelte das Problem sehr eingehend und tat einmal für alle Fälle – nichts, weil dies keinesfalls falsch sein konnte.

Für Lodovico Sforza von Mailand, Lodovico Moro, wie er genannt wurde, der angesichts der französischen Ansprüche auf seinen Herzogstuhl mit dem Ärgsten rechnen mußte, war das schlimm. Denn einen anderen möglichen Bundesgenossen, mit dem zusammen er sich einigermaßen erfolgreich hätte wehren können, gab es nicht, und also warf er sich in höchster Verzweiflung dem Angreifer an den Hals und lenkte ihn sogleich eifrig und als guter Freund nach Süden. Und als Karl mit 40 000 Mann und schwerer Artillerie am 9. September 1494 in der Po-Ebene ankam, empfing ihn Herzog Lodovico ganz überschwenglich, übermittelte auch einen Willkommsgruß des venezianischen Senats und sorgte dafür, daß die französische Dampfwalze schon baldmöglichst weiterrollte, mochten die anderen sehen, wie sie sich halfen!

Und die Walze rollte: Im November nahmen die Franzosen Florenz, aus dem sich die Medici gerade noch hatten retten können, am 31. 12. zog man in Rom ein, versicherte Papst Alexander VI., daß man nur als Kreuzfahrer hier sei, wurde gesegnet und weiter gen Neapel geschickt, wo man am 22. Februar 1495 einzog. Den neapolitanischen König Ferrante hatte König Karl gar nicht zu Gesicht bekommen, weil der unter Mitnahme der Staatskasse bereits über das Meer nach Spanien entwichen war. Italien lag also nun offen vor ihm und die Massen jubelten, in Rom, in Neapel, und in Florenz sangen sie gar »I Medici non hanno piu medicina« (die Medici – it.: Ärzte – haben keine Medizin mehr). In dem nicht sehr hübschen Kopf des achten Karl begannen Weltherrschaftspläne zu spuken.

Ein neuer Staufer! Die italienischen Mächtigen erschraken zutiefst, ließen ihre Diplomaten flattern, und am 31. März 1495 stand die Liga gegen Karl – Mailand, der Papst, der geflüchtete König von Neapel, dessen aragonesische Verwandtschaft, der deutsche Kaiser Maximilian und Venedig, Venedig, das endlich begriffen hatte und sich, zwar spät, aber doch mit allem Geld und Nachdruck, an die Spitze des Unternehmens stellte. Und auch durchsetzte, daß man sich mit dem Franzosen nicht schlug, sondern ihn auf diplomatischem Wege fortschaffte, indem man schon durch die Aufzählung der schrecklichen Gefahren ringsum – eine Mauer von übermächtigen Feinden, kein Nachschub und allein im fremden Land – ihn zum Abzug brachte. Und das denn auch recht behielt: Karl rollte seine Fahnen ein, machte sich eilig auf den Heimweg, bekam am Apeninnenhang von den vereinten Mailändern und Venezianern noch einen kräftigen Denkzettel und war froh, als er wieder heimatliche Gefilde unter seinen Füßen hatte. Mit Italien wollte er zeitlebens nichts mehr zu tun haben. Nein, nie wieder Italien!

Dort aber jubelten die Massen, zwar wiederum und auf der Gegenseite, aber womöglich noch lauter. Ihr Idol war jetzt Venedig: »I Signori Veneziani hanno rotto il re die Franza« (Die Venezianerherren haben den König von Frankreich erledigt), und insgeheim nahm eigentlich jeder an, daß sich die starke und reiche Republik, nunmehr endgültig dem Lande verschworen, zur Vorkämpferin eines italienischen Gesamtstaates machen würde. Und es sah auch ganz danach aus: Als sie für den neapolitanischen König Ferrante sein Reich wiedereroberte, erwog der Rat zuerst, ob er nicht ganz Apulien annektieren sollte, beschränkte sich dann zwar auf sechs Adriaplätze, fand aber, daß sich, als Basis künftiger Pläne, zunächst nach und nach ein Kranz venezianischer Stützpunkte entlang der Küste ziehen sollte, später würde man dann weitersehen. Zugegeben, das war das bewährte Levante- und Ostadriasystem, aber hier in Italien brauchte es etwas anderes, hier sollte angegliedert, zusammengeschlossen werden – und nicht erobert; politische Welten, zwischen denen das Denken in der Lagune keine Brücke fand. Da kannte die Diplomatie seit Jahrhunderten nur die zwei Wege – zum einen erobern, unterwerfen und bei größtmöglicher Nutzung abhängig in den Staatsverband einbauen, zum anderen das gegenseitige Ausspielen, das Lavieren und Frontenwechseln zu Sicherung und Ausbau der eigenen Position und zur Neutralisierung des Gegners. Der dritte Weg, jener der Zusammenarbeit, des partnerschaftlichen Ausgleichs, der konstruktiven Führungsrolle eines Ersten unter Gleichen – dieser Weg war fremd und hatte weder Raum noch Verständnis.

Und deshalb scheiterte Venedig, deshalb konnte es der Gunst der Stunde nicht gerecht werden. Denn es hatte sich in die Stützpunktidee verbissen und wollte nun partout als erste Basis im Westen sich Pisa sichern. Natürlich wurde die Liga gegen Frankreich am 18. Juli 1496 nochmals erneuert, sogar Heinrich VII. von England kam hinzu. Venedig war das Zentrum der Franzosenfeinde, die großen Geister sahen in ihm bereits die künftige strahlende Hauptstadt, Kaiser Maximilian war geradezu bedingungslos gnädig, weil der Rialto ihm einen demonstrativen und glanzvollen Romzug zugesagt hatte. Noch schien Venedig in eine neue, noch größere Aufgabe zu wachsen. Aber es hätte eben eines Pietro Orseolo II. bedurft.

Der Rat nämlich schlug einen unglaublichen Haken. Er fand plötzlich, daß der Kaiser in Italien unerwünscht sei, hintertrieb den Romzug und mißbrauchte die vorausgesandten kaiserlichen Truppen für eine Attacke auf Pisa! Der Kaiser war zutiefst gedemütigt, Florenz und Mailand, die beide auf Pisa schielten, empört, und der Papst wurde ebenso nachdenklich wie der König von Neapel, den nun plötzlich die venezianischen Stützpunkte in Apulien empfindlich störten. Doch statt sich zu besinnen, stampfte die Serenissima mit den Füßen auf wie ein eigensinniges Kind und kreischte unablässig: »Ich will Pisa haben!«

242

Es war grotesk. Man bedenke, die Geschichte bot die Führung Italiens, und Venedig plärrte wegen Pisa!

Und alsbald und angesichts dieses kläglichen, kleinkarierten, egoistischen Händlergebarens wandelte sich das Bild der Lagunenrepublik in wenigen Wochen, und aus der gefeierten Führerin und Sammlerin Italiens wurde die schäbige Friedensstörerin, vor deren Habgier selbst die Blumentöpfe im Fenster nicht sicher waren. Statt wohlwollender Freunde saßen nun erbitterte Feinde ringsum – kein gutes Omen für eine Landmacht.

Doch statt in sich zu gehen, war Venedig nur erbost, es verstand einfach nicht, worum es da wirklich ging. Und als dann, um dem Gezänk ein Ende zu machen, der große Ercole von Ferrara in einem Schiedspruch Pisa endgültig Florenz zusprach, war die Erhabene zu Tode beleidigt. Und sie rächte sich, indem sie schon neun Tage später, am 15. April 1499, mit dem neuen Franzosenkönig Ludwig XII. ein Bündnis gegen Mailand schloß. Daß sie damit den Kaiser endgültig gegen sich aufbrachte, war ihr gleichgültig. Und also zog König Ludwig gegen Mailand, ließ die Schweizer Landsknechte des Herzogs Lodovico Moro bestechen und konnte dann den verratenen Sforza, dem infolge solcher Vorbereitungen sein ganzer Heerbann denn auch prompt weggelaufen war, ziemlich

Fähnrich der Landsknechte. In den Kämpfen gegen Karl den Kühnen von Burgund wurden die spießtragenden Schweizer die Überwinder der Ritterheere und galten als Söldner lange als unüberwindlich. Nach ihrem Vorbild schuf Kaiser Maximilian die deutschen Landsknechte.

Kaiser Maximilian, der »letzte Ritter«.

unbehelligt einfangen, nach Lyon in den Kerker bringen und dort erlöschen lassen. Und nun bekam Venedig als Merci und vertragsgemäß Cremona und das fruchtbare Stücklein der Ghiara d'Adda, der ganze Rest der Lombardei ging an Ludwig. Das war also der Preis, für den die Republik den Lodovico Sforza seinen Henkern und das Herzogtum Mailand an Frankreich ausgeliefert hatte. Seit der Beschwörung des Senats, die französische Krone sich niemals in Italien festsetzen zu lassen, waren genau neunzig Jahre vergangen.

Vielleicht wollte man sich in den Lagunen daran einfach nicht mehr erinnern, denn jene düstere Voraussage erfüllte sich postwendend. Die Franzosen drängten über Florenz nach Neapel, ganz Italien geriet in Brand – da wurde Papst Alexander VI. am 8. August 1503 vergiftet. Der Staat, den ihm sein Sohn Cesare aufgebaut hatte, zerfiel, und Venedig fand, daß, da diese Gebiete sowieso gegen jedes Recht zusammengebracht worden seien, sie ja nun natürlich nicht alle weiter zum Kirchenstaat gehören müßten: Gierig machte es sich über die päpstliche Konkursmasse her, besetzte die Romagna und erklärte sie zum Besitz des heiligen Markus.

Auch ein weniger streitbarer Herr als Alexanders Nachfolger, der zweite Julius, hätte sich derlei nicht gefallen lassen können. Aber dieser neue »Papa terribile« war offenbar entschlossen, gleich gründlich aufzuräumen. Zwar warnte er den Rat in den Lagunen nochmals, daß er, wenn er nicht die Romagna zurückbekomme, »alle Christenstaaten auf den Plan rufen würde«, aber als sich nach ein paar Wochen immer noch nichts rührte, schloß er mit Kaiser Maximi-

Die verheerende Niederlage Kaiser Maximilians gegen Venedig bei Pieve di Cadore.

lian und dem Franzosenkönig Ludwig ein Bündnis, das zumindest die Redu-
zierung Venedigs auf sein eigentliches Lagunenland zum Ziel hatte: Ludwig
sollte die Lombardei behalten und die Hälfte der lombardischen Terraferma
bekommen, an Maximilian würden die restlichen Gebiete mit Friaul, an den
Papst die Romagna zurückfallen. Mit diesem ersten Vertrag von Blois am
22. September 1504 begannen sich die entscheidenden Gewitterwolken über der
Händlerrepublik zusammenzuziehen.

Und immerhin, diesmal verstand sie, sie verstand so gut, daß ihr nicht einmal Zeit blieb, sich über König Ludwig zu entrüsten, dem sie schließlich zu Mailand verholfen und der diesen üblen Frontwechsel in der Tat nur aus widerlicher Habgier vorgenommen hatte. Und plötzlich spürte man wieder etwas von Venezias berühmter Diplomatie: Der Papst bekam ohne Abstriche seine Romagna und verlor somit sehr rasch das Interesse an dem Pakt, Maximilian wurde sein ersehnter Romzug in Erinnerung gerufen, an der deutsch-französischen Grenze flackerten Mißhelligkeiten auf, weshalb der Kaiser fand, daß der französische König wohl doch nicht der geeignete Vertragspartner sei. Die Liga war geplatzt und Venedig erleichtert.

Doch nicht nur dies. Der Papst ließ leise anfragen, ob man nicht noch wegen eines italienischen Bundesstaates zusammenarbeiten könne, zwar unter seiner Führung, aber letztlich ... und der Kaiser teilte mit, man solle doch den alten Groll vergessen, er wolle ja nur seinen prächtigen Durchzug nach Rom, selbst über Friaul ließe sich reden: kurz, es hätte noch alles gut werden können, wenn der Rat nicht völlig aus der Wirklichkeit geglitten wäre. Er meinte offenbar, noch immer müßten die Mächtigen sich gegenseitig selbst ausschalten, noch immer sei am Rialto die Hand, an der sie mit ihren Marionettenfäden zappelten. Und so entschied er sich für nichts, hielt den Kaiser hin und den Papst, rollte ein Drähtlein nach Paris, eines nach Konstantinopel, ein halbes nach Spanien, so lange, bis eben alle Mitspieler die Geduld verloren.

Der erste war Maximilian. Er mußte endlich seinen Herren und seinen Landsknechten zeigen, was echte Ritterart ist. Jetzt wollte er den Romzug haben. Jetzt! Zwar saßen die venezianischen Pfeffersäcke an jedem Tor nach Italien, aber er würde es ihnen schon zeigen! Vorab, er zeigte es ihnen nicht. Als er am 4. Februar 1508 von Trient aus losrückte, entsprach seine Truppenmacht etwa der Hälfte dessen, was Venedig ihm entgegenschleuderte, weshalb er sich denn auch bald kläglich zerschunden in Trient wiederfand. Der Löwe von San Marco konnte nämlich durchaus noch zubeißen!

Venedig jubilierte. Aber abgesehen davon, daß die ganze Auseinandersetzung überhaupt völlig unsinnig gewesen war (was konnte denn auch schon geschehen, wenn Maximilian nach Rom zog, außer ein paar dekorativen Effekten hätte diese Fahrt sowieso nur Kosten gebracht!), erwuchs aus dem Sieg zweifellos eine neue Feindschaft des Kaisers, und das war höchst bedenklich.

Denn schon am 10. Dezember desselben Jahres lag zu Cambrai in Frankreich ein vom französischen König und von Kaiser Maximilian unterschriebener Vertrag auf dem Tisch, der auf der Grundlage des Abkommens von Blois ein gemeinsames Vorgehen gegen Venedig vereinbarte und allen europäischen Mächten zum Beitritt offen stand. Sie traten bei, alle italienischen Staaten, auch Savoyen und Florenz, und schließlich im März König Ferdinand von Spanien und Papst Julius II. Zwar hatte Julius sehr gezögert, aber als er sich vom venezianischen Botschafter sagen lassen mußte, daß Venedig ihn, der er die Republik zu einem kleinen Fischernest machen wolle, zu einem kleinen Dorfpfarrer machen werde, und als er erfuhr, daß man ihn im Rat einen »Geizhals und hochmütigen Trunkenbold« genannt hatte, war es mit seiner ohnehin nicht allzu reichlich vorhandenen christlichen Geduld zu Ende. Und mit seiner Unterschrift unter den Cambrai-Vertrag zog sich der Ring um Venedig zu: Am 17. April 1509 traf die französische Kriegserklärung ein, am 27. April schleuderte der Papst seinen Bannfluch, am 29. stand an der Grenze zum französischen Mailand ein Venezianerheer von 50 000 Mann, schwere Reiter, Fußvolk, leichte Reiter, Schützen und Artillerie.

Es muß ein eindrucksvoller Anblick gewesen sein, aber als dann am 14. Mai in der Schlacht bei Agnadello die Franzosen darüberfuhren, blieb nichts von der ganzen Herrlichkeit. Was nicht erschlagen war, flüchtete in alle Winde, das Venedigerland lag offen für jeden, ohne Schutz und Widerstand.

Am Rialto winden sie sich unter diesem Keulenschlag, sie beklagen »ein zweites Cannae«, Kopflosigkeit und Verzweiflung, wohin man sieht. »Die arme Stadt ist in der größten Angst«, berichtet ein Augenzeuge, »alles greift zu den Waffen, die Kirchen hallen wider von den Litaneien, die Frauen gehen ohne Schleppe, jede mit einer Kerze in der Hand, dazu Teuerung und Not. Herr erbarme dich unser!« Der Senat fleht Kaiser, König und Papst um Schonung an, macht Angebote um Angebote, erniedrigt sich, aber Europa lacht und macht Spottverse: »Wie bist du, Venedig, einer Lerche gleich, die aufstieg zum Licht und niederfiel in den Schmutz!« Man meint Ulrich von Hutten, den Dichter, heute noch dahinter kichern zu hören, und selbst der eiskalte Machiavelli verbirgt nur mühsam seine Verwirrung: »Dieser Tag hat die Venezianer vernichtet. Sie waren so mächtig geworden, daß sie nicht nur den Italienern, sondern auch den Königen über den Alpen ein Schrecken waren, bis diese sich verschworen und ihnen an einem einzigen Tag ihren Staat zerschlugen.«

Die ganze Terraferma war verloren, nun wollten Frankreich und der Kaiser auch die Hauptstadt selbst aufteilen. Aber dazu konnten sich der Papst und der Spanier nicht verstehen. Sie stimmten zwar der Regelung der venezianischen Landgebiete gerne zu und nahmen, was sie nur ergrapschen konnten; die Existenz Venedigs als Staat wollten sie nicht auslöschen, das paßte nicht in ihr Konzept: Und schon zogen die ersten Nebelschwaden zwischen den Verbündeten herauf.

Dazu kommt, daß sich die Venezianer nach dem ersten Schrecken nun doch wieder zu wehren begannen. Schon sechs Wochen nach Agnadello nahmen sie den kaiserlichen Truppen Padua wieder ab, und Maximilian führte einen gewaltigen, aber wirren Landsknechtshaufen gegen die Stadt, der sich dann jedoch so fürchterlich blamierte, daß die Belagerung abgeblasen werden mußte. »Der Kaiser hat viel Unbedachtes getan in seinem Leben,« schreibt Girolamo Priuli, »aber unverzeihlicher hat er sich nie gegen sein Ansehen versündigt als mit diesem Entschluß.« Die Nebelschwaden zwischen den Alliierten wurden dichter.

Der vergebliche Sturm der kaiserlichen Landsknechte auf Padua.

Und jetzt begann, während in zähen Kleinkämpfen eine Terrafermastadt nach der anderen zu San Marco zurückgeholt wurde, auch wieder die Venezianerdiplomatie zu spielen. Zunächst distanzierte sich Spanien immer mehr von der Liga, dann kam ein Bündnis zwischen Rialto und Heinrich VIII. von England zustande, und schließlich ließ der Papst erkennen, daß er sich doch nicht so eng an Frankreich binden wolle. Wenn das kein Stichwort war! Flugs eilte Francesco Cornaro, bester aller Markusdiplomaten, nach Rom und redete dem streitbaren Heiligen Vater am 30. Oktober, fünfeinhalb Monate nach Agnadello, ins Gewissen. Ob er denn helfen wolle, auf den Trümmern Venedigs die Franzosenherrschaft in Italien aufzurichten, er, der »Befreier Italiens«? Würde nach Venedig nicht der Kirchenstaat an die Reihe kommen? Habe er nicht schon französische Bischofsstühle ganz nach dem Willen Ludwigs besetzen müssen? Und sei die Krone eines einigen Italiens auf dem Haupt Seiner Heiligkeit nicht besser aufgehoben als in den Händen des Franzosenkönigs? Was er sonst noch gesagt hat, ist bisher nicht aus den päpstlichen Geheimarchiven gelassen worden. Jedenfalls sei der Heilige Vater nach diesem Gespräch sehr gerührt gewesen. Die Nebel verdichteten sich zu Mauern . . .

Wiederum dreieinhalb Monate später wurden zu Rom Frieden und Bündnis zwischen Papst und Venedig geschlossen, und der Herr Julius war so voll Huld und Vertraulichkeit gegenüber der Delegation des Dogen, daß er ins Plaudern kam. »Seht, Ihr Herren« sagte er, »seht, wenn es Euren Staat nicht gäbe, müßte man ihn schaffen. Ich fürchte den König von Frankreich, schätze den König von England. Der Spanier bedeutet mir nicht viel, und der Kaiser, Gott, der ist viel mehr dazu geschaffen, regiert zu werden als andere zu regieren, ich achte ihn für ein nacktes Kindlein, das man leicht für alles gewinnen kann!« Amen. Er liebte eine direkte Sprache, der Vater Julius.

König Ludwig von Frankreich war außer sich. Auch wenn er nicht wußte, was gesprochen worden war, die Abkommen zwischen Papst und Rialto sagten genug. »Krieg!« schrie er, »Verrat!« und »Rache!«, setzte sich sogleich mit Maximilian zusammen und schmiedete finstere Pläne. Zwar hatte Seine Kaiserliche Majestät auch keine rechte Lust mehr, aber ein letztes Mal wollte er es halt noch versuchen. Immerhin fast zwei Jahre lang hielt er sich treu nach echter Ritterart an der Seite seines gallischen Kampfgefährten.

Aber dann schlossen im Mai 1511 der Papst, Venedig und der Spanierkönig die »Heilige Liga zur Befreiung Italiens«. Man umwarb ihn, immer wieder kamen allerliebste kleine Schatullen an, gefüllt mit dem, was er immer zuwenig hatte, nämlich Geld, und schließlich hatten ihn die Ziele der Liga so überzeugt, daß er sich von der ganzen Terraferma unaufgefordert zurückzog und nur noch Verona behielt. Der folgende Krach mit Frankreich war leider nicht zu vermeiden und eingeplant, und noch im November 1511 sah sich Maximilian, der deutsche Kaiser, in die »Heilige Liga zur Befreiung Italiens« aufgenommen: Die tödliche Allianz von Cambrai war gesprengt, die Republik von San Marco durch ihre Diplomaten gerettet worden.

Doch wer nun glaubt, eben diese Republik zeigte künftig ein wenig mehr Façon, der sieht sich enttäuscht: Das kleine Meisterspiel wandelte sich sogleich wieder in eine Posse, da Venedig auf einmal meinte, es werde ausgenützt und müsse immerfort nur zahlen. Sachte, sachte entfernte es sich von seinen Mitligisten, und als Vater Julius am 21. Februar 1513 endlich diese Welt verließ, schloß die Erhabene Republik genau vier Wochen später ein Schutz- und Trutzbündnis mit – Frankreich! Wer da noch in Europa Verständnis für Venedig aufbrachte, mußte damit rechnen, selbst keines mehr zu finden. Natürlich ging der Krieg erst recht wieder weiter, aber allmählich war es selbst dem kaiserlichen Ritter Maximilian zu dumm. Und er lobte seinen Enkel Karl, nunmehr spanischer König (und später als Karl V. deutscher Kaiser) schon sehr, als der am 12. November 1516 zu Brüssel den Frieden vermittelte. Zwar mußte Verona wieder an die Venezianer gegeben werden, aber dafür bekam er 200 000 Dukaten – wenigstens etwas Reelles!

Und Venedig? Es hatte gespielt und verspielt. Freilich konnte es die Terraferma nahezu unversehrt in den Frieden retten, freilich verblieb ihm die ganze Ostadria und die Levante. Aber der Krieg hatte fünf Millionen Dukaten verschlungen, von den Kosten für den Wiederaufbau ganz zu schweigen. Derlei Summen spannen jede Volkswirtschaft empfindlich an, insbesondere eine, deren Einnahmen, wie seinerzeit die venezianischen, rapide zurückgehen. Natürlich war Venedig immer noch unermeßlich reich, aber es lebte bereits von der Substanz und hatte für die Aufgaben einer Großmacht keinen Atem mehr. Es mußte sich nach diesem Krieg mit der Rolle einer Mittelmacht bescheiden, einer Mittelmacht, die zudem nicht mehr mit weiterem Wachstum rechnen konnte, sondern froh sein durfte, wenn ihr Besitzstand einigermaßen erhalten blieb.

Dieser Sturz aber war der Preis, den Venedig für den verhängnisvollsten Schritt seiner Geschichte zahlen mußte, den Schritt aufs Festland. Durch Jahrhunderte haben seine klügsten Männer immer wieder davor gewarnt, sei es in jenem entscheidenden Jahr 1205 der alte Badoër, sei es der sterbende Tommaso Mocenigo. Und dennoch hat es schließlich ein einziger Mann geschafft, den ganzen Staat in diesen Strudel zu reißen: Francesco Foscari. Nicht, als ob alle hinter ihm gestanden, seine Meinung geteilt hätten, Haß und Feindschaft, die ihm im Alter entgegenschlugen, sprechen für sich. Aber er konnte sich auf den verarmten Adel stützen, und mit dieser Gruppe im Hintergrund brauchte er eigentlich keine Abstimmung zu fürchten. Denn wenn diese Nobili auch längst in den wirren Zeitläufen ihre Vermögen verloren hatten, ein klägliches Dasein fristeten und an Mädchenhandel, Denunziation oder Kuppelei ebenso zu verdienen suchten wie durch schmuddelige Geschäftlein – ihre Stimme im Großen Rat hatten sie, und wer sich ihrer durch kleine Geschenke versicherte, fand leicht eine Mehrheit für seine Vorhaben und seine Kandidaten. Francesco Foscari wußte das, und er hat als Procurator von San Marco keine Gelegenheit ausgelassen, dem armen Adel zu zeigen, wo sein wahrer Wohltäter saß . . .

Doch da die Republik nun einmal den Schritt aufs Land getan hatte, weil das hochempfindliche Gleichgewicht ihrer oligarchischen Ordnung nicht mehr stimmte, so hätte sie wenigstens ihre neue Rolle mit beiden Händen ergreifen, sich auf die neue Aufgabe einstellen müssen. Doch als ihr die Führung Italiens zuwuchs, hat sie kläglich versagt. Und diesen letzten, unverständlichsten Fehler hat sie sich in einem Augenblick geleistet, da die Grundfesten ihrer bisherigen Macht, das Handelsreich in der Levante, bereits erschreckend wankten.

Türkennot

Schwarzer, beißender Qualm verdunkelt die Sonne, aus Dächern und Fenster-höhlen züngeln die Flammen, stieben Funken, die Luft ist erfüllt von gellenden Todesschreien schrecklich Gemarterter, von Flüchen und Grölen einer ent-fesselten Soldateska, in den Straßen rinnt das Blut, über die Leichenhaufen trampeln Pferde, werden jammernde Menschen gejagt. Nikosia stirbt. Vor der Kathedrale auf einem erhöhten Sitz thront ein feister Kerl, gehüllt in gold-blitzende Gewänder, flankiert von zwei Lanzen, auf jeder ein abgeschlagener Kopf. Hündisch demütig keuchen unablässig Scharen von Soldaten heran, schleppen, schichten die Beute vor ihm auf, goldene und silberne Schalen, Kelche, Monstranzen, Leuchter, gespickt mit Edelsteinen, dazu Seidenballen, Brokat, Elfenbeinzeug, blitzende Spangen und Ringe. Einer kniet vor ihm, weist auf ein Häuflein Gefangener, meist Frauen und Kinder, er winkt, Peitschen klatschen auf die Unglücklichen, treiben sie zum Tor – Sklaven. Höher wächst der Beuteberg, jetzt sind sogar Perlenketten darunter, der Dicke kneift die

Lala Mustafa Pascha, Erzieher der Söhne des Sultans und Eroberer Zyperns, unter den blutigen Feldherren und Führern der Türken einer der widerwärtigsten.

251

Schweinsäuglein zusammen, sein mächtiger Turban neigt sich voller Gier nach vorn, der winzige Mund verzieht sich und lächelt zufrieden: Er, Lala Mustafa Pascha, hat für seinen Großherrn, den erhabenen Sultan Selim zu Istanbul, die Hand auf Zypern gelegt. Ein neues Steinchen ist in das strahlende Mosaik des Osmanischen Reiches gefügt, eines Reiches, das nun vom Atlantik bis zum Persischen Golf, vom Nil bis an die Wolga und nach Wien greift, ein von Greueln und Blut zusammengepreßtes Reich, das seine Grenzen weiter und weiter treiben will. Man zählt den 9. September 1570.

Das Abendland bebte, duckte sich wie vor einem urgewaltigen Verhängnis, vorbestimmt und unentrinnbar. Aber war es das, ist es das überhaupt jemals gewesen? Die Mächtigen winselten so jedenfalls durch viele Jahrhunderte – aber die Geschichte mißt das anders, sie deckt unglaubliche Verantwortungslosigkeit und Schuld auf, und den Hauptteil daran schiebt sie – Venedig zu. Denn es war nun einmal Enrico Dandolo gewesen, der 1204 das oströmische Reich zerstört hatte, das einzige Bollwerk, das diese unheimliche Osmanenflut hätte aufhalten können. Und als später dennoch immer wieder die Gelegenheit kam, die bedrohliche Entwicklung einzudämmen oder gar rückgängig zu machen, hat die Republik verlegen gekuscht. Statt Wesentliches zu tun oder zu veranlassen, schloß sie gegenseitige Stillhalteverträglein, ließ sich mit kleinlichen Geschäftsvorteilen abfinden, dachte an nichts als an ihre Dukaten. Zwar wollte sie dann schließlich, da ihr die Angst den Hals zuschnürte, doch noch etwas tun, aber da stand sie allein, umgeben von haßerfüllten Feinden – die Folge ihrer schlimmen Landpolitik. Ohne die Lagunenhändler hätten die Türkensultane wohl kaum so gut gesessen, weder so glanzvoll noch für so lange Zeit – noch in Konstantinopel!

Doch die übrigen Abendländer machten ihre Sache kaum besser: Bulgaren, Serben und Ungarn bedrängten die christlichen Herrscher von Byzanz unaufhörlich und so sehr, daß die alle Kraft auf den Balkan werfen und die Türken im Osten gewähren lassen mußten; die römisch-deutschen Kaiser hatten wegen der zermürbenden Rangeleien im Reich kaum eine Hand frei, und wenn sie tatsächlich einmal sich der Lage in Kleinasien annehmen wollten, wurden sie von den Päpsten höchst wirkungsvoll daran gehindert, während eben diese, die Heiligen Väter zu Rom, erst zur Einsicht kamen, da ihnen die umfassende Gewalt längst entglitten war. Denn indem sie durch die Vernichtung der Staufer das westliche Kaisertum zerschlugen, fiel auch ihre eigene, geschlossene Machtbasis, nämlich eben das Reich, in Scherben, und sie fanden sich plötzlich als italienische Kleinpotentaten wieder, bei großen Aufrufen abhängig davon, ob ihnen die übrigen Herrscherkollegen zuhörten oder nicht. Weshalb auch meist ihre sowieso schon fast zu späten Türkenzugmahnungen über das Stadium weihevoller Willensbekundungen nicht hinauskamen: Schließlich dachten die italienischen Kleinstaaten nicht daran, auch nur das Geringste zum Vorteil Venedigs zu unternehmen, Spanien rührte sich erst, als es selbst in Bedrängnis kam, und Frankreich, Gott, Frankreich wollte seine Grenzen ausdehnen auf jedermanns Kosten, verwickelte sich daher ständig in Differenzen mit den Deutschen, Italienern, Engländern, Spaniern, wodurch sich ein ständiges Bündnis mit den Türken von selbst ergab! Staatsräson, Sie verstehen! Und wenn also Venedig das Osmanenverhängnis heraufbeschworen, der Rest der Christenheit aus Trägheit, Eigensucht und Zaghaftigkeit nichts unternommen hat, dann hat Frankreich das Abendland, pardon, verraten.

Im Ganzen jedenfalls hat Europa das Osmanenmalheur durchaus verdient, mehr jedenfalls als Byzanz, das daran zugrunde gegangen war. Denn zu Beginn, als die ersten Turkvölker aus Innerasien nach Westen zogen und sich um 550 zwischen Aralsee und Kaspischem Meer niederließen, konnte man die zukünftige Entwicklung nun wirklich nicht ahnen, zumal der größte Teil dieser Neueinwanderer schon hundert Jahre später nach Süden vorstieß, sich zum Islam bekehrte und nach und nach das Groß-Seldschukische Reich aufbaute, das bald vom Kaukasus bis fast nach Indien reichte. Erschrocken ist man in Konstantinopel eigentlich erst, als diese Seldschuken 1071 plötzlich von Osten nach Kleinasien eindrangen, den Kaiser Romanos IV. bei Mantzikert vernichtend schlugen, nach Westen zogen, Ikonion nahmen und von dort aus ein Sultanat errichteten, zu dem bald mehr als die Hälfte Kleinasiens gehörte. Sie nannten sich Rum-, also Rom-Seldschuken, und es war leicht abzusehen, wessen Erbschaft sie antreten wollten. Doch trotz Dandolos bösem Händlerstreich von 1204 kamen sie nicht mehr recht vorwärts, da ihnen auch das neu entstandene griechische Kaiserreich Nicäa erheblich zu schaffen machte. Inzwischen aber waren seit dem Mongoleneinfall um 1260 zwei weitere Türkengruppen auf den Plan getreten: In Ägypten hatten die Mameluken, als Garde von den Erben des großen Sultans Saladin aus dem Schwarzmeergebiet ins Land geholt immer mehr Einfluß und schließlich dann die Macht gewonnen, und in Anatolien war eine Kriegerhorde eingedrungen, die zwar unüberwindlich zusammenhielt, aber nicht einmal einen Namen besaß. Natürlich waren dem Herrn von Ikonion diese Leute höchst unangenehm, aber da er sie anders nicht loswerden konnte, siedelte er sie an seiner Grenze gegen Nicäa an mit der Zusage, daß sie alles, was sie von dort nach Westen eroberten, behalten könnten.

Er hätte das besser nicht versprochen, denn alsbald hatten sie einen Namen (sie nannten sich Osmanen nach Osman, ihrem Häuptling) und ab 1301 ein eigenes Reich mit einem Sultan und der Hauptstadt Brussa, 1337 nahmen sie Nikomedia, dann Nicäa, griffen nach Europa über, erbten das ehrwürdige Byzanz und alle Nachfolgestaaten, holten 1467 den Rest des Ikonion-Sultanats, 1517 Ägypten, 1534 Bagdad und das Zweistromland: Osmanen, Seldschuken, Mameluken in einem – es war ein wahres Türkenreich. Und wie sich alle anderen Völker darin fühlten, steht in den Annalen der halben Welt.

Dabei ist die Verwaltungsstruktur dieses Imperiums höchst einfach: Der allgewaltige Sultan an der Spitze, neben ihm als Kanzler der Großwesir, ansonsten das Reich aufgeteilt in Militärlehen für jeweils einen Pascha, der sein Gebiet weidlich und nach Belieben ausbeuten darf. Und Untertanen haben Steuern zu zahlen, zu gehorchen und möglichst demütig zu sein und dürfen sogar ihre Religion behalten, falls der Sultan und sein Pascha nicht gerade anderer Meinung sind. Ein Menschenleben gilt nicht viel, aber da die Türken selbst weder zu Handel noch Gewerbe oder gar Wissenschaft ein erträgliches Verhältnis finden, sind Armenier, Griechen und Juden als Verwaltungsbeamte, Übersetzer, Händler und Wirtschaftsplaner gar erwünscht und können sich nicht nur ihren Kopf, sondern auch ein nicht selten höchst erfreuliches Auskommen sichern.

Anders der Militärbereich, da sind sie zuhause, die Osmanen, und ihre Dreiteilung bewährt sich immer aufs neue: Die erste Kerntruppe des Reiches bildet die Lehensreiterei, die Spahi, bestehend aus den großen Lehensherren und ihren Leuten; die zweite Kerntruppe sind die Janitscharen – Christenkinder, die als Sklaven zu fanatischen Moslems und Kämpfern für ihren Herrn, den Sultan, erzogen wurden. Und damit sie nicht aussterben, haben die christlichen Untertanen den »Knabenzins« zu zahlen, das heißt, jeder fünfte Sohn ist in möglichst jungen Jahren nach Istanbul zu liefern. Die Janitscharen, zeitweise bis zu 1000000 Mann stark, sind eine gefährliche Waffe (der sich allerdings zuweilen auch die innenpolitischen Gegner eines Sultans bedienen, und in der Regel einen Thronwechsel erreichen); die dritte Gruppe besteht aus »Menschenmaterial«, Christensklaven, durch Zwangsaushebungen oder Kriegsgefangene zusammengebracht, die besonders bei voraussichtlich verlustreichen Operationen eingesetzt werden. Da zur Schlagkraft dieser drei Gruppen dann noch die Arbeit der hochqualifizierten Ausbildungssklaven für das Militärwesen und die uneingeschränkte Befehlsgewalt des Kriegsherrn hinzukommen, verwundern die Türkensiege nicht mehr so sehr.

Allerdings ist der Landkrieg den Osmanen allemal lieber als der Seekrieg, da man mit dem Kampf auf fester Erde seit Jahrhunderten mehr Erfahrung hat, aber auf jeden Fall Krieg, schon weil dabei immer doch sehr viele große Lehen wieder frei und neu vergeben werden können – ein wichtiges Faktum für den Sultan, da selten der Inhaber eines überfälligen Lehens so viele Kriege überlebt, daß sich schließlich eine unkonventionelle Lösung nicht mehr vermeiden läßt.

Gerade diese Vorliebe für den Landkrieg (oder die unausrottbare Wasserscheu der Türken) bedingte freilich, daß zu Anfang der Türkengefahr eigentlich nur der Griechenkaiser Arbeit und Ärger hatte, während die Seemacht Venedig die Entwicklung nur aus dessen Klagen kannte. Natürlich hatte man am Rialto das geziemende Mitgefühl, aber zunächst war Lajazzo wichtiger, Lajazzo, die Hauptstadt des christlichen Armenien, seit dem Fall von Akkon und Tyrus 1291 San Marcos große Handelshoffnung: Von dort ging der Weg nach Innerasien und in den Orient, dort blühte ein eindrucksvolles Venezianerviertel, mit Stapelhäusern, Fabriken für Kamelhaarstoffe, Seiden- und Brokatwirkereien,

254

Türkische Soldaten: Von links nach rechts Offizier der Janitscharen, Offizier der Delihs, Offizier der Spahi, Bogenschütze der Janitscharen, Offizier der ägyptischen Söldner, Musketier der Berber, Brotträger der Janitscharen.

und wenn die Sultane von Kairo gar zu unverschämte Zölle verlangten, konnte man sogar zur Not den Indienhandel hierher verlegen. Doch eben das war den besagten Sultanen ebenfalls klar, und also annektierten und verbrannten sie anno 1347 zunächst die Stadt Lajazzo und 28 Jahre danach ganz Armenien. Nun war Venedig völlig auf Alexandria angewiesen und mußte den Mameluken jede gewünschte Summe zahlen. Ein harter Schlag, und ein gewichtiger noch dazu, weil der Rialto annehmen mußte, daß hier Ägypten und die Osmanen zusammengespielt hatten. Denn seit etwa 1320 war die Ägäis durch unanständige Seeräuber, zwar verschiedenster Zunge, jedoch allemal unter osmanischer Flagge, so unsicher geworden, daß Venedig keinen anderen Weg mehr sah, als sich 1332 mit Kaiser Andronikos III. von Byzanz und dem Johanniter-Großmeister von Rhodos zusammenzuschließen, um dieser Plage Herr zu werden. Natürlich erreichte man nicht viel, aber nachdem dann Piero Zeno durchgriff, auf die Osmanen direkt losging und ihnen am 28. Oktober 1344 Smyrna wegnahm, taten eben dasselbe drei Jahre später die Ägypter mit Lajazzo. Der Vergleich hinterher mit den Türken und die Gewähr, daß Smyrna wenigstens für die nächste Zeit christlich blieb, konnten Armenien auch nicht mehr helfen.

Doch von den Osmanen kam Venedig nun nicht mehr los. Bei dem unangenehmen Treffen mit den Genuesen im Jahr 1352 vor Konstantinopel halfen sie ganz offensichtlich dem Gegner, und als dann zwei Jahre später Urkhan die Dardanellen überschritt, Callipolis besetzte und die Durchfahrt zum Schwarzen Meer in der Hand hatte, schreckte man in der Lagune doch erheblich zusammen. Was nützte es, daß bisher immer auf bestes Auskommen geachtet worden, daß in Venedig 1303 sogar ein venezianisch-türkischer Sprachführer herausgekommen war! Jetzt ging Callipolis verloren, das aus guten Gründen von 1205 bis 1235 der Republik direkt gehört hatte, dann zwar an den griechischen Kaiser, aber dennoch wenigstens in christliche Hände fiel! Natürlich hätte man sofort etwas tun müssen, aber der Krieg mit Genua war in vollem Gange – und außerdem noch zu vermuten, daß die Genuesen den Urkhan gerufen hatten. Callipolis blieb bei den Türken und wurde der Ausgangspunkt für die Eroberung ihres europäischen Reiches.

Wiederum zwei Jahre darauf, 1356, hatten sie sich bereits so sehr ausgebreitet, daß der venezianische Bailo von Konstantinopel dem Dogen einen beängstigenden Bericht schickte. Die alte Kaiserstadt sei ringsum bedroht, die Griechenherren hätten keine Kraft mehr, und es werde alles zusammenbrechen und den Türken zufallen wie eine reife Frucht, wenn nicht die Republik die Verteidigung übernehme oder gar Byzanz direkt zur Untertanenstadt mache. Der Rat wurde arg nachdenklich, eine starke Gruppe, vorab Marin Falier, sprach sich für eine direkte Unterstellung der Stadt aus, aber da jedes Eingreifen den Krieg mit den Osmanen bedeutet hätte und Venedig sich angesichts der Auseinandersetzungen mit Genua derlei nicht leisten konnte, geschah nichts. Zwar jammerte nun auch der Papst und forderte – erstmals – einen Türkenkreuzzug, aber die Republik sagte nur für den Fall zu, daß sich das ganze Abendland zu diesem Zweck vereinigte, und versuchte in der Zwischenzeit die schrecklichen Genuesenschlachten von Curzola bis Chioggia zu überleben. Aber der Sultan wartete keineswegs: 1261 unterlag Adrianopel, 1389 auf dem Amselfeld die Balkanvölker, 1393 stand er an der Donau und in den Karpaten.

Hilferufe dringen nach Rialto, wo man gerade erst nach Chioggia ein wenig Atem holt. Aber die Schreie aus Albanien klingen so herzzerreißend, daß San Marco sich zumindest dessen erbarmen muß. Und so werden 1395 huldvolle Fäden zu den albanischen Fürsten geknüpft, der Rat verspricht Schutz und Hilfe und handelt sich von den bedrängten Herren Durazzo, Valona, Alessio, Skutari, Dulcigno, Drivasto, Budva und Antivari als »Bollwerke gegen die Türken« ein. Schon 1418 wird ein Provveditore für Albanien bestellt – woraus sich ergibt, daß Hilfsbereitschaft nicht immer ein schlechtes Geschäft sein muß!

Und dann kam und warb Sigismund, frischgebackener König von Ungarn. Er werde, sagte er, diesem Türkengesindel den Weg zurück nach Asien zeigen. Der Papst segnete hocherfreut und ohne Unterlaß, aber Venedig hegte erhebliches Mißtrauen. Der König allein und mit einem doch recht unerfahrenen Heer – die Partie ließ sich nicht gut an, und außerdem war da die Sache mit Dalmatien…In der Lagune gab man sich vorsichtig und stellte nur Geld und Schiffe, unter dem Befehl des späteren Dogen Tommaso Mocenigo. Und es kam tatsächlich, wie es die Bedenklichen befürchtet hatten: Zwar zog Sigismund ziemlich unbehelligt die Donau entlang bis nach Nikopolis, in der Walachei und an der Mündung der Aluta gelegen, wo er die kleine Venezianerflotte auf der Donau traf – aber auch die Türken. Am 28. September 1396 brachen sie über ihn herein, und in der sattsam bekannten Schlacht erlebte er sein Cannae. Gerade noch, daß ihn der Admiral Mocenigo heil auf sein Schiff zerren und die Donau hinunter, durchs Schwarze Meer und den Bosporus zurück in die Adria bringen konnte.

Geschaffene Tatsachen muß man wohl anerkennen, und in diesem Fall, daß um das Jahr 1400 fast der ganze Balkan bereits türkisch war. Die Republik seufzte und blickte recht dankbar, als ihr der Sultan Bajezid I. doch noch und immerhin für sein ganzes Reich Handelsvorrechte gab. Ach ja, wenigstens etwas, wer weiß, wie lange noch.

Doch siehe da, fast hätte sich das Blatt gewendet. Aus Asien donnerten – wieder einmal – mordbrennende Mongolenhorden gen Westen, fielen unter ihrem Anführer Timur Lenk in Anatolien ein, hieben am 28. Juli das osmanische Heer gnadenlos zusammen und führten Sultan Bajesid I. gefangen mit sich fort. Das Abendland war fasziniert: Ha, dachten sie alle, jetzt! Aber die Mächtigen rührten sich nicht. Auch dann nicht, als sich die drei Söhne Bajesids, Suleiman, Musa und Mehmet, um die Herrschaft zankten und das Osmanenreich in seinen Grundfesten wankte. Im Gegenteil, Venedig schloß mit Suleiman, der sich als erster durchsetzte, Freundschaftsverträge, bekam Handelslizenzen und Vergünstigungen, die albanische Grenze, Athen, Euböa bestätigt, sicherte dafür treuherzig Hilfe gegen die Mongolen zu – es war ergreifend. Umsonst rief der Griechenkaiser Manuel, man solle sich für keinen der Thronstreiter entscheiden, sondern gegen alle vorgehen, aber er wurde nicht gehört. Nur König Sigismund beschwor die Republik, mit ihm zusammen einen Generalangriff zu wagen, man habe Möglichkeiten wie niemals zuvor. Der Rat stellte sich taub, und Sigismund gab auf.

Wie konnte das geschehen? Welche übermächtigen Gründe erzwangen ein so folgenschweres Nein? Etwa die Angst vor den Mongolen? Gewiß nicht, denn Timur Lenk starb schon 1405 an der Grenze Chinas und sein Reich ging in Thronwirren unter. Die Kunde davon dürfte spätestens ein Jahr danach in den Westen gelangt sein. Und daneben gibt es keine weitere Erklärung als eben die, daß Venedig sich in jenen entscheidenden Jahren unter der Führung des Dogen Steno und des Francesco Foscari ganz auf die Terraferma konzentrierte, gerade damals den Sturz der Carraras von Padua einleitete und für anderes weder Zeit noch Interesse fand. Hätten weitblickendere Männer damals die venezianische Politik bestimmt, wäre die Antwort an Sigismund sicher anders ausgefallen und würde auch Kleinasien vielleicht bald wieder ein neues Bild geboten haben. So aber ist Francesco Foscaris Landpolitik nicht nur die eigentliche Ursache für den Niedergang seines Staates geworden, sondern auch, auf

Das Arsenal. Streng gehütetes Geheimnis und wichtigster Machtfaktor Venedigs. Mit 20 000 Beschäftigten der größte Industriebetrieb der Welt. 300 Galeeren lagen hier ständig auf Vorrat in Einzelteile zerlegt in den Magazinen und konnten, wie mehrfach geschehen, binnen kürzester Zeit in den 50 Dockhallen einsatzbereit gemacht werden. Ergebnis: die größte und billigste Flotte des Mittelmeeres.

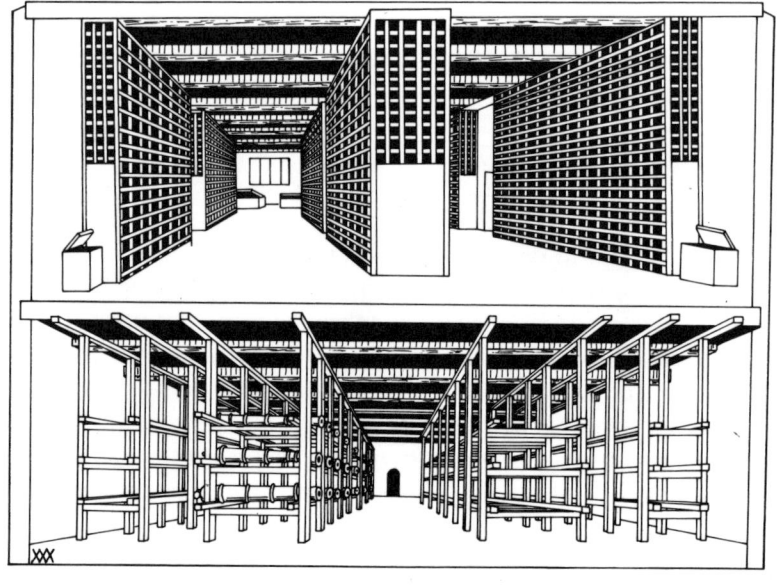

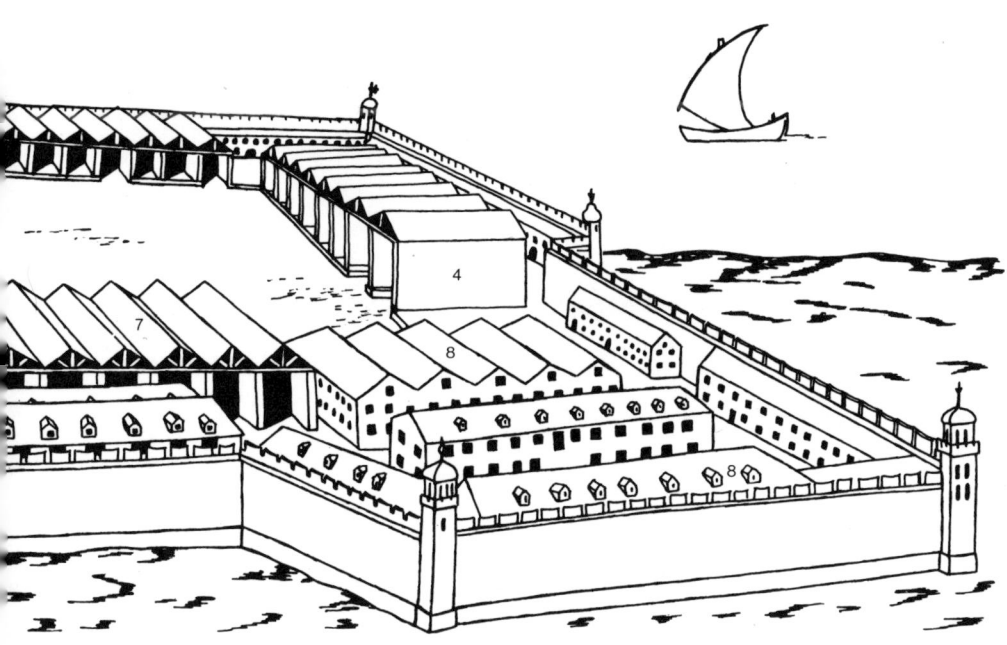

1. Haupteingang, 2. Zufahrtskanal, 3. kleines Hafenbecken, 4. Galeerendocks,
5. Galeassendocks, 6. großes Hafenbecken, 7. Segelschiffdocks, 8. Magazine und
Werkstätten, 9. Verwaltungsgebäude. Unten links Querschnitt durch ein Magazin mit
Stellagen für Geschützrohre im Untergeschoß und Fächerwände für kleinere
Ausrüstung im Obergeschoß. Rechts unten zwei Segelschiffdocks.

Eines der fünfzig Galeerendocks im Arsenal.

dem Umweg über das Nein an König Sigismund, für die volle Entfaltung des Osmanenimperiums mit all ihren Folgen.

Denn die Türken erholten sich rasch. Als endlich 1413 Mehmet I. seinem Bruder die Macht entriß, stand das Heer wieder schlagkräftig wie je, und der neue Sultan konnte es wagen, Venedig, der Freundin seines entmachteten Vorgängers, den Kampf anzusagen. Ei was, das war nun wirklich unangenehm – und unpassend dazu. Denn im Eifer um die Festlandsstreitereien hatte die Republik prompt seit Chioggia die Flotte vernachlässigt, und das Arsenal arbeitete nur mit halber Kraft. Man war ganz und gar nicht gerüstet. Und ärgerlicherweise kamen nun auch wieder Ungarn und Polen mit der Idee, doch noch gemeinsam gegen die Osmanen vorzugehen. Die Erhabene Republik schien einigermaßen verwirrt. Doch zeigte sich, ein rechter Himmelsgruß, Sultan Mehmet mit einemmal recht liebeswürdig und erneuerte die Verträge seines Bruders so großzügig, daß selbstverständlich Polen und Ungarn mit ihrem Kreuzzugsansinnen eine Absage erteilt werden mußte. Nur die Flotte wurde wieder instandgesetzt, für alle Fälle. Man zählte den Oktober 1414.

Nicht einmal ein Jahr später freilich wußten sie in der Lagune, weshalb der Sultan so freundlich gewesen war: Plötzlich rauschte ein nagelneues und höchst beachtliches Türkengeschwader von Callipolis her in die Ägäis, verfolgte Venezianerschiffe im Griechenmeer, trieb in der Adria sein Unwesen. Der Sultan hatte eine Flotte! Arg nervös warben die Diplomaten von San Marco nun doch in Ungarn, Byzanz, Serbien und Karaman, dem Rest des Sultanats von Ikonion, um ein Bündnis. Jedoch noch ehe sich überhaupt etwas Brauchbares abzeichnete, stellte am 29. Mai 1416 der Venezianeradmiral Pietro Loredan die Türken direkt in den Dardanellen, und am Abend desselben Tages konnte er den glänzendsten Flottensieg seit langem an den Rialto melden: Er habe die Türkenkähne fast allesamt versenkt und vernichtet, und »es ist wohl für einige Zeit Ruhe vor ihnen zu hoffen«.

»Möge das der Himmel geben!« murmelten die Räte und ließen Bittkerzen anstecken. Aber kaum war am 31. Juli der Waffenstillstand geschlossen, überfiel Herr Mehmet das albanische Valona, setzte sich dort fest und hatte von nun an eine herrliche Basis an der Adria, von der aus er sogar die Zufahrt nach Venedig sperren konnte! Zwar hatte die Republik Korfu und konnte von dort aus das Schlimmste verhindern, aber sehr wohl fühlte man sich nicht mehr oben in der Lagune. Dann endlich, am 6. November 1419, bequemte sich der Sultan zu einem Frieden. Natürlich wollte die Erhabene Valona wiederhaben, und natürlich bekam sie es nicht mehr, und auch sonst gab der Sultan nicht viel – freien Handel im ganzen Osmanenreich und das Recht, gegen seine Seeräuber vorzugehen, das war alles. Aber die Räte murmelten »Gott, was kann man schon tun!« und nickten. Vielleicht war jetzt wirklich für einige Zeit Ruhe.

Für gut zehn Jahre trog sie diese Hoffnung nicht. 1426 sicherte ihnen Sultan Mehmet sogar nochmals Thessalonike zu, zwar gegen das stattliche Sümmlein von 2000 Dukaten jährlich, aber immerhin. Doch diese Regelung kümmerte Mehmets Erben, Murad, herzlich wenig. Am 6. November 1430 ließ er die bedauernswerte Stadt stürmen und so schrecklich mit ihr verfahren, daß der griechische Chronist Anagosta aufschrie: »Es wäre besser, vom Erdbeben zerstört, vom Feuer verzehrt, vom Meer verschlungen zu werden als dies!«

Thessalonike ist allein gestorben, nicht einmal Venedig hat geholfen. Man wollte um Gottes Willen nicht reizen, nur keinen Ärger mit den Türken! Und der Rat billigte sogleich Murads Diktatfrieden vom 4. September desselben Jahres, der mit seinen Tributzahlungsregelungen die Republik geradezu verhöhnte. Aber Francesco Foscari, der nunmehrige Doge, und seine Leute können sich darum nicht kümmern, sie spielen ja Landpolitik!

Wie froh waren sie, als die Türkenplage sie nunmehr ganze fünfundzwanzig Jahre verschonte. Natürlich war es ganz furchtbar bedauerlich, daß Herr Wladislaw, König von Polen und Ungarn, 1444 mit seinem ganzen Heer bei Warna dem Sultan so völlig und hoffnungslos unterlag, aber was hätte man denn tun sollen? Schließlich hatte man das Unternehmen kräftig mitfinanziert – und mehr konnte ja nun niemand verlangen. Immerhin war man neutral, wenigstens in dieser Sache.

Und also beschwor die Republik eiligst ihren Türkenfrieden von 1430 nochmals anno 1446 und dann gleich auch 1451, da ein neuer Sultan den Thron bestiegen hatte: Mehmet II. Aber bald fühlte sich die Rialtoregierung doch etwas seltsam – der neue Herr machte nämlich keinen Hehl daraus, daß sein nächstes Ziel die Eroberung von Konstantinopel sei. Der Byzantinerkaiser Konstantin XI., dessen Reich sowieso nur noch aus der Hauptstadt bestand, flehte verzweifelt um Hilfe, aber Europa hatte anderes zu tun. Mit höchsten Bedenken sandte Venedig fünf Galeeren und dreizehn sonstige Schiffe, besetzt mit nicht einmal 8000 Mann – und denen standen 160 000 Osmanensoldaten und sechzig Türkengaleeren gegenüber! Längst hatte eine Massenflucht aus der Stadt eingesetzt, täglich fuhren Schiffe, mit Flüchtlingen zum Bersten gefüllt, gen Westen.

Und dann endlich, im März 1453, begann Mehmet mit der Belagerung. Er hatte gut vorgesorgt: Beiderseits des Bosporus standen gewaltige Festungen – »Rumeli-Hisar«, Römer-Fort, heißt die eine noch heute –, seine Truppenmassen hatten die Stadt ringsum eingeschlossen, nur das Goldene Horn war ihm versperrt durch die fünf Venezianergaleeren. Die Belagerten drinnen machten sich über ihre Lage keine Illusionen mehr. Zwar bewachten der Kaiser und sein Protostratos Giustiniani, ein Genuese, die Landmauer, hüteten der Bailo Venedigs den Blachernenpalast und die restlichen venezianischen Nobili die Nordmauer, aber was war schon auszurichten ohne Truppen und ohne Geschütze! Und als der Sultan dann die Sperre am Eingang zum Goldenen Horn umging, indem er 67 Galeeren hinter Galata herum vom Bosporus her über Land bringen und dann weit hinten, beim Blachernenpalast zu Wasser ließ, war alles verloren. Auch verzweifelt losgeschickte Brander richteten nichts mehr aus.

29. Mai 1453: Eine wütende Türkenflut brandet von allen Seiten gegen die Stadt, sprengt die Tore, drückt die Mauern ein, in das Allah-Geschrei der Sieger mischt sich das ersterbende Kyrie eleison der Christen, der Kaiser fällt, Giusti-

Türkische Roßschweife. Auf hohe Stangen montiert dienen sie den Befehlshabern als Feldzeichen. Die Tradition stammt aus der Zeit, als die Türken noch ein Pferde züchtender Nomadenstamm waren.

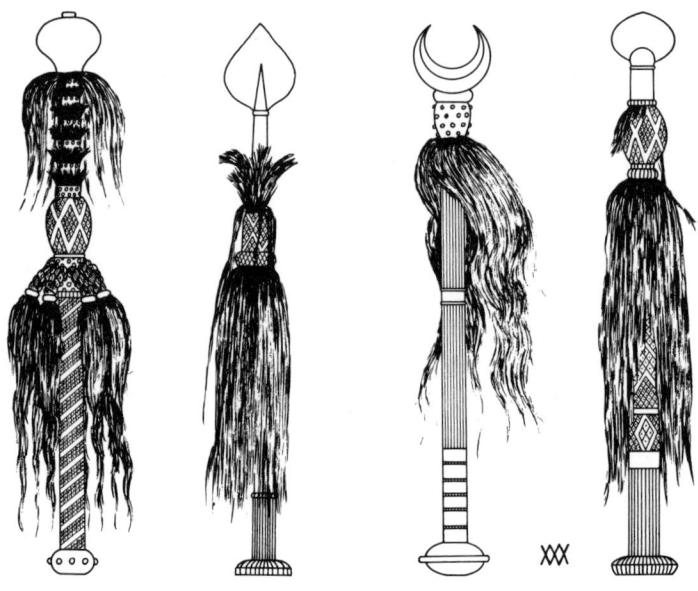

niani, 3000 Venezianer fliehen in letzter Minute zu Schiff, Osmanentruppen über-
fluten Konstantinopel. Doch das ist nicht mehr die glänzende »Mutter der
Städte«, die mit ihrer Million Einwohner noch die Kreuzherren von 1204 verlegen machte, Dandolos Brände und der Zerfall von 250 Jahren hatten ganze
Arbeit geleistet. Dieses Konstantinopel war nur noch ein riesiges, mauerum-
schlossenes Areal, bedeckt von Weinbergen, Kornäckern und Pinienhainen,
dazwischen verstreut dreizehn Siedlungen, geschart um eine Kirche oder einen
alten Palast. Und als der Sultan Mehmet zwischen Rebstöcken und Wiesen
hinunter zu den Blachernen reitet, sagt er leise: »Die Spinne tut Türsteher-
dienste in den Kaiserhallen, und die Eule stimmt das Feldgeschrei an in
Afrabias Palast.«

Und dann regiert er: Sein neues Hausgesetz wird bekräftigt, nach dem jeder
Sultan »um der Ordnung der Welt willen« seine Brüder zu töten habe, der
Bailo und sechzig venezianische Nobili werden enthauptet, weitere fünf-
hundertfünfzig in die Sklaverei geschickt und alle Kaufmannsvermögen, es
dürften fast 200 000 Dukaten gewesen sein, beschlagnahmt. Zwei Monate später
empfängt er Herrn Bartolomeo Marcello, der im Namen der Republik sich dafür
entschuldigt, daß Venezianer an der Verteidigung beteiligt waren, und im übrigen
emsig einen Friedensvertrag vorbereitet.

Zwar lassen die Lagunenfüchse auch jetzt ihre Diplomatenfäden gegen
Mehmet weiterlaufen, aber es setzt sich doch immer mehr die Meinung durch,
daß man sich ja eigentlich mit den Türken in den Welthandel teilen könne.
Und das Friedensabkommen mit dem neuen Herrn in Konstantinopel bringt
auch nur Freundlichkeit, die Bestätigung der alten Verträge und sogar noch die
Insel Ägina. Na bitte!

Natürlich plärrte das ganze Abendland nun über die »Charakterlosigkeit«
Venedigs. Aber mit welchem Recht? Und wenn die Hilfe der Republik für das
untergehende Byzanz auch nicht erwähnenswert war – hat sie nicht die einzige
Unterstützung überhaupt geleistet? So wenig man sie von ihrer Schuld um
die Jahre 1204 und 1402 wird lossprechen können – diesmal trug das ganze
Abendland mehr Verantwortung als die Venezianer. Und wenn die dann schließlich, von keiner Seite bestärkt und völlig alleingelassen mit den neuen Herren
ein erträgliches Nebeneinander zu finden versuchten?

Den wüstesten Angriffen sahen sie sich gegenüber, als fünf Jahre nach dem
Fall von Konstantinopel Papst Pius II. die italienischen Fürsten zu einem
Türkenkongreß nach Mantua bat. Er wollte einen Kreuzzug gegen die Osmanen
zuwegebringen, aber der Haß gegen die Republik, geboren und genährt eben
aus deren Vorgehen auf dem Festland, war so abgrundtief, daß selbst der Heilige
Vater keine Worte mehr fand. Und spätestens als der Florentiner Benedetto
Dei unter dem Beifall der Versammelten sich rühmte, venezianische Feldzugs-
pläne gegen den Sultan in die Hände der Türken gespielt zu haben, gab der
Papst empört alle Versöhnungsbemühungen auf.

Venedig, über dieses Ergebnis lässig hinweggehend, machte nun große Politik: Aus Frankreich, Burgund, Mailand, dem Papst, Ungarn, Karaman und Persien wollte es dem prahlerischen Mehmet, dem »Eroberer von 12 Reichen und 200 Städten«, einen würgenden Ring schmieden. Und es hatte sogleich in Frankreich und Burgund geneigte Zuhörer – aber dann begann Mailand zu intrigieren, Burgund zog sich zurück und König Ludwig XI. ließ den Venezianergesandten aus dem Land jagen. Und da es auch Karaman mit der Angst bekam, blieb schließlich nur ein Vertrag mit Persien, ein halbherziges Abkommen mit Ungarn und ein mutiger und empörter Papst: »Da dies so ist, werde ich selbst das Kreuz nehmen und den Zug wagen mit den Schiffen der Republik, die am besten weiß, wie man mit den Türken kämpfen muß!«

Die Republik war gerührt, aber, da der tapfere alte Mann bei Kriegsbeginn am 28. Juli 1463 zwar nach Ancona kam, jedoch vor lauter Aufregung verstarb, ehe er beim Dogen zusteigen konnte, zählte auch diese moralische Stütze nicht mehr.

Es war eine böse Auseinandersetzung. Venedig kämpfte mit mutlosen, feigen Soldaten, angefeindet von allen Seiten, verlor eine Partie nach der anderen, schließlich sogar Euböa, dessen mutigen Verteidiger Paolo Erizzo die Türken bei lebendigem Leib zerstückelten. Jahr um Jahr schleppte sich hin, in höchster Not rief die Republik den Perserschah Usunhassan, aber der wurde von den Osmanen am 1. August 1473 bei Erzerum vernichtend geschlagen: aus! Im Januar 1479 war endlich Frieden, für San Marco ging endgültig Euböa verloren sowie ganz Albanien, 10 000 Dukaten mußten künftig jährlich für die Bosporus- und Dardanellenpassage und 100 000 Dukaten als einmalige Wiedergutmachung bezahlt werden. Dazu aber kommt, daß der Krieg 1 Million Dukaten im Jahr verschlungen hatte. Sechzehn Jahre hatte er gedauert . . .

Trotzdem, es war Friede, ein kostbares Wort inmitten der Terraferkakriege! Aber die Klagen am Rialto rissen nicht ab: Gegen allen Anstand wurden venezianische Kaufleute im Türkenreich unentwegt behelligt, grundlos gefangen- genommen, beraubt, gemordet. Regelmäßig liefen Meldungen ein, daß man gefangene Bürger der Republik aus den Gefängnisfenstern zu Tode stürzte oder auf andere unterhaltsame Art ins Jenseits beförderte, einfach nur so zum Spaß. Beschwerden in Istanbul waren sinnlos, sie lösten dort nur Heiterkeit aus. So mußte nun doch wieder nach Partnern gesucht werden, mit denen zusammen das Übel vielleicht eingedämmt werden könnte. Natürlich waren entsprechende Vorgespräche mit dem Franzosenkönig Ludwig XII. im Frühjahr 1499 nur erste vage Überlegungen, aber Lodovico Sforza von Mailand, dem Venedig so schamlos mitgespielt hatte, ließ noch kurz vor seinem Untergang, so eigentlich als letzte kleine Rache, dem Sultan Bajezid II. eine ausführliche Nachricht zukommen. Und der Sultan rüstete auf.

Die Bosheit des Sforza wirkte wundervoll, denn die Erhabene Republik war in keiner Weise auf einen türkischen Waffengang vorbereitet. Zum einen gähnten

Harnisch eines Capitano generale mit goldener Treibarbeit auf schwarzem Stahl.

die Staatskassen erschreckend leer – noch waren die Kosten für den letzten Türkenkrieg nicht getilgt, die Ausgaben für die Festlandskriege stiegen und stiegen, und gerade in diesem Frühjahr hatten verschiedene verheerende Bankpleiten die ganze Wirtschaft erschüttert – und zum anderen befanden sich die Flotte und die ostadriatischen Festungen in einem nicht gerade einsatzfähigen Zustand. Doch da die Lage nun einmal nicht mehr zu ändern war, wurde das Nötigste rasch ausgebessert und Herr Antonio Grimani zum Generalkapitän des Meeres ernannt, ein Schöngeist und Dichter zwar, und alles andere als ein zupackender Militär, aber immerhin.

Was Wunder, wenn die Geschwader des heiligen Markus am 12. August 1499 vor Modon unterlagen, wenn am 25. August ein mit den Franzosen errungener Sieg bei Lepanto nicht ausgenützt und die Stadt um den Preis von 800 Toten dennoch türkisch wurde, wenn der Franzosenkönig spottete: »Ihr Venezianer seid kluge Leute in eurem Rat und lebt im Überfluß, aber zum Krieg taugt ihr nicht, ihr fürchtet den Tod. Uns aber gilt, wenn wir in den Krieg gehen, siegen oder sterben.« In diesem Jahr und unter den Händen des Dichters Grimani ist der strahlende Ruhm der Venezianerflotte zerbröckelt. Und nun konnte sich auch der Sultan nicht verkneifen, eine Botschaft nach Rialto zu senden: »Bislang ward ihr mit dem Meer vermählt, nun gehört es mit!«

Eine Frechheit gewiß, aber sie schmerzte nicht so wie die hämischen französischen Witzeleien, daß Venedig zwar mit dem Meer vermählt, die Türken aber dessen Hausfreund seien! Darüber kam man in der Lagune niemals hinweg.

Aber es gab auch Hilfe. Leonardo da Vinci bot neuentwickelte Tauchgeräte an, die vielleicht zu einer sensationellen Waffe hätten werden können, wenn der Rat begriffen hätte. Und der Papst, diesmal Alexander VI., erhob zur Mitfinanzierung den »Kirchenzehnten«, eine Sonderabgabe, die der Heilige Vater in Zeiten der Bedrängnis von seinen Schäflein fordern durfte. Zwar verirrten sich die gesammelten Gelder unterwegs etwas, ein Teil blieb beim König von England, einer bei dem von Frankreich – und ein bißchen eben auch bei Seiner Heiligkeit in Rom. Doch was dann trotzdem für Venedig ausgeschüttet wurde, nützte immer noch gewaltig – nur leider eben nicht militärisch.

Denn da gingen im August 1500 Modon und Koron verloren, die Spanier, inzwischen dazugestoßen, zankten sich mit den Franzosen, es gab keine Strategie und kein Konzept, und also dann in Gottes Namen am 20. Mai 1503 einen jämmerlichen Frieden, mit dem Venedig alle Plätze auf der Peloponnes bis auf Nauplia abgeben mußte. Doch bekam es anschließend von einem inzwischen wieder gnädigen Sultan im Oktober 1513 einen neuen, durchaus günstigen Handelsvertrag, und da sah die Welt schon wieder besser aus. Denn im Grunde kam man ja wirklich recht gut miteinander aus – sogar mit dem Nachfolger, dem gewaltigen Suleiman II.

Aber ungemütlicher wurde die Lage dennoch von Jahr zu Jahr: Um 1515 fielen Syrien, Arabien, Ägypten, 1521 Belgrad, 1522 die Johanniter von Rhodos, 1526 Ungarn, 1534 Persien und Mesopotamien, danach alle noch venezianischen Inseln und Festlandplätze in der Ägäis – ein Wunder, daß vorläufig Zypern und Kreta noch ungeschoren blieben. Das Schwerwiegendste aber war, daß alle wichtigen Handelsplätze des Orients, vorab Alexandrien, nun vom Sultan kontrolliert wurden, und aller Levantehandel der Republik von der Laune des Großherrn abhing, daß durchs Mittelmeer die »Osmanische Mauer« wuchs.

Und man sorgte sich. Auf das Geschäft mit den Türken einmal verzichten zu müssen, war nämlich für einen venezianischen Kaufherrn ein erschreckender Gedanke, es lief einfach zu prächtig. Am Canal Grande saßen sie in ihrem »Fondaco dei Turchi«, machten Umsätze, die denen der Deutschen nur wenig nachstanden, und der Markt in Istanbul gar war eine reine Goldgrube: Allein 25000 Stück Tuch zu je 200 Dukaten wurden dort um 1500 umgesetzt, dazu

Glas, Papier, Schmuck, Spezereien – und was da erst an den Sultanshof ging! Gerade Suleiman hat nicht umsonst »der Prächtige« geheißen. Freilich ist er dann kurz vor seinem Tode, so um 1565 herum, auf einmal sehr fromm geworden und hat allen Luxus verbannt. Und da lag dann das herrlichste venezianische Seidenzeug aufgeschichtet im Serail und verstaubte. Es war zum Erbarmen, und also holten sich die Lagunenhändler diese Kostbarkeiten gegen einige Bestechungsgelder wieder zurück – und machten sie dem Allgewaltigen neuerlich zum Geschenk. Ein paar Gunstbeweise brachte das immer ein, der alte Herr hatte seine Freude und die Eunuchen einen einträglichen Nebenverdienst. Doch insgesamt verdiente an den Venedigerherren noch immer am meisten der Staat: Mit 500 000 Golddukaten, die sie beispielsweise im Jahr 1587 als Zölle abführen mußten, haben sie den zwanzigsten Teil des türkischen Staatshaushalts bezahlt.

Wie gesagt, das gegenseitige Verhältnis galt gerade um 1530 als durchaus bekömmlich, aber selbst das neurtrale Venedig war sich klar, daß das nicht so bleiben würde. Und andere europäische Mächte drängten, vor allem Habsburg,

Der Fondaco dei Turchi in Venedig.

das durch seine Doppelverpflichtung in Spanien und in Österreich neben dem Papst immer mehr zum natürlichen Verbündeten Venedigs im Kampf gegen die Osmanen wurde, während Frankreich mit seinem feierlichen Türkenbündnis von 1536 sich nachdrücklich auf die Gegenseite stellte und dort eigentlich bis ins 19. Jahrhundert verblieb.

Glücklicherweise war diese Konstellation bereits abgeklärt, als die Lage von 1537 an wieder schwieriger wurde. Ein wenig mag das auch an Azor Kheyr-ed-Din, einem griechischen Renegaten, gelegen haben, der, zumeist nach echter Seeräubermanier, dem Sultan ganz Nordafrika bis zum Atlantik erobert hatte und nun auf dem ganzen Mittelmeer die christliche Seefahrt mit seinen Piratenstreichen terrorisierte. Der große Suleiman hielt gewaltige Stücke auf ihn und machte ihn schließlich Mitte der dreißiger Jahre zu seinem Kapudan-Pascha, dem Oberkommandierenden der Flotte – offenbar gerade zur rechten Zeit.

Denn Kaiser Karl V. hatte, zwar nach unendlichen Schwierigkeiten, aber immerhin, gegen das »Türkenunwesen« eine »Heilige Liga« zusammengebracht, der Spanien, Deutschland, Venedig, der Papst, die Johanniter von Malta und fast alle italienischen Fürsten angehörten – ein eindrucksvoller Bund. Als Ziel galten die Eroberung Konstantinopels und die griechische Kaiserkrone für Karl V. Und die Flotte, die am 25. September 1538 unter dem Befehl von Andrea Doria die Adria hinuntersegelte, konnte sich mit 140 Galeeren und 70 Lastschiffen durchaus sehen lassen, die Türken, die in der Bucht von Prevesa hockten, hatten fast ein Viertel weniger. Aber die Masse allein hat's noch nie ausgemacht. Doria rauschte an den Türken vorbei, er voraus, dann die Päpstlichen, dann die Venezianer. Als ihnen Kheyr-ed-Din in den Rücken fiel, hätten sie eigentlich nur zu drehen brauchen, wodurch dann eben die Venezianer vorn gewesen wären. Aber Doria wollte partout die Spitze einnehmen, drängte sich mitten durch alle durch, verursachte eine heillose Unordnung – und Kheyr-ed-Din jagte sie alle auseinander. Die Blamage war perfekt, des Kaisers Traum zerstoben, die Liga alsbald aufgelöst. Und Venedig mußte wieder einmal Frieden mit den Osmanen schließen und 300 000 Dukaten Entschädigung zahlen.

Die nächsten drei Jahrzehnte war der Himmel der ächzenden Republik etwas gnädiger, aber dann braute sich im Osten Fürchterliches zusammen. Der neue Sultan Selim II. beschloß nämlich, auch etwas zu erobern. Und da das venezianische Zypern so verlockend vor der Küste schwamm, hielt er es bald für das geeignete Objekt. Seine Umgebung pflichtete ihm eifrig bei, und am lautesten der »Reiche Jude«, Juan Miquez Nassi. Er besaß ein unermeßliches Vermögen und träumte eigentlich nur noch seinen einzigen Traum: einen Judenstaat zu schaffen. Schon lange sah er den auf Zypern, die griechische Bevölkerung könnte man ja umsiedeln, wobei er es an Geld natürlich nicht fehlen lassen würde! Kein Wunder, wenn er dem Sultan zuredete – und der Sultan entschied, gerade als sich im Westen die Diplomaten verzweifelt bemühten, einer neuen »Heiligen Liga« auf die Beine zu helfen.

Am 1. Juli 1570 legte die türkische Flotte auf Zypern an, rund 450 Schiffe mit 50 000 Fußsoldaten und 2500 Reitern, die der Sultan einem Vertrauten, dem Lala Mustafa Pascha, unterstellt hatte. Von diesem etwas rundlichen Herrn war eigentlich bisher nichts Nachteiliges bekannt geworden, er hatte des Sultans Söhne erzogen, gab sich gebildet und jovial und als treuer Diener seines Herrn. Seine militärischen Lorbeeren hielten sich in Grenzen, und als er jetzt, bei seinem ersten Vorstoß gegen Nikosia, trotz seiner Übermacht gleich sechs Wochen belagern mußte, nahm seine gute Laune beträchtlich ab.

Denn obwohl der Verteidiger drinnen, Nicolò Dandolo, nur über eine winzige Mannschaft verfügte, kämpfte er wie ein Löwe. Lala Mustafa wurde unruhig und rief schließlich am 9. September zum Sturm. Und dieser Flut war die Stadt nicht gewachsen. Die Mauern barsten, die ganze Truppenmacht brach herein, schlug tot, was sich regte, raubte, was glänzte. 20 000 Leichen lagen schließlich zwischen den Ruinen, der Rest der Einwohner wurde auf die Schiffe und in die Sklaverei getrieben. Dem Bischof Francesco Contarini und dem Nicolò Dandolo ließ der Pascha die Köpfe abschlagen. Der des Contarini stak alsbald auf der Mauer, und den des Dandolo schickte er in die Festung Famagusta – sie sollten ihn anschauen bis zum nächsten Frühjahr, dann komme er wieder, ihn abzuholen. Und nach so getaner Arbeit segelte Lala Mustafa Pascha, der Erzieher der Söhne des Sultans, zurück nach Istanbul und berichtete seinem Herrn.

Venedig war entsetzt. Selbst längst nicht mehr stark genug für einen Alleingang mit den Türken, mußte es immer und immer wieder um Bündnisse betteln, Zugeständnisse machen, sich erst für die Interessen anderer schlagen – und zahlen, zahlen, zahlen. Hätten diese ewigen Rangeleien mit den anderen nicht immer wieder alles verzögert, Nikosia wäre nicht gefallen. Vielleicht trieb nun der schreckliche Schock etwas zur Eile – vielleicht. Die Republik jedenfalls rüstete nach Kräften. Kriegsanleihen wurden aufgelegt, Truppen zusammengezogen, das Arsenal zu höchster Eile angetrieben. Das Arsenal: Wenn man es auch während der letzten Jahrzehnte bös vernachlässigt hatte, es war immer noch der Stolz und das Rückgrat der venezianischen Seemacht, und auch diesmal liefen binnen knapp drei Monaten über einhundert (!) Galeeren fertig ausgerüstet von Stapel. Niemals waren seine Geheimnisse nach außen gedrungen, niemals – bis auf ein einziges Mal. Und daraus ergaben sich jene Folgen, an denen Venedig nun litt. Der schreckliche Kheyr-ed-Din nämlich hatte einen venezianischen Nobile gefangen, den er mit nur allen erdenklichen Mitteln zwang, das Arsenal bis ins kleinste nachzuzeichnen. Und mit diesem Plan baute er dann dem Sultan Suleiman in Tophane bei Istanbul ein zweites Arsenal, das den Osmanen alsbald alle Möglichkeiten der Republik in die Hände gab.

Doch noch konnte sich Venedig wehren. Und es war entschlossen dazu, an der Spitze Sebastiano Venier, der Generakapitän, dem sein Amt erstaunliche Möglichkeiten gab. Der Senat wies dem Capitano generale del Mar jeweils seine Aufgabe nur im großen zu – hier mußte ein Feind zurückgeschlagen, dort mußte Ordnung geschaffen werden. Wie er das Unternehmen vorbereitete und durchführte, stand allein in seinem Ermessen. Eigentlich war er in diesem mißtrauischen und alles kontrollierenden Staatswesen der einzige, der frei und voll Macht ausüben konnte. Nicht umsonst hat so mancher Doge alles darangesetzt, neben dem Dogat auch mit dieser Aufgabe betraut zu werden. Und seine beiden, ursprünglich als Wachhunde eingesetzten Provveditori, waren zugleich ja Vizeadmiräle und also durch die gemeinsame Interessenlage eher noch eine Stütze seiner Position – was übrigens auch jetzt, bei Agostino Barbarigo und Marco Quirini als Provveditoren, unbedingt zutraf. Und da auf jeden Kapitän jedes einzelnen Schiffes ebenfalls absoluter Verlaß war, konnte die Republik wesentlich ruhiger als in den vergangenen Jahrzehnten der bevorstehenden Auseinandersetzung entgegensehen.

Und endlich stand auch die neue »Heilige Liga«, Philipp II. von Spanien, Papst Pius V., Venedig und die Malteser hatten sich verschworen. 233 Galeeren, 6 mächtige venezianische Galeassen, 30000 Mann fanden sich schließlich in Messina ein, und unter dem Oberbefehl des Prinzen Juan d'Austria, eines natürlichen Sohnes Karls V., dem die Kommandanten des päpstlichen und des venezianischen Geschwaders, Marc Antonio Colonna und Sebastiano Venier, unterstellt waren, segelte die Flotte am 16. September 1571 nach Osten.

Sie wußten noch nicht, was in Famagusta auf Zypern, das zu befreien sie sich ebenfalls vorgenommen hatten, geschehen war. Denn diese Festung hatte nun schon bereits seit dem Frühjahr 1571 unter der Belagerung des gräßlichen Lala Mustafa Pascha gekeucht, sechs blutige Stürme abgeschlagen und den Tod fast eines Viertels der 5000 Mann Besatzung, darunter des Bischofs, hinnehmen müssen. Schließlich war dem Kommandanten Marcantonio Bragadin und seinen restlichen Leuten der Atem ausgegangen, und sie hatten die Stadt am 3. August gegen Lala Mustafas feierliche Zusicherung auf freien Abzug von Besatzung und Bevölkerung übergeben. Aber kaum waren die Tore offen, vergaß der dicke Türke seinen Eid, ließ niedermetzeln, was sich wehrte, und den Rest als Sklaven forttreiben. In den folgenden zwei Wochen wurde dann ein gefangener Offizier nach dem anderen sorgfältig umgebracht und, als Höhepunkt der Unterhaltung, dem unglücklichen Bragadin am 17. August auf dem Stadtplatz bei lebendigem Leib die Haut abgezogen, ausgestopft und dem Sultan zur Ergötzung an den Bosporus geschickt. Erst neun Jahre später konnte dieser grausige Leichnam aus Istanbul geschmuggelt und in Venedig begraben werden.

Am 4. Oktober auf Korfu erhielt die Flotte der Heiligen Liga Nachricht von dieser Katastrophe. Selten wohl haben Zorn und Empörung den Verlauf einer Schlacht so nachhaltig beeinflußt wie hier das bald schon legendäre Treffen von Lepanto. Der Ruf »Rache für Famagusta« peitschte zu übermenschlichen Anstrengungen auf, und als sich am Eingang zum Golf von Patras die beiden Riesenflotten gegenüberlagen, kannten die Christen keine Zurückhaltung mehr.

Die Seeschlacht bei Lepanto am 7. Oktober 1571.

Vorsorglich waren schon vorher drei Geschwader gebildet worden, die jetzt, am Morgen des 7. Oktober 1571, wie ein Riegel die Golfmündung schlossen: Der nördliche Flügel nahe der Küste mit 63 Galeeren gehörte den Venezianern unter Agostino Barbarigo und Marco Quirini, die gleich starke Mitte den Spaniern, befehligt von Don Juan d'Austria, Sebastiano Venier und Marc Antonio Colonna, und der dritte Flügel im Süden, den Gian Andrea Doria, ein Neffe des großen Andrea, leitete, zählte 64 Galeeren und war hauptsächlich mit Spaniern und Italienern besetzt. Vor dem nördlichen Flügel und vor der Mitte lagen je zwei der gewaltigen Venezianergaleassen; die beiden letzten allerdings kamen erst an, als die Schlacht schon entschieden war.

271

Don Juan d'Austria, der Generalkapitän der »Heiligen Liga« und glänzende Sieger bei Lepanto.

Auch die Türken hatten ihre drei Geschwader, das nördliche unter Mehmet Sirocco Pascha, die Mitte unter dem Oberbefehlshaber Ali Pascha, einem Sultanschwager, der alles verpfuschte, was nur zu verpfuschen war, und dem Reitergeneral Pertau Pascha, während den südlichen Flügel die Barbareskenflotte des nahezu unbesiegbaren Ali el-Uluji bildete. Mit 255 Galeeren war die Türkenflotte der christlichen beträchtlich überlegen, zumindest was die Zahl anbelangte.

Nachdem beide Teile sich gebührend zurechtgerückt hatten, brach gegen elf Uhr vormittags der Kampf los. Barbarigo, Quirini und ihre Venezianer stürzten sich auf Mehmet Sirocco, schlossen ihn ein, trieben ihn auf die Untiefen und hieben dem also Hilflosen alles zusammen, was er hatte, am Schluß auch ihn selbst. Dann, nach einer knappen Stunde, bemerkte Quirini, daß sich die Mitte unter Don Juan gegen Ali Pascha arg schwer tat, trennte einen Teil seiner Schiffe, die ja nun frei waren, ab, kam Don Juan zu Hilfe und klärte die Lage so gründlich, daß nach wenigen Stunden der Christensieg gesichert und Ali Pascha samt seinem Reitergeneral ohne Kopf waren. Nur im Süden ging es seltsam zu. Doria hatte sich nicht entschließen können anzugreifen, war von Ali el-Uluji nach und nach bis zu zwei Kilometer von der Mitte weggelockt worden, eine Lücke, durch die das Barbareskengeschwader, als es sah, daß für den Sultan nichts mehr zu retten war, durchglitt, im Vorüberfahren Herrn Doria und den Maltesern noch recht übel mitspielte, dann aber schleunigst gen Istanbul davonrauschte.

Die Dämme brechen

»Te Deum laudamus!« Wie ein Stöhnen steigt es auf, zaghaft zuerst, dann wachsend und wachsend zu einem dröhnenden, gewaltigen Schrei, »Großer Gott, wir loben Dich!«, aus 50 000 Kehlen bricht alle Todesangst, aller Triumph der letzten fünf Stunden, weithin hallend über das Meer, das blutgefärbt zwischen rauchenden Wracks, treibenden Planken, Balken, Masten und Toten zittert. Welch ein Sieg! 96 der 255 osmanischen Galeeren sind versenkt und zerstört, 113 erobert, 30 000 Türken erschlagen, 8000 gefangen und noch mehr ertrunken. Der Sultan hat keine Flotte mehr, Konstantinopel liegt schutzlos und ausgeliefert jedem, der nur mutig zugreift: Der Tag von Lepanto hat dem Abendland die Türkenangst genommen.

Freilich wiegen auch die Verluste der Christen nicht wenig mit 13 verlorenen Galeeren und 15 000 Gefallenen. Aber dafür konnten aus den Türkenschiffen

Sebastiano Venier und Marc Antonio Colonna.

fast 20000 Rudersklaven befreit werden, die nun nichts sehnlicher wünschten, als recht bald gegen ihre Peiniger zu ziehen. Der weitere Verlauf des Feldzugs scheint vorgezeichnet, und als am Abend die Flotte auf dem Weg nach Korfu in Petala vor Anker geht, bieten Marc Antonio Colonna im Namen des Papstes und Sebastiano Venier im Namen des Rates von Venedig dem strahlenden Sieger des Tages, Don Juan d'Austria, die Krone des Königreichs Morea an. Der Gefeierte versteht, und unter dem Beifall der anwesenden Offiziere, vorab der königlich-spanischen Admirale Requesens und Santa Cruz, sagt er zu. Alle sind sie sicher – nur ein paar Wochen auf Korfu, unabdingbar notwendig für die Erneuerung und Ergänzung der Mannschaften und Fahrzeuge, dann würde zum großen Schlag gegen das Osmanenreich ausgeholt werden.

Als die Siegesnachricht in Venedig eintrifft, gerät die Welt aus den Fugen. Niemals noch in der Geschichte der festesfreudigen Lagunenrepublik ist so gejubelt, so gefeiert worden. Von den Umzügen, Regatten, Illuminationen, Bällen sprach Europa noch lange, es ist, als habe sich für die Stadt eine neue Zukunft aufgetan. Und die Räte lächeln. Hatte man noch etwas Bedenken bei den delikaten Vereinbarungen in Rom (da König Philipp nicht auch noch das alte Griechenreich zufallen durfte, mußten Republik und Kurie hier ein wenig behutsam vorgehen), so dürfen jetzt die kühnsten Träume geträumt werden. Das Durchhalten während der letzten Jahrzehnte hat sich eben doch noch ausgezahlt.

Denn so ganz leicht war die Zeit seit dem Brüssler Frieden 1516 kaum gewesen. Zwar spürte man erst allmählich, daß unter den Großmächten für die Republik kein Schemel mehr stand, sie war zwar immer noch von allen Seiten umflüstert und umworben, aber die staatliche Finanzmisere redete deutlich genug, von der skandalösen Wirtschaftsentwicklung ganz zu schweigen. Einen neuen, kost-

Italienischer Prunkhelm Kaiser Karls V.

spieligen Strauß konnte San Marco sich vorerst nicht mehr leisten, zumal über die Qualität der Landtruppen wirklich nur noch die Hände gerungen werden konnten. Allenfalls die Flotte, mit der ließ sich etwas anfangen, sie war schließlich immer noch die beste im ganzen Abendland. Aber nachdem nicht jedermann zur See sich balgen wollte, taten sie am Rialto besser daran, sich nach allen Seiten hin eines gelassenen Friedens zu versichern.

Natürlich ist auch derlei nicht ganz so einfach, aber Venedig hatte nun doch eine Geheimwaffe: seine Diplomatie. Und die erfand das System der »Bilancia«, das heißt, sie achtete peinlichst darauf, daß im Gerangel der Mächte ringsum »die Waage des Gleichgewichts sich nicht nach irgendeiner Seite neige«. Und da dieses Prinzip besser gewahrt bleibt, wenn sich die betreffenden Potentaten spinnefeind sind, als wenn sie sich herzlich verstehen, wurden alle die kleinen und großen Konflikte im und um das Abendland von der Erhabenen sorgsam geschürt. Und da sie dann immer auch, eben des Gleichgewichtes wegen, die Unterlegenen rührend wieder hochpäppelte, wandelte sich ihr Ruf bald so wundersam, daß um 1550 ein deutsches Flugblatt schwärmte: »Venedig hat die Kunst, im Streite dem Schwächeren beizutreten, von jeher geübt. Daher ist es tausend Jahre alt geworden.«

Aber Macht in Schach zu halten, wenn man selbst keine echte mehr hat, wird auf die Dauer auch schwierig. Das erfuhren die Strategen am Rialto spätestens, als Karl, eben der Enkel Kaiser Maximilians, auf den Plan trat: Mit 15 Jahren wurde er Herzog von Burgund, mit 16 König des spanischen Welt-reichs und im Jahr 1519 mit 19 Jahren deutscher Kaiser. In seinem Reich »ging die Sonne nicht unter« – und Venedig saß mittendrin! Daß Karl bei dieser Machtfülle das mittelalterliche Universalreich wiedererrichten wollte, lag auf der Hand, weshalb denn auch sein Kampf vor allem Frankreich gelten mußte.

Zur Republik des heiligen Markus dagegen war er reizend, und sie lächelte verzückt und versprach ihm alles – gleichzeitig aber tändelte sie mit Frankreich, er erfuhr davon, war sichtlich verstimmt, und als er den Franzosenkönig Franz I. 1525 bei Pavia total besiegte und gefangennahm, packte sie das reine Entsetzen (wie übrigens auch den Papst, der es genauso gehalten hatte): »Niemals seit Attila war man in Italien tödlicher erschrocken.« Jetzt half nur noch zitternde Buße, und sie liefen alle sogleich, flehten um Verzeihung. Und der Gewaltige war gnädig. Ihm ging es um Frankreich, was sollte er mit diesen italienischen Kleindarstellern! Aber das Spielchen mit dem Gleichgewicht macht eben doch ein wenig süchtig, die Erhabene konnte es einfach nicht lassen! Flugs reichte sie wieder dem charmanten Franz die Fingerspitzen, wieder fuhr Karl mit der Faust dazwischen, wieder sah sie sich auf der Seite des Verlierers. Da gab sie auf. Friede, Friede – und der Kaiser war auch diesmal gnädig. Vielleicht hätte er die Stirn mehr gerunzelt, aber nachdem ihm nun schon 1527 die Plünderung Roms durch seine Landsknechte passiert war (für die er übrigens wirklich nichts konnte), sorgte er sich doch sehr um seinen guten Ruf.

Zu Bologna 1529 ward aller Groll begraben, Lieb und Treu beschworen, und als ein Jahr danach Karl ebenda sich die Eiserne Krone der Lombarden aufsetzte und zum Kaiser des Heiligen Römischen Reiches gekrönt wurde, saßen die Herren der Republik in der ersten Reihe und waren gerührt. Nur von einem italienischen Staatenbund unter seiner Führung wollten sie nichts wissen, aber das nahm er ihnen nicht weiter übel, vielmehr nutzte er ihre guten Drähte nach Paris, auch nach Istanbul, und ließ sich sogar schließlich von ihnen den Ausgleich mit den Franzosen vermitteln. Und am Rialto waren sie's zufrieden. Sie wurden in nichts mehr hineinverwickelt, hatten gegen die Türken einen mächtigen Verbündeten, konnten ungestört neutral sein – nur daß eben jetzt Spanien und Österreich in Italien geboten und die wunderschöne Theorie der Bilancia zu Papier gebracht und ins Archiv gesteckt werden mußte (allerdings nicht für immer: England hat sie viel später wieder hervorgekramt, »balance of power« genannt und damit ziemliches Unglück über Europa gebracht. Aber das ist wohl doch eine andere Sache).

Destino – die Republik grämte sich über diese Wendung nicht sonderlich, sie quälten andere Sorgen. Denn gerade jetzt, da der Staat nach den schrecklichen Terrafermakriegen von einer Finanznot in die andere rutschte, da die Banken reihenweise brachen, weil die hochverehrte Republik aufgenommene Anleihen nicht zurückzahlen konnte, da auch die winzigste Steuer- und Zolleinnahme ein Himmelsgruß war, gerade jetzt mußte die Wirtschaft von Grund auf umgestellt werden.

Denn die Lage des Welthandels hatte sich gründlich geändert: 1492 entdeckte der Genueser Columbus für die Spanier Amerika, 1498 fand der Portugiese Vasco da Gama um Afrika herum den Seeweg nach Indien und 1516 eroberten die Osmanen Ägypten. Nun gut, Amerika schmerzte noch lange nicht, wenn auch in Spanien sich plötzlich ungeheure Reichtümer ansammelten; auch mit den Osmanen, die ja nun auf alle venezianischen Handelsplätze im Ostmittelmeer den Daumen hielten, hoffte man zur Not auszukommen – aber der Seeweg nach Indien, das war eine Katastrophe!

Spätestens als da Gama im Frühsommer 1499 mit phantastischer Ladung in Lissabon wohlbehalten ankam, wußte man am Rialto, was das bedeutete. Die eine Hoffnung, daß sich der Weg als zu unsicher und zu unrentabel erweisen könnte, verflog bald, und die andere, daß sich die indischen Fürsten den Portugiesen widersetzen und der Mamelukensultan von Kairo, dem ja nun gewaltige Zollgelder entgingen, gewalttätig werden könnte, erfüllte sich zwar zunächst, aber am 3. Februar 1509 besiegte die Flotte des Königs von Portugal die vereinigten Inder und Ägypter im Hafen von Diu so gründlich, daß fortan kein Portugiesenschiff mehr belästigt wurde.

Aus! Die Räte zu Venedig atmeten schwer, zumal seinerzeit ja auch noch der Schock von Agnadello wirkte. Natürlich kam man jetzt gegen diese Konkurrenz nicht mehr an: Bisher war es ja so, daß die Fracht der großen Segler von Indien her in Aden auf kleinere Fahrzeuge umgeladen, über Aidab nach Kus am Ende des Roten Meeres gebracht und dort auf unzählige Kamelrücken verteilt wurde. Sodann schaukelte sie dreieinhalb Wochen durch die Wüste zum Mittleren Nil, wurde wiederum auf Boote geschichtet und glitt flußabwärts bis nach Alexandria, wo sie dann endlich in die Schiffe des heiligen Markus wanderte. Dieser höchst umständliche Weg schlug sich bitter, dank diverser Zölle und Passagegebühren, die schließlich umgelegt werden mußten, auf den Preis. Die Portugiesen dagegen luden in Diu oder Goa und segelten ohne Umladen oder gar Zölle direkt nach Lissabon. Kein Wunder, wenn sie um fast die Hälfte billiger waren!

Natürlich dachte man nun in Venedig daran, die Landenge von Suez zu durchstechen und das Rote Meer mit dem Mittelmeer zu verbinden. Die Pläne waren fertig, die Modelle standen und die Finanzierung auch. Aber man wußte, daß Portugal das niemals widerspruchslos geschehen lassen würde, und der Mamelukensultan einen nach allen Regeln der Kunst erpressen könnte, von der möglichen Reaktion des Türkenherrschers ganz zu schweigen. Und gegen alle diese Kräfte sich durchzusetzen, dazu fühlte sich die Erhabene inzwischen zu angegriffen . . .

Glücklicherweise – Schadenfreude muß sein! – wurde das kleine Portugal mit seiner neuen Rolle als Welthandelszentrum ganz und gar nicht fertig, nur einen Teil dessen, was angefordert wurde, konnte es liefern, und im Abrechnungsverkehr dräute das Chaos vollends. Weshalb denn auch nach dem ersten Versuch viele Abnehmer wieder nach Venedig zurückgekehrt sind, wo man zwar nun teurer, aber schneller, besser und zuverlässiger kaufte, gar nicht zu reden von den neuen Anregungen und Hinweisen. Denn noch immer war rings um San Marco die Nachrichtenbörse der Welt.

Übrigens empfand der portugiesische König Manuel diese Zusammenhänge sehr genau. Und also bot er Venedig an, gegen eine Jahrespacht den Vertrieb der von Portugal beschafften Ware zu übernehmen: Zweimal kam das Anerbieten, 1501 und 1521, zweimal lehnte der Rat ab. Noch meinten die Lagunenfüchse, derartiges nicht nötig zu haben.

Aber der Handel am Rialto ging unaufhaltsam zurück. Die Mudua nach England und Flandern wurde 1532 eingestellt, weil dort im Norden bereits sich eine eigene Tuch- und Wollindustrie entwickelt hatte, der Schwarzmeerhandel schrumpfte zu einem Nichts zusammen, ab 1550 machte sich Frankreich in Istanbul breit, die Bilanz des Orientgeschäfts wurde zusehends passiv, die Landhandelswege verödeten.

Und wäre da nicht die Industrie gewesen, hätten wohl auch die unbekümmerteren Herren Räte Krisengesichter bekommen. Aber so – mein Gott, die Wirtschaft wandelte sich eben: »Die Stadt wird vor allem durch das Handwerk reich!« erklärte der Senat 1559, und wer die über hundert Zünfte sah, die blühende Luxusindustrie und das überlastete Kunsthandwerk, wer die Umsätze sah und

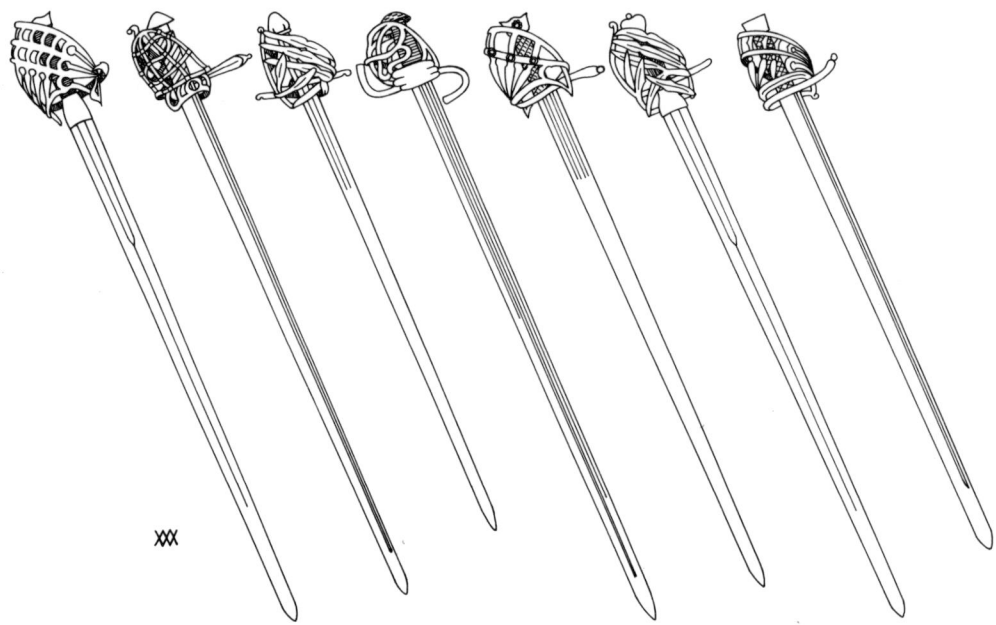

Chiavone, die im 16. und 17. Jahrhundert berühmten venezianischen Degen.

die Produkte, der glaubte das gern. Zwar hatte sich die Palette seit hundert Jahren kaum erweitert, aber das Angebotene suchte an Schönheit und Vollendung seinesgleichen in der Welt: das funkelnde Kristallglas, das geblasene und gemalte Zierglas, meisterhafte Terrakotta und Majolika, Kirchenglocken, Waffen vom Degen bis zum Schiffsgeschütz, mit feinsten Ziselierungen oder überdeckt von prunkenden Halbreliefs, Schiffsbauerzeugnisse, die immer noch unvergleichlich waren, herrlichste Seide, Flanelle, Loden, Teppiche, Barchent, vergoldete Lederwaren, Polsterkissen, die allein jährlich eine halbe Million Dukaten Gewinn brachten, Wachskerzen, die bis nach Rußland und Spanien geliefert wurden – und dann die Spitzen! Sie wurden nicht geklöppelt wie in Flandern, sondern, nach Art des Orients, genäht, und ihre Herstellung war ein wahres Gesellschaftsspiel: Nonnen, Zofen, adelige Damen, leichte Damen, Waisen, arme Mütterchen, biedere Hausfrauen, alle stichelten, nähten sie in jeder freien Minute – und was der Verkauf ihrer kleinen Meisterwerke brachte, konnte sich sehen lassen.

Venedig schien auf dem Weg zu einer Industriestadt mit Handwerkerstruktur zu sein, und noch schrie, trotz des versickernden Handels, keiner Lamento, weil der Staat sich weder mit Fleisch noch mit Getreide aus der mühsam erstrittenen Terraferma versorgen konnte, sondern in der Lebensmittelversorgung hoffnungslos abhängig war von Ländern, die ihm meist alles andere als gut gesinnt waren: Getreide und Pökelfleisch aus dem Türkenreich, aus Österreich und Ungarn Fleisch und Holz, aus Spanien Getreide und Wolle. Natürlich hatte der Rat einen Verwaltungswust zur Förderung der Landwirtschaft auf dem Festland aufgeblasen, aber da Venezianer nun einmal über kein Verhältnis zum Ackerbau verfügten, organisierten sie zwar heftig, aber völlig neben den Möglichkeiten. Allenfalls bei Hirse, Weizen und Hafer konnten einige Überschüsse erzielt werden, ansonsten blühte eine solche Mißwirtschaft, daß etwa 1560 bei Padua und Treviso nur ein Viertel des Bodens bebaut war, von den unfaßbaren Fehlleistungen in den Überseegebieten ganz zu schweigen.

Aber die Räte lächelten. Natürlich hat die Republik ihre Probleme, oder besser, sie hatte sie. Denn nach diesem 7. Oktober des Jahres 1571 wird alles anders werden: Die Türkenhorde wird bald wieder nur mehr in ihren asiatischen Steppen den Staub aufwirbeln; das Kaiserreich Byzanz neu erstehen (schließlich hat die Krone Moreas für Don Juan ihren ganz bestimmten Sinn!) – und damit das Imperium Venetiarum in der Levante; das Schwarze Meer und seine herrlichen Märkte werden sich wieder öffnen und der lebenswichtige Kanal von Suez ohne Gefahr nun doch gebaut werden können: Eine neue goldene Zeit steigt herauf für Venedig.

Doch in Madrid denkt man anders. Denn noch am Abend des Sieges hat in Petala Don Gian Andrea Doria, eben jener wackere Recke, der während der Schlacht sein Heil nicht im Angriff, sondern im Herummanövrieren gesucht und schließlich auch noch Ali el-Uluji fliehen ließ, eine Eilbotschaft losgesandt an Seine Majestät, König Philipp II. von Spanien, mit weniger der Meldung des Sieges als dem ausführlichen Bericht dessen, was sich sonst noch und, wie Don Doria demütig vermerkt, ganz offenbar ohne Wissen der Königlichen Majestät getan. Und die Königliche Majestät in Madrid ist wütend, zwar ganz

Bei Lepanto erbeutete Türkenflagge.

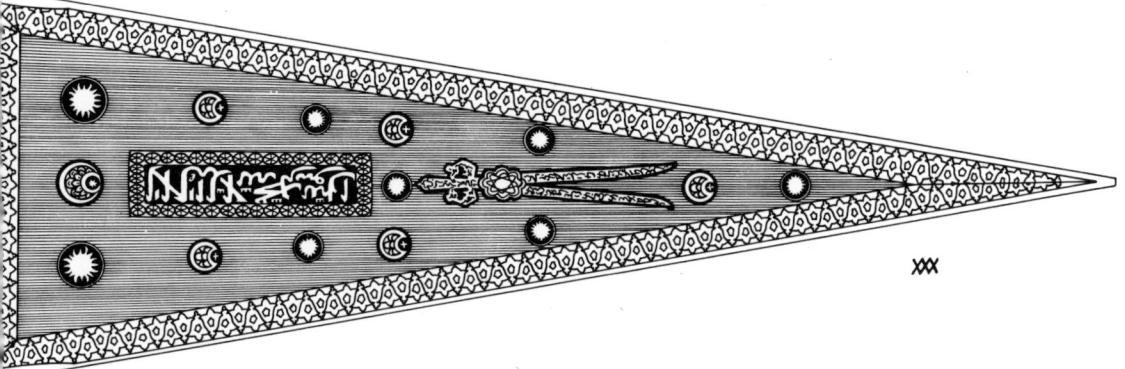

König Philipp II. von Spanien. An seinem Neid und seiner Mißgunst gegen seinen Halbbruder Don Juan d'Austria zerbrach die »Heilige Liga«, der Sieg von Lepanto verstrich ungenutzt, die Türkengefahr blieb bestehen und letztlich leitete er damit den Untergang des Habsburgerreiches ein.

nach Zeremoniell, aber um so nachhaltiger. Unglaublich, einfach unglaublich, eine Krone für Juan, Juan den Bastard, Juan, die Sündenfrucht seines kaiserlichen Vaters mit einem Regensburger Subjekt namens Barbara Blomberg! Juan, König von Morea, und dann vielleicht sogar – Byzanz, unaussprechlich, unausdenkbar! Niemals, niemals! Die Königliche Majestät bebt erheblich, und das heißt, sie ist außer sich. Vielleicht wäre die Königliche Majestät etwas gefaßter, wenn man nicht Don Juan, sondern ihr die Krone von Morea angetragen, den Glanz von Byzanz in Aussicht gestellt hätte? Der Himmel weiß, jetzt jedenfalls liegt der Fall so, und die beleidigte Majestät handelt.

Zunächst ergeht die strikte Order an besagten Don Juan, keine neue Aktionen zu wagen, sondern unverzüglich nach Messina zu segeln und dort zu überwintern. Colonna und Venier finden das nicht einmal so unklug und meinen, daß in der Zwischenzeit einerseits die Flotte nachhaltig verstärkt und weitere Bundesgenossen gewonnen werden könnten, andererseits die Türken niemals in dieser kurzen Zeit in der Lage seien, eine neue, gleichwertige Flotte aufzustellen. Juan schweigt. Er segelt mit Colonna nach Messina, Venier nach Venedig. »A domani« – bis morgen! rufen sie sich zu.

Doch dann erreicht den Rat zu Venedig eine Note des spanischen Königs, daß Signor Sebastiano Venier, eben jener, der Don Juan die Moreakrone angeboten hatte, aus verschiedenen Gründen für Spanien nicht mehr tragbar und daher abzuberufen sei. Der Rat fügt sich, mit den Spaniern steht und fällt das Unternehmen, und also benennt man Giacomo Foscarini, und zu gleicher Zeit beordert Philipp den Admiral Luis de Requesens, einen der engsten Freunde Juans, als Vizekönig nach Mailand, dafür schickt er Don Antonio, einen weiteren Doria, und an Juan den Befehl, im nächsten Jahr alles für einen Angriff auf Tunis vorzubereiten und auf keinen Fall »etwas anderes zu wagen«. Dummerweise kommen in diesem Winter aber auch noch Gesandtschaften aus Albanien und der Peloponnes nach Messina mit der Bitte an Don Juan, doch die Krone von Morea nicht auszuschlagen. Weshalb Philipp wiederum erbebt und dem Rat von Venedig mitteilen läßt, »daß das Bündnis zwischen Spanien und der Serenissima einen solchen Schritt als ungeeignet erscheinen läßt«. Am Rialto beginnt man langsam zu verstehen. Und leise, traurig, tasten die ersten Friedensfühler hinüber nach Istanbul.

Im nächsten Frühjahr, da Colonna und Foscarini drängen, kann Juan nicht mitziehen. Die beiden Herren wagen allein Ali el-Uluji zur Schlacht zu stellen, Juan jagt, gegen ausdrückliches Diktat, hinterher, aber er kommt zu spät, Ali el-Uluji ist entkommen. Mehr folgt nicht. Juan muß sich auf Tunis vorbereiten, schließlich wieder in Messina überwintern und dann im folgenden Frühjahr gegen Nordafrika auslaufen.

Aber auch dort, rings um das uralte Karthago, erringt Juan so glänzende Siege, daß der Papst selbst im Herbst 1573 König Philipp bittet, Juan die Königskrone von Tunis zu verleihen. Doch Philipp lächelt: »Nur Gott allein vermag Kronen zu vergeben, nicht aber ich, Sein Knecht. Dennoch aber hoffe ich, Don Juan jenen Lohn geben zu können, der seinen Leistungen entspricht.« Sagt's und schickt den Juan nach Flandern, in des Königreichs heikelste Provinz. Aber auch dort setzt sich der junge Mann durch, ist gerade dabei, das Land zu befrieden, mit England einen Ausgleich zu finden, wiederum Erfolge aufzutürmen – da wird er krank, verfällt in wenigen Tagen und stirbt am 1. Oktober 1578. Niemand weiß woran. Aber noch heute singen sie in Flandern ein Lied auf ihn, in dem von des Königs Philipp bösem Gift die Rede ist ...

Doch zu der Zeit gab es die »Heilige Liga« längst nicht mehr. Sie hatte sich de facto schon im Sommer 1572 aufgelöst, jeder ging seiner Wege – und Venedig demütig und friedenheischend zum Sultan. Was blieb denn sonst, wenn man weiterleben wollte? Die Bedingungen waren hart: »Der Sultan hat der Republik einen Arm abgeschlagen«, sagte der Großwesir und spielte auf Zypern an, »die Republik hat dafür dem Sultan den Bart versengt. Der Bart wächst nach, nicht aber der Arm. Darin liegt der Unterschied.« Und Venedig, allein und betrogen, mußte trotz seines Sieges auf Zypern verzichten, weite Gebiete in Dalmatien und Albanien abtreten und 300 000 Dukaten an den Sultan bezahlen. Dafür bekam es gute Nachbarschaft, wenigstens für ein paar Jahre. Und mehr wollte es jetzt, da es auf dem Trümmerhaufen seiner schönsten Hoffnungen saß, gar nicht mehr erreichen. Der Papst freilich schrie, noch immer voll vager Erwartungen darob zwar laut auf, aber da die Räte ihm die Lage schonungslos erläuterten, verzieh er ihnen tränenden Auges und zog sich zum Gebet zurück.

Und so ist denn die letzte große Möglichkeit, der Osmanengefahr doch noch Herr zu werden, am Neid und an der ganz privaten Mißgunst eines einzigen Mannes zerbrochen – von allen seltsamen Szenen in der abendländischen Türkentragödie wohl doch die widerlichste.

Und die Räte zu Venedig lächelten nicht mehr. Denn jetzt ließ sich das Unerbittliche, das sich längst ringsum angesammelt hatte, kaum mehr zurückhalten. Aus allen Ecken drängte und drohte es, und sich zu wehren besaß die Republik kaum noch Kraft – und wohl auch keine rechte Lust mehr. Natürlich war sie noch da, oh ja, und sie sorgte dafür, daß man auch weiterhin von ihr sprach, in aller Welt. Noch immer hatte sie in Aleppo ihre Niederlassung, wenn auch von den früheren vierzig Handelshäusern 1605 nur noch zwölf und 1690 gar nur noch acht übrig waren, aber eine Million Dukaten Jahresumsatz brachten sie allemal. Und auch in Istanbul ließ man sich nicht verdrängen, zumindest nicht willenlos. Zwar schloß der Sultan 1569 mit den Franzosen, 1597 mit den Engländern und 1622 mit den Holländern Handelsverträge, zwar wurde alles Venezianische nach Kräften gewürgt, aber noch 1687 hatten die Händler von San Marco mit 370 000 Piaster nach Frankreich den höchsten Umsatz am Bosporus. Auch standen da noch immer die Stapel- und Ladeplätze in Trapezunt, Smyrna, Alexandrien und Lajazzo, alle die Konsulate im Osmanenimperium, von denen es noch 1737 runde zehn gab, während England nur sechs, Holland ganze drei aufweisen konnte.

Aber genaugenommen war das ganze allenfalls ein verzweifeltes Sich-Wehren, ohne Aussicht auf eine dauerhafte Wende. Nur einmal noch schien für einen Augenblick das Schicksal etwas Aufschub zu gewähren: 1586 erneuerte König Philipp von Spanien, der sich nun auch die Krone Portugals zugelegt hatte, das Angebot König Manuels mit der Ergänzung, man könne ja gemeinsam eine Art Pfeffermonopol aufbauen. Aber der Rat lehnte, obwohl eine Expertenkommission eine Million Jahresgewinn errechnet hatte, ab. Er wußte zu gut, wie es um König Philipps Finanzen stand, und der spanische Staatsbankrott ein paar Jahre später, an dem auch die Augsburger Fugger zerschellten, gab ihnen recht. Doch nicht nur das – im Krieg zwischen Spanien und England zerstörten 1595 die Engländer Lissabon, und der ganze portugiesische Handel wanderte nach London, Antwerpen und Amsterdam! Eine Genugtuung für Venedig, das zwar schon, aber es war ein allzu bitterer Triumph; denn jetzt erst hatte Venedig endgültig verloren: Von den Handelsplätzen im Norden, die im Handumdrehen perfekt organisiert waren, wich keiner mehr an die Adria aus. Das Mittelmeer hatte aufgehört, die Drehscheibe des Welthandels zu sein.

Natürlich gab es da noch die Deutschen, die angesichts der neuen Handelslinie Marseille-Lyon-Antwerpen fürchteten, ins Abseits zu geraten, und die deshalb aus Sorge um die Route Venedig-Augsburg-Nürnberg-Brügge und Danzig den Lagunenhandel geradezu rührend stützten. Aber als dann der von Narren entfesselte und von Frankreich eifrig geschürte Dreißigjährige Krieg ein Drittel der deutschen Bevölkerung und fast das gesamte deutsche Volksvermögen verschlang, war auch das zu Ende.

Vielleicht hätte sich der Adel etwas mehr einsetzen sollen? Aber der mochte schon lange nicht mehr. Vergebens rief die Regierung wieder zu neuem Einsatz auf; die Wirkung dieser Appelle umriß ein Spaßvogel, der 1630 einen Erlaß des Rates der Zehn so perfekt fälschte, daß er, für echt gehalten, in der ganzen Stadt verkündet wurde: Im Interesse des Staates sei es fortan jedem Nobile untersagt, Handel zu treiben! Der Zorn des Rates über diesen bösen Scherz war gewaltig, aber er konnte freilich auch nichts daran ändern, daß der Adel, wenn er überhaupt noch tätig sein wollte, vom Handel allenfalls in eine Rechtsanwaltskanzlei oder eben ins Bankgeschäft umstieg.

Aber auch da sah es gar nicht mehr günstig aus. Nach den verheerenden Zusammenbrüchen der Privatbanken um 1500 ließ sich die Errichtung von Staatsbanken nicht mehr umgehen: am 11. April 1587 wurde der Banco di Rialto, am 16. April 1619 der Banco Giro gegründet. Beide Institutionen galten zwar bald als mustergültig in der Welt und wirkten sich auch vorübergehend belebend auf die venezianische Wirtschaft aus, aber allein schon ihr Vorhandensein deutete an, daß selbst der Geldhandel keine wirklichen Gewinne mehr brachte.

Und die Industrie? Schließlich drängte sich zeitweilig der Eindruck auf, daß hier die Zukunft liege. Nun, die Hoffnung war berechtigt, aber kurz. Denn spätestens seit Colbert 1661 begann, in Frankreich die Massenproduktion von Gebrauchs- und Luxusgütern anzutreiben, verlor der Rialto auch hier. Denn Colbert ließ arbeitsteilige Großunternehmen mit jämmerlich bezahlten Lohnarbeitern betreiben, und warf die Waren zu Preisen auf den Markt, die Venedig mit seiner Handwerkerstruktur einfach nicht möglich waren. Und da die Franzosen, Meister im Kopieren, die venezianischen Qualitäten teilweise noch übertrafen, wundert es weiter nicht, wenn man rings um San Marco seufzte, daß das, was da Gama für den Handel, Colbert für die Industrie sei: das Ende.

Nur mit der Außenpolitik ging es vorläufig noch etwas besser. Immerhin sang die Republik noch um 1600 kräftig mit im europäischen Chor, vermittelte zwischen Papst und Franzosenkönig, zwischen dem deutschen Kaiser und seinen protestantischen Rebellen. Und es gelang ihr sogar, den Weltherrschaftsanspruch der Kurie, der immerhin das alte Heilige Reich in Stücke gesprengt hatte, ad absurdum zu führen.

Wiedererstarkt durch die Gegenreformation fand es nämlich der Papst angebracht, nun auch in Venedig kräftig mitzureden, zumindest und vorerst, was die Kirchenverwaltung anbelangte. Proteste des Rates beantwortete er mit der bemerkenswerten Theorie aus der Stauferzeit, daß wie die Seele die Herrin des Körpers, so die Kirche jene des Staates sei, da der Staat seine Macht vom Volk und mit Billigung Gottes, die Kirche aber die ihre direkt von Gott habe. Nun aber hatte Rom nicht mit Fra Paolo Sarpi gerechnet, einem ungemein klugen

Fra Paolo Sarpi, Lehrer und Freund Galileis, einer der gebildetsten und klügsten Köpfe seines Jahrhunderts.

Servitenmönch, aus dem venezianischen Humanistenzirkel um den Historiker Andrea Morosini hervorgegangen, der ganz und gar nicht fand, daß die Kirche sich in weltliche Politik zu mischen habe. Anfangs hielt er sich zwar noch etwas zurück (»Ich muß eine Maske tragen wie alle in Italien!«), da die Republik ihn aber zum Staatskonsultator in weltlichen und geistlichen Fragen berief, fand er es an der Zeit, die doch etwas kühne päpstliche Strategie durch ein Gegenkonzept zu ergänzen: »Beide Gewalten, die weltliche und die geistliche, sind von Gott, die eine unabhängig von der anderen, weshalb in weltlichen Dingen die weltliche Gewalt mit dem Anspruch auf unbedingten Gehorsam ausgestattet ist. Dem Papsttum, das zu Unrecht nicht nur seine Teilgewalt, die geistliche, sondern die Gesamtgewalt in geistlichen und weltlichen Dingen fordert, eignet eine weltliche Gewalt so wenig zu, als Christus selbst sie geübt hat.«

Ungeheuerlich! Selbst der Wind erstarrte über Rom. Für einen Augenblick schien die Heilige Mutter Kirche die Fassung zu verlieren. Aber dann fing sie sich sogleich wieder und verhängte ab dem 14. Mai des Jahres 1606 das Interdikt über Venedig. Schließlich ging es ja nicht nur um diese skandalösen Thesen eines Verworfenen, über derlei kann geredet werden – sondern um Geld! Und darüber kann nicht geredet werden! Denn die Republik hatte in empörender Dreistigkeit festgestellt, daß nunmehr im Staatsgebiet ein Viertel allen Grundes in kirchlichem Besitz und das Kirchenvermögen auf 30 Millionen Dukaten bei einem Jahresertrag von zwei Millionen angestiegen sei. Und deshalb dürfe zum einen fürderhin nichts mehr an kirchliche Institutionen gegeben werden, weder geschenkt noch verkauft, und zum anderen keine geistlichen Liegenschaften, die sich in Erbpacht in weltlichen Händen befinden, zurückgegeben werden. Punctum!

Und deshalb erstarrte der Wind über Rom, deshalb klagte das Kardinalskollegium, daß in Venedig die Geistlichen schlimmer behandelt würden als die Juden unter Pharao – und deshalb hing über der Lagune das Interdikt, das heißt, keine Messe, keine Andacht, keine Sakramente, kein Glockenläuten, nichts, was die Frommen tröstet.

Eine harte Strafe, gewiß, aber sie bedingt auch, daß sie angenommen wird. Und eben das war in Venedig so eine Sache. Der Rat befahl nämlich, daß sämtliche religiösen Übungen weitergehen, die Glocken geläutet werden sollten wie sonst auch – und siehe da, kaum einer, der sich dagegen stellte, niemals war die Fronleichnamsprozession prächtiger, niemals die Messen besuchter als in diesen Monaten, und jene, die sich seit Jahren als Freidenker bezeichneten, knieten ganz vorne.

Doch nicht genug damit. Sarpi quälte die Kurie mit brillanten Gutachten, wies messerscharf nach, daß eigentlich sie im Unrecht und mit dem Interdikt zu strafen sei, dies konnte nicht widerlegt, nicht ausgeschaltet werden. Die Mutter Kirche verlor zum zweiten Mal die Fassung. Dieser Verruchte, dieser Antichrist, dieser – Rom rang nach Worten. Und dann schlichen Giftmischer durch Venedig, Meuchelmörder und Entführer, Fra Paolo wurde überfallen, gerettet, halb vergiftet, gerettet, von Rom angefordert, vom Rat unter Staatsschutz gestellt. Am 15. Januar 1623 ist er verschieden, mit 71 Jahren und friedlich in seinem Bett. »Esto perpetua!« sagte er zuletzt, bleibe ewig! Er meinte natürlich seine Republik, die bereits am 21. April 1607 wieder vom Interdikt losgesprochen war, ohne daß sie wesentlich hätte nachgeben müssen. Sicherlich wird der Heilige Vater sich nur unter Zorn verglichen haben, aber was blieb ihm schon, da alle europäischen Fürsten offen und versteckt zu Venedig hielten, und selbst der spanische König ausrichten ließ, er werde Seiner Heiligkeit »al bene non al male« helfen? Es war schon hart, Oberhaupt einer so widerspenstigen Gemeinde zu sein.

Es war für lange Venedigs letzter Sieg. Von Richelieu 1631 in einen Krieg um Mantua verwickelt, erlitt es eine bittere Niederlage, im selben Jahr kroch die Pest über die Lagune, und von 143 000 Einwohnern der Hauptstadt blieben ganze 67 000. Am 23. Juni 1645 überfielen die Türken mit 50 000 Mann Kreta, die Republik wehrte sich verzweifelt, aber bis 1647 war die ganze Insel verloren bis auf die Hauptstadt Kandia. Und jetzt erst kam nach und nach Hilfe vom Abendland, vor allem vom deutschen Kaiser. Und sie kämpften wie die Löwen, 22 Jahre lang. Aber dann mußten sie aufgeben, unter Zusage freien Abzugs. Und diesmal hielten die Türken ihr Wort: Am 6. September 1669 bestiegen 6000 Soldaten und fast 4000 Zivilisten die wartenden Schiffe und segelten hinauf in die Adria. Sie hatten sich gut geschlagen: 60 Stürme waren überstanden,

Doge Francesco Morosini.

80 Ausfälle gewagt worden. Und ihren 30 000 Gefallenen standen viermal so hohe Verluste der Türken gegenüber. Aber dennoch war Kreta türkisch – und der Krieg hatte die Republik von San Marco 150 Millionen Dukaten gekostet!

Venedig ist müde, unsäglich müde. Und es verwundert fast, daß es die Kraft findet, sich doch noch anzuschließen, als Kaiser, Papst und Polenkönig am 5. März 1684 eine neue »Heilige Liga« gegen die Osmanen schließen. Aber dann plötzlich packt den erschöpften Staat ein wahrer Rausch. Mit zehn Galeassen und dreißig Galeeren und einem schlagkräftigen Söldnerheer aus Venezianern und Deutschen braust Francesco Morosini am 20. Juli 1684 gegen Morea, der Kaiser greift von Ungarn her an, die Türken kommen in Bedrängnis, und am 27. September 1686 erobert Morosini nach einem großartigen Siegeszug durch die Peloponnes Athen. Aber wie ein böses Omen nur um das Opfer des Parthenontempels: Alle die Jahrtausende hatte er fast unversehrt überstanden, nun lagerten die Türken darin ihr Pulver und, durch eine venezianische Kugel entzündet, zerbirst er in einer schrecklichen Explosion.

Aber Morea war wieder venezianisch – und vielleicht hätte bei den beispiellosen Erfolgen des kaiserlichen Heeres die Türkengefahr tatsächlich überwunden werden können, aber da rief König Ludwig XIV. von Frankreich, daß er seinem Bruder, dem Sultan, beistehen müsse, griff den Kaiser vom Rhein her an, Wien sah sich in einen Zweifrontenkrieg verwickelt, der Druck gegen die Osmanen wurde schwächer, und am 26. Januar 1698 brauchte Istanbul im Friedensvertrag nur Ungarn und Siebenbürgen im Norden und eben Morea im Süden abzutreten.

Die Serenissima freute sich von Herzen – aber jetzt war es wirklich genug. Wieder ganze vierzehn Jahre Krieg und Kosten, wieder nur ein Teilerfolg und wieder nur – Morea möge verzeihen – ein Stücklein gehobene Wüstenei als Ausbeute.

Und nicht einmal das durfte sie lange behalten. Schon siebzehn Jahre später, im Frühjahr 1715, rauschten 100 Türkenschiffe nach Süden, der schreckliche Großwesir Dschin-Ali stapfte mit seinen Truppenmassen über die kaum noch befestigte Peloponnes, Stadt um Stadt wurde gnadenlos zerstört und verbrannt. Überall in den Straßen türmten sich die Leichen zuhauf, denn Dschin-Ali zahlte für jeden Christenkopf eine Prämie!

Und die arme Republik von San Marco konnte nicht einmal mehr weinen.

Hecklaterne der Kommandogaleere des Dogen Francesco Morosini.

Flucht in die Kunst

Rums! Krachend schlug die Tür zu, und ein zorniger Herr stürmte die Treppe hinunter, gleich dem Blutbanner des Aufruhrs flattert seine Robe hinter ihm her. Die Sekretäre gefroren vor Schreck. Denn es war nicht irgendeine Tür, deren Donnerhall das Echo verstört durch die Gänge trug, es war die Tür zum Saal des Senats der Erhabenen Republik. Und es war nicht irgendeiner, der da davonstürzte, es war der ehrenwerte, mächtige, weitgereiste und unermeßlich reiche Ser Vincenzo Quirini. Wodurch der Vorfall eine atemberaubende Dimension und die Bürokratie Gesprächsstoff für mehrere Wochen erhielt.

Denn in der Sitzung der hohen Signori Pregadi hatte sich Unglaubliches abgespielt, zumindest nach Ansicht der verehrlichen Senatssekretäre. Ser Quirini hatte nämlich gebrüllt, jawohl, und zwar so laut, daß man im Vorzimmer jedes Wort verstehen konnte. Natürlich dürfte man darüber nicht – nun ja, aber im Vertrauen, zum einen ging es um die doch recht wichtigen Bündnisanfragen von Kaiser und Papst, die nun schon monatelang herumlagen und die der Senat heute wiederum vertagte, obwohl darob höchste Verstimmung auf den Gegenseiten befürchtet werden mußte, und zum zweiten wurde endgültig entschieden, daß das Projekt Suez wegen der zu hohen Risiken nicht mehr weiter verfolgt werden solle. Und da eben verlor Ser Quirini seine Haltung, er fluchte und stampfte auf, und seine letzten Sätze waren im ganzen Dogenpalast zu hören: »Bitte, bitte, nur weiter so! Man verärgert den Papst, man verärgert den Kaiser, lehnt das portugiesische Angebot ab und traut sich nicht, in Suez eine Alternative zu schaffen. Halleluja, auch so kann man Staat und Handel in den Untergang reiten, nur, weil die Kraft nicht mehr für Entschlüsse reicht! O du herrliche, unglückselige Republik, nicht von Männern, von Memmen wirst du regiert!« Ja, und dann kam eben die Sache mit der Tür …

Aber immerhin, die Herren Senatoren wahrten bewundernswert die Form. Freilich saßen sie zunächst ziemlich begossen da, aber dann ging man einfach über die ganze Peinlichkeit hinweg, behandelte den nächsten Punkt und bestimmte, daß die Fassade des nunmehr im Rohbau fast fertiggestellten neuen Fonadaco dei Tedeschi auf der Kanalseite von dem Maler Giorgio aus Castelfranco, genannt Giorgione, und die Gassenseite von seinem Kollegen Tiziano Vecellio, meist nur durch Vornamen bezeichnet, mit Fresken bedeckt werden solle. Und die Farben müßten zusammenstimmen, mit den umgebenden Häusern in Einklang stehen und zur Pracht des Canal Grande beitragen. So hat der Senat der Serenissima an diesem Februartag des Jahres 1507 doch noch etwas beschlossen. Also, worüber Ser Quirini sich nur aufregte?

Eine höchst banale Frage, gewiß, aber genau die hätte der Angesprochene wohl nicht beantworten können. Er war ein Mann, der zupackte, der wußte, worauf es ankam, und der diesen seltsamen Veränderungen, die da seit fast einem halben Jahrhundert in seinem Staat vorgingen, hilflos gegenüberstand. Geschäft, Ausdehnung, Erfolg, jene absoluten Größen der alten Zeit, traten unübersehbar und allmählich ins zweite Glied, und die Mehrheit der Nobili ruhte sich nur mehr aus, dachte statt an Geld und Einfluß an das Schöne, Leichte, Angenehme und machte keinen Hehl daraus, daß sie selbst in Staatsdingen jede Beunruhigung als höchst lästig empfand. Denn auch das unbedingte Pflichtgefühl gegenüber dem Gemeinwesen nahm ab. Die geschlossene Gruppe löste sich in Einzelpersönlichkeiten auf, die sich ihren Freiheitsraum nahmen, ihr Denken und Handeln selbst bestimmten, darauf bedacht, aus dem Schatten eines von drohend-düsteren Fügungen und Mächten bestimmten Daseins zu einer hellen Ausgeglichenheit, zur inneren und äußeren Harmonie zu gelangen. Politische und materielle Macht wurde bereits, wenn auch zunächst kaum bewußt, zunehmend nicht mehr so sehr als Selbstzweck denn als Mittel zur Verwirklichung individueller Ziele gesehen, und sie konnte nur mit soviel Aufmerksamkeit rechnen, wie ihr als gegebenenfalls zu erhaltende und ergänzende Basis für den eigentlichen, nun erkannten Lebensinhalt zukam.

Venedig war der letzte Fleck Italiens, der sich dieser neuen Haltung erschloß, langsam, vorsichtig, eben nach Art der Kaufleute, und ein wenig unernst, gelassen, verspielt, eben nach Venezianerart. Noch galt die alte, strenge Form, zumindest im Denken des Staates, noch wurde in der öffentlichen Meinung der Wert aller Dinge am sichtbaren Nutzen gemessen. Aber dann kam der Schreck von Agnadello und nach dem Ende des Cambraikrieges sank die Serenissima endlich erschöpft in die Arme der neuen Zeit, der Renaissance. Vielleicht meinte sie, sich auch in der geistigen Entwicklung Gesamtitalien nunmehr voll anschließen zu müssen, vielleicht gefiel es ihr auch nur einfach. Jedenfalls war es, wenigstens zunächst, kaum ein Akt der Kapitulation oder gar des verzweifelten Haltsuchens. Denn noch immer lagerte in den Truhen am Rialto mehr Gold als sonst irgendwo, noch immer gebot der Markuslöwe über die Terraferma, Dalmatien und das noch ziemlich unbeschädigte Levantereich. Aber warum sollte man sich bei dieser Basis das Leben nicht tatsächlich etwas angenehmer machen?

Und also griff zunächst die allgemeine Überzeugung Raum, daß die Stadt »wie schon eine Schatzkammer der heiligen Reliquien, so auch eine solche der Künste werden solle«. Man sammelte: Gelehrte, Maler, Bildhauer, Architekten, Musiker, Literaten, erlesene Kunstwerke. Der Alltag wurde durchgeformt mit einem bewundernswert feinen Gespür für Harmonie und lächelnde Schönheit – die Stadt als Rahmen, ihre schimmernden Kanäle, ihre Paläste und Kirchen, und darin das Leben, die Menschen, die Feste. Und die Farbe trat ihre absolute Herrschaft an. Venedig hungerte nach Farbe, es liebte sie abgöttisch. Nirgendwo war sie weniger selbstverständlich wie hier im Sumpfland, nirgendwo strahlte sie mehr wie hier im Spiegel der Lagune. Und Venedig ließ sich geradezu von ihr durchdringen. Die Fassaden leuchteten in Gelb und Rot und Blau, jedoch in sich und nebeneinander sorgsam abgestimmt, zwei ähnliche Farben sollten sich nicht berühren. Bei den Prozessionen mußten die wichtigsten Farbgruppen – Schwarz, Rot, Gold, Violett, Braun – jeweils möglichst durch eine Schar Weiß-gekleideter getrennt sein, und die Mitglieder des Großen Rates wurden gehalten, im Saal keine braunen Röcke zu tragen, »weil sich dies mit dem Braun der holzverkleideten Sitze schlagen würde«.

Vollends regierte die Farbe bei den großen Festen, mächtige Dekorationen, Umzüge, purpurbehangene Häuser, eine wogende, reichgekleidete Menge – die Renaissancefeste Venedigs, die großen und kleinen, jede Woche mindestens eines, waren rechte Kunstwerke. Die Spielfreude der Menschen hatte zwar ihren Raum, aber stets unter den Augen einer sorgsamen Regie, bei der zumeist bedeutende Künstler mitsprachen. Das Rohe wurde abgeschliffen, die alten Volksfeste feiner, gesitteter, wenn auch nicht weniger fröhlich. So bestimmte

die Regierung, daß die uralte, blutige Stierhetze, die »Cacciatoro«, in der bisherigen Form »der Würde der Signoria nicht mehr wohl anstehe« und daß die Jagd künftig ohne Stier stattfinden sollte, mit gelb-, rot- und schwarzkostümierten Mitspielern, die nach einem richtigen kleinen Ballettplan zu laufen und zu tanzen hatten. Und damit der Anlaß selbst nicht in Vergessenheit geriet, gab es hinterher Ochse vom Spieß und Wein, und es war der lustigsten Feste eines. Und dann eben die kirchlichen Feiern: Hatten die Bruderschaften schon früher keine Kosten gescheut, versuchten sich die Kirchweih- und Heiligentage schon immer zu übertreffen, so ertrank nun alles geradezu in Gold, Purpur, Silber und Samt, bei den großen Anlässen zeigten Kirche und Patriziat um die Wette, was sie so hatten an Schmuck und Kleinodien, und am Peter- und Paulstag 1585 etwa dürften an den staunenden Andächtigen in der Prozession so runde zehn Millionen Dukaten vorbeigetragen worden sein. Aber die Farben stimmten dennoch, und es war eine überaus harmonische Pracht.

Wie sollte da der Staat zurückstehen? Schon reputationis causa mußte er sich anschließen: Das offizielle Zeremoniell wurde so glanzvoll wie nur möglich ausgestaltet, die hohen Würdenträger, wo es nur eben ging, zumindest mit Brokat bedacht, und da die Togafarben der Räte und Senatoren nun einmal

Heck und Bug des Bucintoro, des über und über mit vergoldeten Schnitzereien geschmückten Staatsschiffes der Dogen.

festgelegt waren, bestanden die Stoffe wenigstens aus der allerfeinsten Seide. Die Avogadori durften sie sich sogar mit Hermelinpelz ausfüttern lassen. Und so jauchzte das Volk durchaus zu recht, wenn der Zug mit dem neugewählten Dogen nach dessen Eid unter Kanonendonner und Glockengeläut aus der Markuskirche quoll. Es war von allen Prozessionen, die so durchs Jahr um die Piazza zogen, einfach die herrlichste, so strahlend, so würdig-pompös, in Farben und Aufbau ganz auf das Staatsoberhaupt, das in einem Tragsessel hoch über allem schwebte, als goldenen Höhepunkt konzipiert. Selbst die prunkenden Ambasciatori der auswärtigen Mächte wirkten da als Zutat.

Aber das war eigentlich bei jedem Auftritt des Dogen so, etwa wenn es galt, einen hohen Staatsgast einzuholen. Da zog er mit dem prächtigsten Gefolge aus der Porta della Carta zum Molo, bestieg den Bucintoro und glitt, von zehn kleineren Schiffen begleitet, hinaus auf die Lagune, nach Mestre oder eben zum Lido, wo dann der here Besuch unter kunstvollsten Zeremonien an Bord genommen wurde. Kaum ein Staat in der Welt verstand sich so vollendet darzustellen wie die Serenissima jener Epoche. Könige und Kaiser staunten nur noch. Aber als Heinrich III. von Frankreich im Juli 1574 zu Venedig ein paar Wochen Station machte, hielt Europa denn doch den Atem an. Die Feste, Feiern, Umzüge, Regatten, Gelage, Redouten, Maskenbälle jagten einander, übertrafen einfach jede Vorstellung. Dabei hatte das Ganze keinerlei politische Bedeutung, die Republik bejubelte, zeigte eben sich selbst, der König gab nur den Anlaß.

Denn Venedig mußte einfach feiern, es konnte nicht mehr anders. Wurde ein neuer Nobile geboren, verschwand schon die Wiege unter einem Berg von Goldbrokat, Seide und Spitzen, bis zu 150 Taufpaten standen bereit, wochenlang nahm die Mutter Geschenke und Glückwünsche entgegen, Diners und Empfänge zogen sich über mehrere Tage hin. Heiratete der Sprößling, schaukelte das Brautpaar, umrahmt von einer ganzen Gondelarmada mit mindestens vierzig Trauzeugen unter Jubelchören zur Kirche. Die Festmähler danach verschlugen ebenso den Atem wie die Mitgift der Braut, die sich meist um die 10 000 Dukaten bewegte, bei einer Cornaro konnte der Bräutigam sogar mit 100 000 rechnen! Und daß die Totenfeiern an Prunk nicht nachstanden, versteht sich von selbst. Nur geweint wurde kaum dabei, ein Patrizier zeigte keinen Schmerz. Haltung war alles, schon wegen der Harmonie.

Natürlich konnten diese Maßstäbe nur die Nobili und die Cittadini (jene aus dem Silbernen Buch) einhalten, also allenfalls zwanzig Prozent der Bevölkerung, die Popolani fanden ihre eigene Form. Aber gefeiert wurde auch dort, und der Aufwand ließ sich mit dem eines respektablen Bürgerfestes in nördlichen Ländern durchaus messen. Denn zu essen haben sie alle verstanden, die Popolani in ihren »Caneve«, »Taverne«, »Osterie« und dann eben bei all den prächtigen Festen. Kein Kirchweihtag, kein Bruderschafts- oder Heiligenjubiläum, an dem nicht üppige Festtafeln standen für jedermann, das tagelange Massengelage auf dem Markusplatz nach einer Dogenkrönung entschied die Volksmeinung, ob der Doge etwas taugte oder nicht.

Und die Cittadini und Nobili: Auch ihre Küchenkunst war im Abendland der Renaissance beispiellos. Hier in der Lagune wurden nicht einfach Unmengen hineingeschaufelt und -geschüttet wie etwa jenseits der Alpen, hier wußte man zu genießen. Unzählige raffinierte Gerichte hatten sie entwickelt, vorab die heißgeliebten Fischgerichte und Salate, Speisen mit Goldstaub (!) vermischt oder überpudert, Delikatessen, zubereitet mit allerlei Riechölen und -wässerchen. Auf den Tafeln türmten sich Blumen und kostbarer Zierrat, Silber und Porzellangeschirr, zarte Gläser, goldene Zahnstocher, silberne Gabeln (ein instrumentum miraculosum übrigens, das sich im restlichen Europa noch immer nicht herumgesprochen hatte, obwohl es in Venedig schon an die dreihundert Jahre in Gebrauch war!), alles umrahmt von Lautenspiel und lockenden Canzonen. Wollte einer zu etwas gewählt werden, gab er Festmähler, wollte man sich eine Freude machen, bat man zu Tisch. Und die Bankette hatten zuweilen gewaltige Ausmaße: So bot der Patriarch Grimani 1542 seinen hundert Gästen während eines vierstündigen Diners mehr als neunzig verschiedene Gerichte!

Aber es ist schon ein Kreuz mit den Tafelfreuden, man quält sich tagelang, zaubert Ungeahntes, und nach wenigen Stunden ist von der ganzen Herrlichkeit nichts übrig als bekleckertes Geschirr. Kein Wunder, daß Venedigs Meisterkoch in jenen Jahren, der hochzuverehrende Meister Bartolomeo Scarpi, wenigstens ein bißchen aus dieser Vergänglichkeit ausbrechen wollte und alles, was er wußte und konnte, in einem dicken Kochbuch festhielt.

Doch solche Mühe wäre nicht vonnöten gewesen, man hätte auch so seiner später gedacht, ebenso wie des Modekönigs Giovanni, des »Maestro valentissimo et acutissimo«, des Ersten und teuersten Schneiders Europas, der es sich sogar leisten konnte, Aufträge des französischen Königshofs abzulehnen; oder des Mode- und Posamentenhauses Bontempelli, kaiserlicher, diverser königlicher und türkisch-sultanischer Hoflieferant. Wobei zum letzten Punkt zu bemerken wäre, daß das Haus natürlich auch gleich Gestaltungsvorschläge und Figurinen samt den Schneidern nach Istanbul schickte und somit der besonders geglückte Schwung im Turban des Sultans, der zauberhafte Faltenwurf in den Pluderhosen der Damen durchaus venezianischen Ursprungs waren. Bontempellis Kollektion von allerfeinsten und allererlesensten Stoffen, deren Muster zudem meist aus der Feder berühmter Maler stammten, seine Spitzen, Pelze, Lederwaren brachten jedes Herz (und wohl auch manches Konto) zum Schmelzen. Denn Venedig war damals nun einmal die Modehauptstadt vom Atlantik bis nach Indien.

Und Venedig diktierte: für die Damen bodenlanges Kleid, enganliegendes, kühn ausgeschnittenes Mieder, starr, ebenso wie die Halskrause (da dafür freilich ewig rostende Metalleinlagen verwendet werden mußten, seufzte halb Europa erleichtert, als ab 1600 Fischbein benutzt wurde), als Stoffe Samt, Seide, überreich mit Goldfäden, Perlen und Edelsteinen verziert, kräftige, leuchtende

Farben. Dazu von Stickereien überzogene Handschuhe, Fächer und, seit eine Sanudo 1525 damit angefangen hatte, Ohrgehänge jeder Façon. Und, damit das Decolleté etwas indirekter wurde, ein hauchzarter Spitzenschleier, mit dem sich zudem eine Menge anfangen ließ. Ganz unentbehrlich allerdings waren Schminke für jedes Stücklein Haut, das hervorlugte, und die rotblonde Haarfarbe, um derentwillen die seltsamsten Torturen, sogar tagelanges Bleichen in der prallen Sonne, in Kauf genommen wurden. Die schöne Venezianerin lächelte in jenen Jahrzehnten gar bezaubernd in die Welt – bis auf das, was zwischen ihrem Kleid und der mütterlichen Erde war, die Zoccoli, die Schuhe! Diese seltsamen Dinger, bis zu einem halben Meter hoch und natürlich üppig geschmückt, ermöglichten ihrer Trägerin eigentlich nur ein stelzenhaftes Staksen, das zudem ohne stützende Begleitung gar nicht möglich war. Wehe der Dame, die ihrer Stütze, meist ein Bedienter, Ärger gemacht hatte, der Brave glitt dann einfach versehentlich aus und ließ die Gnädige fallen. Und da die Zoccoli eben entstanden sind, weil sonst die kostbaren Kleider über die ungepflasterten und also reichlich schlammig-schlüpfrigen Calli geschleift worden wären, dürfte die Wirksamkeit eines solchen Fallenlassens kaum in Zweifel gezogen werden können. Daß die Dame unbedingt darauf bestand, selbst im Hochsommer beim Ausgehen einen Pelzkragen wenigstens in der Hand zu halten, wird bei derlei Unfällen auch nicht mehr viel geholfen haben.

Die Herren waren zwar der Mode nicht weniger verfallen; das Barett hatte schon unter Francesco Foscari die bald zweieinhalbtausendjährige Kapuze abgelöst, Wams und Hose schimmerten in Samt und Seide und Edelsteinen; falls sie von Amts wegen eine der langweiligen Togen tragen mußten, ließen sie sie so oft als möglich offen flattern, damit man auch sah, wie's darunter blitzte – aber sie haben normale Schuhe getragen, und das erleichterte ihr Dasein doch erheblich.

Aber trotz aller Modespäßchen – jetzt war Venedig wahrhaft bunt, schillerte und leuchtete in allen Farben, die Wände der strengen, gotischen Stuben überzogen sich mit Goldtapeten, vor die Fenster schoben sich schwere, teure Vorhänge, die einst recht schlichten Möbel wuchsen und wuchsen, überzogen sich mit Zierleisten und Vergoldungen, wurden geschnitzt und gedreht, bekamen Edelsteineinlagen und silberne Nägel und standen auf kostbarsten Seidenteppichen. Die Mächtigen Europas schickten und kamen selbst, zu sehen, wie sich kultiviert wohnen ließ, und Venedigs großes Einrichtungshaus Federico Curelli war der Geheimtip für Leute mit Geschmack.

Am Rialto wurden der Schönheit tagtäglich Unsummen zu Füßen gelegt. Und nun beschlich den Senat doch die Angst. Er bestellte Provveditori alle Pompe, Luxusaufseher, die mit ihren Helfern die schlimmsten Auswüchse eindämmen sollten. Aber taten sie was, wurden ihre Leute in dunkle Ecken gezerrt und verprügelt, taten sie nichts, zürnte der Senat, und sie konnten nichts als jammern über den »officio odioso«. Am 8. Oktober 1562 mußte die Regierung, weil der

Aufwand überhand nehme, verfügen, daß alle Gondeln mit schwarzem Tuch zu bedecken seien – sie sind es heute noch und darob nicht weniger elegant –, zwei Monate später kam ein völlig wirkungsloser Erlaß gegen den »vermögenszerstörenden Modewahnsinn«, ein halbes Jahr danach rhetorische Höchstgrenzen für Wöchnerinnenstuben, Mitgift und Zimmereinrichtungen. Der Senat klagte, mahnte, verzweifelte, bis er schließlich 1658 in einen wahren Wehschrei ausbrach: »Der Aufwand und die Eitelkeit übersteigen gegenwärtig alle Grenzen. Die Männer gehen mit der Vergeudung ihres Besitzes zugrunde.«

Natürlich war das richtig, zweifellos. Aber was sollten sie tun, diese letzten Vincenzo Quirinis, gegen den Strom der Zeit? Sie wurden sowieso gleich weggespült. Denn die Serenissima hatte sich nun einmal mit der ihr eigenen Gründlichkeit der harmonischen Schönheit verschrieben, und bald konnte sie lächeln, daß alles Leben und Treiben in ihrer Stadt nunmehr davon durchwirkt sei, auch oder gerade jenes der Damen, die das Dasein nicht so schwer nahmen. Für das soziale Klima einer jeden Hafen- und Weltstadt von erheblicher Bedeutung hatten die sich um 1515 zu Venedig mit rund 12 000 allerdings doch in erstaunlicher Dichte versammelt. Aber eine jede schien ziemlich ausgelastet, sie zahlten pünktlich ihre Taxen an den Staat, der Staat finanzierte damit einen erheblichen

XXX *Eine der venezianischen Kurtisanen der Renaissance.*

Teil seines Unterrichtsbudgets, und das gegenseitige Einvernehmen war vorzüglich.

Da machte sich leise und heimtückisch eine emsige männliche Konkurrenz breit, die Geschäfte der Damen gingen zurück, der Staat sah erschreckt auf sein Unterrichtsbudget, erließ unter dem Oberbegriff »Sittenverwahrlosung« einen flammenden Aufruf, hatte wie üblich keinen Erfolg, und die Lage war verzweifelt. Da griffen die Damen zur Selbsthilfe, zogen Wämser und Hosen an und warben dergestalt. Welche Ergebnisse sie dabei erzielten, ist nicht ganz gesichert, jedoch scheinen sie die Krise in der Tat überwunden zu haben. Immerhin verfügten sie noch über andere Waffen.

Denn die schöne Harmonie bot tausend Möglichkeiten. Zwar blieb die »massa semplice« beim Althergebrachten, aber eine ganze Reihe, hübsch, klug und ehrgeizig, schuf richtige Salons. Sie scharten Maler, Literaten, Gelehrte, Musiker um sich, pflegten Künstlerzirkel, gaben Theater-, Konzertabende, rauschende Feste und bezaubernde Soireen im kleinen Kreis. An Bildung, Charme und Lebensart den hohen Damen des Adels um vieles überlegen, öffneten sich ihnen die vornehmsten Palazzi, und mit ihrem Gefolge aus Leuchten der Kunst und Wissenschaft galten sie bald als glanzvoller und selbstverständlicher Teil der höchsten venezianischen Gesellschaft. Da der dritte Heinrich von Frankreich von der Republik gefeiert wurde, waren er und Veronica Franco, »L'Aspasia di Venezia«, unzertrennlich, ja es hieß, der König sei in diese schöne, faszinierende Frau unsterblich verliebt. Reich und noch im Alter umworben, beschloß sie, altem Brauch gemäß, ihre Tage fromm und sittsam im Kloster.

Alle Welt bewunderte sie – aber Gaspara Stampa hielt ihr zumindest stand. Sie dichtete, oder besser, sie war eine Dichterin. Ihre zarte, feine Lyrik schlug alle männliche Konkurrenz aus dem Feld, und die bedeutendsten Geister Venedigs schätzten sich glücklich, mit einem ihrer Gedichte bedacht zu werden. Und Montaigne, da er mit seinem König sich von der Serenissima bezaubern ließ, dünkten eben diese Damen das Allerbezauberndste an dieser Stadt, sie, von denen es zu recht hieß, »sie treiben einen Aufwand wie Prinzessinnen«, und zwar im besten Sinne. Und die großen Pariser Kurtisanen der späteren Jahrzehnte suchten und fanden auf ihren Lehr- und Wanderjahren in der Lagune stets den »goldenen Schlüssel zum Geheimnis ihrer Kunst«.

Unbestrittener Meister und Sänger aber dieser flirrenden Welt war Pietro Aretino. Er liebte sie alle, und seine »Aretine« bildeten schon einen kleinen Club. Und zweien hat er unsterbliche Denkmäler gesetzt: Caterina Sandella, die ihm seine Tochter Adria geboren hat, und Perina Riccio, von der er wie von einer Heiligen spricht. Sie gehörten einfach zu ihm, diesem unabhängigen Geist, diesem ersten »König der Journalisten«, und in seinen »Gesprächen« hat er sie so nahe und lebensvoll gezeichnet, daß diese Bücher noch heute von Italiens Bibliothekaren in streng verschlossenen hölzernen Gitterkästlein aufbewahrt werden, »wegen der Verderbnis, welche von ihnen ausgeht«. Schade nur, daß ihm das vorenthalten geblieben ist, er hätte vor Vergnügen gejuchzt. Denn niemals zuvor hat in Venedig ein unbändiger Kopf seinen Esprit und seine Bosheiten versprüht, so ganz ohne jeden Respekt – und ist dafür auch noch mit Ehren und Geld überhäuft worden. Aber mit der öffentlichen Meinung es sich zu verderben, konnte sich noch nie jemand leisten, und eben deren meisterhafter Lenker war Pietro Aretino: »Ich bin ein freier Mann. Ich trete nicht in die Fußspuren Petrarcas oder Boccaccios. Ich überlasse es anderen Leuten, von der Reinheit des Stils, von der Tiefe des Gedankens zu faseln. Ohne Lehrer, ohne Kunst, ohne Führer, ohne Licht gehe ich vorwärts, und der Schweiß meiner Tinte trägt mir Glück und Ruhm ein.«

Schon in jungen Jahren hatte er in Rom seine Möglichkeiten erkannt, nach Bedarf die Kurie mit Lobpreisungen oder mit Hohn übergossen, sich unzählige Verbindungen geschaffen, aber erst am Rialto, der Nachrichtenbörse Europas, fand er 1527 seinen richtigen Platz. Wenn er sich äußerte, bekam die halbe Welt Herzklopfen, und er äußerte sich unentwegt, zwar mit Vorliebe auf Bestellung und gegen harte Dukaten, aber dennoch auf dem Hintergrund einer festen Grundhaltung – in diesem Beruf durchaus nichts Selbstverständliches. Vor allem gehörte dazu der unermüdliche Kampf gegen die Türken – die Liga von Prevesa 1540 wäre ohne ihn schwerlich zustande gekommen – und sein Zorn gegen alles Kleinliche, Enge. Wohl deshalb war ihm auch Luther mit seiner »Erzpedanterie«, wie er zu sagen pflegte, ebenso zuwider wie die fieseligen, vertrockneten Humanisten, die so gar kein Gefühl für den großen Bogen hatten. Er förderte Künstler, Gelehrte, Politiker, stellte grundsätzlich alles in Frage, schlug schonungslos zu, wenn ihn etwas empörte, hieß die »Geißel der Fürsten«, »Sekretär der Welt« – und »il banchiere della misericordia«, denn seine Freigebigkeit war sprichwörtlich. Im Palazzo Aretino trafen sich die großen Geister der Zeit, ließen der französische König und der Kaiser um die Gunst des Wortgewaltigen werben, und als dieses bunte, volle, genießende Leben am 24. Oktober 1556 plötzlich erlosch, verlor die Lagunenstadt einen ihrer ganz großen geistigen Mittelpunkte.

Aber eben nur einen. Denn allmählich wandelten sich die Patrizier zu veritablen Mäzenen, und aus den Gelehrtenzirkeln, die sie um sich versammelten, wurden nach und nach ordentliche Akademien, etwa die »Discordanti« als jene der Mathematiker, die »Uranici« als der Naturwissenschaftler, und dann natürlich der »Ridotto Mauroceno«, der Morosini-Club, in dem alles verkehrte, was in diesem 16. Jahrhundert Rang und Namen hatte, darunter eben Fra Paolo Sarpi, bei dem eigentlich sein fulminanter Rechtsstreit mit der Kurie weniger wichtig war als die Tatsache, daß er fast das gesamte naturwissenschaftliche Wissen seiner Epoche beherrschte, einen umfassenden und so objektiven Bericht des Tridentiner Konzils verfaßte, daß die Jesuiten in echter Bedrängnis gleich mehrere Gegendarstellungen versuchten (ohne freilich einen Gegenbeweis liefern zu können) und daß Galileo Galilei ihn seinen Lehrer nannte.

Galileo Galilei. Seine glücklichste Zeit verbrachte er unter dem Schutz Venedigs an der Universität in Padua.

Sarpi wiederum hat Galilei, der seit 1592 an der venezianischen Staatsuniversität Padua lehrte, in den Ridotto eingeführt und ihn mit jenen Gönnern zusammengebracht, die seine Arbeit unterstützten, insbesondere die Entwicklung des ersten Fernrohres, das Maestro Galilei 1609 der anfangs mißtrauischen, dann aber hell begeisterten Regierung der Serenissima vorführte. Man kargte nicht mit Angeboten, aber schon ein Jahr später ging er nach Florenz und von dort Schritt für Schritt in die Arme der Inquisition. Venedig hätte ihm das erspart, denn seine Erkenntnisse hätten sich höchst nützlich auswerten lassen, und das war rings um San Marco noch immer das Wichtigste, wenigstens offiziell. Und auch, als er sich dann in den Krallen der Inquisition wand, bewahrte ihn nur der lange Arm seiner einstigen Gönnerin in der Lagune vor dem Allerschlimmsten, ungeachtet des Nutzens, den sie durch seinen Weggang einst verloren hatte.

Aber mit dem Nutzen war das inzwischen ja überhaupt so eine Sache, genau stimmten die Grenzen längst nicht mehr, der Dienst an der Schönheit hatte alles aufgeweicht, sogar eine Sache wie die Buchdruckerei. Denn die, verständlicherweise auch Aretinos »allerliebste Freundin und Helferin«, hatte Venedig längst zu ihrem Hauptsitz erkoren. Schon vier Jahre, nachdem Johann Gutenberg sein weltverändernder Einfall gekommen war, standen in der Lagune an die fünfzig Druckerstuben, die sich unablässig vermehrten und zwischen 1470 und 1500 von den rund zehntausend Buch- und Flugblattausgaben, die überhaupt gedruckt wurden, schon fast ein Drittel produzierten. 1516 kam das erste venezianisch-deutsche Wörterbuch heraus, 1530 der erste Koran und dazwischen schuf Meister Teobaldo Manuzio in seiner vornehmsten aller Druckereien jene schwarz-weißen Kostbarkeiten, die eigentlich nur noch schön waren und es als »Aldinen« bis heute geblieben sind. Und sie druckten und druckten, 1559 erschien Marco Polos »Milione«, 1563 die erste Zeitung – und 1576 die Pest, die gut ein Viertel aller Einwohner mit sich nahm, wodurch denn doch ein kleiner Einbruch entstand. Aber bald druckten sie weiter, schön und nützlich – genau die Verbindung, die Venezianerherzen glücklich machte.

Schön und nützlich: kein Wunder, wenn da die Baukunst in der Gunst nach wie vor ganz oben stand. Die Gotik hatte sich nämlich nun völlig verlaufen – und so allmählich kam erfreulich Neues vom Festland herüber. Antonio Rizzo zum Beispiel, der den Innenhof des Dogenpalastes recht gut meisterte, Pietro Lombardo, der seit 1498 für den Staat arbeitete und mit Santa Maria dei Miracoli, San Zaccaria und der Scuola di San Marco Vorzügliches ablieferte. Sein Palazzo Vendramin gar gefiel ganz ungemein. Aber irgendwie mußte man sich am Rialto umstellen, mußte sich die Symmetrie gefallen lassen. Zwar blieb ihr noch unter Lombardo eine kleine Zeit zum Eingewöhnen, aber der, der nach ihm kam, duldete keine Kompromisse mehr, nämlich Jacopo Sansovino. Dieser Florentiner war produktiv wie ein Kaninchen, er baute an allen Ecken und Enden, plante, entwarf bei Tag und Nacht. Er vereinigte die Kraft von Rom, die Eleganz von Florenz und die Herzlichkeit von Venedig, sagten die Kenner, wodurch sich das Diktat des Symmetrischen wenigstens in etwa ertragen ließ. Doch was blieb anderes übrig, man hatte schließlich Hochrenaissance.

Bedauerlich nur, daß dieser Sansovino mit der Statik hoffnungslos auf Kriegsfuß stand, immer wieder brach eine Decke durch, fiel eine Mauer zusammen. Aber was er baute, war wunderschön, und seine Bibliothek an der Piazzetta ließ, noch nicht einmal fertig, ganz Italien bereits in Entzückensschreie ausbrechen. Jedoch am 18. Dezember 1545 begann plötzlich das Gebälk zu knistern, Risse überall, ohrenbetäubendes Krachen und Poltern, eine riesige Staubwolke – sogar diese Decke war eingestürzt!

Da war das Maß voll. Empört ließ der Senat den Übeltäter ins Gefängnis stecken und ihm einen höchst peinvollen Prozeß ankündigen. O Gott, da konnte nur noch Aretino helfen! Und Aretino – schließlich pflog man ja dicke Freundschaft, das Kleeblatt Aretino, Sansovino, Tizian war unzertrennlich – half: Flugblätter, Plakatanschläge, Bänkelsänger, Bittschriften, die ganze Stadt geriet in Aufregung, die öffentliche Meinung stand kopf und flammend auf seiten des armen, unschuldigen, hochverdienten, unschätzbaren, unglücklichen Baumeisters, der Senat geriet in höchste Verwirrung, ließ endlich, wohl zum ersten Mal in seiner Geschichte, Gnade vor Recht ergehen, den Meister auf freien Fuß und in allen seinen Ämtern. Doch der Schreck war recht heilsam gewesen. Niemals reparierte Sansovino einen Schaden schneller, niemals beseitigte er die Spuren eines Malheurs emsiger und geschickter. Und so ist der Wunderbau dann doch noch fertig geworden.

Doch die Freude darüber wäre fast bald darauf wieder getrübt worden, denn ein gewisser Andrea Palladio tauchte auf. Zu seinem Ideal hatte er Vitruv aus der römischen Antike gekürt, genau jenen, dessen Größe offenbar darin bestand, daß er unvorstellbare Steinmassen aufeinander zu schichten wußte. O povera Venezia! Aber der Kelch ging vorüber, außer den Kirchen San Giorgo Maggiore und Redentore auf der Giudecca hat er in der Lagune nichts angerichtet, sondern nur auf der Terraferma seine riesigen Würfel und Quader als Villen auf die Ufer der Brenta oder die Hügel um Treviso hochgewuchtet. Freilich hat er sich auch das zauberhafte Teatro Olimpico in Vicenza ausgedacht, und dagegen ist nun wirklich nichts zu sagen.

Nach ihm freilich kam das Barock, Antonio Contini wölbte die Rialto-brücke und die Seufzerbrücke und bekam dafür den Namen da Ponte, während Vincenzo Scamozzi einfach die Piazzetta-Bibliothek am Markusplatz entlang Bogen für Bogen weiterführte, ein Stockwerk daraufsetzte und das Ganze Neue Procuratien nannte. Auch über seinem Nachfolger, Baldassare Longhena, der seine ganzen 84 Jahre, von 1598 bis 1682, in Venedig verbracht hat, ist Meister Sansovino wie ein Alptraum gelegen. Die Santa Maria della Salute ging ihm zwar wunderbar von der Hand, ein wahres Kleinod, aber seine Palazzi Rezzonico oder Pesaro sind eigentlich nichts als die Bibliothek mit Unterbau und Dach. Aber vielleicht mußte das so sein, vielleicht wurde das sogar gewünscht? Denn eigentlich hat man in Venedig an dem, was einmal als vorzüglich erkannt war, stets getreulich festgehalten, auch in der Architektur. Und da ganz besonders in der Gotik, wo die Stilelemente der äußeren Galerie des Dogenpalastes sich an fast jedem Palazzo dieser Epoche wiederfinden – warum sollte es sich mit Sansovinos Meisterwerk nicht so fügen lassen? Longhena hat es gefügt, zwar etwas plump, aber immerhin, und innen bergen diese schweren Kästen ja eine Flucht von herrlichen Sälen, alles schwingt, wölbt sich, ist weit und riesig und ganz und gar unvenezianisch. Derlei steht auch in Paris, Rom und Wien. Giorgio Massari versuchte sich danach dennoch am Palazzo Grassi mit ähnlichen Mitteln und klebte auch hier und da noch einige kräftige Fassaden an, aber sein letzter Bau, der Palazzo Venier dei Leoni, ist über das Erdgeschoß nicht mehr hinausgekommen. Destino!

Die Malerei hat sich etwas länger aufrecht gehalten, genauso zäh, wie ihr Anfang war. Denn ihre Stunde kam eigentlich erst, nachdem die Serenissima beschlossen hatten, sich dem nutzlosen Schönen hinzugeben. Und da war es ein Glück, daß die von Jan van Eyck erfundene Technik der Ölmalerei durch Antonello da Messina am Rialto bereits bekannt war. Jetzt konnten sie arbeiten, Jacopo Bellini und seine Söhne Gentile und Giovanni, in deren Werkstätten der junge Dürer das Staunen lernte, jetzt begann die Zeit der Carpaccio, Giorgione, Tizian. Freilich mokierte sich Michelangelo darüber, daß man in Venedig offenbar einfach nicht richtig zeichnen lerne, doch wenigstens seien die Farben gut gesetzt – aber eben das ist es ja, was die venezianische Malerei aus allen übrigen Schulen heraushebt, die Farbe, dieses Leuchten und Glühen, dieses Spiel von Licht und Schatten. Tizian, der Maler Karls V., hat sie erstmals vollendet beherrscht – aber auch gewußt, was das bedeutete. Jeder, der zu ihm kam, empfand beim Eintritt das erste aller Gebote: »Du sollst keine fremden Götter neben mir haben!«, und da man ihn permanent zum »Spender der Unsterblichkeit« ernannte, hatte er sie wohl auch für sich selbst vorgesehen – immerhin brauchte es die Pest, um ihn der Erde zu entreißen, drei Tage vor seinem hundertsten Geburtstag! Aber einer der ganz Großen war er nun eben allemal. Doch die vielen hinter ihm, darunter Lorenzo Lotto, Tintoretto, Paolo Veronese, Leandro Bassano, standen ihm kaum nach, und sie alle haben sich in diesem unglaublichen, übervollen 16. Jahrhundert gedrängt. Das Barock hat sich dann doch ein wenig ausgeruht, aber es war eben anderweitig ziemlich beschäftigt.

Die Sängertribüne in der Basilika von San Marco.

Es mußte sich nämlich um die signori compositori und cantori kümmern und das zur Blüte bringen, was hinterher alle Welt als venezianische Musik bestaunte. Denn auch hier regten sich die Geister eigentlich erst im 16. Jahrhundert. Man holte zunächst einen Fremden, einen Niederländer, Adrian Willaert, der zwischen 1528 und 1562 San Marco an den Kontrapunkt und den polyphonen Gesang von zwei Chören gewöhnte, aber schon 1556 stand ein Venezianer auf dem Dirigierpult, Andrea Gabrieli, und arbeitete mit zwölfstimmigen Chören und seinem Neffen Giovanni Gabrieli, der zum »Tizian der Musik« und Lehrer des Deutschen Heinrich Schütz wurde. Doch da geistliche Gesänge auf die Dauer wenig Unterhaltung bieten, hatte ein gewisser Benedetto Ferrari gewaltigen Zulauf, als er 1637 das erste Operntheater gründete. 1678 gab es schon sieben solcher Anstalten mit Claudio Monteverdi als ihrem unbestrittenen Meister, und nach den Glanzleistungen seiner Schüler Francesco Cavalli, Marcantonio Cesti, Giovanni Legrenzi und schließlich Antonio Vivaldi konnte sich die Serenissima einen weiteren Titel bestätigen lassen: »Hauptstadt der Musik«. Zu Venedig wurde eben alles gründlich gemacht.

Und das Volk jubelte, die Theater waren Abend für Abend randvoll, überall sang und klang und musizierte es in der Stadt, die Hausmusik kam auf, Ständchen, Serenaden auf leise schaukelnden Gondeln – und das wollte gar nicht passen zu den hitzigen, lauten Attitüden, die das Barock im 17. Jahrhundert über Europa goß. Die schöne Harmonie war verflogen, alles irgendwie aufsässig und gereizt, Alvise Loredan jammerte 1632 aus Bergamo, daß man sich vor Morden kaum mehr retten könne, die »Bravi«, die bestellten Meuchelmörder, hatten ihre hohe Zeit, und der Staat tat nicht viel. 1658 etwa ließ der fromme Priester Vettore Grimani-Calergi seinen Intimfeind, den ehrenwerten Ser Francesco Quirini-Stampalia, entführen und gräßlich vom Leben zum Tode bringen, worauf er vom Rat der Zehn sanft ermahnt wurde, derlei doch nicht wieder zu tun! Und die Mode war auch nicht mehr die alte: Perücken aller Formen krochen über die Köpfe, die Damen stopften die Hüften aus und legten sich Reifröcke zu und trugen so zentimeterdicke grelle Schminkschichten, daß kaum ein Maler auf die Idee kam, eines dieser Geisterwesen zu porträtieren. Und da die politische und wirtschaftliche Lage der Republik immer bedauerlicher wurde, ließ sich der Adel gänzlich in die vergessenmachende Welt der Kunst gleiten. Und das war das Allerschlimmste.

Karneval

Das ist die Atmosphäre, die das settecento veneziano so unverwechselbar macht – dieses Stimmengewirr, dieses Flüstern und Girren, dazwischen zirpende Geigen, seufzende Oboen, Teller- und Gläserklirren, funkelnde Lüster unter Tiepolos Putten und Satyrn. Und dann der Duft, dieser Duft von süßlichem Parfüm, von Kerzen und Champagner und alles wirbelnd in Weiß, Gold, Rosa, Türkis und Himmelblau, dieser selige Rausch von Farben, Lachen, Musik, hüpfend und schmeichelnd wie das Licht auf der Lagune. Eine ganze Stadt löst sich sanft aus der Wirklichkeit und treibt kichernd und tänzelnd in einen seligen Traum. Keiner fragt mehr wohin, heute lebt man, nur im Augenblick, atemlos vor Lachen und Spielen, kein Wimpernschlag lang darf Zeit bleiben für einen Gedanken an morgen oder gar an den kalten Windhauch, der einmal die tausend Lichter löschen könnte.

Unerschöpflich kullern die Einfälle für immer neuen Zeitvertreib, neue Scherze, die blitzenden, übermütigen Unterhalter sind die Könige der Saison, höchster Ruhm winkt jenem, dem es gelingt, für ein paar Stunden Gesprächsthema am Canal Grande zu sein. Und heute Nacht streckt der junge Labia seine Hand nach dieser Krone aus, jener noch immer unermeßlich reiche Labia, in dessen Palazzo sich die Feste jagen, dessen Verschwendungssucht jede Vorstellung übersteigt, in dessen Salons sich die Creme halb Europas drängt, und der immer »ecco!« sagt, wenn ihm etwas Neues, noch Verrückteres in den Sinn kommt.

Er hat zu einem »kleinen Abendessen« gebeten, die Tafeln biegen sich unter riesigen Blumenbouquetten, erlesenen Speisen, kostbarem Porzellan, man taucht die bemalten Lippen in kristallene Kelche, speist mit goldenem Besteck vom goldenen Teller. Maestro Vivaldi selbst, »il prete rosso«, versucht mit seinem Orchester und seiner zauberhaften Sonata vergeblich den herrlichen Lärm zu übertönen – da ruft der Hausherr »Ecco!«, springt hoch, reißt ein Fenster auf, rafft die goldenen Teller zusammen und wirft sie, einen nach dem anderen hinunter in den Kanal! Alles kreischt, schreit, läuft durcheinander, da tönt es wieder »ecco!«, der unvergleichliche Ser Labia steht auf seinem Stuhl, goldglänzend, wie ein Heros, hebt die Arme hoch und rezitiert: »L'abbia o no l'abbia, sarò sempre un Labia!« – ob ich es habe oder nicht habe, ich werde immer ein Labia sein! Bravo, bravo, herrlich, köstlich, nein, wie geistvoll, welcher Witz, dreimal Labia, das ist gekonnt! Die Gesellschaft jubelt, applaudiert, und die

Gräfing Ludmilla Josefa Antonie Kinsky, erst gestern aus Böhmen samt ihrem süßen Puppengesichtlein eingetroffen, fällt seufzend in Ohnmacht.

Madonna, che bella, wieder eine Aufregung, Riechfläschchen werden gezückt, der Hausherr eilt herbei, wedelt mit seinem Spitzentuch, da schlägt die halb Entschlafene die Äuglein auf und haucht: »Wundervoll!«. Ser Labia ist überwältigt. Und es beginnt eine jener innigen, glühenden Amouren, die bis zu vierzehn Tagen dauern können. Das muß gefeiert werden. »Alla villa, alla villa!« ruft es auf allen Seiten, man drängt und schubst sich aus dem Saal, die Treppe hinunter, hüpft in die Gondeln, und alsbald gleitet unter Lachen und Kreischen eine richtige kleine Flotte aus dem Cannaregio in den Canal Grande, mittendrin der Prete Rosso mit seinen Musikern, die immer noch unermüdlich geigen, und der Hausherr mit seiner Gräfin, wohlgeborgen in einem verschwiegenen Kabinchen, dessen Vorhänge man ganz dicht zuziehen kann.

Der Allgewaltige aber des Palazzo Labia, der Haushofmeister, steht feierlich auf der letzten Treppe über dem Wasser und wartet. Und als sich das Geschwader seines Herrn samt dem Lärm hinter Santa Lucia gen Westen verliert, schnippt er mit den Fingern. Ein Schock kräftiger Burschen rudert heran, macht sich an den Anlegepflöcken vor der Front und gegenüber zu schaffen und zerrt, hauruck! nach und nach ein riesiges Netz aus den Fluten. Und in dem glänzen, als es schließlich vollends oben ist, wohlbehalten alle die goldenen Teller, die Ser Labia zuvor in die Tiefe befördert hat. Denn gar so verschwenderisch ist man ja auch wieder nicht!

Die Gesellschaft freilich, die nun allmählich bei Fusina in die Brenta einbiegt, schnattert noch immer begeistert über dieses großartige, einmalige Bonmot und fächelt sich gegenseitig Kühlung zu. Denn die Sonne ist längst aufgegangen, bringt die Bäume und Wiesen zum Leuchten und zittert zu einem tausendstimmigen Vogelkonzert auf den Wellen. »Wie unangenehm das blendet!« klagen die Damen und verstecken sich hinter ihren Kavalieren. »Diese gräßlichen Vögel!« jammern die Herren und drücken zierlich zwei Finger gegen die Ohren. Schließlich hat die Natur nur einen Sinn, wenn die Hecken hübsch beschnitten sind und man darin Haschen spielen kann.

Nur einer hört und schaut so verzückt, daß er aus dem Takt kommt, der Abbate Vivaldi. Aber der zählt nicht, schließlich läßt er auch, immerhin ein geweihtes Haupt, mitten in der Messe alles stehen und liegen, wenn es ihn gerade überkommt, stürzt in die Sakristei, macht sich Notizen und taucht zur Weiterführung der heiligen Feier erst wieder auf, wenn er sich alles von der Seele geschrieben hat. Die Leute müssen eben derweil warten. Also, wenn das Andacht ist – doch das muß man ihm lassen, seine Musik klingt amüsant, immer wieder bringt er Neues, auf seine Weise durchaus ein recht brauchbarer Unterhalter, und außerdem, der Spaß einer solchen Vivaldi-Messe ist einfach unbezahlbar, das muß man gesehen haben!

»Winken Sie, meine Liebe, winken Sie – dort drüben, das sind die Foscaris,

Die Maske, liebstes Requisit des venezianischen Rokoko.

ich glaube, sie haben den Herzog von Sachsen bei sich, übrigens zum Gähnen, aber höchst spendabel. Winken Sie!« Überall am Ufer stehen, lachen Menschen, es ist ein Grüßen, Scherzen, Rufen ohne Ende, dazwischen fiedelt der Abbate, die Gondolieri plärren, es ist wundervoll. »Wundervoll!« seufzt die Gräfin Kinsky, als die Flotille endlich gegen Mittag vor der Villa anlegt. Die Vorhänge des Kabinchens werden zurückgeschoben, helfende Hände zerren den Reifrock durch die Tür, und schon steht sie, wenn auch etwas zerzaust, wieder auf festem Grund, inmitten eines Parks nach bester französischer Manier und zwischen lauter Statuen, mit einem Palais am Ende, wie man es zuhause allenfalls um Prag oder Wien herum finden kann. An ihrem Ohr zischelt es »Gehen wir, ma chère!«, sie legt völlig verwirrt ihre Fingerspitzen auf die gebotene Hand, trippelt und raschelt zwischen den Bosketten die breite Treppe hinauf, von drinnen lockt ein Menuett, offenbar soll der Trubel gleich weitergehen. Da schwankt die kleine Gräfin denn doch ein bißerl, läßt sich auffangen und schmollt: »Ich bin müd, ich möcht schlafen!«, schon sind die Guckerl halb zu. Der Labia beugt sich herunter, der reiche, junge, ganz und gar nicht unattraktive Labia, durchbohrt sie mit Feuerpfeilen aus seinen Kirschaugen und raunt: »Eine großartige Idee, ma chère, ziehen wir uns eine halbe Stunde zurück!« Und die kleine Gräfin schiebt mit einem gehauchten »Oh!« den Fächer vors Gesicht.

Daß sie sich jetzt nicht mehr um viel kümmern konnte, war verständlich, aber auf der Herfahrt hätte die Frau Gräfin halt doch ab und zu aus dem Kabinchen schauen sollen, denn so etwas sah man nicht alle Tage. Von Fusina an bis fast nach Padua stand eine Villa neben der anderen, zu beiden Seiten, schlichtere, ein- und zweistöckige, dann wieder Paläste mit Säulenportici und ausladenden Seitenflügeln, gepflegte, bezaubernde Gärten und Parks bis ans Wasser, darin Statuen, Tempelchen und unzählige Brunnen: Das eben war sie, die vielgepriesene Brenta, die Verlängerung des Canal Grande. Hier wie dort war der Wasserlauf die Lebensader, auf ihm fuhr man an und ab, auf ihm drängten sich die Gondeln, Lastkähne und der Burchiello, das Postboot, das unermüdlich von Schleuse zu Schleuse zwischen Venedig und Padua hin- und hergerudert wurde. Hier wie dort war das Leben tanzen und tändeln, lachen und lieben, vielleicht daß in den Brentaparks es sich reizvoller necken, locken und naschen ließ als in den tausend Winkeln der Stadtpaläste, sonst aber blieb kein Unterschied.

Freilich hatten sich's die Alten wohl etwas anders ausgedacht, da sie um 1550 allmählich die Villegiature einführten: Zweimal im Jahr, vom 4. Juni bis zum letzten Juli, vom 4. Oktober bis gegen Ende November ging schließlich jedermann in Venedig, der meinte, Gewicht zu haben, »aufs Land«. Bald überzog sich die Gegend um Treviso, Belluno und eben beiderseits der Brenta mit Landhäusern, Villen, in denen man während dieser Sommer- und Herbstwochen die Tage verplätschern ließ. Allein im Trevisanischen sollen mehr als dreihundert gestanden haben, wie viele es insgesamt waren, hat überhaupt niemand festgehalten. Es müssen Unmengen gewesen sein, denn die Villegiature waren heilig und machten Venedig zu einem leblos gähnenden Pflaster, gewürgt von einer lähmenden Stille, während der unvermeidliche Rialtolärm nun die halbe Terraferma überschwemmte. Natürlich arbeitete man hier nicht, man entspannte, erholte sich, das heißt, machte gegenseitige Besuche, gab und ging auf Feste, hatte ein gigantisches Repräsentationsprogramm zu absolvieren und kam kaum mehr zum Schlafen, während sich so manche bereits etwas angegriffene Geldbörse noch vollends den Tod holte.

Die Villegiatura, das war einfach Stadtleben in anderem Rahmen und hatte nichts zu tun mit der »vita sobria«, dem geruhsamen Landleben, für das im 16. Jahrhundert so große Geister wie Lorenzo Emo und Alvise Cornaro das Bibervolk vom Rialto vergeblich zu erwärmen versucht hatten. Anfangs wurden die Villen nach jeder Sommerfrische wieder völlig ausgeräumt – es muß ein ungeheurer Möbeltransport gewesen sein auf der Brenta, gleich viermal im Jahr, abgesehen davon, daß in dieser Zeit kein Handelsschiff entladen wurde, weil alle Frachtkähne, von den größten Rascona bis zum kleinsten Topo restlos ausgebucht waren. Zu Beginn des Barocks blieben die Villen dann endgültig eingerichtet, und im Rokoko endlich stellten sie nicht selten die Stadtpalazzi an Raffinesse und Delikatesse einfach in den Schatten.

Natürlich pendelte man jetzt längst unaufhörlich zwischen Stadt und Land, aber die althergebrachten Wochen blieben der Höhepunkt des Villenspaßes, mit seinen Gelagen, Maskenbällen, Konzerten und Theateraufführungen. Jedes Haus war jedem offen, und wie sich so ein Tag um 1770 ergeben konnte, hat der ehrenwerte Jüngling Antonio Longo getreulich festgehalten:

»Unsere Reise ging nach Dolo, wo wir ein bescheidenes Mahl einnahmen. Dann bestiegen wir wieder die bereits hell erleuchteten Barken und fuhren auf das Casino di Nobili zu, dicht bei Mira, wir wollten dort unter Scherz und Spiel den Tag erwarten, als wir aber an dem Haus des Senators Corner vorüberfuhren, waren wir überrascht, die Fenster und Statuen von Wachsfackeln und den Garten von Pechfackeln ganz erhellt zu sehen. Bei diesem Anblick begann unsere Musik zu spielen, und aus dem Inneren des Palastes wurde ihr von einem ausgezeichneten Orchester geantwortet. Wir stiegen an Land, der Herr des Hauses empfing uns, umgeben von einer vornehmen und zahlreichen Gesellschaft, und nun begannen die Tänze, die erst endeten, als es bereits tagte. Der Glanz, mit dem man uns bewirtete, läßt sich wohl vorstellen, aber nicht beschreiben. Der Nachtisch stellte die Personen der Maskerade dar. Es sollte aber noch besser kommen. Unter den Braten des Mahles befanden sich noch einige Fasane. Da der Magen der Gäste schon genug hatte, gab der Hausherr dem Truchseß ein Zeichen, man möge sie für den folgenden Tag aufheben. Der Senator Grandenigo tadelte laut eine solche Knauserei. Er stand auf und lud die Anwesenden für den nächsten Tag ein und versicherte, daß die auf den Tisch gebrachten Speisen entweder gegessen oder überhaupt nicht mehr auftauchen würden. Dieser edle Wetteifer dauerte zehn Tage, so daß Grandenigo und Corner uns jeder sechs Mahlzeiten der Reihe nach gaben.«

Zehn Tage aus dem Leben des Antonio L., zehn Tage aus vielen Jahren, bis er älter wurde, weniger knusprig, weniger amüsant, bis er allmählich in die Bedeutungslosigkeit zurückschrumpelte, aus der ihn irgendwann, so zwischen siebzehn und achtzehn, irgend jemand gezerrt hatte. Er war eine rechte Partyblüte, immer da, immer einfallsreich und brauchbar für alles, einer von den unzähligen Namenlosen, die sich hochgeliebt hatten, die Feste füllten, die Damen in Stimmung brachten, den Herrn die Zeit vertrieben und dafür ausgehalten wurden. Als die Republik starb, war er gerade 47, Tierarzt und Komödienschreiber, mit 70 hat er nochmals etwas verdient, als er seine Memoiren veröffentlichte, um 1825 haben sie einen namen- und mittellosen Alten verhungert in einem Hinterhaus gefunden.

O ja, man konnte Karriere machen in jenen Jahrzehnten, man mußte nur einen Gönner finden. Der hübsche Sohn des Juden Conegliano fand einen, den Bischof von Ceneda. Der taufte ihn, gab ihm seinen Namen, salbte den nunmehrigen Lorenzo da Ponte sogleich zum Abbate und machte ihn zu seinem allervertrautesten Sekretär. Aber die Herren verkrachten sich, der Sekretär flog und fand sich als Hausgeistlicher und Kindererzieher im Hause Pisani wieder. Eine höchst würdevolle und einträgliche Position, gewiß, aber den Jüngling stach der Hafer. Er schrieb unanständige Gedichte, tändelte und schelmte herum und sah sich schließlich vor Gericht wegen Ehebruchs, wobei gar nicht feststeht, mit welchem der beiden Teile das Unglück geschehen ist: Verbannung auf Lebenszeit. Natürlich war die Bagatellangelegenheit den Herrn Richtern höchst lästig, aber da nun einmal die alten Gesetze noch galten, mußte bei Auftauchen eines lamentierenden Klägers wohl oder übel eingeschritten werden. Destino! Abbate Lorenzo da Ponte zog von hinnen und nach Wien, schrieb die Libretti »Don Giovanni« und »Figaros Hochzeit« für Wolfgang Amadeus Mozart, wurde mit diesem ein wenig berühmt, hinterher vergessen, flatterte nach dem Tod der Republik noch einigemale nach Venedig und kam dann irgendwo zwischen Seine und Mississippi abhanden.

Ei was, Venezia, warum diese Härte? Aber der Prophet gilt nichts im eigenen Lande. Da war's schon besser für den Grafen Jules Bonneval, der hier nochmals ausgiebig das Abendland bis zur Neige kostete, ehe er zum Sultan ging, um Türke zu werden, oder der verkrachte Bankier John Law oder der weitgereiste und höchst ausnehmende Baron Poellnitz oder der »göttliche Schwindler« Graf Cagliostro. Eben er war zu Venedig am besten Ort, dieser Sizilianer Giuseppe Balsamo (dessen Mutter Goethe in Palermo übrigens später mit Vergnügen besuchte), zu Venedig, wo sie alles brauchten, was er hatte, Kurzweil, Spannung, Aufregendes, Atemberaubendes – er legte die Hände auf, senkte die Augen (oh, welche Augen!), und man wurde gesund, er vertrieb das Leid der vergeblich Liebenden, er gab den Zauber, den man brauchte für einen bestimmten Zweck – und er konnte Gold machen! Wenigstens hieß es das. Gold, Gold, Gold, bloß ein kleines Kästchen voll, ein handtellergroßes Stücklein nur, welche Feste, welche Kleider, welche Tapeten! Und jung könne er machen, flüsterte es, jung, man denke, dieser Unvergleichliche, Wundervolle, man müsse ihn eben geneigt machen – Venedig lag dem »Grafen« zu Füßen, und da griff die Staatsinquisition zu. Sie griff ins Leere, der »Graf« war weg und mit ihm alle Hoffnungen auf Jugend, Gold, auf ein leichtes Herz. Und da er sie mitgenommen hatte, waren sie nicht verloren, man konnte sich noch immer daran halten, vielleicht kam er wieder.

Er ist ein glänzender Psychologe gewesen, der »Graf« Cagliostro, er hat die Menschen ganz und gar nicht unglücklich gemacht, sondern nur ein wenig den nützlichen Traum mit der Wirklichkeit vermischt. Und er hat ungemein Format gehabt, aber eben keine echten Titel, im genauen Gegenteil zu seinen »Kunden« – weshalb es ihnen von Herzen zu gönnen ist, daß sie so kläglich hereingefallen sind (aber das bleibt selbstverständlich unter uns!).

Man mag sie Abenteurer nennen, Flitter einer Epoche, bitte, aber einer war es nicht, er war vielmehr geradezu die Verkörperung dieser Zeit, ein Künstler:

Giacomo Casanova. Hat nicht die Serenissima stets ihre Besten ausgeschickt, die Welt vom Rang ihrer Kunst erschauern zu machen – Tizian nach Madrid, Scamozzi nach Salzburg, Tiepolo nach Würzburg? Warum sollte sie nun die letzte ihrer bestrickenden Künste, die »ars amandi«, jene des Liebens, schnöde für sich behalten? Nein, nein, nein, er war ihr Botschafter, ebenso oder mehr noch als alle anderen, dieser selbsternannte Chevalier Jacques de Seingalt, der nirgendwo bleiben konnte, der immer reisen mußte, das letzte Lächeln der Erhabenen durch ganz Europa zu tragen: »Leicht hätte ich in Neapel ein Gut kaufen und dort wohlhabend und glücklich leben können; der Gedanke jedoch, mich irgendwo unwiderruflich festzusetzen, war mir zuwider.« Ihren steten Ruhm zu mehren war ihm Verpflichtung, und er mußte einfach, als ihn zu Paris eine impertinente Marquise fragte, ob er tatsächlich »von da unten«, von Venedig, komme, mit dem giftigsten Charme, den Frankreich jemals zu erdulden hatte, hintupfen: »Venedig, Madame, liegt da oben!« Er konnte nicht zulassen, daß sich irgend etwas über seine Serenissima erhob. Und als Monsieur Amelot de la Houssaie, schon wieder ein Franzose, es sich erlaubte, die Republik in einer »Histoire de Venise« unvorteilhaft darzustellen, schleuderte er in 42 Tagen eine dreibändige Gegendarstellung aus seiner Feder, dazu noch ohne jedes Hilfsmittel und im Gefängnis zu Barcelona, in das er rein zufällig und natürlich nur durch eine häßliche Intrige geraten war. Doch derlei ging nebenbei, auch seine brillante Übersetzung der »Ilias« ins Italienische, seine Essays zur polnischen Geschichte und die Tatsache, daß ihn Friedrich der Große beinahe

Giacomo Casanova.

zum Erzieher in einer preußischen Kadettenanstalt gemacht hätte oder ihm vom Heiligen Vater in höchster Gnade der Orden vom Goldenen Sporn verliehen worden war.

Nein, nein, er lebte nur seiner Kunst und deren rund hundert Werke waren nichts Geschriebenes, sie seufzten und träumten im ganzen Abendland. Hundert, was ist das schon während fünf rastloser Jahrzehnte, zumal angesichts heutiger Normen! Aber er brauchte die Zeit, er schuf Kunstwerke, die sich formten aus einem ersten Lächeln, aus einem ständig steigenden Werben und Sehnen bis zur höchsten Glut, ehe man die Wogen über sich zusammenschlagen ließ. Und dann jenes sanfte, bebende Abklingen, jener leise, lächelnde Schmerz, da man sich entfernte – das war vollendet!

Doch solche Meisterschaft braucht nicht nur Zeit, sondern auch Vorbereitung, dazu gehörte ebenso der nette Senator zu Beginn, dessen ständiger Begleiter er war, und der Kardinal, eine Affäre, aus der er als Abbé und Bischofscoadjutor hervorging. Stationen, gewiß, aber wer verstand ihn schon? Wie sonst hätte diese spießige Madame Memmo-Pisani ihn vor Gericht zerren lassen können mit der Behauptung, er habe ihre Söhne verdorben – man denke, verdorben! Welch ungalante Formulierung! Fünf Jahre hätte er dafür in die Bleikammern sollen, aber glücklicherweise gelang ihm nach fünfzehn Monaten die Flucht – oder hatte man ihn fliehen lassen? Wohl doch, die Wachen schauten allzu geflissentlich nach der anderen Seite, als er auf seinem Weg in die Freiheit vorüberschlich. Irgendwie waren sie ja dort alle schrecklich nett. Schade nur, daß dieser bunte Reigen mit dreizehn verstaubten Bibliotheksjahren ausklang, auf einem Schloß in Böhmen – ausgerechnet in Böhmen! Und dabei wäre er am Canal Grande doch so notwendig gewesen, um den Adel buchstäblich ganz Europas wenigstens vor den ärgsten venezianischen Fettnäpfchen zu warnen.

Es war aber auch wirklich kompliziert, sich damals in Venedig zurechtzufinden, zu wissen, wer wer war, wer was noch hatte und von wem man was an so feinen Kunstsachen günstig kaufen konnte, denn wegen dem hatten ganze Horden erlauchtigster und durchlauchtigster Häupter schließlich die strapaziöse Reise nach Venedig überhaupt gewagt. Aus England, Schweden, Rußland, Ungarn und gar aus allen deutschen Landen saß, was Geld und auch nur ein bißchen »von« hatte, hier, amüsierte sich und jagte nebenbei nach allem, was gut und – einst – teuer war. Am Rialto hatte der große Ausverkauf begonnen, jetzt hieß es zugreifen. Natürlich konnte man auch einen Kunsthändler beauftragen, aber der steckte für sich ein Sündengeld ein und lieferte dann doch das Gegenteil vom Gewünschten. O nein, da sah man schon besser selber drauf, und außerdem gab es einen prächtigen Grund für ein paar Wochen in Venedig, Pfarrer und Verwandtschaft malten so schon die entsetzlichsten Bilder vom »Sündenbabel an der Adria«. Und da es sich so um reine Geschäftsreisen handelte, konnte nunmehr niemand etwas einwenden.

Ein Glück nur für die reiselustige Blüte des europäischen Adels, daß die Diplomaten kein Veto einlegen konnten. Denn die Häuser der ausländischen Vertretungen waren Häuser der Verzweiflung und das der Herrn Kaiserlichen Gesandten von allen das erbarmungswürdigste. Kein Tag verging, ohne daß nicht eine diplomatische Katastrophe hereinbrach, ohne daß nicht so eine dusselige Landpomeranze die schrecklichsten Unmöglichkeiten anrichtete. Der Herr Gesandte ließ nur noch alles Personal durch die Stadt hetzen, zu horchen, zu warnen, das Schlimmste zu verhüten, einige Herren machten sich Notizen, weil sie nur so festhalten konnten, wo und wofür sie sich am nächsten Tag formell zu entschuldigen hatten.

Zu Venedig konnte nämlich immer noch genügend politisches Porzellan zerschlagen werden, noch immer gab es hier den Namen Cornaro oder eben Corner, jene Familie, die ganz einfach die größte und reichste und mächtigste war und an deren Veto keine Ratsentscheidung vorbeikam; oder die Pisanis, jene Bankiers, die sich anläßlich der Wahl ihres Alvise Pisani zum Dogen am 17. Januar 1735 ihre riesige Villa in Stra von Girolamo Frigimelica und Mario Preti bauen ließen und 1784 ein Fest zu Ehren des Schwedenkönigs Gustav III. gaben, von dem der König sagte, daß er es kaum erwidern könne, weil er dazu weder das Geld noch die Phantasie besäße.

Oder die Rezzonicos. Sie waren neureich, Bankiers und Genueser, also an sich schon suspekt, hatten sich erst 1687 in den venezianischen Adel eingekauft und mußten nun also protzen. Allein schon ihr Palast: Die bedauernswerten Priuli-Bon hatten ihn, als ihre Konten noch vorteilhafter aussahen, 1667 dem alten Longhena in Auftrag gegeben, aber die Sache ging nicht so recht vom Fleck, und als der Meister fünfzehn Jahre danach starb, war er über das erste Stockwerk nicht hinausgekommen. Doch scheint es auch an den Bauherren gelegen zu haben, denn jetzt tat sich überhaupt nichts mehr, und in den späten neunziger Jahren mußten sie endgültig und höchst peinlich aufgeben. So ziemlich alles, was die Priuli-Bon hatten, wurde verkauft, zuallererst der angefangene Palazzo. Und natürlich an die Rezzonicos, die ihn dann allerdings auch erst ab 1745 von Massari weiterführen ließen. Aber jetzt steht er da, klotzig und überreich, der rechte Rahmen für die pompösen Bälle drinnen, bei denen durch Frivolität ersetzt wird, was an Niveau fehlt.

Oder die Reniers, die während des Krieges der Russen mit den Türken 1736 durch Lebensmittelspekulationen Unsummen verdient hatten, weil ihr Ser Paolo zu der Zeit gerade Bailo in Istanbul war; oder eben die Labias, die ihr Geld in allen europäischen Projekten stecken hatten, von denen man mindestens dreihundert Prozent Rendite erwarten konnte; oder die Priulis, die Trons, die Grimanis, die Pesaros, die Giustinianis, die Vendramins, die es genauso hielten. Wobei sich die Liste noch beträchtlich weiterführen ließe. Und diese Häuser hatten Einfluß, überall, und eine Regierung, die es mit einem von ihnen verdarb, spürte das alsbald.

Aber da waren eben auch die anderen, denen es gar nicht mehr gut ging, die längst von der Substanz lebten, mit Mühe Haltung bewahrten. Nicht selten hielten sich nur noch ein paar Bedienstete ohne Bezahlung und aus Treue oder Ratlosigkeit; mußte repräsentiert werden, heuerte man rasch ein paar Burschen an und steckte sie für einen Tag in eine Livree, ansonsten saß man verschämt im kleinsten Hinterzimmer und löffelte Mehlbrei zu klarem Quellwasser. Bewundernswerte Contenance, gewiß, aber die Tage tropften vom Kalender, und irgendwann kam jener, an dem die Gläubiger die Schlüssel verlangten und der Auszug in die Armut nicht mehr zu verbergen war. Auch diese Stolzen mußte man fürchten, sie zählten noch immer, lehnten jede Hilfe ab und fuhren auf jeden los, der, sei's auch nur aus Unbeholfenheit, an ihre offenen Wunden rührte. Und dann war der Skandal perfekt.

Doch so herzbewegend diese letzte Würde auch war – nicht jeder hatte das Zeug zum Märtyrer. Und da auch die frommen Väter Abbati zu sagen pflegten: »Nicht von Brot allein lebt der Mensch – aber auch, und daran hängt's!«, ja, selbst die Mutter Kirche Tag für Tag vor Augen führte, auf wie viele Arten sich Geld verdienen läßt, schauten immer mehr der bedrängten Venezianernobili nach neuen Einnahmequellen aus.

Und was lag näher als zu vermieten? Natürlich vorerst nur den Palazzo samt lebendem und totem Inventar zur allgefälligen Benutzung gegen ein wunderhübsches rundes Sümmlein, aber es ließ sich ja auch sonst noch einiges arrangieren, und absolut diskret, versteht sich. Die Sache ließ sich vorzüglich an. Man spielte den generösen Gastgeber, machte eine große Geste um die andere und überall Eindruck, von Geld wurde nicht gesprochen, es sei denn auf dem diskreten Umweg über den Sekretär oder ein ähnliches Subjekt. Fulminant, fulminant, bald drängten sich die Anfragen, die Terminbücher quollen über, zufriedene Gäste gaben einander die Klinke in die Hand. Doch auf diese Lösung kamen bald viele Palazzobesitzer, die Preise wurden abscheulich gedrückt und die Plackerei mit der Konkurrenz vergällte die Tage.

Und die »Gäste« waren ja auch nicht immer so einfach; also was die für Wünsche hatten, weil sie keine Minute in dieser »herrlichsten Wohnstube der Sünde« verlieren wollten, und dann ihre Manie, einem alles abkaufen zu wollen, was ihnen gefiel! Doch nicht nur das, sie sprachen jeden an, ob er ihnen nicht etwas verscherbeln könne, tatschten an allem herum, kratzten am Goldbelag, ob er auch echt sei. Da hat doch tatsächlich ein pommerscher Junker den alten Pisani gefragt, ob der nicht ein paar hübsche Silberleuchter für ihn habe, und die Lucia Contarini hat einem dicken Baron aus Franken den Fächer ins Gesicht geschlagen, weil er ihr statt artiger Liebesschwüre ins Ohr flüsterte, wieviel denn der Bellini an der Wand so koste. Was Wunder, wenn gerade die Kaiserliche Botschaft die Vermieter unablässig beschwor, den Kunden bei der Ankunft wenigstens die allernötigsten Instruktionen zu geben!

Doch so hart das Vermietgeschäft auch sein mochte, wer der Konkurrenz nicht standhielt oder erst gar nicht einsteigen konnte, war übel dran. Den

Herren blieb da nur noch, im Spiel Frau Fortuna das Kinn zu kraulen. Aber die Gnädige ließ sich nur ganz selten zu einem kleinen Gunstbeweis hinreißen, obwohl man ihr eigentlich doch an allen Ecken der Rialtostadt ihre kleinen Tempelchen gebaut hatte. Schließlich waren die Venezianer ein spielbesessenes Völklein von jeher, schon 1197 hatten sie ihr erstes öffentliches Glücksspiel zwischen den Piazzettasäulen, und 440 Jahre später eröffnete Ser Marco Dandolo in seinem Palazzo neben San Moisé das erste große Casino, das er »Ridotto«, eben Club, nannte. Riesige Summen sind dort allein im 17. Jahrhundert aus den Taschen der Nobili geronnen, da man verbissen und nicht zu halten von einem Tisch zum anderen hastete, ein System nach dem anderen versuchte und hinterher in rasenden Duellen vermeintliche Betrüger stellte.

Der düstere Fanatismus hat sich gelegt, Degen sind außer als Zierat kaum mehr zu etwas nütze und die heiter plaudernde Langeweile zwischen Roulette und Baccara degradiert diese alles verzehrende Leidenschaft des Spielens zu einem süßen Zeitvertreib. Aber die Taschen der Rokokofigürchen verlieren ihre Dukaten ebenso gründlich wie die ihrer Väter, und Frau Fortuna feixt von Tag zu Tag boshafter, zumal wenn einer schon um den kleinsten Einsatz bangen muß. Jedoch noch immer steht an jedem Spieltisch irgendein Nobile, lässig bereit,

Der Ridotto. Eintritt nur für Adelige oder Maskierte.

für jeden, der gerade daherkommt, die Bank zu halten, noch immer liebt der Staat seinen Ridotto und die dicken Tageseinnahmen, da schließlich die Republik längst der Betreiber ist.

Aber den etwas klügeren Räten, die freilich auch immer weniger werden, legen sich beim Thema Spielbank doch allmählich Schatten aufs Gemüt, denn das Treiben dort nimmt schlimme Formen an, schon weil eine seltsame Verordnung bestimmt, daß nur Edelleute das Haus betreten dürfen; hat ein anderes Wesen denselben Wunsch, muß es eine Maske tragen. Ecco – und also sitzt vor dem Eingang ein Maskenverleiher, und drinnen drängen sich mit verhülltem Gesicht die Gauner und Falschspieler aus ganz Europa und ziehen den Nobiles den letzten Rest ihrer Größe aus den Börsen. Endlich, nach bald zwei Jahrzehnten Disput, überwindet die Republik ihre Liebe und hebt den Ridotto zum 27. November 1774 auf. Sie kommt sich sehr heroisch vor bei diesem Entschluß.

Bravo, bewundernswert – aber, pardon, was ist mit den restlichen rund dreihundert Fortunatempelchen? In den Kaffeehäusern, in den Nebenzimmern, in Händlergewölben und in den privaten »Ridotti« überhaupt? Geht das dennoch einfach so weiter? O ja, es geht. Denn so ganz ohne Zerstreuung will der Rat seine Schäfchen auch wieder nicht wissen, wer spielt, beschäftigt sich nicht mit Politik! Und was die privaten Ridotti betrifft, so war das natürlich etwas ganz anderes. Denn dort wurde nur so nebenbei gespielt, vielmehr traf man sich zu einem Schälchen Kaffee, einem Gläschen Likör, immer waren ein paar reizende Damen da, es gab Zimmerchen für Ernsthaftes und weniger Ernsthaftes – und außerdem zeigten fast alle Räte ein sehr aufgeschlossenes Herz für diese privaten Ridotti entweder, weil sie darin ihr Refugium hatten, oder eben weil sie ihnen gehörten, direkt oder auf Umwegen. Oder hätte etwa der gestrenge Herr Procurator Venier etwas gegen diese liebenswerten Einrichtungen unternehmen sollen, wo doch nun seine Gattin mit dem »Ridotto Procuratessa Venier« das bestgehende Etablissement der Stadt betrieb?

Denn dieses Häuschen spuckte nur so die Dukaten, ein Umstand, der, wie sich später zeigen sollte, für den Herrn Procurator von ungewöhnlicher Wichtigkeit war. So ganz gut gingen seine Geschäfte auch nicht mehr, er brauchte Kredit. Da aber, wie man erzählt, die Bankwelt bereits hellhörig geworden war, setzte er alles auf eine Karte und ließ den Massari einen riesigen Palazzo am Canal Grande anfangen, um aller Welt sichtbar darzutun, wie glänzend seine Finanzlage sei. Doch die Bankwelt zeigte sich, wie man erzählt, besser unterrichtet, der Kredit kam nicht, der Herr Procurator mußte aufgeben und den Werbebau im ersten Stockwerk stecken lassen. So jedenfalls erzählte man sich. Der Herr Procurator seinerseits freilich ließ dagegen erzählen, er habe sich für die Demokratisierung der Republik eingesetzt, deshalb vom Zehnerrat ein geheimes Bauverbot und danach durch Napoleon den Rest bekommen, wodurch, da man sich heute beide Versionen erzählt, die Angelegenheit doch etwas unklar wird. Auf jeden Fall gibt es die »Bauruine« am Canal Grande heute noch, und mit ihren Büschen und Bäumen hinter der kaum begonnenen Fassade wirkt sie entschieden harmonischer im Gesamtbild, als das der protzige Massaribau je getan hätte.

Jedenfalls brauchte sich der Herr Procurator mit keinen drückenden Sorgen zu quälen, denn aus dem Häuschen seiner Gattin lebte es sich vorzüglich – wie stets in jenen tragischen Fällen, wenn die Herren aufgaben und die Damen die Initiative ergriffen. Und die Logik war bestechend: Wenn man schon seinen Cicisbeo, seinen ständigen Begleiter hatte (der natürlich um Gottes Willen nicht der eigene Ehemann sein durfte!), wenn der zudem, zumindest wenn man etwas auf sich hielt, alle paar Wochen ausgewechselt werden mußte – warum dann nicht gleich sich auf jene nützlichen männlichen Wesen konzentrieren, die einem so ab und zu als Dankeschön ein Brillanthalsband umlegen, ein Saphierringlein anstecken oder zwei Dutzend Perlen in die Haare streuen? Diskrete Juweliere, die derlei Geschenke in Dukaten verwandelten, gab es schließlich genug. Und so war nun einmal nichts dabei, wenn die Damen zuweilen dem heimatlichen Palazzo ein paar Tage und Nächte fernblieben, mit kleinen, erschöpften Äuglein zurückkamen und ein paar hübsche, teure Kleinigkeiten auf die Tischkante legten. Immerhin konnte man aus dem Erlös wieder das Notwendigste bezahlen, sich die nächsten Wochen über Wasser halten und ein wenig ausruhen. Und dann ging der Hausherr eben wieder ins Casino und die Dame wieder auf den Ball, wie sich's gab. Bloß lustig mußte es sein, das war schon wichtig!

Wen wundert's, daß sich die Nachfolgerinnen der großen Renaissancekurtisanen bei dieser Veränderung der Verhältnisse nun doch reichlich schwer taten. Wenn auch ihre Zahl eher zugenommen hatte – das einstige Niveau war einfach nicht mehr zu halten, und eine nach der anderen rutschte eben wieder ins Althergebrachte zurück. Trotzdem gab es noch immer einige unbestrittene Meisterinnen, von denen ganz Europa schwärmte. Allerdings bestrickten nun nicht mehr Kunst, Geist, Poesie, sondern eine unbeschreibliche Atmosphäre aus dunklen, glühenden Farben, betörenden Düften und leiser, ferner Musik, ein samtener, lockender Rausch, der sich auf alle Sinne legte. Ob E. T. A. Hoffmann und Jacques Offenbach ihrer Giulietta jemals begegnet sind oder ob sie sie ahnten – das düster flimmernde, verlockend geheimnisvolle ihrer Welt hätten sie nicht besser zeichnen können.

Ob dieser zarte Zauber zuweilen auch über Klostermauern schwebte, ob die frommen Frauen dort zuweilen dem Lächeln dieser Zeit nicht widerstehen konnten oder ob einfach seit Jahrhunderten sich anders als anderswo dort die Dinge entwickelt hatten: Die Welt hörte nicht auf am Klostertor, im Gegenteil, nicht selten fing sie dort erst richtig an. Nun freilich steht allemal dahinter, daß die wenigsten der Mädchen, von denen dergestalt ein entsagungsreiches Leben erwartet wurde, sich freiwillig zu diesem Schritt entschlossen haben. Vielmehr verfügte der Hausvater nach rein vermögenstechnischen Erwägungen, Eine oder zwei seiner weiblichen Nachkommen wurden zum Ehestand, die restlichen zum Gegenteil bestimmt. Und im Handumdrehen saßen diese armen, temperamentvollen Dinger für immer in einer kahlen Klosterzelle und trommelten vergeblich mit den kleinen Fäusten gegen die Tür.

So war es jedenfalls anfangs. Aber dann begannen sie sich zu rächen, taten sich zusammen und beschlossen, das, was ihnen draußen entging, drinnen nachzuholen, und um 1500 brach der Sturm los, der sich eigentlich nie mehr verloren hat: Die frommen Frauen von San Zaccaria baten ihre Verehrer zum Tête-a-tête, kleideten sich nach der neuesten Mode, verwandelten ihre Zellen in verführerische Kabinettchen. Und wenn der Patriarch oder der Senat Aufseher schickten, wurden die armen Emissäre von den streitbaren Damen so jämmerlich verprügelt, daß sich kein männliches Exemplar mehr durch die Klosterpforte traute, es sei denn in zärtlicher Absicht. Der Sieg blieb den Damen treu, und zwar bis zum Ende der Republik, nur eben, daß man sich im Geist des Rokoko verglich, indem die vorgesetzten Instanzen den unbeschwerten Lebensstil der frommen Frauen von San Zaccaria achteten und unterstützten. Und so sah man auch noch um 1795 Samt und Seide und berückende Dekolletées hinter den so durchlässigen Gittern des Sprechzimmers, sah geschäftige Abbeés duftende Brieflein bringen und mitnehmen, und wer in einer lauen Nacht unter der Gartenmauer herging, fand doch wohl, daß das Kichern und Girren und Flüstern dahinter verführerischer und heißer klang als draußen in der ganzen, lebenstollen Stadt. Und so war es halt überall, in Santa Maria Celeste etwa, wo die Nonnen 1509 einen rauschenden Ball für junge Nobili gaben und worüber der Senat sich so schrecklich aufregte.

Später hat er sich in das Unvermeidliche gefügt, und die Klosterfeste waren bald Sterndaten in den privatesten Terminkalendern. Die Priorinnen und die Beichtväter bildeten nicht selten die innigsten Paare, und wenn sie von der zürnenden Obrigkeit – was tatsächlich ab und zu vorkam – verbannt wurden, rückten eben neue nach. Doch jetzt, in diesem heitersten aller Jahrhunderte, zürnte niemand mehr, Reifröcke raschelten durch die Klostergänge, Puderdosen hatten längst die Rosenkränze verdrängt, und was die frommen Frauen so beim Zirpen eines Spinetts trällerten, durfte wirklich nicht jederman hören. Ihr Leben war ebenso leicht und unbeschwert wie das der Spielkätzchen an der Brenta, sie brauchten sich nicht mehr durchzusetzen oder gar aufzulehnen wie ihre energische Ahne Arcangela Tarabotti, die um 1635 in einem wütenden Aufschrei dagegen rebellierte, daß noch halbe Kinder nur aus Geldgier hinter Klostergitter gesteckt und so um ihr Leben betrogen wurden. Sie für ihren Teil werde sich einen Liebhaber halten und sich nehmen, was man ihr nicht geben wolle. Und da der Schrei literarisch fixiert und fein säuberlich gedruckt wurde, dürfte Suor Arcangela einen ersten Beitrag für die allgemeine und ganz besondere Emanzipation in den Himmel geschleudert haben.

Natürlich gab es auch die andere Seite, jene wirklich Frommen, die ein heiligmäßiges Leben führten, wie etwa die Töchter des Tintoretto, die ihr

316

Das Sprechzimmer des Klosters San Zaccaria.

Leben lang die »Kreuzigung« ihres Vaters als Altarbild stickten. Aber wie viele davon hätten sich wohl finden lassen, wenn man bedenkt, daß von den 440 Klöstern Rokokovenedigs doch gut zwei Drittel von Damen bewohnt wurden?

Nun denn, sie hatten eben ihren eigenen Stil, die frommen Frauen der Serenissima, ebenso wie die rund 50 000 (sic!) Geistlichen, die zur selben Zeit das Seelenheil der Lagunenstadt mit ihren knapp 170 000 Einwohnern betreuten. Freilich waren sie in ihrer Arbeit sehr behindert, denn sie mußten von Pöstchen leben, und deren gab es einfach nicht mehr genug. Schlimm für den Hausgeistlichen, wenn er den Damen nicht mehr gefiel und sie sich einen jüngeren, hübscheren wünschten – sie bekamen ihn, er stand wohl schon vor der Tür oder zumindest gegenüber. Und was machte der alte? Er buhlte eben um eine Stelle – auf der ein noch älterer saß. Die Zahl der bedauernswerten Abbati, die einfach nur so in den Palästen ausgehalten wurden, ist Legion. Natürlich mußten sie sich da auch nützlich machen, durften nicht lange fragen, sondern verschwiegene Botschaften befördern, lauschen und spionieren, galante Abenteuer einfädeln oder wieder annullieren, zur Stelle sein, wenn es der Herrschaft vorzulesen oder zu rapportieren galt. Die Glücklicheren unter ihnen beherrschten neben ihren geistlichen noch weitere Künste, so daß sie vielseitiger verwendbar

317

waren, so etwa eben Vater Antonio Vivaldi oder die Abbati da Ponte und Casanova, die ja nun wirklich ganz andere Wege eingeschlagen haben. Der Durchschnittsabbate jedenfalls mußte zumindest plaudern können, einigermaßen brauchbar aussehen und bei Soireen als Aushilfstischherr verwendbar sein. Fehlten ihm diese Dimensionen, sah es düster aus um seine Zukunft, und er tat besser daran, sich einem Bettelorden anzuschließen, wobei freilich auch dort wegen des Andrangs nur schwer ein Unterkommen war.

Und so waren sie einfach überall, diese schwarzberockten Himmelsdiener, in jeder Gondel schaukelten sie mit, aus jeder Tür, um jede Ecke huschten sie, und es gab Stellen in der Stadt, wo sie sich dicht wie die Stare drängten. Nur auf dem Markusplatz war es etwas besser, dort konnte man sogar hoffen, daß, wenn etwas Schwarzes auftauchte, es sich einmal nicht um einen Gottesmann, sondern um einen Rat oder Sekretär handelte. Und wenn man Glück hatte, sprach jemand sogar mit jemandem über Politik, woraus sich ergibt, daß hier rings um den Dogenpalast noch immer eine gewichtige Gegend war.

Natürlich gab es Wichtigeres als diese enervierenden Auslassungen über Wirt-

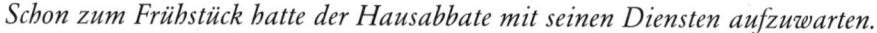

Schon zum Frühstück hatte der Hausabbate mit seinen Diensten aufzuwarten.

318

schaft, Finanzen, Außenbeziehungen und dergleichen, aber es gab in der Tat immer noch Leute, die sich darüber heißreden konnten – Carlo Contarini etwa oder Giorgio Pisani, die sich so entsetzlich über die Wirtschaftslage aufregten. Nun gut, sie hatten ja recht, mit der Industrie stand es übel, die Umsätze zogen sich so schlimm zusammen, daß nun, gegen das Jahrhundertende, etwa die Glashütten nur noch die mundgeblasenen Perlen absetzen konnten und die Flachsfelder von Cremona und die Seidenkokons von Verona gar nicht mehr geerntet wurden, weil Tuch und Seide ja doch nicht mehr gingen. Auf der Terraferma wanderten die Arbeitskräfte ab und die Menschen zogen wieder aus den Städten aufs Land, während am Rialto sich die Arbeitslosen drängten und um kleine Gelegenheitsarbeiten bettelten. Der Handel war schon ganz tot, Venezianer betrieben keinen mehr und fremde Händler machten einen Bogen, weil die Republik die verrücktesten Ein- und Ausfuhrzölle verlangte.

Und die Landwirtschaft? Gott, da hatte einer die Idee, die ganze Terraferma auf Getreideanbau umzustellen, teures Getreide aus- und billiges einzuführen, und wenn der Einfall auch absurd war, das Ganze erwies sich doch als so glänzend formuliert, daß es den Rat drei Tage beschäftigte. Doch, doch, man konnte ihnen durchaus beipflichten, den Herren Pisani und Contarini, die Lage war tatsächlich penetrant! Aber was sollte man tun? Und außerdem, warum immer diese Schwarzmalerei? Man erreichte damit schließlich nichts, als daß die allgemeine Stimmung empfindlich gestört wurde.

Und tatsächlich, für fast ein Jahr war die Stimmung denn auch völlig verdorben, gerade, daß man den Ärger während des Karnevals etwas reduzieren konnte. Aber jetzt, just, da die plüschene Sonne an diesem letzten Maitag des Jahres 1775 zur Villegiatura mahnte, ist die ganze Peinlichkeit wieder hervorgebrochen. Welche Ratssitzungen, welche Auftritte danach! Zwar hat sich alles so nach und nach denn doch verlaufen, aber die beiden Herren Trevisan und Barbarigo, die vor der Bibliothek zusammenstehen, können sich immer noch nicht beruhigen.

»Und ich sage Ihnen, mein Lieber, es ist empörend, einfach empörend!« Ser Trevisan fährt mit seinem Stöckchen aufgeregt durch die zierlichen Obst-, Gemüse- und Fischabfälle, die pittoresk die ganze Piazzetta überziehen. »Sehen Sie, ich erinnere mich noch genau, letzten Herbst, wie der Procurator Contarini gegen diesen Einfall getobt hat – leider habe ich es selbst nicht gehört, ich war verhindert durch eine Einladung bei Ser Marco Quirini – und jetzt, mein Lieber, und jetzt? Quelle blamage! Man bedenke: Die Erhabene Republik bietet an, ohne Not wohlgemerkt, vierzig dieser Bagatelladeligen der Terraferma sage und schreibe gratis ins Goldene Buch aufzunehmen – an sich schon ungeheuerlich – und es melden sich ganze neun! Neun, mein Lieber, neun! Mir ist, als würde ich diese Ohrfeige geradezu schallen hören! Hach!« Er ist so erregt, daß er nicht einmal auf die Ratte achtet, die zwischen seinen Schuhen huscht. »Vor hundert Jahren, mein Lieber – ich habe genau nachgelesen – standen sie noch Schlange, als sie sich für 100 000 Dukaten einkaufen durften, die Labias, die Farsettis, die Rezzonicos, die Widmans, als sie für 50 000 oder 80 000 oder 100 000 Dukaten Procurator, Avogadore oder Senator honoris oder eben pecuniae causa werden konnten, mein Lieber, ich habe es gelesen, sie bibberten danach. Hach, und jetzt? Sagen Sie, ist diese Republik denn wirklich so unattraktiv geworden, daß man ihren Adel nicht einmal mehr geschenkt haben will, sie, die noch vor fünfzig Jahren diesen herrlichen Platz mit Marmor bedeckt hat?«

Ser Trevisan blickt kühn, er findet gerade dieses Argument besonders stark, nicht ganz zu unrecht übrigens, denn die Piazza macht sich wirklich ganz exzellent. Natürlich könnte man die Bretterverschläge in den Arkaden des Dogenpalastes, unter der Libreria oder um den Campanile monieren, natürlich gibt es da Kleinliche, die sich über die Abfallhäufchen überall erregen oder noch mehr über die Elendsquartiere in der ganzen Stadt, wo die Dächer abrutschen und die Mauern einsinken, weil nirgendwo mehr Geld ist, auch nur das Nötigste auszubessern. Aber sollte deshalb die Piazza, dieser köstlichste Ridotto der ganzen Welt, keinen Puder auflegen dürfen? Die Serenissima hat sich nun einmal dem Rokoko verschrieben, und da kommt es darauf an, daß die Schönheitspflästerchen sitzen, das Kleid und die Perücke zum Träumen sind, auch wenn es darunter juckt und krabbelt und man unablässig Riechwässerchen braucht, um für die Umgebung erträglich zu sein. O nein, mit diesem Marmorboden hat die Stadt ein Jahrhundertwerk geschaffen, es ist eine Großtat, und auch die Herren Trevisan und Barbarigo stimmen da voll überein.

Und wenn die Gesamtlage noch so trostlos ist, viel mehr kann man einfach nicht mehr tun. Nun, pardon, wirklich nicht? Vielleicht gäbe es da doch einiges – man könnte ein wenig demokratisieren und die müden adeligen Räte durch energische bürgerliche ersetzen, man könnte die Anregungen zu einer Wirtschaftsreform, die schließlich schon lange vorliegen, endlich aufnehmen, man könnte – aber statt dessen macht der Rat den unbequemen Mahnern Giorgio Pisani und Carlo Contarini wegen vorgeblicher Revolutionsabsichten den Prozeß, steckt sie auf Lebenszeit ins Gefängnis, bekommt entsetzliche Angst wegen »neuer Ideen« und zwingt 1791 die Obizzis, aus ihrem Wappen das Wort »libertas« zu streichen. Womit man es diesen Umstürzlern wieder einmal gezeigt hat! So!

Ma lasciamo lo! Man sollte sich wirklich nicht mit Politik langweilen, es gibt Wichtigeres, etwa das, was die Serenissima Abend für Abend bietet: die Bälle, die Konzerte, die Opern, die Schauspiele – die vierzehn Theater sind in allen drei Spielzeiten, Herbst, Karneval und Sensa, täglich ausverkauft, allein 1274 Opernerstaufführungen blitzen in diesem wirbeligen Jahrhundert über die Bühnen, und die Schauspielpremieren sind kaum noch zu zählen. Ein einziger hat ganz allein über zweihundert dazu beigesteuert – Carlo Goldoni. Und jedes davon ist eine Perle und ein hinreißender Spaß, denn Venedig sieht sich darin selber,

Die Piazzetta im 18. Jahrhundert – Schmutz, Fetzen, Gerümpel und Marmorboden.

die Fischer, Zofen, Händler, Abbati, Nobili und die Diener, diese flinken, witzigen, boshaften Lästerzungen, die alles sagen, was am Rialto zu sagen eigentlich von rechts wegen verboten ist. Keiner spießt diese unglaubliche Welt treffsicherer, frecher und liebenswerter auf wie dieser Carlo Goldoni mit seiner Feder, und keinem anderen gelingt es, sie mit all ihrem flirrenden Zauber mit sich in die künftigen Jahrhunderte zu nehmen.

Auch wenn es durchaus noch eine ganze Menge andere gibt, die dasselbe

*Carlo Goldoni, der geistreichste, witzigste und genialste Komödiendichter
Venedigs im 18. Jahrhundert.*

vorhaben, etwa die beiden Gozzis, der Carlo mit seinen Märchen und der
Gasparo, der seine Partnerin aus Zerstreutheit geheiratet hat, aus demselben
Grund alle Jahre Vater wird und angesichts der hungrigen Mäuler unablässig
Geschichtchen und Essyas schreiben muß, die allesamt nur ein Thema haben,
nämlich Venedig, und die allesamt zum Köstlichsten gehören, was jemals aus
der Lagune in die Welt geschickt worden ist; oder die Maler, die denen des
Cinquecento durchaus keine Schande machen – und zwar nicht nur der luftige
Tiepolo, sondern auch die Dame Rosalba Carriera, die erst Spitzen nähte, dann
zu malen anfing und der jetzt ganz Paris zu Füßen liegt, und der Canaletto und
der Guardi, deren Veduten der Erhabenen ganz besonders schmeicheln; oder –
aber eigentlich bräuchte man nur in die unzähligen Kaffeehäuser zu gehen, jene
allerwichtigsten venezianischen Institutionen, die, obwohl erst 1683 eingeführt,
jeder der enorm bedeutenden Gruppen bereits ein eigenes Lokälchen zugewiesen
hat, den Literaten, den Malern, den Beamten, sogar den Procuratoren – wofür
man Verständnis haben muß, da es längst schon ihrer neunzig sind, den Anhang
gar nicht mitgerechnet.

Ein ganz besonders glückhafter Einfall freilich war es, die Diplomaten im
»Café dei Segretari« zusammenzufassen. Nun beschäftigten sich nur noch die

echt Begeisterten mit der Außenpolitik, der Rest des Staates brauchte nicht mehr behelligt zu werden, wobei natürlich das Metier, vorausgesetzt, man ist interessiert, keineswegs an Reiz verloren hat. Die Herren im Außendienst wissen einfach alles, sagen sämtliche Entwicklungen präzise voraus, ziehen die logischsten Folgerungen – ein geistvolles Spiel. Leider hat die Republik kaum mehr Verwendung dafür, denn ohne Land- und Seestreitkräfte, in harmlosem Frieden mit der Umwelt, sogar mit den Türken, und als waffenloser, lieb-neutraler Domino auf dem internationalen Parkett sollte man sich doch besser in nichts einmischen. So wanderten die ausgezeichneten Arbeiten der Diplomatie ins Archiv, aber wenigstens haben die Herren ihren Spaß gehabt.

Ab und zu läßt sich doch noch ein wenig anbringen, etwa wenn hohe Häupter zu Besuch kommen: König Friedrich IV. von Dänemark für drei Monate, König Friedrich-August III. von Polen-Sachsen gleich zweimal, Papst Pius VI., der Zar von Rußland, Prinz Eugen von Savoyen, Kurfürst Max Emanuel von Bayern, alle möglichen anderen deutschen Herren und dann natürlich Kaiser Joseph II. 1769, worüber man besonders glücklich ist, da die Diplomatie unentwegt behauptete, er habe Absichten auf die Terraferma. Und also wollte der Rat ein Märchenfest geben, die ganze Stadt plante, bereitete vor – und dann wurde aus Wien mitgeteilt, die Kaiserliche Majestät komme streng inkognito. Entsetzlich! Das schöne Fest, alles umsonst. In grausamer Selbstzüchtigung packte die Republik ihre Zeremonienpläne wieder zusammen und wahrte seufzend die habsburgische Anonymität.

Aber der Kaiser war kein Unmensch: Sechs Jahre danach kam er nochmals offiziell, und da wurde alles, alles nachgeholt, und der Kaiser sagte, er sei hochzufrieden. Na bitte! Und was natürlich ganz besonders günstig war: Seine Kaiserliche Majestät kam zur Sensa! Da ließen sich natürlich alle Register ziehen, denn wo bekam er derlei schon geboten, zumal noch ein jedes Habsburgerherz erblühte, wenn es von irgendeiner Tradition angerührt wurde.

Man fasse zusammen – am Himmelfahrtstag des Jahres 997 fuhr der Wunder-Doge Pietro Orseolo II. nach irgendeinem Sieg mit seinem prächtigen Schiff hinaus auf die Lagune, nahm seinen goldenen Ring, warf ihn in blitzendem Bogen weit hinaus in die Fluten, rief: »Ich vermähle mich mit Dir, Meer!« und machte somit die Adria venezianisch. Eine herrliche Szene – und sie wurde jedes Jahr wiederholt, auch in nicht so rosigen Zeiten. Also, wenn das keine Tradition ist. Und als denn an dem großen Tag der goldene Bucintoro unter Kanonendonner und Glockengeläut so langsam hinaus aufs Meer glitt, geriet die ganze Stadt aus dem Häuschen. Denn um das Staatsschiff, aus dessen Fenstern ringsherum die rotgekleideten Senatoren schauten, wimmelte es von gold-, silber- und purpurbedeckten Gondeln und Barken, überall waren Masken darin und Harlekine, alles jubelte, lachte, es war wie im Karneval, es war herrlich.

Denn wenn dieses wunderbar verrückte Venedig etwas dem Karneval gleichstellt, dann vergibt es das allerhöchste Prädikat. Am Karneval hängt, zum Karneval drängt doch alles. Zwar hat er seine hohe Zeit in den sechs Monaten vom ersten Oktobersonntag bis zum Aschermittwoch, aber längst schon regiert er unentwegt, Maskenfeste und Maskentreiben jagen sich durchs ganze Jahr, gerade, daß man noch in den Kirchen vor der Madonna das Gesicht freigibt. Und die nächtlichen Späße und Spiele während der Villegiatura auf der Brenta sind nicht viel anders als jene, wenn Sior Maschera über den Canal Grande hüpft, da ist Venedig nur noch ein überschäumender, schreiender, quiekender Hexenkessel, da weiß keiner mehr, wer wer ist, mit wem er es zu tun hat, jeder lacht mit jedem, tobt mit irgendeiner Horde durch die Stadt, verliert sich, läuft mit anderen, die Kanäle sind mit Gondeln hoffnungslos bedeckt, es ist kein Weiterkommen, man springt von Boot zu Boot, den Canal Grande hinauf und hinunter, schüttet Konfetti, hascht hier ein Küßchen, dort einen Klaps, gerät in irgendeinen Palazzo, irgendein Fest, stürzt schreiend jemandem nach in den nächsten, ruht sich irgendwo für ein paar Stunden aus, selten zuhause, tobt, lacht, hetzt in einem irren Furioso von einem Tag in den anderen, von einer Nacht in die andere, sechs Monate hindurch. Jeder ist verkleidet, jeder maskiert, die dicke Vettel ein Senator, der freche Hanswurst ein Abbate, die hübsche Donna ein Kammerkätzchen, die Figuren der Commedia, Türkisches, Chinesisches, Venezianisches, nirgendwo Echtes, Tanzen, Spielen, Schwirren, der Zeit davonjagen – Carneval de Venise.

Karneval auf dem Canal Grande.

Finis Republicae

»Was Sie nicht sagen, eine richtige Revolution ist das jetzt in Frankreich? Sozusagen ein Aufruhr? Oh Gott, wie schrecklich, nein, wie konnte die Regierung nur so etwas zulassen, also ich verstehe den König nicht!« Die Dogaressa rückt sich energisch zurecht. Sie sitzt gerade beim Lever, umsorgt und umflattert von einem Dutzend Zofen und fast ertrinkend in einem Wall von .Fläschchen, Töpfchen und Puderquasten. Aus der Ecke zirpen Harfenklänge, ein Friseur klappert und pudert aufgeregt durch die Luft, dazwischen zerstäubt jemand Parfüm, während ein junger Elegant zierlich vorgebeugt sich um eifrige Konversation bemüht.

Die Zubereitung der hohen Dame zieht sich hin, schließlich ist der Kampf gegen den Zugriff der Zeit für alle Beteiligten enervierender von Tag zu Tag, nicht einmal mehr die dickste Puderschicht und das kunstvoll aufgemalte Schmollmündchen können da mehr recht helfen. Die Dogaressa zählt nun einmal zu jenen weiblichen Wesen, denen Maskenbälle die allerliebsten Veranstaltungen sind, sie weiß, daß es an der Zeit ist, fromm und weise zu sein und, als Gattin des Dogen, vor allem Staatsklugheit zu beweisen. Und gerade letzteres scheint ihr an diesem Tage ein besonderes Anliegen zu sein.

»Revolution! Unglaublich! Aber sehen Sie, mein lieber Francesco, das mußte ja wohl so kommen! Erinnern Sie sich doch bloß an den seltsamen Marquis im Herbst. Zweimal habe ich ihm die Sache von dem Ring erzählt, der ja der Giulia Pisani – Sie wissen – in Paris abhanden gekommen ist, eine schreckliche Geschichte! Und was soll ich Ihnen sagen, als ich anderntags nochmals davon anfing, erinnerte er sich nicht! Er hatte es einfach vergessen, bedenken Sie, vergessen! Mit solchen Leuten kann man natürlich kein Land regieren! Aber was errege ich mich, uns wird das ja sowieso nicht berühren. Mein Gatte, der Doge, sagt immer, daß dem, der andern nichts tut, auch nichts getan wird. Und ich kann ihm da nur beipflichten. – Aber, mein Lieber, was mich viel mehr beunruhigt, um nicht zu sagen erschreckt: Pietro läßt nach! Seine Biscotti werden lascher und lascher, er spart am Anis. Also, ich habe ihn kommen lassen, ihm Vorhaltungen gemacht, ihn angefleht, aber es hat sich nichts geändert, im Gegenteil. Das Maß ist voll. Ich werde meinem Gatten, dem Dogen, davon Mitteilung machen. So etwas kann sich die Republik nicht leisten!«

Womit man wieder beim Thema und also bei den eigentlich wesentlichen Dingen war. Denn die Probleme Venedigs lagen nun einmal anders als in der

Lever der Dogaressa.

übrigen Welt. Maître de Plaisir und Festsaal Europas zu sein, das verpflichtete, und es blieb einfach keine Zeit für Nebensächlichkeiten. Die ebenso perfekten wie gigantischen Maßstäbe, die sich die Stadt für ihre Rolle als Amüsierzentrum selbst gesetzt hatte, umfaßten alles und jeden, formten Denken und Handeln und bewegten das Selbstverständnis des gesamten Gemeinwesens weiter und weiter aus der Politik hinaus. Venedig konnte sich auf nichts anderes mehr konzentrieren als auf das Arrangieren von Bällen, von Soireen und traumhaften Gondelpartien. Eine neue Schrittkombination beim Menuett versetzte die ganze Lagune in Aufregung und die maßgebenden Ereignisse waren Feuerwerke,

Illuminationen und die Empfänge hoher Gäste. Beschäftigung mit der Politik hatte nur noch den Zweck, schädliche Einflüsse auf alle Feste der Serenissima abzuwenden.

Zwar registrierte man am Rialto die schrecklichen Gewitter, die sich seit dem Bastillesturm in Paris am 14. Juli 1789 jenseits der Alpen zusammenzogen, geradezu dankbar. Sie gaben immerhin ganz wundervolle Konversationsthemen ab – aber sonst, Gott, man konnte sich doch nicht wegen jeder Kleinigkeit echauffieren! Nur einmal, der Tod Ludwigs XVI. war gerade durchgesickert, kamen ein paar Senatoren zu spät zum Diner – ach ja, und als die Nachricht von der Enthauptung der Marie Antoinette eintraf, zuckte die Dogaressa zusammen und verschüttete ihre Schokolade.

Jedoch, alles in allem, lagen die Probleme rund um San Marco eben doch ganz anders. In Paris floß das Blut, in Venedig der Malvasier, die europäischen Mächte zogen in den Krieg gegen Frankreich, die Venezianer zogen die Brenta hinauf, von einem Gartenfest zum andern. Sie fanden einfach, es müßte einen Ausgleich geben zu den Scheußlichkeiten dieser Welt, und außerdem würden der Wiener Kaiser, die Preußen, die Spanier und die Engländer in Frankreich schon wieder Ordnung schaffen.

Vorab: Die charmanten Tänzer am Canal Grande täuschten sich, es wurde keine Ordnung geschaffen. Mochte die europäische Koalition im März 1793 noch durchaus erfolgreich sein, so brachte die totale Mobilmachung der Franzosen mit einem Ein-Millionen-Mann-Heer sie völlig aus der Fassung, 1795 ließ Preußen seine Verbündeten im Stich und genehmigte der französischen Republik im Baseler Sonderfrieden die Rheingrenze (immerhin!), ein Jahr später versöhnte sich Spanien mit dem neuen Regime in Paris und wandte sich auf dessen Seite sogar gegen seinen bisherigen Verbündeten England. Europa demonstrierte wieder einmal mehr seine großartige Begabung für Einigkeit – aber Venedig tanzte weiter.

Es hatte auch nicht bemerkt, daß in Frankreich mit einem kleinen drahtigen Korsen namens Napoleon Buonaparte ein faszinierendes militärisches Genie auf den Plan getreten war. Das »Kerlchen« hatte schon mit vierundzwanzig Jahren den Generalsrang erreicht, zwei Jahre später rettete es die Republik mit knapper Not vor den Königlichen – und bekam als Merci den Oberbefehl über die Revolutionsarmee für Norditalien. Seine »Armee« war zwar eher ein schäbiger, zerlumpter Haufen denn ein brauchbares Instrument, aber der kleine Korse pumpte sie auf mit einer fanatischen Energie, erneuerte, organisierte und fuhr dann plötzlich im April 1796 über Nizza auf Turin los, zwang den König Viktor-Amadeus von Sardinien-Piemont zum Waffenstillstand, rückte in Eilmärschen über Alessandria und Piacenza zur Adda, schlug die Österreicher bei Lodi und zog am 11. Mai in Mailand ein.

Venedig war entsetzt. Soeben hatte man zwei wichtige Feste vorzubereiten, nämlich den Einzug des neuen Nuntius und die Festa della Sensa, da kam dieser unangenehme Söldnertyp und brachte den Krieg übers Land. Denn den Öster-reichern hatte die Republik nach deren Niederlage bei Lodi den Durchzug über Crema und also über venezianisches Gebiet gestatten müssen, und als dann die Franzosen dasselbe verlangten, mußte man es ihnen ebenfalls genehmigen, schließlich hielt man ja auf unbewaffnete Neutralität. Und nun war die ganze Westecke der Terraferma verheert, die Lombardei französisch und der Doge ratlos. Denn nachdem der Buonaparte bisher so leichtes Spiel gehabt hatte, ließ sich schnell ausrechnen, daß es ihn zu weiteren Untaten drängen und er auch vor der betagten Königin der Meere keinen Respekt haben würde.

Die Serenissima verstand die Welt nicht mehr. Sie hatte doch niemandem etwas getan, jedem war sie entgegengekommen, sogar den Revolutionären in Paris. Beispielsweise hatte sie den Grafen von Lille (und späteren Ludwig XVIII.) aus dem Land gewiesen, obwohl er im Goldenen Buch eingetragen und also Venezianer war – nur weil die französische Hemdsärmelregierung das verlangte. Konnte man denn mehr tun? Und jetzt diese Feindseligkeiten!

Alle Festesfreude war dahin, Räte und Senatoren schwirrten aufgelöst durch-einander, die Geiger brachen mitten im Allegretto ab, und die Damen flüchteten mit gerafften Röcken und angstvoll geweiteten Augen in ihre Boudoirs. Zwar kamen sie nach dem ersten Schrecken wieder herunter, und auch die Geiger setzten von neuem ein, aber irgendwie ahnten sie wohl alle, daß es nun galt, den Abgesang auf die Republik zu tanzen.

Denn von Mailand aus wühlten die Franzosen mit Macht. Napoleon mußte Venedig haben, wollte er sich gegen die Österreicher durchsetzen: die Republik hatte mit Verona und dem östlichen Friaul alle strategischen Schlüsselstellungen in der Hand. Also versuchte er es zunächst mit Frechheiten, um das konfuse Lagunenländchen zu Unbesonnenheiten zu reizen und vielleicht damit einen Grund für einen Angriff zu bekommen. Er verwüstete den Rest der west-lichen Terraferma, wies seine Truppen an, nicht mit Geld zu bezahlen, wenn sie bei venezianischen Bauern und Händlern »einkauften«, sondern mit Gutscheinen – und das hieß ja soviel als nicht zu bezahlen, und schließlich besetzte er kurzerhand Verona, indem er drohte, es zu stürmen und niederzubrennen, wenn man es ihm nicht freiwillig ließe.

Aber es half alles nichts. Der venezianische Senat beschränkte sich auf unablässige Klagen und Beschwerden in Paris und veranstaltete ansonsten Bittprozessionen und Wallfahrten, um mittels der göttlichen Gnade sich die korsische Laus vom Pelz zu schaffen.

Soviel Leidensfähigkeit bezwang allmählich sogar einen Buonaparte, und erschöpft ließ er der Republik vorschlagen, sich mit ihm zu verbünden, er schenke ihr dafür Ferrara.

Aber die also plötzlich umworbene Serenissima hatte in Erfahrung gebracht, daß – man zählte inzwischen den Juli 1796 – Österreich mit einer gewaltigen Heeresmacht von Tirol her unterwegs sei. Sie sah den bösartigen kleinen

General Napoleon Buonaparte.

Franzosengeneral bereits kläglich zerquetscht – und zog es vor, weiterhin neutral zu bleiben.

Die Österreicher kamen denn auch, gefeiert und umjubelt von den Leuten der Terraferma, jedoch mußten sie schon in den ersten Augusttagen wieder das Weite suchen, weil sie der kleine Korse hoffnungslos verprügelt hatte. Und der Herr Buonaparte hatte in Italien freie Hand.

Was Wunder, wenn der Doge in der ganzen Stadt Fürbittkerzen anzünden ließ und des Nachts ruhelos durch die Palastgänge irrte, als wäre er sein eigener Ahnherr. Denn jetzt mußte man mit allem rechnen. Und immerhin rüstete die Republik nun doch ein wenig auf, 15 000 Truppen wurden in Istrien und Dalmatien zusammengezogen, eine Kriegsanleihe war im Handumdrehen dreimal überzeichnet. Und dann die Terraferma – in rührender Anhänglichkeit stand sie zu San Marco, ein Heer von gut 30 000 Mann hätte leicht aufgestellt werden können, aber die Regierung konnte sich nicht entscheiden, weder so noch so noch überhaupt, und schließlich wurde der einzige Plan, aus dem Napoleon eine echte Gefahr erwachsen wäre, aufs Fensterbrett gelegt.

Die venezianischen Festlandstädte, vorab Brescia und Verona, versuchten auf eigene Faust Empörungen gegen die Franzosen, lehnten sich an die Österreicher an, machten der Republik die ergreifendsten Angebote, wenn sie ihnen nur helfe – es war ein heilloses Durcheinander.

Und Napoleon zog die Schlinge zu. Einen Tiefschlag nach dem andern versetzte er der wehrlosen Venezia, zog durch ihr Gebiet, wie es ihm beliebte, erpreßte, requirierte, und ließ ungehindert in allen Städten, auch in Venedig selbst, Aufwiegler und Propagandisten revolutionäre Grüpplein bilden, damit die dann zu gegebener Zeit ihn um Hilfe angehen und so seinen Angriff rechtfertigen konnten. Die Pariser Presse (ein Instrument, dessen man sich auch heute noch bravourös zu bedienen weiß) tobte und schrie und überhäufte Venedig mit Schmutz, Brescia, Peschiera, Legnano, Bergamo wurden von Buonaparte neben Verona gegen jedes Recht einfach besetzt und ausgepreßt, und als sich der Generalprovveditore von San Marco gegen diese Frechheiten verwahrte, höhnte der kleine Korse, daß diese Beschwerde allenfalls der Aufsatz eines Rhetorikschülers sei. Und die Republik mußte sich auch derlei gefallen lassen – das ewig gleiche Schicksal jeder unbewaffneten Neutralität.

Inbrünstig und mit glühenden Wangen betete deshalb die Stadt um einen österreichischen Sieg (allerdings nur in den Klöstern, der Rest der Bürger hatte keine Zeit, es war nämlich Karneval), Mitte November 1796 sah es fast danach aus, man holte tief Luft – doch am 3. Februar 1797 fiel Mantua, am 19. Februar schloß der Papst seinen bitteren Frieden mit Napoleon.

Zerknittert und mit verrutschter Perücke erwartete die alte Serenissima den Todesstreich. Aber als es ringsum still blieb, der General Buonaparte sogar irgendwie freundlicher wurde, rappelte sie sich sogleich wieder hoch, rückte die Perücke zurecht, legte etwas Rouge auf und feierte den Karneval zu Ende, glanzvoll und übermütig wie je. Haltung ist alles.

Und diese Haltung brachte denn auch den Napoleon an den Rand der Verzweiflung. Er bekam und bekam keinen Kriegsgrund. Als sich die Bauern um Verona im April erhoben und er sie gnadenlos niedermetzeln ließ, entschuldigte sich der Senat für die Anhänglichkeit seiner Untertanen; als inszenierte Jakobinertrüppchen die venezianischen Beamten verjagten und in den wichtigsten Orten »demokratische« Gemeinderäte einsetzten, hielt die Regierung mäuschenstill. Er konnte plündern, brandschatzen, erschießen lassen – Rat und Doge bedankten sich noch dafür.

Dann endlich, am 20. April, klappte es. Die venezianische Regierung hatte nämlich angeordnet, daß in der gegebenen politischen Situation kein fremdes Kriegsschiff durch einen der Porti in die Lagune einfahren dürfe. Aber genau ein solches, und dazu noch ein französisches, machte an diesem Tag Anstalten, unbekümmert in den Porto di Lido zu segeln. Das Fort San Andrea gab Warnschüsse ab und lamentierte, aber die Franzosen fuhren hartnäckig geradeaus weiter, und also ließ der Kommandant das Feuer eröffnen. Leutnant Laugier, der Kapitän und die Hälfte seiner Besatzung wurden erschossen, und Napoleon hatte seinen »Grund«.

Schon vorher war von ihm ultimativ eine Verfassungsänderung, die Entwaffnung des Volkes und was nicht alles verlangt worden, aber jetzt tobte er, daß ihn alles Gold von Peru nicht abhalten werde, grausige Blutrache zu üben. Und dann diktierte er. Am 1. Mai mußte der Senat aufgelöst und durch ein zweiundvierzigköpfiges Gremium, die Consulta, ersetzt werden, am 4. Mai schickte man die Inquisitoren ins Gefängnis. Und damit war die außen- und innenpolitische Wirksamkeit der Regierung gebrochen. Jetzt ließ Napoleon einen Jakobinerclub auftauchen, mit einem vom Zollbeamten zum Advokaten avancierten Herrn Spada und einem Gewürzhändler namens Zorzi an der Spitze, dessen Mitglieder mit ihren konfusen Hetzreden die ganze Stadt verwirrten, während der General selbst fortwährend mit einem militärischen Angriff drohte.

Der Doge war mit seinen Nerven am Ende. Und dann ersuchten die Herren Spada und Zorzi am 8. Mai mitten in der Nacht um ein geheimnisvolles Gespräch, legten einen Katalog von französischen Forderungen vor, die darin gipfelten, daß die alte Verfassung abzuschaffen und eine demokratische Gemeindeordnung einzuführen sei. Er, der Doge, könne ja dann zusammen mit Herrn Spada präsidieren. Das war zuviel. Und als die Herren Jakobiner ihm dann auch noch erläuterten, daß die ganze Stadt bereits auf ihrer Seite stehe und die Regierung eine ganz schreckliche Revolution nebst entsprechendem Blutvergießen nur noch abwenden könne, wenn sie den französischen Forderungen in allen Punkten entspräche, gab Ludovico Manin auf. Am 9. Mai flehte er die Consulta an, den Schlußstrich zu ziehen, bekam jede Zustimmung, die er wollte, und bestellte schließlich für den 12. Mai 1797 den Großen Rat.

Es ist eine traurige Szene. Von mehr als 1600 Mitgliedern haben sich ganze 573 eingefunden, das Gremium ist theoretisch nicht einmal beschlußfähig. In den düsteren, halbleeren Saal hinein stammelt der Doge die französischen Forderungen und schlägt zitternd vor, sie anzunehmen. Ein paar Herren empören sich, draußen knallen Schüsse, die Räte laufen durcheinander, der Doge will zur Türe, alles schreit »zur Abstimmung«, und dann fällen sie das Todesurteil über ihren Staat, 520 mit »Ja«, nur 25 mit »Nein«, die Restlichen sind schon vor der Abstimmung davongelaufen.

Die tausendjährige Republik von San Marco ist tot. Der Doge wird von Weinkrämpfen geschüttelt, hastet in seine Gemächer, reißt sich noch unterwegs die Zeichen der Dogenwürde ab.

Draußen vor dem Palast toben die Massen. Das Volk weiß, was da drinnen beschlossen worden ist, und seltsamerweise schreit es nicht »Libertà« oder ähnliches, sondern »San Marco, San Marco«, es kann das Geschehene nicht begreifen. Dieses Volk von Venedig wäre sicherlich keinem der Herren Spada oder Zorzi nachgelaufen! Ja, nicht einmal den Schüssen, von denen die Räte so erschreckt worden waren, kam eine Bedeutung zu – abrückende Dalmatinertruppen hatte ihre Gewehre entladen.

Der stolzen Königin der Meere hätte man wahrhaftig einen würdigeren Schlußakt gegönnt. Aber vielleicht ist dieses seltsam Unwirklich-Possenhafte um den 12. Mai 1797 völlig gemäß jenem letzten Stadium venezianischer Selbständigkeit? Viele haben darüber gebrütet, woran die Republik Venedig wirklich gestorben ist, und nicht selten sehen wir uns den sonderbarsten metaphysischen

Geweben gegenüber. Die Geschichte, heißt es da, habe »Venedig gefällt, weil seine Aufgabe erfüllt« oder »weil die Zeit über den kleinen Stadtstaat hinausgewachsen war«, oder gar »weil er wegen seiner inneren Verderbtheit und Aufweichung ausgemerzt werden mußte«.

Bei allem Respekt vor den Wahrheitskörnchen in jedem dieser Einfälle: Es ist durchaus möglich, daß die Ursachen dieses schlimmen Endes auf einer weit erdnäheren Ebene zu suchen sind. Denn die Republik Venedig wurde eigentlich nur von einer dünnen Schicht, eben dem Patriziat, getragen. Die entsprechenden Vorteile und Ergebnisse sind bekannt, aber diese Tatsache bedingte eben auch, daß der Staat unlösbar mit dieser Schicht verbunden war und davon abhing, was sie »tat« oder aber »nicht tat«.

Durch eine beispiellose und über gut sechs Jahrhunderte sich hinziehende Leistung, eben vor allem des Patriziats, ist dieses Gemeinwesen Venedig in eine schwindelnde Höhe und zu märchenhaftem Reichtum aufgestiegen. Aber dann allmählich, spätestens seit der Mitte des siebzehnten Jahrhunderts, läßt dieser Wunsch – sei es durch das Bedürfnis, auf dem Gewonnenen auszuruhen, sei es durch entmutigende Widerwärtigkeiten von außen –, ständig mehr für das Gemeinwesen zu erreichen, nach und beschränkt sich zunehmend auf das Bemühen, das Erreichte zu bewahren. Zu Beginn des achtzehnten Jahrhunderts endlich kehren sich die Vorzeichen völlig um, und es läßt sich geradezu von einer Unleistung sprechen. Die Patrizier zeigen keinerlei Bereitschaft mehr, noch etwas für das Gemeinwesen zu tun, sie wenden sich ausschließlich ihrer eigenen persönlichen Entfaltung zu und der Aufgabe, das vorhandene Geschaffene aufzubrauchen. Neues kommt nicht mehr hinzu.

War das Gemeinwesen, der Staat in der ersten Phase des Aufbaus Schutz, Motor, Basis für Leben und Erfolg, so fiel ihm in der letzten keine für die Einzelexistenz wichtige Aufgabe mehr zu, und also nahm auch das Interesse für ihn ab. Den Patriziern des achtzehnten Jahrhunderts war der Staat eben nur mehr eine liebenswerte Dekoration, weshalb es ihnen ein seltsames Ansinnen sein mochte, sich für ihn entscheidend einzusetzen oder seinetwegen auch nur Unbequemlichkeiten in Kauf zu nehmen.

Wenn die Haltung eines Tommaso Mocenigo oder Francesco Foscari in jenem 18. Jahrhundert prägend gewesen wäre, hätte es weder den 12. Mai noch sonst eines der demütigenden Ereignisse gegeben. Sicher auch wäre für die Republik eine gewichtige Rolle im Zusammenspiel der Mächte gefunden worden, sei es als »Tresor Europas« (eine Aufgabe, die später dann die Schweiz übernommen hat), sei es als Zentrum des diplomatischen Spiels, schließlich verfügte man ja einmal über die geschicktesten Diplomaten der Welt.

Der alte venezianische Staat ist offenbar tatsächlich an der Unleistung, an der Interesselosigkeit der ihn tragenden Schicht zerbrochen, und die traurige Komik des letzten Aktes bildet eigentlich den einzig richtigen Schlußpunkt für dieses Stück.

Napoleonisches Billard

Die alte Republik von San Marco war tot. Aber eigentlich und um die Fäden vollends zu verwirren: Der Staat Venedig bestand durchaus weiter, nur eben, daß sich die Adelsrepublik in eine Volksrepublik gewandelt hatte. Die Bedeutung dieser Zäsur freilich ging zunächst unter in Wirren und Aufregung. Das Volk brach nämlich los – und zwar nicht für die Jakobiner, sondern gegen sie. In wildem Zorn stürmte es die Häuser von Spada, Zorzi & Co., Brände loderten hoch, San-Marco-Rufe gellten durch alle Gassen und Kanäle, und Bürger Villetard, Politagitator der Pariser Regierung und Spielleiter der Jakobinerposse zu Venedig hastete in die spanische Botschaft und bat bibbernd um Asyl.

Doch es war nur ein kurzes Aufbäumen. Am nächsten Tag überfluteten französische Truppen die Stadt und zum Abend des 13. Mai lag wieder Grabesruhe über der Lagune, und Bürger Villetard, nun also mutig, begann unverzüglich mit der Errichtung eines »demokratischen« Stadtregiments nach bewährtem Jakobinermuster: Er stellte eine Liste von sechzig Venezianern auf, die als »Munizipalität« vom Großen Ratssaal aus die Stadt regieren und sich mit den gleichnamigen Gremien der Terraferma-Gemeinden zusammen dann nach und nach zu einer Art Gesamtregierung entwickeln sollte. Und am 16. Mai wurde, schon damit alles seine Ordnung hatte, mit großem Stimmaufwand dem lauschenden Volk vorgelesen, daß die alte Regierung sich all ihrer Rechte begebe und die neue, nur noch eben von ihm, dem Volk ausgehende, das goldene Zeitalter zu bringen sich vorgenommen habe. Man horchte und sagte nichts dazu. Und so begann die neue Volksregierung ihre Tätigkeit.

Und gleich als erstes wurde sie nach Mailand zitiert, um einen »Friedensvertrag« mit General Buonaparte zu unterschreiben – eine bittere Angelegenheit: Die Zahlung von drei Millionen Franken in bar setzte er fest, Schiffsmaterial im Wert von nochmals drei Millionen, fünf gerüstete Kriegsschiffe, zwanzig Gemälde und fünfhundert Handschriften. Zwar hieß es dann weiter, daß die Stadt selbst umgehend und die Terraferma baldmöglichst von französischen Truppen geräumt und der alte Staat allmählich wieder zusammenfinden solle – aber der Herr General bestand darauf, daß der Vertrag noch im Namen des Großen Rates, als seinem »Feind«, geschlossen werden müsse, jedoch das Datum des tatsächlichen Vertragsschlusses, eben das des 16. Mai zu tragen habe. Und somit war, da der Große Rat sich ja am 12. Mai aufgegeben hatte, der ganze Vertrag nutzlos und eine Farce.

Venedigs Volksvertreter unterschrieben trotzdem – um Gottes Willen jetzt den kleinen Mann nicht auch noch reizen! Am sinnvollsten war es wohl noch, sich mit der Pariser Regierung möglichst gut zu stellen, damit Buonaparte von dort ein bißchen Einhalt geboten wurde. Und so beeilte sich die Munizipalität denn sogleich, ihre Kommune wenigstens zu einem Abziehbildchen der leuchtenden französischen Vorlage zu machen: Mitten auf dem Markusplatz wurde ein eindrucksvolles Loch gegraben und der obligate Freiheitsbaum dareingesetzt, um den Rat der Sechzig rankten sich alsbald sechs Ausschüsse, sogar ein Wohlfahrtsausschuß war dabei – alles wie in Paris! Sodann war der Ruf nach San Marco bei Todesstrafe verboten, Gefängnis drohte jedem, der sich nicht ganz freundlich über das neue Regime und den großen Franzosenbruder äußerte, und aus Frankreich soll sogar eine Guillotine angefordert worden sein zur entsprechenden Erledigung einer gigantischen Verschwörung des Adels. Zwar mußte sie dann wieder abbestellt werden, weil sich das besagte Adelskomplott als Unsinn erwies, aber den guten Willen hatte man immerhin gezeigt.

Vor allen Dingen galt es, für alle Welt sichtbar eine große revolutionäre Geste zu machen, und also wurden am heiligen Pfingstsonntag, dem 4. Juni, mit viel Lärm und wenig Zuschauern vor dem Dogenpalast die Fahne des heiligen Markus und die Würdezeichen des Dogen zu einem Häuflein Asche verbrannt. Besonders natürlich gehörte zu dem also Vertilgten das Goldene Buch, wie der französischen Regierung sogleich eifrig mitgeteilt worden ist. Allerdings wird eben dieses Goldene Buch noch heute im Staatsarchiv bewundert, weshalb damals wohl irgend etwas anderes auf den Scheiterhaufen geschmuggelt worden sein muß – eine rührende Schwindelei, die einmal mehr zeigt, was die Venezianer, von einigen Wirrköpfen vielleicht abgesehen, tatsächlich von dem ganzen Jakobinerzauber gehalten haben. Ob man nun Goldoni spielte oder Revolution, Hauptsache, die Eroberer blieben leidlich bei Laune!

Aus diesem Grunde wohl auch hat der Sechzigerrat den General Napoleon einmal ums andere gebeten, doch irgendwann im Sommer ein paar Tage am Rialto zu verbringen – vielleicht in der Hoffnung, bei persönlichen Gesprächen den gestrengen Herrn etwas milder zu stimmen. Natürlich hatte der Vielbeschäftigte keine Zeit, aber wenigstens schickte er Madame Buonaparte, die schöne Joséphine, und, glücklich schon ob dieses Almosens, tanzte Venedig vier Tage lang vor ihr, schmeichelte, warb, überschüttete sie mit allem Zauber, der aus alten Zeiten noch geblieben war.

Joséphine amüsierte sich denn auch herrlich und zwitscherte beim Abschied eine huldvolle Sentenz nach der andern – aber hinterher war alles wie zuvor, nämlich trostlos. Die Gemeinderäte der Terraferma sahen in der »Munizipalität« der alten Hauptstadt allenfalls ein gleichberechtigtes Kollegium, auf keinen Fall aber den Rechtsnachfolger der Serenissima! Sie dachten nicht daran, sich diesem seltsamen Regime in der Lagune unterzuordnen und erklärten sich kurzerhand für selbständig. Und da derlei Regungen von den Franzosen noch kräftig geschürt wurden, war die westliche Terraferma so gut wie verloren.

Und die östliche? Dort gab es keine Franzosen, dort mußten keine »Munizipalitäten« eingerichtet werden, dort hatte niemand Verständnis für die seltsamen Veränderungen am Rialto. Für die Städte und Landschaften von Cattaro bis Istrien war ihr Treueverhältnis mit dem Erlöschen der alten Republik beendet, und sie hofften ganz unbefangen, daß Österreich sich ihrer annehmen werde. Wie hätte sich da Wien einer so dringlichen Christenpflicht entziehen können! Ab dem ersten Juni rückten österreichische Truppen, gefeiert und umjubelt, nach und nach in alle venezianischen Ostgebiete ein, und bald hatte die Sechzigerversammlung im Dogenpalast auch den Verlust der anderen Terrafermahälfte zu beklagen.

Doch nicht genug damit: Mitte Juni zeigte sich Buonaparte der Lagunenrepublik gegenüber plötzlich ungemein freundlich und gewogen, versicherte, daß er alles für die Erhaltung ihrer Freiheit tun werde und schlug vor, in einer brüderlichen venezianisch-französischen Flottenexpedition hinunter nach Korfu und den Jonischen Inseln zu fahren, um diesen unglücklich-konservativen Gefilden, die noch immer der alten verderbten Republik nachtrauerten, eine revolutionäre, demokratische Regierung zu bringen. Weshalb auch immer – die Sechzig stimmten zu, am 28. Juni landeten die »Alliierten« auf Korfu und richteten die angekündigte Republik ein, von der es dann plötzlich hieß, daß sie weitgehend selbständig und nur Paris verpflichtet sei! Jetzt hatte also Venedig seine eigenen Besitzungen für Frankreich erobert, eine Posse und eine Demütigung, für die es wohl kaum noch Steigerungen gibt. Allerdings hat die erhabene Venezia fast genau sechshundert Jahre früher einmal einen ganzen Kreuzzug dazu benutzt, ihr ein Weltreich zu erobern. Es könnte durchaus sein, daß die Geschichte und Napoleon sich bei ihrer Boshaftigkeit von Korfu ein wenig daran erinnert haben.

Doch sei's drum, jetzt saßen die armen Teufel in der Lagune jämmerlich da, ohne alles Hinterland, geprellt und verspottet, mit vierzig Millionen Dukaten Schulden noch vom Adelsregime her auf sich und dem erbarmungslosen »Friedensvertrag« mit Buonaparte vor sich. Dabei wußten sie noch gar nicht, daß ebendieser Herr General seit dem Vorfrieden von Leoben im April mit Österreich darum feilschte, wie das Territorium von Venedig am vorteilhaftesten aufzuteilen sei. Denn er hatte Wien dazu gebracht, auf Belgien und alle linksrheinischen Gebiete sowie auf die Lombardei zu verzichten, wenn es dafür eben das gesamte Staatsgebiet der aufgelassenen Marco-Republik bekomme. Gleich danach jedoch mochte er wieder nicht mehr soviel hergeben, die Österreicher dagegen wollten Zusätzliches, und so jagte eine kleinliche Zänkerei die andere, ehe man am Abend des 17. Oktober 1797 endlich einig war: Vom Westen her bis zum Gardasee blieb die Terraferma, ebenso wie die Jonischen Inseln französisch, der Rest des venezianischen Staatsgebiets einschließlich der Hauptstadt fiel an Österreich, das seinerseits dafür eben die Rheingrenze anerkannte und die Lombardei preisgab.

Napoleon hatte, zumindest fürs erste, was er wollte. Daß er dabei ein tausendjähriges Staatswesen einfach wegwischte, kümmerte ihn nicht, schließlich hatte er ein paar Jahre zuvor an Polen gesehen, wie man so etwas regelt. Wer zu kraftlos und zu kläglich war, sich gegen die Macht zu behaupten, mußte sich gefallen lassen, daß die Macht mit ihm nach Bedarf verfuhr.

Die Adelsrepublik von San Marco ist zerbrochen an der Schwäche und Gleichgültigkeit ihrer Träger, der Staat Venedig jedoch hätte danach, trotz aller Jakobinertorheiten, sicher sich erneuert und seinen Weg gefunden wie viele andere Staaten in Europa. Napoleon aber hat ihm aus kalter Berechnung diese Möglichkeit nicht gelassen, er hat ihn in die Auflösung getrieben und schließlich erwürgt. Der Staat Venedig starb nicht am 12. Mai, sondern am 17. Oktober 1797 im Landsitz des letzten Dogen, zu Campo Formio – eine besonders delikate Note! Und sein Totengräber war nicht der alte, müde Ludovico Manin, sondern der junge, machtbesessene Napoleon Buonaparte.

Abtransport der vier Lysippospferde nach Paris durch napoleonische Soldaten.

Doch auch ein Toter kann begehrenswert sein, zumindest wenn er reich war. Und da man das von der einstigen Königin der Meere durchaus sagen konnte, machte sich der Korse daran, sie auszuräumen, ehe er sie den Österreichern übergab. Als Vorwand dafür diente ihm der absurde »Friedensvertrag« vom 16. Mai, als Motiv die kurz hingeschnarrte Feststellung, daß die Kunstwerke der Welt nur in der Hauptstadt der Welt am richtigen Platze seien. Und diese Hauptstadt der Welt hieß natürlich Paris.

Ob er sich nun wirklich aus diesem Grunde zu seinen übrigen Ehrentiteln auch den des größten Kunstdiebes der Geschichte errungen hat, oder ob er, wie die Psychologen behaupten, auf diese Weise lediglich »eine latente Kleptomanie kompensieren« wollte – sein Gefühl für Qualität jedenfalls war entwaffnend. Gewiß, einiges scheiterte, wie etwa Abriß und Verschiffung des berühmten »Turmes auf den acht Kugeln« zu Tilsit, aber in Venedig kam die Begabung des angehenden »Herrn der Welt« voll zum Tragen: Von der Markuskirche die vier Rosse des Lysippos, von der Piazzettasäule den Bronzelöwen, der mit seinen Achataugen vielleicht schon babylonische Könige hat schreiten sehen, aus Kirchen und Palästen das beste, was Venedigs Malerfürsten, vorab Tizian, Veronese, Tintoretto, Guardi geschaffen hatten, auch Bibliotheken und Sammlungen, ganze Stapel Handschriften und Erstdrucke von unschätzbarem Wert, dazu die Jupiterkamee der Marciana und fast Unmassen kunstvoller Gold- und Silbergeräte, Gobelins und antiker Bildwerke. In ohnmächtiger Wut standen die Venezianer am Molo und sahen zu, wie ein Schiff nach dem andern ihnen ihre Schätze und ihren Stolz wegführte.

Aber – so dürften auch einmal die Byzantiner an den Kais von Konstantinopel gestanden haben, als die venezianischen Schiffe hochbeladen davonsegelten – ein herbes da capo!

Und es war noch herber, wenn man auf das Lärmen im Arsenal hörte: Dort ließ Napoleon nicht nur plündern, sondern schlichtweg zerstören. Alles, was irgendwie brauchbar und von einigem Wert war, wurde fortgeschafft, der Rest eingerissen, zertrümmert, verbrannt, nichts sollte mehr verwendbar, weiterer Schiffsbau in Venedig ein für allemal unmöglich sein. Ihm kam es eben vor allem darauf an, dem nachfolgenden Wiener Kaiser nichts von Bedeutung zu hinterlassen, und weil die Strategie der Macht das verlangte, war es ihm höchst gleichgültig, was das Gewürm unter seinen Stiefeln plärrte – auch wenn das ganz und gar nicht schmeichelhaft war. Bis heute nämlich ist er in Venedig der »große Dieb«, noch immer wird die böse Anekdote erzählt, daß Napoleon, als ihm in einem Landgasthof die Pferde gestohlen worden seien, den Wirt angebrüllt habe: »Tutti Italiani sono ladri!« und der Wirt mit einem demütigen »Non tutti, ma buona parte!« aus der Tür gehuscht sei. Und wer wissen will, woher die Vertiefungen im Boden der Markuskirche kommen, dem erklären die Führer mit Grabesstimme, das Gold und Silber, das damals der Franzosengeneral zum Abtransport in San Marco habe sammeln lassen, sei so schwer gewesen, daß es den Boden eingedrückt habe. Und damit ist natürlich sogleich auch erklärt, weshalb alle die unzähligen venezianischen Kostbarkeiten heute über ganz Europa verteilt sind. Denn kein Venezianer verliert gern ein Wort darüber, daß im 18. Jahrhundert der große Ausverkauf ja längst begonnen hatte – und da der Korse schon so ungeschickt gewesen ist, läßt sich eben auch diese Malaise auf die Formel bringen »Napoleon war an allem schuld«, womit das Unglück der französischen Plünderung von 1797 denn doch einen, wenn auch winzigen Vorteil gebracht hätte.

Nach drei Monaten erbarmungsloser Fledderei, die übrigens wiederum der vielseitige Bürger Villetard geleitet hat, war Venedig ganz einfach leer, die Truhen und Schatzkammern, die Festsäle und Kabinette ausgekehrt bis auf die letzten Preziosen und Dukaten, nirgendwo fand sich mehr Kapital, um die Wirtschaft weiter in Gang zu halten. Endlich, endlich, gegen Jahresende, zogen die Franzosen ab – und die Herren Spada, Zorzi & Co. gleich mit, wodurch dieselben ihr Leben um einiges verlängert haben dürften.

Denn das Volk verwünschte sie ebenso, wie es dann jubelte, als Mitte Januar 1798 die Österreicher kamen. Eine Welle der Sympathie, ja, der Dankbarkeit schlug ihnen entgegen, ein Freudenfest jagte das andere, und noch verbliebene französische Beobachter meldeten wütend nach Paris, die Stadt führe sich auf wie eine wohlfeile Hure, wo doch die französische Republik dieser Plebs die Befreiung von der ausbeuterischen Adelsclique gebracht habe – nun ja, man kann es auch so sehen!

Doch bei aller Genugtuung über den freundlichen Empfang sahen die neuen Herren doch etwas verlegen aus, als sie sich gründlicher umschauten. Es war nichts, einfach nichts mehr da und guter Rat teuer. Zwar richteten sie zunächst die Verwaltung für die nunmehrige Provinz Venetien wieder in der Lagunenstadt ein, regelten auch in der Terraferma wieder das Nötigste, aber ansonsten ist ihnen nicht sehr viel eingefallen, insbesondere nicht, wie man der sich abzeichnenden Not der Bevölkerung steuern könnte. Dabei, welche Ausgangsbasis hatten sie, auf wieviel Begeisterung und guten Willen hätten sie bauen können – was wäre bei solchen Voraussetzungen unter den Händen von Pariser Propagandisten entstanden! Aber die österreichischen Administratoren wußten mit der Gunst der Stunde nichts anzufangen, sie blätterten in ihren verstaubten Reglements und verwalteten eben, korrekt zwar, aber auch nicht mehr. Und so legte sich alsbald die Begeisterung der Venezianer und die Langeweile auf die Lagune. Dummerweise kamen dann auch noch die fortwährenden Kriege des Kaisers mit Napoleon hinzu, hinter denen eben alle anderen Probleme einfach zurückstehen mußten, so daß sich in Venetien überhaupt nichts mehr tat.

Nur ab und zu gab es ein paar Neuigkeiten, etwa als sich der Korse 1804 zum Kaiser machte und mit einer Sturzflut von nagelneuen Herzögen, Grafen und Baronen Europa überschwemmte, aber im übrigen wurde man im oberen Adriabogen kaum behelligt – bis zum Oktober 1805. Da donnerte Erzherzog

Soldaten der französischen Italienarmee. Monatelang ohne Nachschub sahen die Sieger mehr wie eine heruntergekommene Räuberbande aus, der man jede Art von Raub und Diebstahl zutraute.

Karl mit seinem Heer nicht weit von Venedig, bei Caldiero, gegen die Franzosen, am 2. Dezember verlor Österreich seine große Schlacht vor Austerlitz – und am 25. Dezember beim Friedensvertrag von Preßburg ließ sich Napoleon ganz Venetien wieder zurückgeben.

Oh Gott, das war ja entsetzlich! Die Venezianer jammerten und rangen die Hände. Nun kam der grausige Korse also wieder und das ganze Unglück begann von vorne. Und heraus kam man auch nicht mehr, denn Wien war hoffungslos besiegt, und Buonaparte diktierte nun dem deutschen Kaiser, wie er vor acht Jahren dem alten Dogen diktiert hatte. Und dann ging alles ganz schnell – Venedig duckte sich, die Österreicher zogen ab, Franzosen rückten ein und Venetien wurde zu einem Teil des Königreichs Italien erklärt. Dieses Königreich Italien bestand außer nunmehr Venetien noch aus der Lombardei, hatte Mailand zur Hauptstadt, in Personalunion Napoleon zum direkten Herrn und wurde von dessen Stiefsohn Eugène Beauharnais als Vizekönig verwaltet.

Und da der »große Dieb« somit nun vollends tun und lassen konnte, was

Eugène Beauharnais.

er wollte, zitterte sogar das Lagunenwasser vor Angst. Aber siehe da, es kam ganz anders. Der Munizipalitätenspuk war längst durch die Organe von Napoleons Militärdiktatur ersetzt worden, eine straffe, schnell und wirksam arbeitende Verwaltung nahm durchgreifende Wirtschaftsreformen in Angriff, schuf ein staatlich kontrolliertes Schulsystem, führte den Code Civil, das damals bei weitem fortschrittlichste Rechtsprechungssystem ein, gesellschaftliche Schranken wurden beseitigt, jeder konnte grundsätzlich alles werden, wenn er die entsprechende Leistung erbrachte, kurz, ein ganz neuer Schwung fegte durch das Land. Überdies war der junge Beauharnais ein umgänglicher und tüchtiger Mann – und Venedig verlor ganz langsam seine Furcht und begann, sich mit dem neuen System anzufreunden.

Natürlich ließen die großen wirtschaftlichen Neuerungen noch auf sich warten, denn verständlicherweise mußte zuerst das Gebiet um die Hauptstadt, eben Mailand, saniert werden. Aber die Lagunenstadt bekam immerhin sogleich einen Freihafenstatus, und was so geplant war, hörte sich durchaus hoffnungsvoll an. Und so fand man sich sogar mit Napoleon ab, der die alte Serenissima zu seiner zweiten italienischen Residenz machte, sich sehr leutselig gab, ein paar öffentliche Parks einrichtete und jenen Palast baute, der seit 1810 die neuen Procuratien mit den alten verbindet.

Zwar konnte dieser gewaltige Mann, der eine ganze Welt verändert hat, hier am Canal Grande niemals mehr als zurückhaltende Achtung erwarten, dafür war sein Betragen zu schlecht gewesen, aber seine Politik formte unerbittlich und tiefgreifend auch das Denken der Venezianer, und als er ging, war eine neue Epoche der Geschichte angebrochen.

Denn bald schon schoben sich Wolken vor die zaghaften Hoffnungen in der Lagune: Die ewigen Kriege brachten immer höhere Steuerlasten, brutale Aushebungen zum Waffendienst erschreckten Junge und Alte, die Kriegsmaschinerie lähmte und erstickte das sich eben erst regende Wirtschaftsleben und saugte die letzten Kapitalreserven auf. Das Land blutete aus. Und dann kamen Moskau, Leipzig, Waterloo. Schon 1815 saß Napoleon auf Sankt Helena im Atlantik, ohne Kaiserkrone und wieder als der kleine Korse, und zu Wien zeterten die Herrscher Europas, wie sie sein Imperium verteilen sollten. Regie führte Fürst Metternich, des österreichischen Kaisers Erster Minister, der eigentlich jeden Punkt durchsetzte, auf den es ihm ankam.

Und einer dieser Punkte war eben auch, die Lombardei und Venetien für Österreich zu sichern. Zwar ergab eine Volksabstimmung in Mailand ungefähr gleich viel Stimmen für Österreich und für die weitere Herrschaft von Eugène Beauharnais, und auf dem Kongreß in Wien tauchte immer wieder der Gedanke auf, ob man nicht doch vielleicht die alte Republik von San Marco wieder installieren sollte. Aber Metternich lächelte. Er wußte seine hohen Herren zu nehmen. Wie trällerten doch die Wiener: »Der König von Preußen redet, der König von Württemberg ißt, der König von Sachsen trinkt, der Zar von Rußland liebt – und der Kaiser von Österreich zahlt!« Natürlich hatten sie recht, natürlich waren die Kosten erheblich. Aber es waren keine Unkosten, sondern Investitionen, Werbeaufwand sozusagen, der mit der linken Hand wieder hereinkam. Metternich lächelte. Und mit zwei besonders gelungenen Hofbällen hatte er bald auch für Italien genau jene Ordnung erreicht, die in seinem Netzplan von Anfang an vorgesehen war.

Venedig aber wurde ganz still. Bis zuletzt noch hatte man dort geglaubt, daß nun nach all den Korsenwirren die geliebte Markusrepublik wieder erstehen würde. Alle Erwartungen waren dabei auf Österreich gerichtet, das ja als wichtigstes Ziel die Errichtung der alten Staatenordnung in Europa allenthalben genannt hatte. Und nun dies. Bitternis und Trauer legten sich über die Stadt, zuerst vereinzelt, dann immer häufiger tauchte das böse Wort vom österreichischen Verrat auf, Bedenken wurden laut gegen Metternichs allzu konservative Linie, die Sorge klang durch, daß Venedig unter einer solchen Regierung zwangsläufig sich zurückentwickeln werde, statt den Anschluß an die neue Zeit zu finden, und unmerklich wandelte sich die vertrauende Freundschaft der Venezianer zu Österreich in Mißtrauen und Feindseligkeit, ja, fast schon beginnenden Haß. Eine schlimme Hypothek für künftige Zusammenarbeit!

55 Jahre Habsburg

Klemens Wenzel Fürst von Metternich verneigt sich tief. Die kaiserliche Gnade überflutet ihn geradezu, Seine Kaiserliche Majestät ist in höchstem Maße angetan: Sehr schön hat Er das gemacht, sehr schön, den Primat über ganz Italien, Toskana wieder an die Sekundogenitur, die Lombardei direkt – einfach exzellent –, und dann eben Venedig, schon wegen der Arrondierung, nein, also wirklich, sehr, sehr schön. Metternich verneigt sich wieder, sichtlich erleichtert. Wenigstens ist die Majestät jetzt ein bisserl zufrieden. Davon, wie man den Kongreß hat einwickeln müssen die ganze Zeit, gerade wegen Venedig, wird eh bald niemand mehr reden. Aber das Ergebnis lohnt die Mühe durchaus, Istrien-Friaul und die Lombardei sind nun verbunden und eine ausgezeichnete Reihe von Basen für mögliche weitere Pläne gegeben. Der Fürst ist mit sich und der Welt zufrieden.

Ob er dabei allerdings genau wußte, was er seinem Kaiser mit Venedig ergattert hatte, ist gar nicht so sicher. Es war nämlich ein böses Erbe.

Die tote Republik befand sich in einem desolaten Zustand. Was bei ihrem Ende noch an Brauchbarem vorhanden war, hatten die Wirren der letzten Jahre zerstört, Not und Elend, wo man auch hinsah. Zwar ließ sich auf der Terraferma noch durchaus etwas erreichen, diese verlotterten und heruntergewirtschafteten Güter konnten bei einiger Sorgfalt bald wieder in Ordnung gebracht werden – aber die Stadt selbst, was war mit der nur anzufangen? Bitterarm und willenlos schaukelte sie auf den Wellen. Der Rausch des vergangenen Jahrhunderts hatte fast alles aufgezehrt, alle Kraft, alles Geschaffene, alles Geld. Von den rund hunderttausend Menschen, die immer noch in Venedig lebten, waren mehr als vierzigtausend – Bettler.

Ihren einstigen Arbeitgeber, das Patriziat, gab es nicht mehr. Seit Jahrhunderten hatten sie bei ihm ihren Verdienst gehabt, im Schiffsbau, in den Handelshäusern, in den Fabriken und Großwerkstätten, als Matrosen und Schauerleute. Nun war alles Kapital verbraucht, ein Unternehmen nach dem andern mußte schließen, das verarmte Patriziat gab auf, verkroch sich – und zurück blieb das Volk, ohne Arbeit und in dumpfer Angst vor dem nächsten Tag.

Österreich mußte also ganz von vorne anfangen, neues Kapital und eine neue Unternehmerschicht anziehen, neue Wirtschaftszweige ankurbeln. Aber welche? Als Handelsplatz war die Stadt in Europa längst vergessen, die diversen handwerklichen Fertigkeiten und Kenntnisse der Bevölkerung zeigten einen Rück-

Klemens Wenzel Fürst von Metternich. Seine »Restauration der alten Staatenordnung in Europa« galt natürlich nicht für jene Gebiete etwa in Norditalien, die sich für Österreich erraffen ließen.

stand von bald hundert Jahren, und der Hafen stand eher für Hoffnungslosigkeit denn für das Gegenteil: Die Anlagen dösten verrottet und überaltert in der Sonne, und gegenüber lag Triest, modern, schnell, billig. Venedig da zu einer Konkurrenz auszubauen, wäre sowohl wirtschaftlich als auch politisch einfach unsinnig gewesen.

Dazu kam, daß seit mehr als hundert Jahren am Großteil der Gebäude keine Instandsetzungen mehr vorgenommen worden waren und ganze Viertel vor sich hin zerfielen und zerbröckelten, Mietshäuser, Kirchen, Paläste (von denen zudem viele leer standen oder nur noch in einer kleinen Ecke bewohnt waren). Grasbüschel und Sträucher auf den Gesimsen, eingesunkene Turmspitzen, abgerutschte Ziegeldächer, mannsbreite Risse in den Mauern waren der Alltag. John Ruskin beispielsweise scheibt vom »Fondaco dei Turchi« am Canal Grande, daß er »eine schauerliche Ruine« sei, und alles, was ihm an »diesem Wrack verehrungswürdig« dünke, werde »durch Versuche verhüllt, es zu niedrigsten Zwecken zu verwenden«, allenfalls, daß er im Gras und zwischen den Sträuchern, »die im zerbröckelnden Mauerwerk Wurzel geschlagen haben, exquisite byzantinische Steinmetzarbeiten finden konnte«. Der jämmerliche Zustand dieses Baus fiel im damaligen Venedig gar nicht mehr auf.

Ließ sich da überhaupt noch etwas tun? Die Aufgabe schien ungeheuerlich, und der österreichische Vizekönig mochte noch so oft zwischen Mailand und Venedig hin- und herfahren, sie wurde darum nicht einfacher. Und dennoch, das sei zur Ehre der habsburgischen Administration gesagt, wurden die Probleme irgendwie doch angegangen, auch wenn es noch so hoffnungslos aussah.

343

Zunächst stabilisierte sich der Geldwert durch die Einführung der öster-reichischen Währung, dann wirkte sich doch der Freihandelsstatus des Hafens aus, nicht zuletzt, weil nun der Boykott der Engländer wegfiel, und in Venedig legten nun immerhin wieder regelmäßig Schiffe an. Daneben wurde der Venedig-Tourismus entwickelt und geschickt in den zahlungskräftigen Schichten des damaligen Europa populär gemacht, vormals gespenstisch gähnende Palazzi wandelten sich in elegante Hotels, viele hundert Venezianer fanden darin Arbeit.

Aber damit eben hat sich wieder etwas ganz Seltsames getan. Hundert, ja, noch fünfzig Jahre zuvor sind die Großen und Reichen hierher gekommen, um zu feiern, sich zu amüsieren, die Nächte zum Tag und die Tage zum Fest zu machen, in Trubel, Lärm und Lachen vor sich selbst zu fliehen. Jetzt kamen sie, um zu »fühlen«, zu »erleben«, still zu sein und »zu ihrem eigenen Selbst zu finden«. Die Romantik hatte das Abendland ergriffen, das Zarte und Empfind-same galten alsbald als die höchsten Werte – und wieder war, wie für alle anderen Epochen bisher, Venedig der einzig richtige Ort.

Die »heitere Melancholie« ergriff, der leise Zerfall mahnte an die Vergäng-lichkeit alles Großen, unbeschwert singende Kinder in Schmutz und Lumpen bezauberten als Bild von der inneren Freiheit des Menschen. Man kam, um das sanfte Glück zu fühlen, auf Hochzeitsreisen und auf Sterbereisen, man kam, um sich von der festen Erde zu lösen, für eine Woche – oder eben für länger.

»Bedeutende« kamen zuhauf, etwa 1816 Byron als 28jähriger, er wollte für einen Winter bleiben und blieb drei Jahre. Im Palazzo Mocenigo richtete er sich ein, verwirrte die Damenwelt und produzierte seine besten Sachen, dar-unter den »Beppo« und den »Don Juan«. Und hier las er übrigens auch die ersten Zeilen von Grillparzer: »Grillparzer – sicher ein teuflischer Name für die Nachwelt. Aber sie wird lernen müssen, ihn auszusprechen!« Selbstver-ständlich kam auch der also Gerühmte herunter über die Alpen – allerdings viel später, Byron war längst fort und tot – und empfand die Lagunenstadt denn auch ganz so, wie man es von ihm erwartete, nämlich tragisch: »Man möchte weinen, wenn man die Namen hört und die Reste sieht. Das Hotel Europa, in dem ich wohne, war einst das Haus der uralten Giustiniani, und in dem Saal, wo der alte Badoër seine Siegesfeste feierte, putzt der Bediente meine Schuhe.« Friedrich Nietzsche fühlte sich ähnlich, aber er ging auf den Markus-platz und machte ein Gedicht über die Tauben. George Sand, Alfred de Musset, Charles Dickens, Marcel Proust empfanden und schrieben hier ganz Erstaun-liches – Richard Wagner sogar den zweiten Akt seines »Tristan« und etwas vom dritten, wobei er einige Male von seiner eigenen Todessehnsuchtsmusik so er-griffen wurde, daß er an sich halten mußte, um nicht vom Balkon (der übrigens auch zum Palazzo Giustiniani gehörte) hinunter in den Canal Grande zu springen. Zwar hat er sich damals beherrscht, jedoch ist er dennoch in Venedig gestorben, vierundzwanzig Jahre später und weiter oben im Palazzo Vendramin.

Solche Namen sind natürlich Gold wert für die Besucherwerbung, zumal sie nur eine winzige und willkürliche Auswahl aus einer imponierenden Liste darstellen. Auch kamen sie alle erst nach und nach, aber von Anfang an hat der Tourismus die venezianische Wirtschaft Jahr für Jahr kräftig weitergeschubst.

Und dann wirkte sich bald auch die nunmehrige Zugehörigkeit der Stadt zum riesigen Markt des Habsburgerreiches aus. Die Industrie zog wieder an, Spiegel, Perlen und sonstige Glaswaren, Zuckerprodukte, Keramik, Seife, Lederwaren, Gold- und Silberzeug, Spitzen, Brokat und Samt. Und da sich im übrigen durch den Fremdenverkehr noch ein zusätzlicher Absatz ergab, war die Entwicklung an sich höchst erfreulich. Sogar das Arsenal begann wieder zu arbeiten, das Teatro Fenice bot ein respektables Repertoire, ebenso das Teatro San Samuele und zwei weitere Theater nebst dem festen Zirkusprogramm im Malibran. Und am gesellschaftlichen Leben ließ sich geradezu ablesen, daß man in Venedig durchaus Geld verdienen, wieder Geld verdienen konnte: Zwar traten die alten Familien immer mehr zurück, kauerten im Schmollwinkel, studierten die Ahnentafeln und verzehrten den letzten Rest ihrer Erbschaft. Zu Aktivitäten reichte es nicht mehr. Dafür aber traten »Neureiche« auf, die aus dem bescheidenen Aufschwung ihr Beutelchen bereits hatten füllen können (darunter übrigens viele Juden, ohne deren Fleiß und Tüchtigkeit es die österreichischen Wirtschaftsstrategen wesentlich schwerer gehabt hätten). Der Glanz dieser neuen »Schicht« war freilich höchst bescheiden, aber schon eroberte sie einen Palazzo nach dem andern und bestimmte das geistige Klima der Stadt.

Das eben aber wurde immer böser, und es war bald soweit, daß man als anständiger Venezianer die Österreicher einfach zu hassen hatte. Die Austriaci konnten tun, was sie wollten, alles war verkehrt. Das Zurückbringen der Lysippospferde von Paris nach San Marco war nur recht und billig, ebenso wie das Wiederbeschaffen des Piazzettalöwen und anderer verschleppter Kunstwerke. Daß der Kaiser Franz I. die bedrohten Kirchen von Torcello restauriert und damit gerettet hat, wurde einfach ignoriert. Der Wirtschaftsaufschwung ging viel zu langsam, die Organisationssucht der Beamten war unerträglich, als die Eisenbahn, deren ungeheure wirtschaftliche Bedeutung ja eigentlich von Anfang an auf der Hand lag, 1846 vom Festland her nach Venedig gelegt wurde, tobte man dagegen wie von Sinnen, und die Pläne des Gouverneurs, die Lagunenstadt zum Haupthafen für Oberitalien und Tirol zu machen und auch die süddeutschen Staaten dafür zu interessieren, erstickten in Hohn und Sabotage.

Aber warum? Wie konnte sich nur die Stimmung einer ganzen Stadt fast von heute auf morgen so völlig ins Gegenteil kehren?

Nun, zunächst hat da zweifellos der unglaubliche Steuerdruck mitgespielt, er war in der Lombardei und Venetien pro Kopf sage und schreibe doppelt so hoch wie im ganzen übrigen Reich.

Und dann natürlich das widerliche System des Herrn Metternich mit seinen Geheimpolizisten, Spionen und Denunzianten. Überall schlichen sie herum, diese schmierigen Lauscher, niemand konnte sagen, was er dachte, gehen, wohin er wollte, für den harmlosesten Plausch mußte man sich ins Hinterzimmer verkriechen – und sogar noch dort zuvor ängstlich zwischen alle Türen schauen. Jeder war verdächtig, jeder wurde beobachtet und abgehört, wenn einer gar nichts mehr sagte, galt er gleich als doppelt gefährlich und sah sich denn auch schon abgeholt bei Nacht und Nebel, einem dumm-arroganten Wichtigtuer namens Kommissär gegenüber, sah sich vernommen und beleidigt und wieder nach Hause geschickt, weil man ihm »diesmal nichts nachweisen konnte«. Derlei macht natürlich nicht gerade beliebt, selbst, wenn sich in Venedig bald herumgesprochen hatte, daß das meiste schlichter Theaterdonner war. Genaugenommen war das Spitzelwesen in der alten Republik weit mehr auf die Nerven gegangen und hatte bösere Folgen nach sich gezogen – aber damals nützte es eben dem eigenen Staat, den eigenen Belangen, das hier aber nur den »fremden Herren«, und darin lag wohl denn der Unterschied.

Fremde Herren waren die Österreicher nämlich nun einmal, und sie wurden es mehr von Tag zu Tag. Venedig verzieh es ihnen nicht, daß sie das unwürdige Billard Napoleons nicht nur mitgespielt hatten, sondern jetzt schamlos weiterhin

Österreichische Darstellung der Rückkehr der Lysipospferde, die aber so ungeschickt inszeniert war, daß sich Gerüchte ausbreiteten, sie wären einst nicht nach Paris, sondern nach Wien verschleppt worden.

346

festhielten an dem, was ihnen damals als Trostpreis zugeworfen worden war, – sie, die doch behaupteten, der Welt wieder ihre gerechte Ordnung geben zu wollen. Wie hatte Venedig ihnen vertraut, und wie hatten sie Venedig verraten!

Und nun kamen auch alle die häßlichen Vorurteile wieder herauf und der Zorn darüber, daß also doch der deutsche Kaiser über die Königin der Meere triumphierte, jene Macht, gegen die man in den Lagunen doch tausend Jahre lang sich erfolgreich gewehrt hatte. Und die Deutschen, ehemals im Fondaco brav zusammengepfercht und der Anweisungen der Signoria harrend, sagten nun den Mocenigos, Pisanis, Giustinianis, was zu tun war. Und da die Habsburger als Erben der Karls, Ottos, Friedriche, Maximiliane überhaupt eigentlich, abgesehen von den französischen Wirren, die ersten Fremdherrscher der gefallenen Serenissima waren, luden die Venezianer auf sie nicht nur alle Enttäuschung und alle Wut über das, was ihnen Napoleon angetan hatte, sondern auch allen Kummer über den bitteren Sturz ihrer geliebten alten Republik. Österreich war nun eben der Prügelknabe für alles, aber auch für alles!

Eine verzwickte Lage, in der Tat. Aber wer nun glaubt, die habsburgisch-metternichsche Verwaltung habe sich dieserhalb besonders einfühlsam benommen, der muß sich mit dem Gegenteil vertraut machen. Denn eigentlich wurde keine Tolpatschigkeit ausgelassen, die überhaupt nur möglich war. Einem so durchkultivierten Staatswesen, das schließlich einmal über die gebildetsten Beamten und die besten Diplomaten der Welt verfügt hat, setzte Wien bis in die kleinsten Positionen deutsche Administratoren vor, die weder das Italienische beherrschten, noch den Wissensstand ihrer venezianischen Vorgänger auch nur annähernd erreichten. Und den Bucintoro, immerhin Staatsschiff der Dogen und Symbol der Republik, machte man zum Gefängnis. Mußte das sein?

Daß die Verantwortlichen Habsburgs Venedig und seine Terraferma helfen und sie wieder zu Wohlstand führen wollten, wird kaum mehr bestritten. Aber sie sind dabei so vorgegangen, als ob sie eine ihrer Ostprovinzen regierten und es jene kluge Anweisung nie gegeben hätte, mit der rund vierhundert Jahre zuvor die alte Republik ihre Beauftragten in den eben erst eroberten Gebieten der Terraferma anwies, die Bevölkerung »sanft« zu behandeln und ihr keinerlei bestehende Freiheiten zu beschneiden. Das System scheint gut gewesen zu sein, die Festlandbewohner sind die treuesten Untertanen der Serenissima geworden. Österreich ist umgekehrt verfahren – und hat alles wieder zunichte gemacht, was zu schaffen es sich redlich bemühte.

Und so kam es, daß ein ordentlicher Venezianer die österreichischen Kreuzer und Gulden nur mit spitzen Fingern und allen Bekundungen des Abscheus anfaßte, obwohl doch eigentlich Habsburg nebenan, in der Lombardei, wo es seit 1713 herrschte, und in der Toskana, wo es den Großherzog stellte, wegen seiner fortschrittlichen Leistungen geradezu geliebt wurde. Und auf dem Markusplatz trafen sich die Einheimischen im Café Suttil, die Österreicher und Deutschen in Café Quadri. Die totale Trennung war selbstverständlich.

Natürlich wurde jeder Neuankömmling in dieses Problem geradezu hinein-
gezwungen. Entweder er nahm blindlings Partei wie Byron, der Feuerkopf:
»Ich hörte . . . daß die österreichischen Barbaren wieder Kriegssold erhielten
und marschieren würden. Sollen sie – die Höllenhunde! Laßt uns die Hoffnung
aufrechterhalten, daß wir ihre Knochen zu einem Haufen aufeinandergeschichtet
sehen! Die Österreicher – wie ich sie verabscheue und verwünsche –, ich kann
keine Worte finden für meinen Haß, und es täte mir leid, Taten zu finden, die
meinem Haß entsprechen.« Gründe für seinen Haß aber nennt er nicht. Er ist
da eben in derselben komplizierten Lage, wie auch die Venezianer, deren Zunge
er hier spricht. Auch Mozarts Librettist da Ponte muß mit unwahren Behaup-
tungen fuchteln: »Um Gottes Willen, Herr da Ponte, verlassen Sie bald diese
Stadt! Dies ist nicht mehr das alte Venedig! Wir sind von einem Heer von
Kreaturen umgeben, die aus Neid und Haß unseren Handel zugrunde richten,
alle Hilfsmaßnahmen vereiteln und die Bürger zu Mißtrauen und Haß auf-
reizen, um dadurch die Bevölkerung zu zwingen, sich in alles zu fügen, nur, um
leben zu können.« Einer der wenigen Besonnenen, die in dieser Angelegenheit
versuchten, den Überblick zu behalten, ist noch John Ruskin, der um 1850 fast
ein Jahr in Venedig lebte und feststellte, daß er in vielen Gesprächen eigentlich
keinen klaren Grund für die Unzufriedenheit mit der Regierung habe erkennen
können, nur eben ein allgemeines Murren und vages Mißvergnügen. »Aber ich
vermochte niemals zu entdecken, was sie eigentlich wollten und wodurch sie
sich beleidigt fühlten.«

Venedig wollte die Austriaci einfach loshaben. Basta! Und deshalb schaute
die ganze Stadt verklärt zum Café Suttil. Denn da wähnte man den echten Geist
des alten Venedig. Madonna, wie sie dasaßen die Herrn, geheimnisschwanger
und finster, mit blitzenden Augen über mächtigen Bärten, und alle den Rücken
dem Café Quadri zugekehrt, demonstrativ. Sie sprachen leise, zischend, heftig,
mit kraftvoll verhaltenen Gesten: Das war das neue Venedig, die Creme der
Lagunen, Advokaten, Zeitungsschreiber, Gastronomen, Mediziner, Konditoren,
Professoren und dazu eine stattliche Anzahl Juden, die, gerade erst dem Getto
entronnen, ganz besonders vaterländisch fühlten: »Politisch ist der Jude ausnahmslos ein Patriot, und er nennt sich nicht Ebreo, sondern Veneziano. Wenn
er reich ist, bewohnt er einen Palast oder ein schönes Haus am Canal Grande.«
Und da jegliche Politik nach generösen Finanziers verlangt, waren die jüdischen
Patrioten in ihrer »Befreiungsbewegung« gar wohl gelitten und umworben. Sie
wohnten nämlich fast alle am Canal Grande.

Als Herz und Haupt und Mittelpunkt der Widerständler erwies sich bald
ein gewisser Daniele Manin, Advokat und Sproß der altjüdischen Familie Medina.
Er ließ keine Gelegenheit ungenutzt, seiner vaterländischen Pflicht durch
donnernde antihabsburgische Wortkaskaden Genüge zu tun, und als zu Beginn
des Jahres 1848 Sizilien (wieder einmal!) einen Aufstand machte und ganz Italien
darob in Aufregung geriet, sprang er mit gewaltigem Sprung auf einen Sockel,

schleuderte die Fäuste in die Luft und verkündete einer verdutzten Menge den Beginn der Revolution. Also, auch wenn's Ärger gab, nun konnte der österreichische Kommandant wirklich nicht mehr anders, Manin wurde samt ein paar Mitläufern ins Gefängnis gesteckt.

Lange bleibt er freilich nicht drin. Fast ganz Europa gerät in diesen Tagen aus den Fugen. Empörung und Aufruhr überall, Fürsten müssen fliehen, und als am 17. März durchsickert, daß auch die Wiener Rabbatz machen und Metternich das Hasenpanier ergriffen und sich nach England abgesetzt hat, brechen in Venedig die Massen los und erzwingen die Freilassung Manins.

Der formiert sogleich eine Zivilgarde, und läßt am 22. März das Arsenal besetzen. Der kaiserliche Gouverneur ist völlig durcheinander, und als ihm Manin klarmacht, daß er mit seinen wenigen Truppen der Zivilgarde sowieso hoffnungslos unterlegen ist, bittet er nur noch schüchtern um stillen und freien Abzug – der ihm natürlich großzügig gewährt wird. Gleich darauf rudern die Österreicher davon, die Venezianer rufen die »Republik von San Marco« und Herrn Manin zu ihrem Präsidenten aus.

Und endlich feiert Venedig wieder. Ein richtiger Freudentaumel erfaßt die Stadt und kaum einer macht sich Gedanken um das »Was nun«. Auch Manin

Daniele Manin, der Präsident des letzten, kurzen Versuchs einer freien »Republik von San Marco«, der im August 1849 brutal von den Österreichern niedergeknüppelt wurde.

Daniele Manin wird aus dem österreichischen Gefängnis befreit.

berauscht sich offenbar lieber an der Geschichte als an der doch ziemlich vagen und unsicheren Zukunft. Der Anschluß an ein vereinigtes Italien ist ihm gar nicht so lieb – Venedig wäre schließlich wieder nur Provinz. Vielleicht läßt sich doch die Unabhängigkeit seiner Marco-Republik wahren? Vielleicht. Zunächst einmal stellt er sich mit den Piemontesen und Lombarden dem heranziehenden Radetzky, und wider Erwarten holt der sich einen argen Nasenstüber.

Aber dann wendet sich das Blatt. Unaufhaltsam dringen die Österreicher vor, Vicenza, Treviso, Padua, Rovigo und, am 6. August 1848, Mailand fallen, Venedig erklärt sich in höchster Not zu einer Union mit Piemont bereit, aber die Piemontesen schließen einen Waffenstillstand mit Österreich. Die neue Republik Venedig steht ganz allein. Manin schickt Boten nach Frankreich und England um Hilfe, aber er bekommt nicht einmal eine Antwort. Da igelt er sich mit seinen Venezianern ein und macht sich auf alles gefaßt.

Aber die Austriaci lassen sich Zeit, zumal sie noch gegen die aufmüpfigen

Ungarn alle Hände voll zu tun haben. Erst gegen Mitte des folgenden Jahres kommen sie. Bald windet sich die Stadt unter ihrem eisernen Griff, niemand kann mehr hinein oder hinaus, vom 30. Juni 1849 an zischen österreichische Artilleriegeschosse über die Lagune. Sie richten schlimme Schäden an – aber Manin hält immerhin acht Wochen durch und gibt erst auf, als Hunger und Cholera in Venedig eine grausige Ernte ankündigen.

Am 24. August rudert ein zusammengekauerter Mann mit einem kleinen Boot hinüber zum Lido. Daniele Manin hat Venedig für immer verlassen. Bald danach meldet er sich aus Paris, er arbeitet dort als Sprachlehrer, wohl mehr schlecht als recht. Ab und zu nimmt er Kontakt nach Venedig auf. Wie es denn so gehe, fragt er einmal. Und als er hört, daß die Österreicher nun doch sehr umgänglich geworden sind, meint er nur bitter: »Wir wollen nicht, daß sie sich bessern, wir wollen, daß sie ihrer Wege gehen!« 1857 ist er vergessen gestorben. Den Auszug Habsburgs hat er nicht mehr erlebt.

Am 30. August 1849 nimmt Österreich wieder von der Stadt Besitz und fährt dort fort, wo es unterbrochen worden war. Freilich und in der Tat sympatischer: Die Steuerungerechtigkeiten werden behoben, Metternichs Spitzelsystem abgeschafft und bei allen Maßnahmen fast ängstlich auf die Mentalität der Bevölkerung eingegangen.

Aber viel Nutzen bringt das nun auch nicht mehr. Der Gedanke eines italienischen Nationalstaates hat zu sehr an Boden gewonnen, und auch in Venedig setzt sich immer mehr die Auffassung durch, daß, wenn schon ein eigener Staat nicht mehr bestehen kann, es immer noch besser und ehrenvoller ist, eine italienische als eine österreichische Provinz zu sein.

Der Kaiser Franz Josef kommt zwar noch mehrmals auf Besuch, veranlaßt persönlich wirtschaftliche Verbesserungen und macht sogar den in Italien besonders beliebten Erzherzog Maximilian zum Gouverneur. Aber schließlich muß er einsehen, daß Venetien für das habsburgische Imperium nicht mehr zu retten ist. Nach der Niederlage 1859 in Magenta und Solferino gegen die Koalition Piemont-Frankreich, mit der die Toskana und die Lombardei verloren gehen, kann er die Lagunenprovinz zwar noch halten, aber 1866 besiegen ihn die vereinigten Italiener und Preußen, und jetzt muß er im Frieden von Wien auch darauf verzichten.

Noch im Oktober 1866 wurden die ehrwürdige Serenissima und ihre Terraferma unter dem Jubel des Volkes in das neue Königreich Italien, das noch nicht einmal sechs Jahre alt war, eingegliedert. Die österreichische Administration räumte unauffällig den Palazzo Foscari, von dem aus sie die Stadt fast 55 Jahre lang verwaltet hatte. Sie hatte, besonders während der letzten siebzehn Jahre, gute Arbeit geleistet und die Weichen für eine erfolgreiche Zukunft gestellt.

Aber gegen den beginnenden Nationalismus, an dem einmal die ganze Donaumonarchie zerbrechen sollte, war sie nicht angekommen.

Mit Piemont in den Weltkrieg

Evviva, Venedig ward von der neuen Zeit ergriffen! Singend zogen die Menschen durch die Gassen, tanzten auf den Brücken, wirbelten die Trikolorefahnen, stürmten Boote, Gondeln und Kaffeehäuser und bejubelten die Aufmärsche auf dem Markusplatz, die in ihrer grotesken Zackigkeit ähnlichen Veranstaltungen in Rom, Paris oder Berlin keineswegs nachstanden: Buntgewürfelte Vereinchen und Grüpplein, vorab stets ein Schock alter Herren in Frack, Zylinder, Reih und Glied, knatterten vorbei mit Augen-rechts und Stechschritt, daß man vor Stolz richtig Herzklopfen bekam. Kein Zweifel, das liberale Bürgertum hatte die Macht übernommen und blähte sich auf im Vollgefühl seiner Wichtigkeit – auch darin stimmte Venedig nun mit Rom, Paris, London und Berlin überein. Nur Wien versuchte noch unverzagt, die drohende Verbürgerlichung zu verhindern, indem es besonders eifrig Adelstitel verteilte, aber das wirkte auch nicht mehr so recht.

Die alte Venezia jedenfalls hatte den Anschluß geschafft und fühlte sich auf dem Schoß der bergenden Mutter Italia durchaus wohl, eine Wendung übrigens, die noch fünfzig Jahre zuvor niemand auch nur in Erwägung gezogen hätte. Denn der Zusammenschluß Italiens war geradezu im Eiltempo erfolgt. Zwar lag auf der Idee selbst ja längst eine dicke Staubschicht, da bekanntlich jeder der bedeutenderen italienischen Köpfe während der letzten tausend Jahre sich irgendwie einmal daran versucht hatte. Aber erst das Großreinemachen Napoleons mit seiner abenteuerlichen Verbindung von Chauvinismus und revolutionären Einfällen, mit der völligen Unehrerbietigkeit vor dem bisher Unantastbaren und mit der manischen Sucht, alles ganz neu, absolut anders und natürlich viel, viel besser zu machen – erst diese wirren anderthalb Jahrzehnte haben die geistigen Mauern, die im Weg standen, eingedrückt.

Auch wenn der Wiener Kongreß sich distinguiert weigerte, selbst die kleinste Veränderung wahrzunehmen: Nach 1815 war eben gar nichts, überhaupt nichts mehr so wie zuvor. Das Bürgertum hatte nämlich plötzlich begriffen, daß man mit der These von der nationalen Einheit den Fürsten wunderbar die Macht aus den Händen winden und sich zudem die Gloriole des vaterländischen Helden zulegen konnte. Wen wundert es da, daß ein Ruck durch Italien ging? Schließlich hat die Aussicht auf ein Denkmal vor dem Dom durchaus etwas Beflügelndes.

Ergo gärte es. Zuerst leise, schon wegen der Lauscher Metternichs, aber dann immer heftiger, bis Mitte der vierziger Jahre ein paar besonders mutige Herren – darunter Mazzini und Gioberti – Papst Pius IX. die politische Oberleitung Gesamtitaliens anboten, wenn er die Sache der Vertreibung fremder Potentaten aus italienischen Gefilden zu der seinen mache. Eine verlockende Perspektive, gewiß, aber dem Heiligen Vater waren diese freidenkerischen Führer der »Bewegung«, die so gar nichts von der Religion hielten, einfach suspekt, während er andererseits mit dem metternichschen Grundsatz des »Bundes von Thron und Altar« überall in Europa hervorragend fuhr, und also mahnte er, daß man als Christ doch nicht auf Christen schießen lassen könne!

Die »Bewegung« tat ihn dieserhalb wütend samt seiner Kirche in Acht und Bann, unterbreitete ihr Angebot dem »einzig wahrhaft italienischen Fürsten«, nämlich König Karl-Albert von Piemont-Sardinien, und der griff zu. Anfangs freilich, 1848, mag er es bitter bereut haben. Alles ging schief. Zwar flackerten in ganz Italien brav die Empörungen auf, aber von Sizilien bis Toskana gab es umgehend neue Verfassungen, und in der Po-Ebene setzte sich Österreich energisch durch. Als dann Mazzini und der Spätjakobiner Garibaldi ein Jahr darauf den Papst aus Rom verjagten und dieser nach schrillen Hilferufen von den Franzosen unter Napoleon III. mit Nachdruck wieder in seinen Kirchenstaat zurückgebracht wurde, konnte sich Karl-Albert nicht mehr halten. Er trat zurück, sein Sohn Viktor Emanuel II. machte schleunigst Frieden mit Wien, Garibaldi versteckte sich in San Marino, Napoleon übernahm die Garantie für den Kirchenstaat, und alles blieb beim alten.

Dann aber, 1850, tritt in Piemont der Graf Camillo Benso di Cavour auf den Plan, erst als Minister, dann als Premier: Ein kalter Realist, glänzender Organisator, gewiegter Diplomat. Für Bemühungen wie Revolution und Selbstbefreiung hat er nur Achselzucken. Selbst wenn derartiges gelänge – wer konnte den Bestand garantieren? Statt dessen beteiligt er Piemont 1855/1856 am Krimkrieg und bringt damit den Komplex »Italien« auf die europäische Ebene. Jede der Mächte ist entzückt, daß Österreich etwas beschnitten werden soll, und Cavour kann sich wohlwollender Duldung ringsum sicher sein. Napoleon III. sagt sogar Waffenhilfe zu, 1859 gewinnt man gemeinsam gegen Österreich: Da aber gibt Napoleon die eroberte Lombardei nicht mehr her, worüber sich Cavour schrecklich ärgert und zurücktritt. Natürlich ist er schon nach zwei Monaten wieder in Amt und Würden, erreicht den Anschluß von Bologna, Toskana, Modena und Parma an Piemont und bringt 1860 die Franzosen dazu, die Lombardei gegen Nizza und Savoyen einzutauschen. Die Lombardei wird Piemont einverleibt, Nizza und Savoyen gehören Frankreich noch heute.

Im selben Jahr landet Garibaldi auch in Sizilien, zieht mit seinen tausend Rothemden gegen das Heer des Königs von Neapel und schafft einen überwältigenden Sieg, während die Armee Cavours von Bologna her durch die Marken und Umbrien zieht und den Kirchenstaat bis auf sein »Patrimonium Petri« amputiert.

Natürlich stimmen alle solcherart »befreiten« Gebiete für den Anschluß an Piemont, im März 1861 strahlt Viktor Emanuel als König von Italien und Cavour als dessen Erster Minister. Ganz logisch muß nun ein Bündnis mit Preußen folgen, das ja dann auch prompt 1866 Venetien einbringt, und es schließlich möglich macht, daß 1870, nachdem die Preußen Napoleon, den Schutzherrn des Papstes, besiegt haben, der König Viktor Emanuel samt seinem Grafen Cavour in Rom einziehen kann, gerade nachdem der Heilige Vater seine Unfehlbarkeit verkündet hat.

Daraus aber ergibt sich auch die vergnügliche Tatsache, daß Preußen mit die wichtigste Hebamme bei der Geburt des geeinten Italien war. Denn abgesehen davon, daß zwei wesentliche Teile, nämlich Rom und Venetien, direkt als Folge preußischer Siege an Piemont gefallen sind, darf man doch davon ausgehen, daß Österreich niemals so lammfromm zugesehen hätte, wenn es nicht so ganz und gar und vollständig von Preußen bedrängt worden wäre. Und was den dritten Napoleon betrifft – ob er bei entsprechenden Ermahnungen des Heiligen Vaters einem Angebot, daß er, wenn er nur fein still hielte, im Falle eines österreichischen Sieges ganz Piemont bekomme, wirklich hätte widerstehen können?

Doch sei's drum, spätestens seit 1859 fuhr ein gewaltiger Aufwind durch Italien, und Venedig flatterte begeistert mit. Denn der Wechsel von der österreichischen zur italienischen Provinz bekam der Stadt ganz ausgezeichnet. Natürlich saßen jetzt in der Verwaltung statt der Austriaci die Piemonteser, aber die sprachen wenigstens italienisch, wenn auch reichlich unverständlich. Und sie zogen Geld hinter sich her, wunderbare, ungeahnte Mengen von Geld! Denn jetzt war der venezianische Hafen kein Problem mehr, sondern eine Sache der nationalen Ehre! Er mußte unter allen Umständen größer, wichtiger, leistungsfähiger werden als das österreichische Triest. Mit glühenden Wangen stürzten sich die neuen Herren in diese Aufgabe, planten, erneuerten, erweiterten, bauten riesige Lagerhallen und modernste Kai-Anlagen, und als 1869 der Suezkanal eröffnet wurde, war Venedig bereits gerüstet und prunkte bald mit dem zweitgrößten Güterumschlag unter den italienischen Häfen.

Auch drangen jetzt die umwälzenden Erfindungen jener Jahrzehnte, von der Dampfmaschine über Elektromotor, Fernsprecher, Lichtdruck bis zum Eisenbetonverfahren mit Macht in Italien ein. Die Industrialisierungswelle erfaßte ganz besonders die Po-Ebene, immer mehr und immer höher beladene Güterzüge ratterten über den Eisenbahndamm an die venezianischen Molen, die Betriebe in der Stadt selbst vergrößerten sich gewaltig und immer weitere kamen hinzu. Und dann eben der Tourismus – er nahm geradezu ungeahnte Ausmaße an. Obwohl ständig neue Hotels eingerichtet wurden, reichte die Kapazität immer noch nicht aus. Und als dann auch noch allmählich mächtige Großbanken in den einen oder anderen Palazzo einzogen, da erschien es zuweilen fast, als ob sich eine goldene Zukunft, den alten Zeiten durchaus ebenbürtig, abzeichne.

VITTORIA · UNITA' · PATRIA · GLORIA · LIBERTA'

Sieg, Einigkeit, Vaterland, Ruhm, Freiheit. In der Mitte König Viktor Emanuel, links Garibaldi, rechts Graf Cavour, die »Befreier Italiens«.

Kaum ein Venezianer gestattet sich in diesem Überschwang das stille Eingeständnis, daß eigentlich diese so verheißungsvollen Entwicklungen von den Austriaci eingeleitet worden sind, und daß eigentlich der neue Staat in vielem jetzt ernten kann, was zuvor mühsam gesät worden ist.

Und er gestattet sich auch nicht, auch nur einen Blick auf den schwarzen Fleck im goldenen Zukunftsbild zu werfen: Ebendieser sein neuer Staat nämlich hatte schon zu Anfang eine viel zu kurze Kapitaldecke, er ist bereits in den ersten Jahren seines Bestehens hoch verschuldet und zwischen dem vermögenden und gebildeten Norden und dem ausgelaugten Süden mit seinen fünfundsiebzig Prozent Analphabeten liegen Welten. Um da nur dem Notwendigsten abzuhelfen, müssen weitere Schulden gemacht werden – die unerläßliche Förderung von Landwirtschaft und Industrie, der Aufbau von Armee und Flotte verschlingen Unsummen.

Dazu kommen die Nachteile der extrem zentralistischen Verwaltung: Ein aufgeblähter und unmäßig teurer Beamtenapparat, entsetzlich umständlich und sich selbst an allen Enden behindernd, Widerstände allenthalben gegen den totalen Führungsanspruch Roms – und im Süden schon wieder Zusammenrottungen und Geheimbünde, die alles sabotieren, was die »Piemontesen« ins Werk setzen wollen. Die allgemeine Lage wird sehr bald zunehmend brisanter.

So flüchtet sich denn die Führungsschicht in einen schlimmen Ausweg, sie lenkt von den Schwierigkeiten ab, indem sie den Nationalismus anheizt. Plötzlich beginnt man immer lauter nach dem Anschluß der »unerlösten Erde«, der »Terra Irredenta«, an die Allmutter Italia zu rufen. Natürlich sind nur österreichische Gebiete unerlöst, nämlich die gesamte jenseitige Adriaküste von Cattaro über Istrien und Triest bis hinauf nach Görz – und dann vor allem Trentino-Südtirol, das Land vom Gardasee bis zum Brenner, dessen Bevölkerung zumindest ab dem Dörflein Salurn, nördlich von Trient, rein deutsch ist und keinerlei Bedürfnis hat, sich erlösen zu lassen. Über Nizza und Savoyen, bekanntlich erst vor kurzem an Frankreich abgetreten, wird nicht gesprochen. Man hat seine Gründe. Schon 1878 entsteht der Bund »Italia Irredenta«, dessen grelle Töne beispielsweise das Konzept des Ministerpräsidenten Crispi empfindlich stören.

Crispi nämlich lehnt sich im Dreibund von 1883 an das wilhelminische Deutschland und an Österreich an, um in Italien Kolonialpolitik machen zu können: 1887 sichert er die Kolonie Eritrea, 1889 Italienisch-Somaliland und noch im selben Jahr das Protektorat über Abessinien. Doch im Innern hat er wenig Glück, seine kostspielige Außenpolitik nimmt der Wirtschaft den Atem, und als er auch noch bei den Irredentisten in Ungnade fällt, muß er 1896 den Hut nehmen.

Dieses Exempel veranlaßt denn auch seinen Nachfolger Giolitti, sich mächtig anzustrengen. Und so schafft er im Innern tatsächlich beachtliche Reformen, während er sich im Äußern auf eine neue Lage einpendelt: Die bewundernswert undiplomatische Außenpolitik des zweiten Wilhelm zu Berlin hat das Zwiegespann Deutschland-Österreich inzwischen nahezu völlig isoliert, und es wird allmählich bedenklich, daran gebunden zu sein. Also läßt er den Dreibund sanft einschlafen, verständigt sich insgeheim mit Frankreich und gewinnt nach einem Scharmützel mit der Türkei Libyen als Kolonie. Den Dodekanes, den er für sein Italien als Erbin Venedigs beansprucht, bekommt er allerdings nicht – noch nicht. Aber seine Neutralitätspolitik beim Ausbruch des Ersten Weltkrieges stört die Irredenta doch sehr, und so ersetzt ihn noch 1914 Herr Salandra, ein wackerer Mann, der schon lange findet, daß sich die Politik eigentlich nach dem Grundsatz von Angebot und Nachfrage richten sollte.

Und also holt er Offerten ein. Österreich bietet Italien bei entsprechendem Wohlverhalten fast alle »unerlösten« Gebiete, allerdings außer Südtirol, das nun wirklich rein deutsch ist. Und über den Dodekanes kann man auch nichts Bestimmtes sagen, da die Mittelmächte ja schließlich mit dem Osmanenreich verbündet sind.

Die Völker der Terra irredenta eilen zum Altar des Vaterlandes.

London dagegen hat kein Wenn und Aber, es sagt alles, alles zu, auch Südtirol und den Dodekanes und noch eine ganze Menge Interessensphären an der Adria und in Afrika, auf die Italien gegebenenfalls ein Vorkaufsrecht hat. Herr Salandra ist überwältigt. Natürlich entscheidet er sich entsprechend, zumal die Mittelmächte bereits nach der ersten Runde bedenkliche Ermüdungserscheinungen zeigen: Am 3. Mai 1915 kündigt Italien den Dreibund und im Juni 1915 marschiert es gegen Österreich, zwar nur bis zum Isonzo, aber immerhin.

Und jetzt sieht ein Dichter zu Venedig die Fülle der Zeit: Gabriele d'Annunzio, glühender Verehrer Nietzsches, »Wetzstein der Nation«. Er ist der Meinung, daß die »Freiheit in einem Volk, das an der Welteroberung teilhaben will, überflüssig« sei. Er will den »Kampf der Nationen« und nicht der Klassen, er ist der Künder des totalen, absoluten Irredentismo. Vom zarten Venedig aus donnert er in gewaltigen Worten seine Vision vom gewaltigen Italien, und eine tiefe

UN TELEGRAMMA

"Siamo in un'ora decisiva. Ancora una volta ripeto: "*Ogni viltà convien che qui sia morta*„. Non solo sulla prima linea ogni debolezza sarebbe tradimento: si armi ciascuno, soldato o cittadino, della suprema volontà di vincere e avremo la vittoria. Si fondano tutte le classi e, tutti i partiti che sinceramente amano la Patria in un solo impeto di orgoglio e di fede per ripetere come nelle giornate memorabili del maggio 1915 al nemico CHE ASCOLTA IN AGGUATO: **L'Italia non conosce che la via dell'onore!** xxx

Durchhalteparolen nach der 12. verlorenen Isonzoschlacht.

nationale Herzensfreundschaft mit dem damaligen Arbeitersekretär Benito Mussolini läßt das Größte erahnen.

Leider donnern die nationalen Kanonen nicht ganz so gewaltig, und auch nach der fünften Isonzoschlacht gelingt es den italienischen Heerscharen nicht, den gleichnamigen Fluß zu überschreiten. Erst mit der sechsten Bataille kommen sie hinüber und halten doch gut ein Jahr lang ein ganzes Stück des anderen Ufers besetzt. Dann aber werden sie trotz heftigen Protestes bis weit hinter die Piave zurückgeschoben, wo sie sich wiederum fast ein Jahr lang, eben bis zum Juni 1918, einbuddeln müssen. Das ist zwar ärgerlich für sie, aber für Venedig einfach schlimm – nun liegt es tatsächlich wieder mitten in einer Front.

Die arme Serenissima! Eben noch hat sie von neuem Reichtum und neuer Macht geträumt, zaghaft sich wieder an den ersten Festen versucht, da schreien sie plötzlich alle wieder vom Krieg, und schon ist er rundherum. Kugeln und Granaten sausen in die Lagune und darüber, an allen Ecken schlägt es ein, und sogar mitten auf dem Markusplatz lassen die vermaledeiten Austriaci eine Bombe fallen! Venedig bebt und zittert und hat schon mit der Welt abgeschlossen, als der ungesunde Hagel dann doch nach dem Juni 1918 abnimmt und endlich, endlich der Waffenstillstand ausgerufen wird.

Evviva – natürlich nicht für Österreich, das hatte sich aufgelöst, sondern vielmehr für die Allmutter Italia, die ja schließlich nun zu den Siegern gehörte – und die alsbald fleißig einsammelte: Südtirol bis zum Brenner, Istrien, Görz, Triest, den Dodekanes und ein paar Inseln in der Adria. Aber die ganze schöne Dalmatinerküste, die hatten sich Serben und Kroaten genommen, ein harter Schlag für die Irredenta! Von allen Londoner Versprechungen waren nur die paar Quadratmeter um Zara übriggeblieben, keine Spur von Cattaro, Ragusa oder Spalato, zerstoben alle Hoffnungen auf eine allitalienische Umarmung der Adria. Das Schrecklichste aber war: Die neuen südslawischen Herren hatten keinerlei Respekt vor italienischer Sprache und Art! Sie machten Anstalten, den Italienern in Dalmatien das Serbokroatische aufzudrängen! O weh, o weh, jetzt war das wirklich eine Terra Irredenta, und alles schlimmer als zuvor!

Sogar die alte Venezia war verstört. Schließlich sind das einmal ihre Ländereien gewesen, sie hatte diese ganze Küste besiedelt, überall fanden sich Türme, denen der Campanile Pate gestanden hatte, kaum ein Fort, kaum eine Brücke, wo nicht ein steinerner Markuslöwe verwitterte, tief hatte die Republik ihre Spuren eingegraben. Und nun also sollte alles verwischt, ausgelöscht werden.

Und Venedig seufzte zustimmend, als Herr d'Annunzio einmal über's andere verzweifelt aufschrie und sogar eine Expediton nach Istrien startete, um wenigstens Fiume den Slawen zu entreißen. Wie gut man ihn verstand!

Aber die Zeit geht weiter – und schließlich hatte die Stadt sich nun auch darauf einzurichten, daß jetzt Triest zu Italien gehörte, ein Riesenhafen ohne Sinn und Hinterland, der irgendwie wohl künstlich würde am Leben erhalten werden müssen. Und wer hatte mit ihm zu teilen? Venedig! Natürlich gehörte es sich nicht, die Annexion von Triest – wie einige minderwertige Subjekte das taten – als Kardinalfehler und Dummheit zu bezeichnen, aber so ganz wohl fühlten sich die Venezianer nicht, wenn sie über das Meer nach Osten schauten.

Ein Glück nur, daß sich heutzutage zum Ausgleich Industrie einrichten ließ! Und also änderte man in der Lagune die Strategie, begann auf dem Festland zu vermessen und zu bauen, und nach einigen Jahren sprach Europa von einem neuen, beachtlichen Industriezentrum Venedigs – namens Mestre.

Gabriele d'Annunzio, der »Wetzstein der Nation«.

Und Venezia lächelt

Es war in der Tat beachtlich. Eine Werksanlage nach der anderen schob sich ins Land hinein, Silos, Kamine, Wassertürme, daneben und darum Wohngebiete, Straßen, eine neue Stadt. Die alte Erhabene hatte sich offenbar wieder gefangen und wußte vor Emsigkeit nicht, was zuerst tun. Wenn sie den seltsamen Zeitläufen überhaupt Beachtung schenkte, dann mit jenem hoffnungslos bedauernden Augenaufschlag, der sich herausbildet, wenn man genügend Erfahrungen gemacht hat.

Denn die Art, wie die stolzgeblähten Sieger ihre Welt ordneten, erstaunte nun doch ein wenig: Habsburg wurde in lauter kleine, hilflose Stücklein zertreten, gerade, daß ein schmaler Rand zwischen Wien und dem Bodensee als Österreich übrig blieb, Ungarn sah sich mehr als halbiert, Deutschland unter einem unglaublichen Schuldenberg, gedemütigt, geprügelt, von der ganzen Welt geächtet, sah das linke Rheinufer und im Osten ein Siebtel des Reichsgebiets abgetrennt und keinen Ausweg für die Zukunft. Mitteleuropa war ein willenloser Scherbenhaufen, ohne Kraft, und ein Gärbottich, weil jedes neue »Staatsvolk« meinte, alle anderen Bevölkerungsgruppen in seinem Gebiet sogleich aufsaugen und nivellieren zu müssen. Und England fand das gut so, es nannte derlei »Balance of Power«.

Die Erhabene lächelte. Jaja, die Bilancia! Nun gut, auch England hatte diesen Krieg gewollt, wenn nicht sogar eingeleitet, um sich endgültig die Weltherrschaft zu sichern. Daß es dabei mit seinen willigen Assistenten Amerika und Frankreich wenigstens ein bißchen teilen mußte, brauchte ja nicht für immer sein. Und natürlich war es ein prickelndes Gefühl, endlich, nach tausend Jahren, »Reich« und »Kaiser«, wovon es am Schluß ja gleich zwei gegeben hatte, hinweggepustet zu haben – aber mußte man da gleich jedes Maß verlieren? Die Erhabene wußte, was es hieß, sich zu übernehmen.

Und kaum hatte sie bedenklich die Brauen gehoben, sah sie sich auch schon bestätigt. Denn zu den unmittelbaren Kriegsfolgen, dem nunmehr blinden Glauben an Macht und Gewalt, der Empörung über die schlimmen Friedensschlüsse, kamen die sozialen Veränderungen durch das Massenwahlrecht, die Zersplitterung der politischen Kräfte, die schließlich eine regierungsfähige Mehrheit einfach unmöglich machte – und dann am Ende der katastrophale Zerfall der Weltwirtschaft. Kein Wunder, wenn in diesem Chaos ein Volk um das andere nach einem »Führer« rief und 1938 schließlich ganz Ost-, Mittel- und Südeuropa mit

Ausnahme von Ungarn und der Tschechoslowakei faschistisch oder quasifaschistisch regiert war. Es brauchte ja nicht immer so schrecklich zuzugehen wie bei den Sowjets. Nur da der Sieg in diesem überdrehten Nationalismus die einzige Legitimation war, mußte jeder Faschist dem anderen beweisen, daß er der Stärkere war. Und das führte natürlich geradewegs in die Katastrophe, bunt garniert von jenen irren Thesen, die diese Propagandakünstler brauchten, um die Massen anzuheizen: Gegenseitiges Herrenmenschentum, allerhöchstes Geschichtsvermächtnis, donnernde Versicherungen, daß das jeweilige Volk das absolut bedeutendste ist – ein Arsenal, dem ein gewisser Hitler noch die grausigen Abgründe des Antisemitismus zufügte.

Wenigstens das ist Italien erspart geblieben. Sein Benito Mussolini, durch den »Marsch auf Rom« am 28. Oktober 1922 Regierungschef und mittels eines Wahlsieges von 65 Prozent gestärkt, rief nur nach den altrömischen Manen, den Caesars und Konstantins, verlangte die Adriaherrschaft, sagte zum Mittelmeer »Mare nostro«, wollte in Afrika alles mögliche italienisch machen und fegte sein Volk in eine wahre Arbeitswut, immerhin. Den Venezianern freilich war er etwas zu laut, aber Mestre wuchs höchst erfreulich, ebenso weitere Pläne und Geldspritzen aus Rom, und so jubelte man eben schon um des lieben Friedens willen, als er sich 1934 in der Villa Pisani zu Stra mit seinem deutschen Kollegen Adolf Hitler traf, einem Menschen, der erst ein Jahr im Amt und womöglich noch lauter als Signor Mussolini war. Aber bitte, was soll's!

Zumal die Verbindung zwischen den beiden Herren immer enger wurde: 1935 gab Hitler Geld und Publizität für die endgültige Eroberung Abessiniens durch Italien, am 13. März 1938 nahm er das vor Liebe bebende Österreich zu sich, am 1. Oktober mit dem Segen Frankreichs und Englands das Sudetenland und am 16. März des nächsten Jahres ohne Segen Böhmen und Mähren: welch ein Sieger, mit sowas mußte man sich einfach verbünden! Benito tat's, am 22. Mai 1939. Und dann staunte er nur noch – in einem Monat Polen und dessen Teilung zwischen Deutschland und der Sowjetunion (die übrigens ihren Beuteanteil heute noch hat), danach Dänemark, Norwegen, Holland, Belgien, und, nach genau 19 Tagen, Frankreich! Ha! Erfolge sagen mehr als Worte – England, Frankreich, die USA und, und, und: Die Hitler-Parteien dort saugten sich voll mit namhaftesten und geldträchtigsten Leuten, der Führer Adolf brauchte nur zuzugreifen. Was sollte da in diesem Rausch Altrom dahinterstehen? Ha, Benito ging am 28. Oktober 1940 auf Griechenland los, und wie!

Aber die Griechen werden unangenehm, sogar vor Tarent ist man nicht mehr sicher, zum Glück kommt der große Bruder aus dem Norden (Pakt ist Pakt), bringt alles wieder klar, und 1941 sitzt in Athen eine italienische Verwaltung. Ecco! Die alte Venezia lächelt, denn da nun auch schon der Herzog von Spoleto König von Kroatien ist, hat ihr Traum nun doch Kontur: Von Venetien die ganze Ostadria über Griechenland bis nach Konstantinopel, das ja nun wohl auch kommen wird, evviva.

*Hitler und Mussolini
bei ihrem Zusammen-
treffen in Venedig
1934.*

Aber am 22. Juni 1941 fing Hitler mit Rußland Händel an, verlor bei Stalin-
grad, dann in Afrika, dann landeten die Amerikaner und Engländer auf Sizilien. Mussolini wurde aus Rom verjagt, die neue dortige Regierung schloß am
3. September 1943 mit den angelsächsischen Siegern einen Waffenstillstand,
worauf Norditalien bis südlich Bologna von Gesamtitalien losgesagt und weiterhin höchst nachdrücklich von Duce Benito regiert wurde. Denn eben im Süden
Bolognas verlief quer durch die Halbinsel die »Gotenlinie«, eine Art Südwall,
und nach diesem September 1943 noch zwanzig Monate lang verteidigt mit
Zähnen und Klauen. Aber das Ende war abzusehen, und zwischen Apennin
und Alpen wuchs wieder einmal die Angst. Nach dem bewährten Rezept nämlich, daß die Gegner vor allem im Hinterland »demoralisiert« werden müßten,
brummten englische und amerikanische Bombergeschwader über den Himmel
und ließen Tod und Zerstörung zur Erde fallen. Und keiner wußte, wer der
nächste sein würde.

Vielleicht die alte Venezia? Schließlich gehörte die Vernichtung der Kunst-
zentren nördlich der Alpen bereits zum psychologischen Selbstverständnis,
und zuverlässige Verbindungsleute sprachen längst von einem geplanten gründ-
lichen Bombenteppich auf die Rialtostadt, als ganz besonderer Schockeffekt
sozusagen! Lombardo, Tizian, Rizzo, Sansovino, Aretino, Sarpi, Galilei, Tiepolo

362

– alles dahin? Venedig bäumte sich auf: Widerstand sammelte sich um den Grafen Adolfo Loredan (o ja, es gab sie wieder, die alten Familien!), man suchte Kontakt zu den deutschen Militärs – und fand ihn zum Chef der Militäradministration für Venetien, dem Oberzahlmeister Hans Drexler. Nun liefen die Informationen an die Alliierten, daß Venedig niemals zu einer »Festung« ausgebaut werde, daß die fünfte deutsche Armee, zunächst unter Kesselring, dann unter Westinghoff Venedig niemals gesichert und somit längst als »offene Stadt« vorgesehen habe, daß der Platzkommandant Oberst Reichel kampflos räumen werde. Und da die Alliierten widerwillig ein »Zeichen« verlangten, sorgte Drexler dafür, daß die mit Sprengsätzen gespickte Straßen- und Eisenbahnbrücke, Venedigs Ader zum Festland, entschärft wurde: Im Dezember 1944 war schließlich jede Sprengkammer in der Brücke leer. Auf angelsächsischer Seite mußte man nun Venedig tatsächlich als »offene Stadt« behandeln und, als am 1. Mai 1945 die »Gotenlinie« sich endlich auflöste, den jeweils von gründlichem Artilleriebeschuß begleiteten Weitermarsch nach Triest oder nach Bozen eben über Padua leiten.

Venedig war wieder einmal davongekommen, wobei halt doch neben dem Grafen Loredan ein gleich hohes Postament für den Münchner Hans Drexler aufgestellt werden sollte, auch wenn er meint, nur das Selbstverständlichste getan zu haben: »Es ist doch so eine herrliche Stadt, warum hätte man nicht alles tun sollen, daß sie ohne Schaden bleibt?«

Und sie ist in der Tat fast wirklich ohne Schaden geblieben, die Venezia, auch als die Deutschen in Italien am 28. April 1945 kapitulierten, als sich ihr Hitler am 30. April umbrachte und sie am 9. Mai die bedingungslose Kapitulation unterschreiben mußten. Währenddessen Benito Mussolini auf der Flucht in die Schweiz erschossen wurde und neue Besatzer kamen – man wußte weder ein noch aus. Und das eigentliche Durcheinander kam gar erst, als sich eine ganz und gar neue »Ordnung« präsentierte, neue Herren sich aufplusterten. Wer sollte da nicht verwirrt sein – Europa umgestülpt, Italien konfus, also da möge sich einer zurechtfinden!

Aber die Erhabene war noch aus anderen Gründen verwirrt: Nicht nur, daß nun endgültig alles, was sie in Istrien besiedelt hatte, Abbazia, Rovigo, Capodistria, verloren war – man sagte ihr über ihren Zustand einiges nach! Und da dies, bei aller Freundlichkeit, denn auch zutraf, begann sie doch sich Gedanken zu machen. Es war schon richtig, sie wirkte vergammelt. Aber das kam nicht nur, weil man sich seit zweihundert Jahren nicht mehr um ihr Äußeres gekümmert hatte, sonders das, was so von dem geliebten Mestre herüberschwamm, fing an bedenklich zu werden. Die Säuren der Chemie benagten die lebensnotwendigen Pfähle, die Abgase zerfraßen das Marmorfiligran, Giftwolken knabberten an den Fresken, und durch den Porto von Malamocco, der extra für den neuen Hafen Marghera vertieft worden war, schossen bei jeder Flut soviel zusätzliche Wassermassen herein, daß Ängste sich auftürmten, die Fundamente der ganzen

Venezia würden allmählich erschüttert. In Summa waren die Schäden tatsächlich verwirrend, und die also Bedrohte überschlug, daß weder sie noch die Allmutter Italia zur Behebung derselben in der Lage sein würde, gab sich gerne hin, als Freunde aus aller Welt zu ihrer Rettung ein vielstimmiges Lamento anhuben, ein echtes Lamento veneziano. Wie es die Serenissima seit je ganz vorzüglich praktizierte: Schließlich hatte sie einst schlichtweg einen Kreuzzug für sich verwendet, wegen Kreta das ganze Abendland zur freiwilligen Waffenhilfe gebracht, für Lepanto und Morea die größten Mächte eingespannt. Und da nun die Organisation der Staaten der ganzen Welt, die UNO, sich mit vornehmlich amerikanischen Geldern anbot, die Lagunenstadt zu retten, Madonna, wer könnte da widerstehen!

Der drohende, schreckliche Untergang Venedigs befand sich plötzlich in aller Munde, weshalb, kaum daß die UNO, oder besser deren Kulturflügel, die UNESCO, das Thema aufgegriffen hatte, Geld gekullert kam. Und da waren auch schon die Städteplaner da, herrliche Ideen, wunderbare Einfälle, man mußte sich doch einen Namen machen! Der eine wollte einen dicken Damm vom Festland bauen und den Canal Grande zu einer Prachtstraße für funkelnde Limousinen aufschütten, der andere dachte an eine Hochbahn auf demselben Weg, der dritte, ein Amerikaner namens Frank Lloyd Wright, gierte unbedingt danach, neben den Palazzo Foscari einen mittleren Wolkenkratzer zu schieben und Altmeister Le Corbusier verlangte es, unmittelbar neben die Markuskirche als Monument einen Betonhaufen zu gießen. Sicher muß man den Einsatz bewundern, aber die konservativen Venezianer hatten einfach kein Gespür für den fordernden Hauch des Heute, sie lehnten – es ist ernüchternd – einfach ab, und sagten auf entsetzlich hausbackene Art, daß es ihnen lieber wäre, wenn das Bestehende zunächst einmal renoviert würde.

Entwurf von Le Corbusier für die Piazza dei Leoni neben San Marco.

Aber leider, da der penetrante Durchschnitt sich stets durchsetzt, gefiel dieser Vorschlag auch auf der Geldgeberseite durchaus, und es ergab sich: Allein in den USA bestehen vier private Kommitees, die insgesamt 28 Instandsetzungen durchführen, Deutschland hat sich sechs Fälle vorgenommen, darunter die herrliche Lombardikirche Santa Maria dei Miracoli, Frankreich pflegt elf Objekte, den süßen Ridotto der Procuratessa Venier eingeschlossen, England bemüht sich um drei, die Schweiz und Australien um drei weitere, und, schon wegen der nationalen Verpflichtung, kümmert sich Italien gleich mit sechs Vereinen um dreizehn Vorhaben, wobei sich als Verpflichtung die Versicherungsgesellschaft Triest-Venedig die Alten Procuratien und die Bank von San Marco die Dogana, die Zollstätte neben der Salute-Kirche, zum Herzensanliegen gemacht haben. O nein, Venedig denkt ganz und gar nicht daran unterzugehen, es hat nur gerade wieder einmal seine in Jahrhunderten bewährte Begabung für Öffentlichkeitsarbeit in Erinnerung gebracht. Doch da nach einigen Jahrzehnten gezielter Bemühungen die Welt eine neu strahlende Venezia wird bewundern können – wer wollte da das Konzept tadeln?

Denn die alte Serenissima hat beschlossen, wieder »da« zu sein, und auch der Kunst großzügig Raum zu bieten, da sie mit ihr eigentlich früher doch recht gut gefahren ist. Also ruft sie seit 1934 alljährlich zum Internationalen Schauspielfest, pflegt Musik und Theater auf der Klosterinsel San Giorgio Maggiore, die seit 1951 von Giorgio Cini und seiner Stiftung dem Verfall entrissen und zu einem großartigen Kulturzentrum geformt worden ist, hat neben einem ansonsten regen Bühnenleben eine vorzügliche Oper im Fenice und lockt alljährlich die Filmemacher zu den Festspielen, bei denen es Goldene und Silberne Löwen zu gewinnen gibt. Aber hier wird es komplizierter, weil das Überleben solcher Veranstaltungen doch etwas vom Angebot abhängt, und es kommt nicht selten vor, daß die erfahrene Venezia lächelt. Und zumindest dasselbe tritt immer häufiger bei der zweijährigen Biennale für zeitgenössische Malerei und Plastik ein, wenn die Besucher, nachdem sie andächtig ein symbolisches Sandhäufchen mit Meßstab oder eine fünfhundert Meter lange Reihe aus Feldsteinen als höchste Offenbarung der Kunst zu erleben versuchten, erschöpft in der Akademie Carpaccio oder Bellini ihr Leid klagen. Wirklich, die Serenissima lächelt höchst deliziös – aber kann man ihr das verdenken?

In der Lagune nämlich ist längst der klare Sinn für die Wirklichkeit wieder eingekehrt. Natürlich hat man Kummer, immerhin ist die Stadt seit dem 13. Jahrhundert um einen guten Meter gesunken, und das liegt am Boden, Mestre kann nichts dafür. Aber man hat auch die Technik, die auf immer erstaunlichere Lösungen kommt. So werden künftig bei Hochwasser, dieser schlimmen Gefahr der Lagune, riesige Gummischläuche, die in den Porti auf dem Meeresboden liegen, bis in die Höhe der Lidi aufgeblasen, so daß das Wasser nicht mehr in das Lagunenbecken eindringen kann, und das Ereignis hat seinen Schrecken verloren; für die Abwässer ist von Jesolo bis Chioggia ein Ringkanal im Bau;

Der völlig restaurierte Palazzo Cavalli Franchetti.

für die ärgsten Industrieabgase sollen in Bälde Filter eingesetzt werden; dem für die Fundamente ungünstigen Motorschiffsverkehr auf dem Canal Grande begegnet man durch eine Einbahnverordnung.

Die Venezia hat sich ihre Welt wieder zurechtgerüttelt. Im ganzen Stadtgebiet, also im Zentrum, Mestre und allen kleineren Orten, leben heute rund 400 000 Menschen, deren eine Hälfte direkt im Zentrum ihren Arbeitsplatz hat, während die andere zumeist in Mestre tätig ist und übrigens auch wohnt. Mestre bietet fast alle Industriezweige, das Zentrum vornehmlich Verwaltung, Hotel- und Gaststättengewerbe, Handel, Banken und Versicherungen. Jeden Tag pendeln mehr als 20 000 Menschen über die Brücke in die alte Stadt, und das Leben mit Schiffen als Straßenbahn und der Notwendigkeit, auch einiges zu Fuß gehen zu müssen, bringt keinerlei Schwierigkeiten, im Gegenteil. Venedig fühlt sich immer mehr als die menschengerechte, urbane Stadt. Und keiner widerspricht.

Und keiner, nicht einmal die große Rivalin Genua, kann, und wenn sie's noch so ärgert, widersprechen, daß Venedig auf dem Weg ist, der erste Hafen Italiens zu werden. Mit rund 24 Millionen Tonnen Güterumschlag im Jahr, 24 Kilometer Kaianlagen, 35 Entladebrücken, 152 Laufkränen, 19 pneumatischen Absauganlagen und 1,5 Millionen Tonnen Mineralöllager steht er sowieso an zweiter Stelle. »Schneller, besser, billiger als alle anderen« haben die alten Veneter einmal gesagt. Und als dieser riesige und hochmoderne Hafen in Marghera im letzten Jahrzehnt ausgebaut wurde, scheint dieser Satz allmählich wieder aus dem Lagunenwasser aufgetaucht zu sein. Denn hier ist nicht nur der beste Ort für die Verladung von Schwergütern, hier bieten auch sieben Anleger ideale Voraussetzungen für das »roll-on-roll-off«-System, mit dem vollständig beladene Lastzüge auf eine Art Fährschiff verfrachtet werden. Im Bestimmungshafen ist der Kahn in sieben (!) Stunden geleert, und das kann besonders im Nahen Osten erfreulich sein, wo wegen diverser Schwierigkeiten Schiffe bis zu sechs Wochen auf die Entladung warten müssen. Doch da dieses System und der ebenfalls neuentwickelte Transport in Großbehältern enorm viel Platz brauchen, müssen Genua und Triest, die von ihren Bergen im Rücken erdrückt werden, passen, während Venedig nur ein wenig nach rechts und links auszugreifen braucht. Süddeutschland, die Schweiz, Österreich, Ungarn, die Tschechoslowakei, das norditalienische Industriegebiet: die Hauptadresse der Spediteure ist Venedig.

Und vom oberen Adriabogen rauschen wieder Schiffe in die Ägäis, das Schwarze Meer, die Levante, nach Alexandrien, durch den Suezkanal ins Rote Meer, in den Persischen Golf und nach Indien, den Maghreb entlang, um Afrika herum und über den Atlantik nach Amerika – irgendwie scheint es, als ob sie hier in der Lagune den Bogen wieder geschlossen hätten zu jener Zeit, als die Alten zäh und Schritt für Schritt sich ihr mächtiges Handelsreich aufgebaut haben. Die Zeichen stehen dafür.

Und Venezia lächelt.

Benutzte Literatur

Archivio Veneto, Jahresschrift, Venedig, seit 1871 ff.
P. Aretino, Briefe, Jena 1914
J. Burckhardt, Der Cicerone, Stuttgart 1941
N. G. Byron, Briefe und Tagebücher, Frankfurt 1960
G. Capelli, Storia della Repubblica di Venezia, Venedig 1850–1855
G. Casanova, Memoiren, 4 Bände, Reinbek, 1958–1960
A. Cechetti, Delle fonte della storia Veneziana fino al. sec. XIII., Venedig 1867
Commune di Venezia (Hrsg.), Atti, Venedig 1975
Ch. Diehl, Venise, une république patricienne, Paris 1915
W. P. Eckert (Hrsg.), Venedig, Geschichte und Gestalt seines Ghettos, Frankfurt 1975
E. Eickhoff, Venedig, Wien und die Osmanen, München 1970
U. Franzoi, Der Dogenpalast in Venedig, Venedig 1973
J. W. Goethe, Italienische Reise, München 1962
C. Goldoni, Mein Leben – mein Theater, Wien 1923
Goldfriedrich/Fränzel (Hrsg.), Ritter Grünembergs Pilgerfahrt ins Heilige Land 1486,
    Leipzig 1912
J. LeGoff (Hrsg.), Das Hochmittelalter, Frankfurt 1965
H. Honour, The Companion Guide to Venice, London 1965
E. Horst, Venedig – Stadt im Meer, Olten 1967
Istorici delle cose Veneziane i quali hanno scritto per publico decreto, 10 Bände,
    Venedig 1718–1722
K. Jordan, Friedrich Barbarossa, Göttingen 1959
H. Kretschmayr, Geschichte von Venedig, 3 Bände, Aalen 1964
S. C. Lagomaggiore, L'istorie viniziane di Pietro Bembo, Nuovo Arch. Ven. N. S. 7–9,
    Venedig 1905
F. C. Lane, Venetian Ships and Shipbuilders of the Renaissance, Baltimore 1934
M. Langewiesche, Venedig – Geschichte und Kunst, Reinbek, 1962
M. Langewiesche, Ravenna – Stadt der Völkerwanderung, Reinbek 1964
Ph. Longworth, The Rise and Fall of Venice, London 1974
G. Lorenzetti, Torcello, la sua storia e suoi monumenti, Venedig 1939
F. G. Maier (Hrsg.), Byzanz, Frankfurt 1973
Merian, Venedig, Hamburg 1955
Merian, Sizilien, Hamburg 1959
P. G. Molamenti, Storia di Venezia nelle vita privata, Mailand–Venedig 1926 (6. A.)
W. zu Mondfeld, Der sinkende Halbmond, Würzburg 1973
W. zu Mondfeld, Das große Piratenbuch, München 1976
A. Monticolo, La cronaca di Diacono Giovanni, Venedig 1886
Ph. Monnier, Venedig im 18. Jahrhundert, München 1938
P. T. Nicolo, Handschriften über den Bau von Galeeren und geruderten Galeonen, Venedig 1550
H. Oertel, Friedrich I. Barbarossa, Altenburg 1894
G. v. Pairis, Die Geschichte der Eroberung von Konstantinopel, Köln–Graz 1956
L. da Ponte, Mein abenteuerliches Leben, Reinbek 1960
H. Simonsfeld, Chronicon Venetum (Hrsg.), Stuttgart 1878
H. Simonsfeld, Der Fondaco dei Tedeschi in Venedig, Stuttgart 1887
F. Schillmann, Venedig – Geschichte und Kultur Venetiens, Leipzig 1933
H. Taine, Reisen in Italien, Jena 1910
K. Thiemig (Hrsg.), Griechische Inseln, München 1966
Turcato/Zanon Dal Bo (Hrsg.), Venezia nella resistenza, Venedig 1975
G. Ulrich, Mit Canaletto in Venedig, Gütersloh 1961
UNESCO (Hrsg.), Venice restored, Paris 1973
D. Varé, The two Impostors, London 1955
R. Wahl, Kaiser Friedrich Barbarossa, München 1943
H. v. Zwiedineck-Südenhorst, Venedig als Weltmacht und Weltstadt, Bielefeld 1925

Personen- und Ortsregister